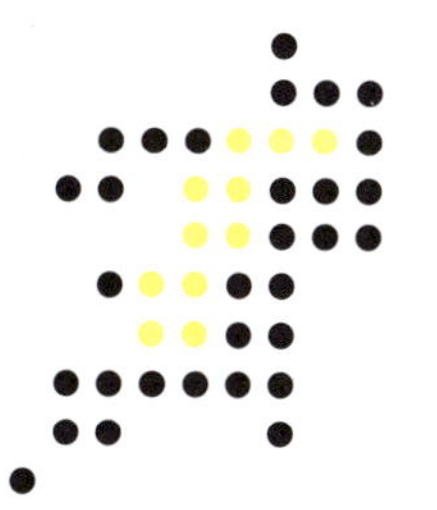

2009年 人类发展报告

跨越障碍：人员流动与发展

为联合国开发计划署出版 (UNDP)

中国财政经济出版社

图书在版编目（CIP）数据

2009年人类发展报告：跨越障碍：人员流动与发展/联合国开发计划署著；刘民权，王素霞，夏君译．—北京：中国财政经济出版社，2009.11

书名原文：Human Development Report 2009 – Overcoming Barriers：Human Mobility and Development

ISBN 978 –7 –5095 –1856 –4

Ⅰ．2… Ⅱ．①联…②刘…③王…④夏… Ⅲ．社会发展－研究报告－世界－2009 Ⅳ．D569

中国版本图书馆CIP数据核字(2009)第187158号

译者：刘民权、王素霞、夏君
校译：韩华为、胡琳琳

中国财政经济出版社出版
URL：http://www.cfeph.cn
E-mail：cfeph@cfeph.cn

社址：北京海淀区阜成路甲28号 邮政编码：100142
发行处电话：88190406 财经书店电话：64033436
北京富生印刷厂印刷 各地新华书店经销
889×1194毫米 16开 14.5印张 400 000字
2009年11月第1版 2009年11月北京第1次印刷
定价：98.00元
ISBN 978—7—5095—1856—4/F・1555
图字：01—2009—6664
（图书出现印装问题，本社负责调换）

《2009 年人类发展报告》编写小组

处长

Jeni Klugman

调研

由 Francisco R. Rodríguez 领导，成员包括 Ginette Azcona、Matthew Cummins、Ricardo Fuentes Nieva、Mamaye Gebretsadik、Wei Ha、Marieke Kleemans、Emmanuel Letouzé、Roshni Menon、Daniel Ortega、Isabel Medalho Pereira、Mark Purser 和 Cecilia Ugaz（2008 年 10 月前为该处副处长）。

统计

由 Alison Kennedy 领导，成员包括 Liliana Carvajal、Amie Gaye、Shreyasi Jha、Papa Seck 和 Andrew Thornton。

国别 HDR 与网络处

Eva Jespersen（人类发展报告处副处长）、Mary Ann Mwangi、Paola Pagliani 和 Timothy Scott。

外联与沟通

由 Marisol Sanjines 领导，成员包括 Wynne Boelt、Jean-Yves Hamel、Melissa Hernandez、Pedro Manuel Moreno 和 Yolanda Polo。

制作、翻译、预算与运营、管理

Carlotta Aiello（制作协调人）、Sarantuya Mend（运营主任）、Fe Juarez-Shanahan 和 Oscar Bernal。

前言

迁移常常引来负面的报道。尤其在经济不景气时期，对迁移持消极成见的媒体和公众舆论更把移民描绘成“偷窃工作的人”或“白拿纳税人钱的人”。而对于另外一些人来说，“移民”这个词唤醒了他们对最脆弱中的人的回忆。今年《人类发展报告》的主题是：“跨越障碍：人员流动与发展”，正是要挑战这些陈腔滥调。本报告试图拓宽和重新平衡有关迁移的认识，以反映一个更加复杂和充满变数的真实情况。

本报告开拓了一个新领域，即把人类发展视角应用于迁移研究中。在报告中讨论了谁迁移；从哪里来又到哪里去；为什么要迁移等问题。报告中分析了迁移的多重影响。这些影响不仅涉及迁移者本人，而且也涉及那些不迁移的人。

本报告的研究结果使人们对一些常见的错误观念有了新的认识。例如，从发展中国家到发达国家的迁移仅占人类流动的一小部分；从一个发展中国家到另一个发展中国家的迁移要更普遍；大多数的移民根本就不是向国外迁移，而仅仅是在国内流动。

其次，大多数移民绝非是迁移的受害者，在他们离开原住地之前以及到达一个新的居住地之后，他们往往都是成功者。在人类发展的所有方面——不仅仅是收入，还有教育、卫生，总的来说迁移的成果都是卓越的，其中一部分人的成果尤其显著。特别是那些来自最贫困地方的人，他们从国际迁移中所获收益最大。

通过回顾大量的文献，本报告发现，关于移民会抢占当地人的工作、降低他们的收入、给当地服务部门增加负担，以及花费纳税人的钱等种种担忧，通常都是言过其实的。当移民的技能与当地人的技能形成互补时，双方都受益。从整体来看，社会也在许多方面受益：从技术革新水平的提高到日益增加的饮食多样性，移民都做出了非凡的贡献。

报告认为，对于迁移的政策回应是不能令人满意的。许多政府建立了越来越强的入境限制制度；对于雇主侵犯移民的健康、安全等问题熟视无睹；或者忽视其在教育公众认识到移民的益处方面应起的带头作用。

从扩大人类的自由而不是从控制或限制人员流动的角度出发，通过研究相关政策，本报告提出了一组大胆的改革设想。报告认为，与各国的具体情况相结合，这些改革措施应能扩大人类流动已经对人类发展所做的重要贡献。

本报告提出的最主要的改革措施包括六个方面，每个方面都能为促进人类发展做出重要的、互补性的贡献。这六方面包括：开放现有的入境渠道，让更多的工人能够流向国外；确保移民的基本权利；降低移民的交易成本；寻找既有利于目的地社区又有利于移民的办法；使迁移者在国内流动更容易；把迁移纳入国家发展战略中。

本报告认为，虽然大多数改革比最初想象的更加可行，但这些革新措施的推进需要政治勇气。当经济持续低迷时，政府迅速转变政策方向的能力也会受到影响。

这是我作为联合国开发计划署署长所做的第一个《人类发展报告》的前言。像以前所有的《人类发展报告》一样，本报告是一项独立的研究，旨在就一个重要的问题激发广泛的争论与商讨。本报告既不是联合国也不是联合国开发计划署政策的陈述。

同时，通过强调人类流动是人类发展议程的一个核心组成部分，联合国开发计划署希望本报告中的深刻见解能有助于当前关于迁移的讨论，同时也希望对世界各地的发展实践者和决策者的工作有指导意义。

Helen Clark
联合国开发计划署署长

本报告所做的分析和提出的政策建议并不一定反映联合国开发计划署、执行局或其成员国的意见。

本报告是受联合国开发计划署的委托而发行的独立出版物，是由一组著名专家和顾问以及人类发展报告组共同编写的。

人类发展报告处处长 Jeni Klugman 领导了本报告的编写工作。

致谢

本报告是集体智慧的结晶，得到了许多人、许多组织的鼎力相助。我首先要感谢 Kemal Derviş，他让我承担起了人类发展报告处处长这样艰巨的任务；感谢联合国开发计划署新任署长 Helen Clark 对本报告提供的宝贵建议与支持。在人类发展报告走过了 20 年的成长期与成功期后重新返回本处，是一次特别有意义的经历。特别要感谢我的家人 Ema、Josh 和 Billy，他们始终给予我默默的支持与帮助。《人类发展报告》编写团队成员的奉献精神和辛勤工作是至关重要的，特表示感谢。感谢那些为报告提供战略性意见和建议并使之得以成册的人，他们是：Oliver Bakewell、Martin Bell、Stephen Castles、Joseph Chamie、Samuel Choritz、Simon Commander、Michael Clemens、Sakiko Fukuda-Parr、Hein de Haas、Frank Laczko、Loren Landau、Manjula Luthria、Gregory Maniatis、Philip Martin、Douglas Massey、Saraswathi Menon、Frances Stewart、Michael Walton 和 Kevin Watkins。

与报告相关的背景研究是按一组主题分别委托各专家完成的，这些研究在线出版于 2009 年 4 月推出的“人类发展研究论文”系列中，并已列入本报告参考文献中。2008 年 8 月至 2009 年 4 月举办的 27 次研讨会，同样为我们的思想和思路的扩展注入了活力，再一次感谢那些曾和我们共同分享研究成果、独具深刻见解的人们。我们也要感谢一些国家的国内专家为本报告所作的贡献，他们参与了报告中迁移政策的评估工作。

一些机构为本报告提供了大量的数据和统计资料，它们是：安第斯开发公司、苏塞克斯大学移民研究中心、拉丁美洲和加勒比经济委员会、牛津大学国际移徙研究所、各国议会联盟、国内移民监测中心、国际劳工组织统计部和国际移民计划、国际移民组织、卢森堡收入研究、经济合作与发展组织、联合国儿童基金会、联合国经济和社会事务部、联合国统计司和人口司、联合国教科文组织统计研究所、联合国难民事务高级办事处、联合国难民救济及工程局、联合国法律事务局条约处、世界银行和世界卫生组织。

学术专家顾问团对本报告的出谋划策，也让我们受益匪浅。该顾问团成员包括：Maruja Asis、Richard Black、Caroline Brettell、Stephen Castles、Simon Commander、Jeff Crisp、Priya Deshingkar、Cai Fang、Elizabeth Ferris、Bill Frelick、Sergei Guriev、Gordon Hanson、Ricardo Hausmann、Michele Klein-Solomon、Kishore Mahbubani、Andrew Norman Mold、Kathleen Newland、Yaw Nyarko、José Antonio Ocampo、Gustav Ranis、Bonaventure Rutinwa、Javier Santiso、Maurice Schiff、Frances Stewart、Elizabeth Thomas-Hope、Jeffrey Williamson、Ngaire Woods 和 Hania Zlotnik。

从报告编写工作一开始，就安排了一系列参与式咨询会议，旨在依靠来自全球的各类学者、公民社会倡导者、发展实践者和决策者们的专业知识。该咨询过程从 2008 年 8 月开始，到 2009 年 4 月结束，分别在奈洛比、新德里、阿曼、布拉迪斯拉法、马尼拉、悉尼、达喀尔、里约热内卢、日内瓦、都灵和约翰内斯堡等 11 座城市召开了非正式的利益相关人员咨询会，共邀请了 300 多位专家和实践者参与。所在国联合国开发计划署国家和区域办事处以及当地的合作伙伴为促成咨询活动的成功提供了关键性的支持。一些活动是由我们的重要合作伙伴国际移民组织（IOM）、国际劳工组织（ILO）和移民政策研究所组织的。此外，还在华盛顿和普林斯顿举办了咨询会议。人类发展报告处的工作人员还参加了其他各种地区性和全球性的论坛，包括在马尼拉举办的迁移和发展全球论坛

（GFMD）、在雅典召开的迁移和发展全球论坛预备会议，以及由联合国其他机构——例如国际劳工组织（ILO）、联合国经济和社会事务部（UNDESA）、联合国培训研究所（UNITAR），大学、智囊团以及非政府组织举办的许多会议和研讨会。参与人类发展网络的一系列讨论也为加深理解迁移与人类发展之间的关系问题，提供了广泛的见地和观察。所有相关信息可从http://hdr. undp. org/en/nhdr 网址获取。

联合国开发计划署的审读小组人员包括了各区域和政策局的代表，他们对初期的概念性提纲和报告撰写过程中的各草稿提供了许多有益的回馈和建议。一些其他同事也提供了支持和建议。我们要特别感谢以下人员的评注：Amat Alsoswa、Carolina Azevedo、Barbara Barungi、Tony Bislimi、Kim Bolduc、Winifred Byanyima、Ajay Chhibber、Samuel Choritz、Pedro Conceição、Awa Dabo、Georgina Fekete、Priya Gajraj、Enrique Ganuza、Tegegnework Gettu、Rebeca Grynspan、Sultan Hajiyev、Mona Hammam、Mette Bloch Hansen、Mari Huseby、Selim Jahan、Bruce Jenks、Arun Kashyap、Olav Kjoren、Paul Ladd、Luis Felipe López-Calva、Tanni Mukhopadhyay、B. Murali、Theodore Murphy、Mihail Peleah、Amin Sharkawi、Kori Udovicki、Mourad Wahba 和 Caitlin Wiesen。

本报告得到了由 Simon Chater 领导的 Green Ink 公司的编辑服务。Zago 承担了报告的设计工作，一些地图的设计是由 Guoping Huang 完成的。报告的制作、翻译、发行和推广工作得到了开发署传媒办公室的支持和协助，特别是 Maureen Lynch。译文的校审工作由 Luc Gregoire、Madi Musa、Uladzimir Shcherbau 和 Oscar Yujnovsky 完成。联合国项目事务厅的 Margaret Chi 和 Solaiman Al-Rifai 提供了重要的行政支持和管理服务。

此外，本报告也倾注了不少实习生的心血，他们是：Shreya Basu、Vanessa Alicia Chee、Delphine De Quina、Rebecca Funk、Chloe Yuk Ting Heung、Abid Raza Khan、Alastair Mackay、Grace Parker、Clare Potter、Limon Rodriguez、Nicholas Roy、Kristina Shapiro 和 David Stubbs。

感谢曾经对本报告编写工作提供直接或间接帮助的所有的人。报告中所有讹误、脱漏之处，由本报告作者承担全部责任。

Jeni Klugman
2009 年人类发展报告处处长

缩略语

CEDAW	《消除对妇女一切形式歧视公约》
CMW	联合国关于维护所有移民劳动者及其家庭成员权利公约
CRC	《儿童权利公约》
ECD	早期儿童发展
ECLAC	拉美和加勒比经济委员会
ECOWAS	西非国家经济共同体
EIU	经济学人信息部
EU	欧盟
GATS	服务贸易总协定
GDP	国内生产总值
GCC	海湾合作委员会
HDI	人类发展指数
HDR	人类发展报告
HDRO	人类发展报告处
ILO	国际劳工组织
IOM	国际移民组织
MERCOSUR	南方共同市场
MIPEX	移民融入政策指数
NGO	非政府组织
OECD	经济合作与发展组织，简称经合组织
PRS	减贫战略
PRSP	减贫战略文件
TMBs	条约检测机构
UNDESA	联合国经济和社会事务部
UNDP	联合国开发计划署
UNESCO	联合国教科文组织
UNHCR	联合国难民事务高级专员公署（联合国难民署）
UNICEF	联合国儿童基金会
UNODC	联合国毒品和犯罪问题办事处
UNRWA	联合国近东巴勒斯坦难民救济工作署
USSR	苏维埃社会主义共和国联盟
WHO	世界卫生组织
WTO	世界贸易组织

目 录

目录

专栏

图

地图

表

统计附录

概述

我们先来看看胡安。他出生于墨西哥农村的一个贫困家庭，父母为了给他支付卫生保健费和教育费而苦苦挣扎。12 岁那年，他不得不辍学以帮助家庭维持生计。6 年后，为寻求更高的工资和更好的生存机会，胡安跟随叔叔来到了加拿大。

加拿大人的平均寿命比墨西哥人长 5 年多，收入比墨西哥高 3 倍。刚开始胡安被准许临时迁移到加拿大工作，但他后来获得了在加拿大的居住权并最终成为一名企业家，现在他的雇员全部为土生土长的加拿大人。这仅仅是数以万计移民中的一个案例，每年他们都通过国际迁移寻求新的机会和自由，迁移使移民自己、其原住地和目的地都受益匪浅。

让我们再把目光转向 Bhagyawati。Bhagyawati 出生于印度下等社会阶层，住在安得拉邦的农村。后来她带着孩子到班加罗尔市的一个建筑工地干活，每年工作 6 个月，每天收入 60 卢比（1.2 美元）。离开家乡后，她的孩子就没再读书，因为学校距离建筑工地很远，而且他们也不懂当地的语言。因为 Bhagyawati 不住在她所注册居住的地方，因此她不能获得当地政府为本地居民提供的食物和健康补助，而且也没有选举权。像数百万印度国内流动人口一样，除了搬迁到别的城市寻找更好的机会外，她几乎没有办法提高自己的生活水平。

我们的世界是极不平等的。自《人类发展报告》（HDR）1990 年首次出版发行以来，一国国内和国家间人类发展水平的巨大差异一直是本报告的主题。今年的《人类发展报告》首次探究迁移问题。对于发展中国家的许多人来讲，搬离他们曾经生活过的城镇、乡村可能是提高他们生活机会的最好（有时是唯一）选择。人员流动对于提高一个人的收入水平、健康和教育前景会有巨大的影响。但是其价值还远不只这些：有权决定在哪里居住本身就是人类自由的一个关键部分。

当人们开始流动时，不管是在国内还是跨国，他们也就开始了充满希望和不确定性的旅行。许多人流动的目的是为了寻求更好的机会，希望把他们自己的才能与目的国更好的资源结合起来，以使自己以及常常伴随或跟随他们的家庭受益。如果他们迁移成功，那么他们的首创精神以及努力也会惠及那些未迁移的人以及他们建立新家园的社区。但是，并非所有的人都能成功。离开朋友和家庭的人，可能会面对孤独寂寞；可能会因当地人欺生而有不受欢迎的感觉；可能会失去工作甚至生病，以至于他们不能够得到促成其流动成功所需的支持服务。

《2009 年人类发展报告》探索如何通过制定更有利于人员流动的政策来促进人类发展。报告说明了为什么政府需要减少对国内和国际人员流动的限制，以扩大人们的选择和自由。报告认为应该采取切实可行的措施改善迁移者今后的前景，而这反过来也会给目的地社区和原住地带来极大的好处。

为什么流动，如何流动

关于迁移问题的讨论一般是从描述发展中国家向欧洲、北美洲、大洋洲的富裕国家的人员流动开始的。然而，世界上大多数的人员流动并不发生在发展中国家与发达国家之间，甚至也不是发生在国家之间。绝大多数的人员流动却是发生在国家内部。用一个保守的定义，我们估计，世界上大约有 7.4 亿的国内流动人口，这一数字几乎是国际迁移人数的4倍。而在国无论是国内还是国际移民，许多通过流动获得了更高的收入、更好的卫生服务和教育机会，同时也为孩子提供了更好的发展前景。

际移民中，只有稍多于1/3的移民是从发展中国家向发达国家迁移，总数不超过7000万人。世界上2亿名国际移民中，多数是在发展中国家之间或发达国家之间迁移。

无论是国内还是国际移民，许多通过流动获得了更高的收入、更好的卫生服务和教育机会，同时也为孩子提供了更好的发展前景。移民调查显示，尽管迁移过程会饱含适应和障碍，但大多数移民在目的地生活的很快乐。一旦定居下来，移民会比当地居民更有可能加入工会、宗教组织或其他团体。当然，人员流动还包含权衡取舍，而且收益也是分布不均的。

因不安全和冲突而流离失所的人面对特殊的挑战。据估计，大约有1400万难民居住在国外，约占世界移民总数的7%。直到国内条件允许他们返回前，多数难民滞留在出逃国的附近，一般住在收容所。然而，每年也约有50万人到达发达国家寻求庇护。更大数量的一个人群（约2600万人）是国内的流离失所者。这些人没有穿越国境，但却因为国内冲突或自然灾害而背井离乡。他们也面对特殊的困境。另一个弱势群体是被贩运的人，其中主要为年轻女性。在保证让她们过上好日子的哄骗下，她们的流动并非出于自愿，而是常常被逼迫，有时还伴随着暴力和性侵犯。

然而，一般而言更多的人是自愿迁移到经济状况较好的地方。超过3/4的国际移民所选择的目的国在人类发展水平上要高于他们的原住国。但是，他们的流动受到了很大的制约，既有来自政策方面的入境障碍，也有来自移民自身资源的限制。贫困国家的人们最少流动，例如只有低于1%的非洲人迁移到了欧洲。确实，过去和现在的证据均表明，发展和迁移是紧密联系的：人类发展水平低的国家中移民出境率的中位数低于4%，而人类发展水平高的国家中该比例则高于8%。

流动障碍

尽管有一些因素预期会促使人员流动率上升，但近50年来，国际移民占世界人口的比例却惊人地稳定在3%左右。人口变化（发达国家的人口老龄化、发展中国家人口持续增加而表现出的年轻化）、就业机会的增加，以及更加便宜的通信和更加便利的交通增加了对移民的“需求”。然而，想迁移的人们却越来越多地遇到了政府设置的限制。在过去的一个世纪里，国家的数量翻了两番现在接近200个，创造了更多的国家边界。然而在贸易壁垒不断取消的同时，政策的变化却更加限制了迁移的规模。

尽管许多富裕国家需要低技术工人，但是他们的流动障碍却特别多。政策通常更倾向于准许高学历的人入境，例如允许学生毕业后留下来，邀请专业人员及其家人来国定居。但是在对待低技术工人的问题上，政府常常显得非常矛盾，他们的地位及待遇常常要比渴望得到的低很多。在许多国家，农业、建筑业、手工业和服务业领域的工作常由这些移民来做。然而政府经常试图轮流挑选教育水平较低的工人进出本国，有时对待临时性的和非正规工人就像水龙头中的水一样，可以随意打开和关闭。据估计，现在大约有5000万人在国外以非正规的身份居住或工作。一些国家如泰国和美国容许大量的、未经批准的移民存在。虽然这使得他们能够获得比自己国内薪酬更高的工作，但是，尽管他们常常从事和当地人一样的工作，并且缴纳同样的税收，他们却不能同样地获得基本服务并且面临被驱逐出境的风险。一些国家如意大利和西班牙已经承认了非技术移民对国家作出的贡献，并规范化了他们的工作身份。而另外一些国家如加拿大和新西兰则为农业等部门制定了很好的季节性移民方案。

虽然目的国一致承认技术移民的价值，但是在对待低技术移民工人上则存在广泛的争论。人们普遍认为，虽然技术水平低的移民填补了目的国空缺的职位，但是他们也取代了当地工人，降低了当地的工资水平。对移民流入的另外一些担忧包括犯罪风险的增大、对当地服务压力的增加以及失去社会和文化的凝聚力。但是这些忧虑往往被过分夸大了。尽管有研究发现在某些情况下，移民会对当地具有同等技术的工人的就业产生负面影响，但是大部分证据表明，这些负面影响一般很小，在某些情况下甚至完全不存在。

为什么需要人员流动

本报告认为，移民提高了目的国的经济产出，而对本地工人的影响很小或没有影响。确实，移民会产生很多正面影响，例如从事幼托的移民可以使当地的妈妈出去工作。当移民提高了他们的语言和其他技能而晋升到高收入阶层时，他们中的许多人也就很自然地融入了当地社会。因此，对今天的新来者来说，关于移民不可同化的担忧（类似于20世纪的美国对爱尔兰人的担忧）同样是毫无根据的。然而，许多移民面临体制性的不利条件也是事实，这使得他们想获得与当地人同样的服务是非常困难或不可能的。这些问题对于临时性的和非正规工人尤其严重。

人员流动对原住国的影响表现为更高的收入和消费，更好的教育和卫生状况，以及反映在更一般的文化和社会层面上。迁移一般会给原住国带来好处，其中最直接的是移民汇给家庭直系成员的汇款。然而，当汇款被花费时，其好处会扩散的更广，包括给当地工人创造就业机会。另一种好处是因国外观念的引入而出现的行为变化，特别是妇女有可能从传统的角色中解放出来。

这些影响的性质和程度取决于谁迁移，他们在国外发展如何，以及他们与老家是否存在资金、知识和思想的往来与交流。因为移民多为来自于特定地区的人（例如印度的克拉拉邦、中国的福建省），所以在通常情况下，对地区的影响会大于对国家的影响。然而，从长期来看，人员流动所产生的思想传播会对整个社会的社会规范和阶层结构产生深远的影响。技术人才外流有时被认为是负面的，特别是当它影响诸如教育和卫生服务的提供时。但是，即使在出现这些情况时，最好的回应应该是出台政策以解决基本的结构性问题，如较低的工资、不足的资金和薄弱的社会结构。将熟练工人的流失归咎于这些工人自身的原因有失公允，而限制他们的流动则更有可能起反作用——更何况这样约束否认了个人有离开自己国家的基本人权。

然而，纵使管理得当，国际迁移也并不等同于一个国家的人类发展战略。除了极少数的例外情况（主要是一些小型岛国，那里有 40% 以上的居民移居国外），移民出境不可能塑造一个国家的发展前景。迁移充其量仅是地区和国家减少贫困、提高人类发展水平的努力的一个补充，而且这些努力仍然像以往一样重要。

在撰写本报告时，当今世界正在遭受半个世纪以来最严重的经济危机。经济萎缩和裁员正在影响着数以百万计的工人，其中自然包括移民。我们认为，应该抓住经济下滑这个时机，为移民实行一个新政——既有利于国内工人也有利于国外工人，同时防范贸易保护主义卷土重来。随着经济的复苏，过去半个世纪中驱动人员流动的许多相同的深层因素将会重新发挥作用，并吸引更多的人选择流动。现在至关重要的是，各国政府应制定必要的措施来准备应对这一情况。

我们的建议

通过减少人口流动障碍和提高迁移者的待遇，可以取得巨大的人类发展成果。需要有远见卓识来实现这些成果。本报告提出了一组全面改革的措施并说明了原因。这些改革可以使移民、社区和国家受益匪浅。

我们的建议涉及人员流动议题中两个最重要的方面，它们可以为推行更好的政策提供空间，这两个方面分别是移民的准入和待遇。在报告的核心措施部分提出的改革会带来中期和长期的收益。这些改革不仅针对目的地政府，而且也针对原住地政府，以及其他部门（特别是私人部门、

通过减少人口流动障碍和提高迁移者的待遇，可以取得巨大的人类发展成果。

人员流动议题中两个最重要的方面，可以为推行更好的政策提供空间，这两个方面分别是移民的准入和待遇。

工会和非政府组织），包括移民自身。虽然决策者面临着共同的挑战，但他们需要在他们自己的国家，根据全国和地区的特点，设计和实施不同的移民政策。但一些良好的做法无疑会脱颖而出，并被更广泛地采用。

我们所强调的六大核心改革方向，每项都能单独实施，但是如果合并使用它们，就能够扩大其对人类发展的积极影响。这六大措施包括：开放现有的入境渠道，使更多的人能够迁移；保障移民的基本权利；降低迁移的交易成本；寻找既有利于目的地社区也有利于移民的办法；使人们在国内流动更容易；将迁移纳入国家的发展战略。所有这些措施都能为促进人类发展作出重要的、互补性的贡献。

对于开放现有的正常入境渠道，核心措施强调了两种途径：

- 我们建议扩大农业和旅游等部门对真正的季节性工人的入境计划。这些方案已经在若干国家中被证实是成功的。良好的实践表明，这项方案应有工会、雇主、目的国和原住国政府的参与，尤其是在制定和执行基本工资保障、卫生和安全标准，以及重复访问的规定方面，就如新西兰所做的那样。
- 我们还建议根据当地的需求状况，增加对低技术工人的签证数量。经验表明，良好的实践包括：确保移民有权更换雇主（称为雇主可更换性），为移民提供可申请延长居住和永久居住的权利，为移民在签证期间顺利往返提供便利，以及允许移民转移其积累的社会保障福利，就如近年来在瑞典所采用的做法。

目的国应通过允许公众讨论和平衡不同群体利益的政治程序来决定所需的入境移民数量。对于决定入境移民数量的透明机制的建立，应以雇主的需求为准，并由经济条件决定所需的配额。

在目的国，移民的基本人权常常被侵犯。尽管有些政府并未签署有关保护移民工人的国际公约，但也应确保移民在工作地享有充分的权利，例如同工同酬、体面的工作条件和建立集体组织。政府也需要迅速采取行动，杜绝歧视。目的地和原住地政府还可通过合作简化国外所获资格证书的认证工作。

当前的经济衰退使移民陷入了更脆弱的地位。有些目的国政府已加紧执行其移民法，但其方法有时却侵犯了移民的权利。为下岗移民提供机会寻找别的雇主（或至少给予他在离境前处理事务的时间）和通告就业前景（包括移民原住地的经济低迷状况）是两项重要的措施，可以用来减轻经济衰退给当前和未来的移民造成的不成比例的成本。

对国际迁移而言，获取必要的证件以及满足过境所要求的行政程序的交易成本常常是高昂的，而且往往是累退的（即对于低技术工人以及那些短期合同工来说费用相对更高）。这也有一个意想不到的结果，如鼓励非正规迁移和走私。世界上10% 的国家的护照费用超过这些国家人均收入的 10% ，因此这些费用与移民率呈负相关关系也就不足为奇了。原住国和目的国政府可以简化迁移流程，减少证件费用，同时，双方还可以共同努力以整顿和规范移民中介服务。

确保每个移民在迁入地安居乐业是至关重要的，但同样重要的是，移民所加入的社区不应该认为移民对其重要服务的需求不公平地加重了社区的负担。当这对当地政府构成挑战时，额外的财政转移支付也许是需要的。确保移民子女享有平等的受教育机会，并在必要时给予支持，以帮助其赶上学业进度，融入学校，可以改善移民子女未来的前景，并避免其今后沦入社会的下层。为在校儿童以及成年人提供语言培训也很关键，后者可以通过工作场所来进行，以及采取其他特殊的努力以使那些居家不出的妇女得到培训机会。一些情况会比另一些情况更需要目的国政府付出努力，以消除歧视、解决社会紧张局势，以及必要时防止爆发侵害移民利益的暴力活动。公民社会和各国政府具有广泛的、积极的经验来处理歧视问题，例如通过宣传活动提高公众的意识。

尽管世界上大多数国家的中央计划体系已经消失，但令人惊讶的是，仍有大约1/3 的国家对于国内人员流动设置障碍。对那些不在当前居住地注册的流动人口，典型的约束形式是降低对他们的基本服务的供给以及他们的资格，因此歧视国内流动人口。中国仍然存在这种情况。对于国内流动人口，确保公平的基本服务供给是本报告的一个关键性建议。对于流入地地区，平等对待临时工和季节工及他们的家属是很重要的。同样，流出地地区也应该为流动人口提供体面的服务，这样他们就不会为了寻求更好的学校教育和卫生保健服务而被迫迁移。

虽然迁移取代不了更广泛的发展计划，但是对于寻求生计多样性、改善生活状况的家庭和家庭成员来说，它是一个重要的策略，在发展中国家尤其如此。各国政府需要认识到这一潜在力量，并将迁移和国家发展战略的其他方面结合在一起。从以往的经验中可以得出重要的一点，为从人员流动中获得更大的收益，国家的经济条件和强有力的公共部门机构是至关重要的。

展望

推进这一议程将需要强有力的、开明的领导，同时也需要作出更大的努力与公众对话，提高公众对移民实际情况的认识。

对于原住国，更加系统地考虑有关移民的概况、收益、成本和风险问题，将为把移民问题纳入国家发展战略提供一个更好的基础。出境迁移不是取代加速国内发展的一个可供选择的方案。但是流动性能够为获得观念、知识、资源提供便利，这些可以补充或在某些情况下促进国内发展。

对于目的国，“什么时候和采取何种方式”的改革将取决于对经济和社会状态的现实的考虑，包括公众的意见以及国家和地方层面上的政治限制。

国际合作，特别是通过双边合作和区域协定，可能会促进更好的移民管理，也有利于加强对移民权利的保护，增大移民对原住国和目的国的贡献。有些地区建立了自由流动区，如西非和拉美南部共同市场，这不仅促进了自由贸易，同时也提高了移民的利益。在这些地区，劳动力市场的扩大为移民者个人、家庭和社区都带来了实质性的利益。

有人呼吁建立一个新的全球制度，以改善移民管理：现在已经有 150 多个国家参加了移民与发展全球论坛。面临着共同挑战的各国政府，需要作出共同的回应。在编写本报告时，我们看到了这种积极趋势正在出现。

对试图从越来越复杂的世界人员流动模式中寻求最佳方案的决策者们，跨越障碍将人类发展紧紧地嵌入了你们的政策议程。

虽然迁移取代不了更广泛的发展计划，但是对于寻求生计多样性、改善生活状况的家庭和家庭成员来说，它是一个重要的策略。

自由和流动：人员流动如何能促进人类发展

当今世界上机会的分配是极不平等的。这个不平等是人员流动的一个主要驱动力，因而这也意味着流动对于提高人类发展水平具有巨大的潜力。人员流动不是单纯的选择权的表现，因为人们经常在严格的限制条件下迁移，然而人们从流动中所获得的收益的分配却往往是很不平等的。人类发展的观点认为发展的目的是促进人们过上他们所选择的生活的自由，这一观点承认人员流动是构成这种自由的重要组成部分。人员流动包含流动者的权衡取舍和非流动者的权衡取舍问题，了解和分析这些权衡取舍是制定有效政策的关键。

自由和流动：人员流动如何能促进人类发展

每年都有超过 500 万的人穿越国境线到发达国家定居。[1] 虽然难以对实际人数作出准确的估计，但是流向某个发展中国家或在其本国内部流动的人数要远远超过这个数字。[2] 无论在原住地和目的地，受到因这些人员流动而带来的资金、知识和思想流动影响的人数，还要比这大得多。

对于那些迁移者，迁移过程中几乎总是伴随着艰辛和不确定性。潜在的迁移成本包括离开家庭和朋友的情感成本和高昂的货币成本。风险包括因从事危险性职业而带来的人身危险。在某些情况下（如非法越境），迁移者还面临死亡的风险。即便如此，数百万人仍愿意承受这些费用或风险，目的就是为了通过迁移来提高他们及其家庭的生活水平。

一个人是否能有健康长寿的机会，获得教育、卫生保健和物质商品的机会，享有政治自由的机会，以及免遭暴力的机会，都会受到其居住地的严重影响。出生在泰国的人就比出生在邻国缅甸的人预期能多活 7 年以上，比后者多 3 倍以上的受教育年限和 8 倍以上的支出和储蓄。[3] 这些机会方面的差异对人口流动产生了巨大的压力。

1.1 人员流动的重要性

我们可以通过一个例子来看看人类发展成就在两国国界线附近的分布情况。地图 1.1 对美国和墨西哥边境两边的人类发展水平进行了比较。在该图中，我们运用了人类发展指数（HDI）来进行比较，该指数是对人类发展水平的一个扼要测量，它的应用贯穿本报告始末，我们用它来排列和比较各个国家的人类发展水平。该图展现一个重要的现象，即一个地区人类发展指数的高低与它落在边界的哪边高度相关。人类发展指数最低的一个美国边境县是得克萨斯州的斯塔尔县，其人类发展水平甚至高于墨西哥一侧的下加利福尼亚州墨西卡利市，而后者的人类发展水平在墨西哥一侧的所有边境县市中是最高的。[4] 这一比较表明，跨越国界的迁移可大大扩展提高福祉的机会。或者再来考虑当人员流动的限制被取消时人们流动的方向。1984—1995 年，中国政府逐渐放开了对国内人员流动的限制，允许人们从一个地方迁移到另一个地方。与此同时便出现了大量的人员流动，其中大部分是涌入人类发展水平高的地区。这个例子再一次表明，追求高福祉是驱使人员流动的一个关键因素（地图 1.2）。[5]

这些空间印象也得到了更加缜密的研究的支持，这些研究估计了一个人居住地的变化对其福祉的影响。做这样的比较无疑是很困难的，因为迁移者与非迁移者往往在个人特性及所处环境方面存在差异（专栏 1.1）。然而，近年来着眼于理清其中复杂关系的学术研究还是证实了国际迁移会给迁移者带来巨大的利益。例如，一个来自某个典型的发展中国家、仅有中等教育水平的人移民到美国，每年将会多获得大约 1 万美元的收入，这大约是发展中国家人均收入的 2 倍。[6] 由本报告委托的一个背景研究发现，一个尼加拉瓜家庭移民到哥斯达黎加后，其孩子读小学的可能性可以增加 22%。[7]

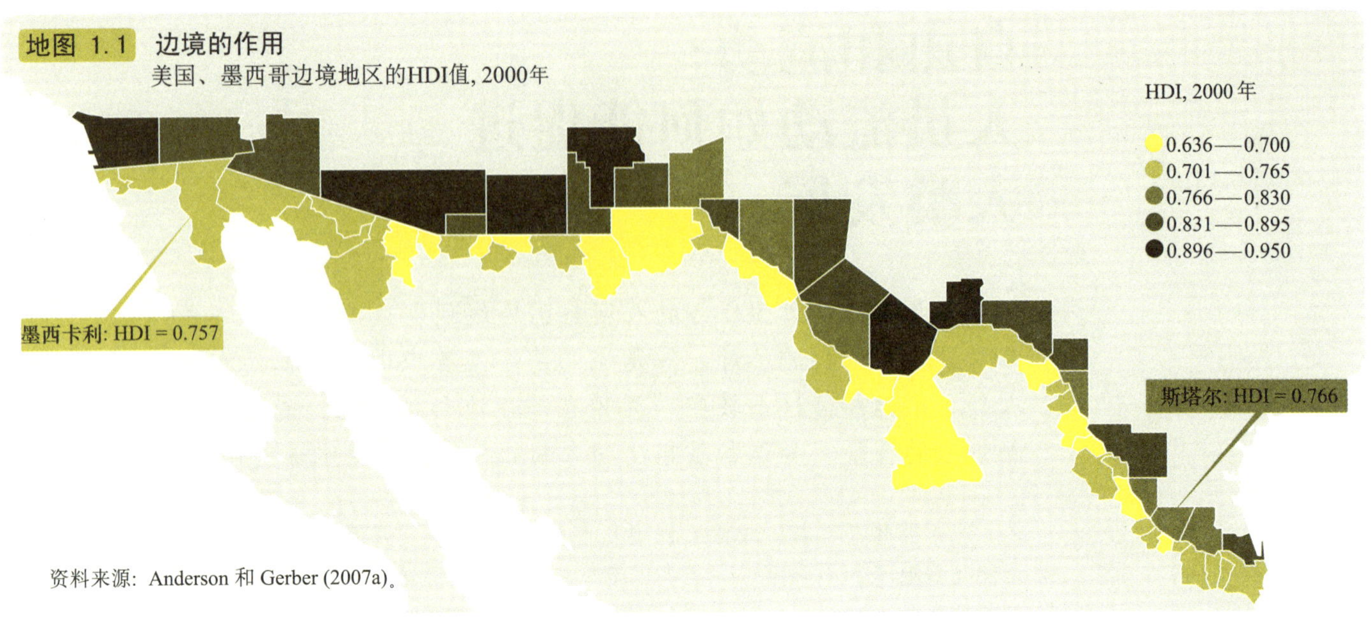

地图 1.1 边境的作用

美国、墨西哥边境地区的HDI值, 2000年

资料来源：Anderson 和 Gerber (2007a)。

但是，这些差别并不能够解释所有的人员流动，其中的一个重要部分是由武装冲突引起的人员流动，即有些人是为了避免受到集权统治的政治迫害而移居到国外。人员流动还可以为那些想摆脱传统角色的人提供机会，而在原住地他们则会被期望履行其传统角色。年轻人流动常常是为了寻求教育和获得更宽阔的眼界，打算最终返回家园。正如我们在下文会更详细讨论的，流动有许多驱动因素和制约因素，这些因素可以解释许多不同的流动目的和经历。但是，机会和愿望仍将是反复出现的主题。

人员流动并不一定总能提高人类发展水平。在本报告中我们强调的一点是，绝大多数的不平等不仅是指自由流动机会上的不平等，而且还指从流动中所获得的收益分配的不平等。当最贫困的人们迁移时，由于他们只拥有贫乏的资源和极有限的选择，他们常常处于最脆弱的地位。他们先前获得的信息可能很有限也可能是误导性的。从华盛顿、伦敦、新加坡到海湾合作委员会（GCC）国家，虐待流动家政女工的情况在世界许多城市和国家都有发生。近来对阿拉伯国家的研究发现，常与家政工作相联系的被虐待和剥削的工作状况，以及缺乏相应的诉诸法律的渠道，使得流动家政女工陷入贫困和 HIV 脆弱性的恶性循环中。[8]同一研究还发现，许多国家对移民都要做 HIV 检测，若发现是 HIV 的携带者则会被驱逐出境；很少有原住地国家能够对那些由于 HIV 身份被迫驱返回国的人们提供重新融入社会的计划。[9]

跨越国界的迁移只是人员流动的一部分。国内人员流动实际上比这规模更大，而且其对于促进人类发展同样具有巨大的潜力，部分原因是由于迁移到其他国家代价高昂。迁移国外不仅需要大量的货币成本，如迁移费和旅费（这些费用往往是紧退（regress）的，见第 3 章），而且还意味着客居他乡感受截然不同的文化，以及丢弃原有的亲朋网络，而所有这些都会给迁移者带来沉重的、但却无法量化的心理负担。在一些国家（包括但不仅限于中国），取消原来那些严格限制国内流动的障碍，已经使世界上许多最贫困的人受益匪浅，而如果我们仅仅关注国际迁移问题，我们将会忽略这样一个对人类发展有重要影响的作用。

增强国内、国际间人员流动所能提高人类福祉的潜力让我们有理由预期它将是发展决策者和研究人员主要关注的焦点之一。然而现实情况并非如此。研究迁移影响的学术文献与研究国际贸易和宏观经济政策重要性的文献（仅举两个例子）相比是显得那样的微不足道。[10]当国际社会夸耀对治理国家间贸易和金融的关系已经建立起一个制度框架时，对国家间人员流动的治理最恰当的描述却是其“尚未体制化”，尽管对难民的治理是一个重要的例外。[11]本报告仅是目前为纠正这种不平衡所做的一部分努力。以不少组织（包括国际移民组织、国际劳工组织、世界银行和联合国难民事务高级专员公署）为此开展的工作为基础，以及吸收在如移民与发展全球论坛等场合展开的讨论，我们认为迁移问题应该得到各国政府、国际组织和公民社会更多的重视。[12]这不仅是因为从世界整体来看，促进人员流动会带来巨大的收益，而且还因为许多流动人口面临着相当大的风险，而一部分风险可被好的政策抵消。

1.2 选择和背景：人们为什么迁移

导致人员流动的情况千差万别。近年来成千上万的邦钦人为了逃避缅甸安全部门的迫害而迁居到马来西亚，但他们由于担心被民间准军事组织发现而终日过着提心吊胆的生活。[13]经常有人乘坐小渔船试图穿越直布罗陀海峡非法进入欧洲。在1997—2005年间，

地图1.2 移民正在流向有更多机会的地方

中国的人类发展与省际间的人员流动, 1995—2000年

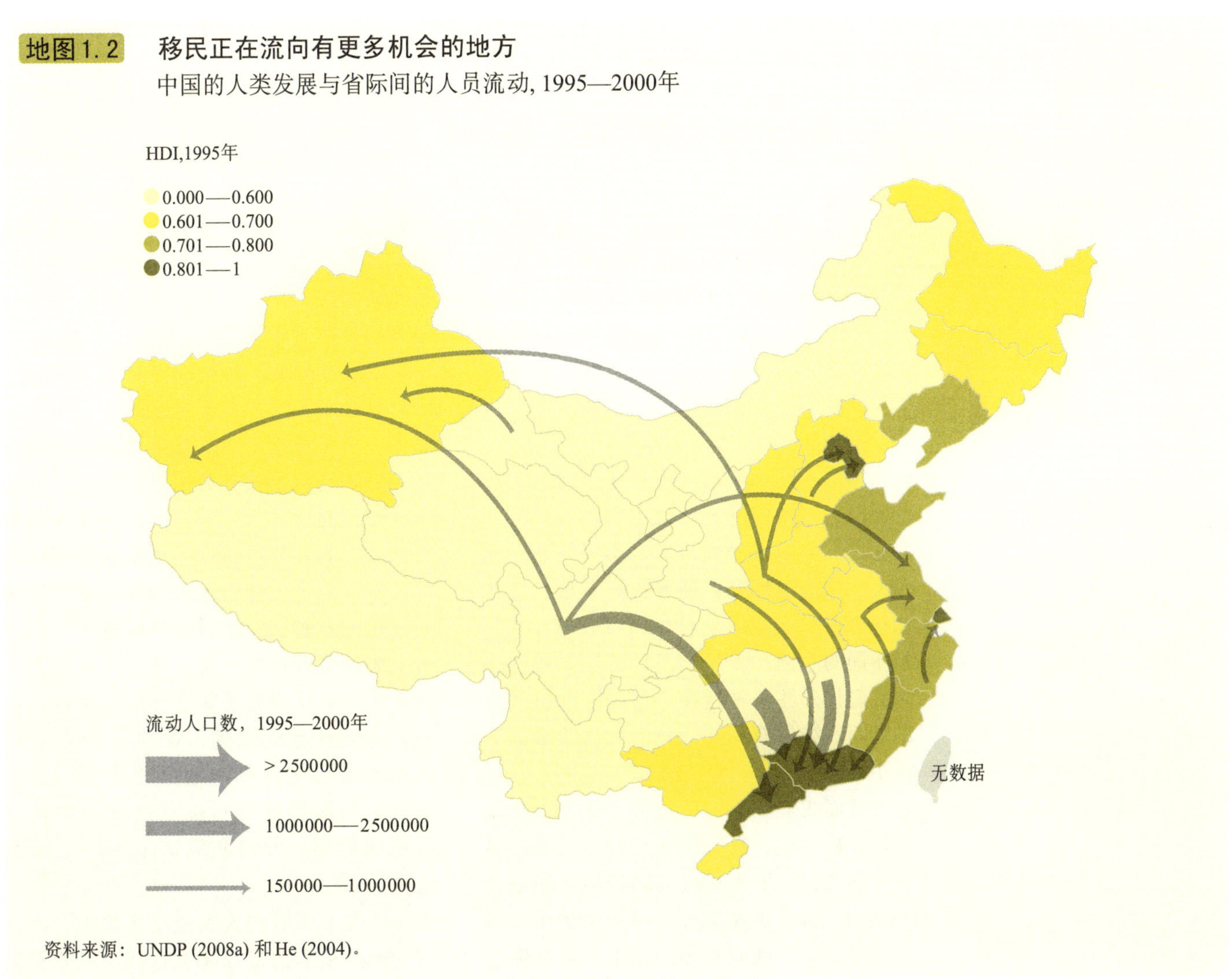

资料来源：UNDP (2008a) 和 He (2004)。

专栏1.1 对人员流动影响的估算

大量有关迁移的文献所报告的迁移给个人带来的利益和对相关地区造成的影响取决于一些方法方面的考虑。得到一个精确的估算需要比较一迁移者在迁移后和如不迁移所能获得福祉之间的差异，而后者是反事实的（counterfactual），是不能用非迁移人的状态来代表的。那些在国际间迁移的人与不迁移的人相比往往有更好的教育，迁移前已有更高的收入，所以可以预期他们即使留在原住地也会有更好的状况。这种现象从技术上叫做“移民选择”，并有证据表明也反映在一国内部的人员流动上（见第2章）。比较具有相似可观测特征（如性别、教育程度、经历等）的人群可以使得估算更准确，但这仍然忽视了其他潜在的重要特征，如个人的风险规避程度。

还有一系列其他的方法性问题。如在估算汇款对于家庭消费的影响时就有识别因果关系方面的困难。了解移民如何影响目的地的劳动力市场也是存在问题的。大多数研究只是试图分析人员流动对于区域一级或者特定技能群体的工资的影响，但这些仍然可能受与个体选择相关的选择性偏差的影响。第4章讨论的一个关键问题是：移民的技能与当地人的技能是一种替代还是补充关系；而要决定这些需要对这些技能进行精确的测量。

一个越来越被普遍采用的做法是利用“准”随机性实验或随机性实验去估算影响。例如，新西兰的太平洋地区人员准入类别（New Zealand's Pacific Access Category）就采用了一个随机配置签证机制，即通过对抽签获得签证的人与抽签没能获得签证的人进行比较而对迁移的影响进行评估。

另外，时间维度问题同样很重要。迁移需要较高的前期成本，而收益可能需要时间来累积。举例来说，随着符合目的国需要的具体技能的掌握和认可，移民在目的地劳动力市场上的回报率往往会提高很快。移民返回原住地的决定是另外一个复杂的问题，因为它影响到测量其迁移影响的时间跨度。

最后，正如我们将在下一章中详细讨论的，迁移研究还面临着重要的数据限制。即使在富裕国家，由于一些非常基本的原因，相关研究往往难于进行，例如对于移民的定义就常常有不同。

资料来源：Clemens、Montenegro 和 Pritchett（2008）、McKenzie、Gibson 和 Stillman（2006）。

这些人中有超过3000人被淹死。[14]这些人的遭遇与许多汤加穷人和更多的波兰人形成了鲜明的对比：中奖的许多汤加穷人定居在了新西兰，而在2004年欧盟推出人员自由流动体制后，数以万计的波兰人移民到了英国并得到了更高薪金的工作。

本报告涉及各种不同类型的人员流动，包括国内和国际流动，临时性的和永久性的流动，以及由冲突导致的流动等。投下如此之大的网来研究所有的移民问题，其意义也许值得怀疑。难道我们不是一直在谈论许多不同的现象吗？它们不是有着非常不同的原因和本质上不同的结果吗？如果我们仅关注一种迁移类型并详细研究它的起因、结果及影响，我们的目的难道不能更好地实现吗？

然而我们并不这样认为。对于人员流动的各种大类，它们的驱动力和结果是显著不同的，对于人员流动的各种更加细化的类别，情况也是这样。举一个例子，国际移民劳动力就有众多的类型：从在俄罗斯从事建筑业的塔吉克工人，只是因为他们自己国家的严峻的经济状况（他们大多数人每天收入不足2美元）而被迫流动到俄罗斯寻找工作，到被像摩托罗拉和微软等公司贪婪招募的东亚计算机工程师。

对迁移问题，传统的方法过多地倾向于划分类型，这是其不足之处。在传统方法下，常常根据一个人的迁移类型而加以区别，如迁移是被迫的还是自愿的，是国内流动还是国际间迁移，是临时性的还是长久的，是由于经济原因还是非经济原因等。一开始为方便管理入境和入境者待遇而设定的各种法律名目最终在观念上和政策上统治了我们的思想。然而，在过去十多年中，有学者和决策者开始质疑这些划分，人们日益认识到，这些纷繁复杂的区别与其说是帮助阐明迁移类型，倒不如说它们使得我们对决定迁移的潜在过程更加模糊，并对政策制定产生了潜在的危害。[15]

在几乎所有的人员流动实例中，我们看到两个基本力量在相互作用，尽管它们的作用程度时有不同。一方面，个人、家强调纯粹经济因素的理论，无法反映决定人们决策的更广泛的社会结构的作用。

庭、甚至是整个社区出于自愿决定迁移，其目的是为了从根本上改变他们的状况。事实上，即使当人们是由于非常恶劣条件而被迫迁移，他们所做的选择也几乎总是发挥着重要作用。例如，对定居在赞比亚西北部地区的安哥拉难民的研究发现，他们中许多人选择迁移的动机与许多通常被定义为经济移民的人所出于的动机是一样的。[16]类似的，逃离冲突而迁移到巴基斯坦或伊朗的阿富汗人，他们所选择的通往这些国家的路径就是几十年前就有的用于季节性劳动迁移的路径和商贸网络。[17]

另一方面，即使有选择，但这种选择也很少是不被限制的。对于那些逃避政治迫害或经济贫困的人来说，这是显而易见的，但同样的道理也适用于理解那些鲜有压力的迁移决定。虽然也随着时间推移而改变，一些属于经济结构、社会结构的重要因素是特定的，但它们仍然影响着个人迁移与否的决策。个人决定和社会经济背景之间充满活力的互动关系，有时被社会学家称为“主体结构互动”，它对于理解塑造人类行为是至关重要的。对这些关键结构因素如何随着时间的变化而变化的分析见第 2 章。

现在看看下面这个案例。每年都有好几万的印度尼西亚人移民到马来西亚，驱使这些人迁移的原因很大程度上是由于两国间较大的收入差距。尽管自 1980 年以来两国间的收入差距曾交替地扩大或缩小，但印度尼西亚移民的规模却一直在稳定地增长。[18]重大的社会经济进程显然可以解释其中的部分原因。发生在马来西亚的 20 世纪 70 年代的工业化以及 80 年代的大规模的从农村到城市的人口流动，造成了农业部门劳动力的严重稀缺。而同时印度尼西亚的农业商业化以及快速的人口增长又导致了农业劳动力的过剩。大多数印度尼西亚人与马来西亚人享有同一种族、语言和宗教背景的事实，无疑也使印度尼西亚人迁移到马来西亚更加便利。[19]

对决定人员流动的结构因素作用的识别，已对移民研究产生了深刻的影响。关于移民流动的早期理论主要关注生活水准的差异，然而近年来人们却越来越认识到这些差异只能部分地解释人员流动的模式。[20]尤其是，如果迁移仅仅是因为存在收入差距，那么就很难解释为什么许多成功的移民，经过几年的国外生活后，会最终选择回到他们的原住国。此外，如果移民完全是由工资差别所决定的，那么我们应该看到大量从贫困国家向富裕国家的迁移和很少富裕国家间的迁移，但实际上这两种情况都没有被事实所证实（第 2 章）。

这些观察到的人员流动模式引起了多个方向的研究。一些学者认为，注重个体的研究使得人们忽视了迁移实际上是一个典型的家庭决定和实际策略（如一些家庭成员迁移而另一些成员留在原住地）。[21]超越完全竞争市场假定的需要也变得越来越明显。特别是，发展中国家信贷市场是非常不完善的，而家庭生计常常依赖于反复无常的农业部门。派送一个家庭成员去其他地方谋生能使家庭分散风险，以抵御原住地农业收成不好的危险。[22]另一些研究认为，原住地和目的地的结构特点和长期趋势（通常被称为“推力”和“拉力”）形成了人员流动的背景。例如，资产（如土地）所有权的日益集中可引发人员流动，因为它使得许多人很难通过传统的生产方式维持生活。[23]还有研究认为，如我们在第 2 章、第 3 章中所讨论的，移民可得的机会常常受到入境障碍的限制。另外有大量证据表明，他们的机会还受到目的地劳动力市场的运作方式的影响。许多移民在目的地很可能落入到地位低、收入低的职业就是一个佐证。

最重要的是，强调纯粹经济因素的理论无法反映决定人们决策的更广泛的社会结构的作用。例如，在印度的中央邦，属于较低种姓 Kolas 的年轻男子，一般都选择到村外的工厂去工作，以逃离他们在村内所处的低种姓的地位。尽管村外工厂工资不高，且在某些情况下甚至低于他们在村务农的收入，但他们仍然作出这样的选择。[24]逃离传统的社会等级制度，是激发迁移的一个重要因素（第 3 章）。

此外，人员流动和经济状况间的关系远不是单向的。无论是对于原住地还是目的地来说，大规模的人员流动都会产生深远的经济影响。我们将在第 4 章中对此作详细讨论。甚至我们对基本的经济学概念的认识也会受到人口迁移的影响，比如我们需要重新审视人均收入和经济增长的测量问题（专栏 1.2）。

1.3 发展、自由和人员流动

从人类发展的角度来理解人员流动意义的尝试起源于把人类发展看做是人类自由的扩展的观点，即个人能够过上自己所选择的生活的自由的扩展，而该观点对于本报告来说也是一个关键性的思想。这一观点的灵感来自于诺贝尔经济学奖得主阿玛蒂亚·森（Amartya Sen）的旷世之作，其推广则得到了马赫布卜·乌·哈克（Mahbub ul Haq）的杰出领导。由于强调人们获得必不可少的“功能”的自由，这一观点也被称为“可行能力视角”。自 1990 年首期人类发展报告出版以来，这一观点一直是本报告的核心观点，而且其对制定有效的反贫困和反剥夺政策的针对性越来越明显。[25]可行能力视角也为重新思考关于性别、人类安全和气候变化等多种问题起到了强大的作用。

从人类自由和可行能力扩展的视角来思考人员流动对理解人员流动的含义有重要的意义。这是因为即使在我们开始询问流动的自由是否对例如收入、教育或健康有显著的影响之前，我们已承认流动是个人为实现他们的人生计划而能采取的一项基本行动。换句话说，能否流动是自由的一个维度，而后者又是发展的一部分，它不但有其工具性价值，而且有其固有的内在价值。

改变自己的居住地的能力是人类自由的一个重要组成部分，这种思想可以被追溯到好几种不同文化的古典哲学中。孔子

专栏 1.2 人员流动如何影响关于进步的测量

对一个国家发展水平的测量依赖于运用反映平均福祉水平的各种指标。虽然传统的方法是使用人均收入来代表一国的经济发展水平，但是本报告一直以来主张采用一个更加综合的测量方法，即人类发展指数（HDI）。然而，这两种方法都是以评价在特定地区居住的人的福祉为基础的。

正如全球发展研究中心和哈佛大学的研究人员最近指出的那样，现在测量人类发展的这些方法其要点是优先考虑人们所在的地理位置而不是人们本身来评价社会的进步。这样，如果一个斐济人移民到新西兰后其的生活水平提高了，传统的测量发展的方法是不可能把这一生活水平的提高计为斐济发展水平的提高。相反，这一移民的福祉水平的提高将被计算在新西兰的指标中。

在本报告的背景研究中，我们针对这个问题提出了另一项测量人类发展的方法。我们把它称为是人的人类发展（而不是国家的人类发展），因为它描述了出生在某一特定国家的所有人的发展水平。举例来说，我们不是测量生活在菲律宾的人的平均人类发展水平，而是测量所有出生在菲律宾的人的平均人类发展水平，而不管他们现在生活在哪里。这项新方法对于我们认识人类福祉具有重大的影响。我们对 100 个国家中的 13 个国家运用了这一测量方法，人的人类发展指数比国家的人类发展指数至少高出 10%；对于另外的 9 个国家，两类指数的差值在 5% 到 10% 之间。对 90 个国家我们能够计算一段时间内人类发展的趋势，其中的 11 个国家在 1990—2000 年期间的人的人类发展水平要高出他们国家的平均人类发展水平 5 个百分点以上。例如，乌干达人的人类发展指数的上升幅度就比乌干达国家的人类发展指数的上升幅度高出近 3 倍。

在本报告的其余部分，我们将继续采用常用的方法，以确保分析的易处理性和与现存文献的可比性。我们也认为这两种方法是互补的而不是相互替代的：一种方法是用来描述现在生活在特定地方的人们的生活水平，另一种是用来描述出生在特定地区的人们的生活水平。例如，贯穿本报告的大部分内容是分析人员流动是人类发展的一个动因。当我们这么做时，那么运用国家的人类发展水平将是更合适的，因为它是反映不同地区人们生活水平是如何不同的一项指标。然而，当我们要评估不同的政策和制度在为全社会的人们创造福祉方面的成就大小时，则有充分的理由来采用新的方法。

资料来源：Ortega（2009），Clemens 和 Pritchett（2008）。

在文章中写道，一个好的政府能做到“近者悦，远者来”（good government obtains when those who are near are made happy, and those who are far off are attracted to come）。[26] 苏格拉底也曾说过，“不喜欢我们和我们城市的人，想要移居到殖民地或其他地方的人，带上他们的财产，可以去他们想去的任何地方”。[27] 1215 年颁布的英国大宪章（England's Magna Carta）则保障“从陆路和水路离开英国并安全返回”的自由。最近，美国哲学家 Martha Nussbaum 认为，可用多种基本可行能力来评估人们所享有的、实现他们人生计划的真实自由，人员流动性正是其中的一种。[28]

然而，世界历史上也充满了某些社会由于限制人员流动进而严重限制了人类发展的经历。封建制度和奴隶制度是以限制人身流动为基础的。20 世纪一些采用高压手段的国家（regressive regimes）就曾对国内人员的流动进行控制，包括如实行种族隔离的南非政府所实施的通行证法（pass law），以及前苏联实行的户籍登记制度。随后这些限制的被取消对这些国家的人们所享有的自由的急剧扩展起了重要的作用。

本报告试图捕捉和审视影响个人、家庭或团体决定是否迁移的全部因素。这些因素不仅包括个人的资源和权利，而且还包括不同的约束条件（包括与政策、市场、安全、文化和价值有关的各种限制条件）是如何决定迁移是否是一个可选的决策。人们选择在哪里安家的能力是人类自由的一个维度，我们称其为人员流动性（human mobility）。专栏 1.3 界定了本报告所使用的一些基本术语。

行动与自由之间的区别是可行性能力视角的核心。通过审视一个人有无可行能力选择所居住的地方，而不单单是他是否作了迁移，我们就能充分重视决定其有无能力选择其居住地的条件的重要性。许多传统的移民研究集中于研究迁移对福祉的影响，而我们所关注的不仅仅是流动本身，而且还关注人们是否有决定迁移的自由。人员流动性是一种自由，人员流动是这一自由的应用。[29]

我们所理解的人员流动是一种积极的自由，而不是消极的自由。换句话说，如果人们缺乏能够保障他们在新居住地享受体面生活所必不可少的经济资源、安全和人际网络，或者如果在新居住地存在歧视等非正规的约束而严重影响他们成功迁移的前景，单纯地取消国内、国际间约束人员流动的官方障碍并不一定能确保人们的自由流动。

让我们用几个事例来说明这一视角的含意。就人口贩运来说，人员流动总是与野蛮的、有辱人格的剥削相伴。从定义上看，人口贩运是人员流动的一个例子，但在流动过程中，迁移者的自由被强暴、欺骗和/或被其他逼迫手段所限制。一般的，被贩运的人没有选择放弃迁移、一旦到达

专栏 1.3 基本术语

人类发展指数（HDI）：是从人类发展的三个基本维度来测量平均成就的一个综合指数。这些基本维度是：健康长寿、获得教育和体面生活的机会。

发达国家/发展中国家：人类发展指数（HDI）达到或超过 0.9 的国家我们称为发达国家，低于 0.9 的国家我们称为发展中国家。

低/中等/高/极高 HDI 值（Low/Medium/high/very high HDI）：根据最新 HDI 值对国家进行分类，HDI 值介于 0—0.499 为低人类发展水平国家，0.500—0.799 为中等人类发展水平国家，0.800—0.899 为高人类发展水平国家，0.900 及以上为极高人类发展水平国家。

国内流动（Internal migration）：通常指在一国国界内的人员流动，通常以跨地区、跨区和跨市的人员流动来测量。

国际迁移（International migration）：通常指穿越国界的人员流动，引起迁移者居住国身份的改变。

移民（Migrant）：是指改变居住地的人，既包括国际迁移，也包括国内从原籍地向另一地区、区、市的流动。迁出者（emigrate）是站在原住地角度看待的移民，迁入者（immigrant）是站在目的地角度看待的移民。有时“移民”（migrant）一词（与“迁入者”相对）专指暂时或临时的迁移者，本报告不采用此用法。

人员流动性（Human mobility）：是指个人、家庭或团体有选择居住地的能力。

人员流动（Human movement）：是指改变一个人居住地的行为。

了目的地寻找其他职业、或返回原住地自由。被贩运的人虽然身体在移动，但是在这种移动中她却无法自由选择在哪里落脚。从可行性能力看，她的流动性是更少了而不是更多了。

或者考虑另一个例子。由于政治迫害的威胁，或者是因为恶化的环境条件，一个人选择迁移。在这一案例中，外部环境使她继续留在原地愈加困难，或者就是不可能留在原地。这些外部环境限制了她选择的范围，降低了她选择在哪里居住的自由。由此引起的迁移将使她的生活条件更加恶化，但这并不意味着迁移是那一恶化的原因。事实上，如果她不选择迁移，那结果将可能更糟。

如果有人认为讨论人员流动性和人员流动之间的区别有过于学术化之嫌的话，那么让我们利用这个机会来强调，在探寻穷人是如何看待迁移的研究中，选择在哪里居住的自由被发现是一个重要的主题（专栏 1.4）。最终来说，迁移者自己的看法要比专家的看法更重要，因为选择是否冒一次险去迁移是他们自己必须作出的一个艰难的选择。

1.4 带给我们的启示

把人和人的自由作为发展的中心对于研究人员流动（human movement）有重要的含意。首先，它需要我们明白是什么原因造成人们流动的便利与否。这意味着我们要了解人们为什么选择流动、促进及限制他们选择流动的因素是什么。在第 2 章，通过研究全球范围内最近半个世纪人员流动的模式，我们要弄清人员流动的选择空间及限制条件。我们发现这些模式都大致反映一个事实，即人们流动是为了扩大他们的机会，但也受到各种因素的严格限制，包括受到原住地和目的地国家与地区的各种政策的限制，以及受他们所掌握的资源的限制。由于不同的人面临不同的约束条

专栏 1.4 穷人如何看待迁移

近年来人们越来越重视采用定性的方法来了解处于贫困状态的人们是如何看待他们的生活的，世界银行在 2000 年出版的《穷人的声音》就是这方面的一项具有里程碑意义的研究。在我们编写本报告的准备过程中，我们委托了一项背景研究去调查参与式贫困评估的相关研究成果。参与式贫困评估是通过大规模的调查，运用定性和定量的研究方法从穷人的角度来考察贫困的研究。这些研究发现，贫困人口普遍认为流动既是一种必需（对于遭受严重困难的家庭，流动是应对策略的一部分），也是一种机会（扩大家庭生计的手段以及积累资产的能力）。

在尼日尔，2/3 的受访者指出，为了解决食物、衣物或收入的缺乏，他们曾离开家庭到别处寻找生计。一些家庭反映，家中有成员离开家庭是为了寻找有收入的工作，特别是在粮食供应短缺时减少家庭粮食需求的压力。在泰国的 Ban Na Pieng 村和 Ban Kaew Pad 村，受访者把迁移描述成是提高家庭社会经济地位的一种办法。在这些村庄，来自国外的汇款能帮助家庭投资于捕鱼商业活动，从而提高家庭在村里的地位和影响力。

在与重点小组的穷人讨论时了解到，季节性的国内流动是最常见的流动类型。当讨论国际间迁移时，它被认为是一种境况较好的东西。例如，在牙买加的研究中，参加者说不像穷人那样，那些境况较好的拥有权势的社会关系能够帮助他们获得去旅行和在国外工作所必需的签证。同样地，在蒙特塞拉特参加者描述了那些高学历的、经济条件更好的人如何能够在 1995 年火山爆发之后离开国家，而那些条件不好的人尽管有灾难也只能呆在原地。

关于穷人是如何看待人员流动的，参与式贫困评估给了我们一个较好的描述，但是对于其他人是如何脱离贫困的则没有提供相关的信息，因为这样的评估仅仅是设计来研究那些仍然处于贫困状态的人。近期由世界银行开展的对 15 个国家所做的一项研究调查了脱贫的路径。这些研究发现，在关于自由的讨论中，人们流动的能力逐渐成为了一个共同的主题。在摩洛哥，年轻妇女对于传统的束缚表示失望，那些束缚限制了妇女在没有男性陪伴下旅行的能力，以及在家庭之外寻找工作的能力。男性把能迁移的能力描述为既是一种自由又是一种责任，因为随着迁移自由的到来他们也就承担了向家庭汇款的责任。

资料来源：Azcona（2009），Narayan、Pritchett 和 Kapoor（2009），世界银行（2000），世界银行（2003），以及 ActionAid International（2004）。

件，最终的结果是人员流动中存在严重的机会和收益的不平等。

在第 3 章，我们将探讨这些不公平是如何与政策相互作用的。正如我们在本章导言中所强调的，人员流动性有相当大的内在价值，但它在促进其他维度的人类发展方面的工具性价值也非常重要。然而，虽然人们通过流动能够并且也确实扩展了其他方面的自由，这些自由因流动而扩展的程度则大大取决于他们是在什么条件下流动的。在第 3 章我们将审视迁移在人类发展各个维度方面的成果，如收入和生计、健康、教育和赋权。我们也会回顾人们在迁移中经历福祉恶化的一些案例（例如与人口贩运或冲突相关的福祉恶化），但我们认为，这些案例发生的原因是因为个人选择在哪里居住的自由被限制了。

第 3 章的一个要点是人员流动可以包含权衡取舍，即人们可以在自由的一些维度方面有所得而在其他一些维度方面有所失。在海湾合作委员会国家工作的数百万亚洲和中东工人接受了对他们权利的严格限制以换取工作许可。尽管他们赚取的收入比他们国内的高，但是他们不能和家人在一起，不能获得永久的居住权，也不能更换雇主。许多人甚至不能离开，因为他们的护照在入境时就被没收了。对于世界上许多人来说，选择迁移还牵涉到要把孩子留在原住地。在印度，当投票选举日被安排在国内人员流动的高峰阶段时，季节工实际上是被排除于选举之外的。[30] 生活、工作在非合法状态下的人们，常常被剥夺许多基本的权利和服务，使得他们始终生活在被拘捕和驱逐出境的恐慌中。理解人员流动对人类发展的影响需要对这些不同的维度进行系统的分析，以使得我们对这些权衡取舍的本质和程度以及相关的政策含义有更深的理解。

当流动者能对非流动者的福祉产生影响时，更加复杂的权衡取舍问题就被提出来了。确实，有关移民能影响流入地居民福祉的看法，已无数次引起了决策者和专家学者之间的争论。第 4 章将会聚焦于这些争论。我们所掌握的数据显著表明，有关人员流动会对原住地和目的地的留住居民带来显著的负面影响的担忧常常被过度夸大了。但是，这些忧虑有时也确实是真实的，而这对政策制定有重要的含义。

如果人员流动受到政策和资源的约束，而促进人员流动能显著增加流动者的福祉，同时对留住者往往也有积极影响的话，那么应该制定怎样的人员流动政策呢？在第 5 章，我们认为合意的政策应该和我们今天所看到的非常不同。特别是，应该对目前的政策重新设计，为低技术工人提供更多的流动机会，同时也应提高移民在目的地的待遇。

我们并不提倡对国际间人员流动实行全盘自由化。这是因为我们承认生活在目的地的人们有权利塑造他们的社会，而设立边界是他们划定责任范围的一个办法，即他们只对属于他们社会的成员负责。但是我们也相信，人们通过无数种方式彼此关联，这需要他们在各个层面履行其道德义务。这主要是因为个人并不单纯地属于某一个社会或圈子，也不能仅仅和唯一地根据其宗教、种族、民族或性别为由来判断。相反，个人常常是透过一面多重的镜子来看到自己多重的身份。正如阿玛蒂亚·森所强有力地表达过的，“一位来自于基加利（Kigali）的胡图族（Hutu）劳工，不仅是一个胡图人，而且还是一个基加利人，一个卢旺达人，一个非洲人，一个劳工，一个人。”[31]

分配正义的责任是重叠的，并自然地与国界相交。既然如此，以下两个观点是不矛盾的：认为一个社会设定制度的主要目的是为了在其成员中产生公正的结果的观点，以及认为同样的这个社会的成员有义务与/为这个社会之外的人创造一个公平的世界的观点。这样的责任和义务可以通过许多方式来表达，如创建慈善组织和基金组织，提供发展援助，协助建立国家机构，改革国际机构从而使之更适应贫穷国家的需求等。但是，我们的分析表明，减少对流动人员进入的限制，特别是减少对

人员流动性有相当大的内在价值，但它在促进其他维度的人类发展方面的工具性价值也非常重要。

在这期报告中，我们认为人员流动对于人类发展有着至关重要的意义，并把人员流动看做是人们选择如何和在哪里生活的愿望的自然表达。

低技术工人及其家庭进入的限制，使他们能够较顺利地进入相对富裕的发达国家和发展中国家是履行这些责任和义务的一条相对有效的途径。同样的分析也支持了我们在第 5 章提出的政策建议。

本报告的政策建议不仅仅是根据我们认为世界应该是怎样的而提出来的。我们承认，在制定人员流动政策时，还必须考虑到对更多的开放存在的政治对立（这种政治对立有时看起来会是极难克服的）。不过，在考虑了政策可行性后，我们认为，一个设计合理的自由化方案（既能应对目的地劳动力市场的需要，又能克服公平和歧视问题）是能够获得选民和利益集团的高度支持的。

自 1990 年全球第一个人类发展报告介绍人类发展思想以来，已有一系列对人类发展思想的新的贡献。我们的分析是建立在这些贡献的基础之上的。1990 年的报告用了一整章来阐述城市化和人类发展，回顾了压制国内人员流动政策的失败的经验，并且得出结论，即只要城市和农村间存在差异，就会有人通过流动去设法获取更好的教育资源与社会服务、更高的收入机会、更好的文化设施、新的生活模式、新技术以及和世界的联系。[32]像历年的人类发展报告一样，本报告是从对我们生活的世界在机会配置上的不公平这一观察开始的。进而我们认为，这一事实对于理解人为什么迁移、如何迁移，以及我们应该如何重新调整人员流动政策是有非常重要的意义的。我们对现有的有关移民政策的批评是针对这些政策如何加剧了相关的不平等的。正如在 1997 年人类发展报告中所指出的，正是因为“在应用全球自由市场准则时有选择性”，所以“全球市场在对待非技术工人方面不像在对待工业化国家的出口市场和资本市场时那样自由。”[33]我们关于迁移可通过促进技能、劳动力，以及思想的流动而增加文化的多样性和丰富人们的生活的观点，是建立在 2004 年人类发展报告中的分析之上的。该报告涉及了文化自由在当今多样性世界上的作用。[34]

同时，人类发展的进程是在不断演进的，所以对特定主题的讨论随着时间的变化而改变是自然的。本报告对把人员流动看做一个问题而需要采取纠正行动的观点（一些决策者是这样认为的，在我们过去的报告中有时也有所反映）提出了强烈的质疑。[35]相反，在这期报告中，我们认为人员流动对于人类发展有着至关重要的意义，并把人员流动看做是人们选择如何和在哪里生活的愿望的自然表达。

虽然提高人员流动可以增加全世界数百万人的福祉是本报告的关键主题，但是我们必须在一开始就强调，促进人员流动仅仅是提高人类发展水平战略的一个组成部分。我们不认为它应该是核心组成部分，我们也不认为它应该和可行性能力等级中的足够的营养和满意的住所处于同一水平。我们也不认为人员流动性能够替代直接投资于人民、为人们创造条件使他们在自己家园获得繁荣的国家发展战略。事实上，通过人员流动去提高弱势群体的福祉的潜力是有限的，因为这些群体往往是最不可能流动的。然而，尽管人员流动并不是万能药，但是由于它对于迁移者和留住者的福祉总体上说均有积极意义，人员流动应该是任何旨在世界各地持续提高人类发展水平的策略的一个重要组成部分。

人员流动：谁迁移到何处，什么时候，为什么

2

本章跨越空间和时间探讨人员流动的情况，所展现的人员流动模式与人员流动是为了寻找更好的机会的思想相一致，也与人们的流动严重受到各种障碍限制（其中最重要的障碍包括原住地和目的地政府的政策以及迁移者个人所拥有的资源）的思想相一致。总的来说，过去50年来向发达国家迁移的人数显著增加，这反映了各国间机会上的差距越来越大。尽管人员流动的速度在当前经济危机期间可能会暂时放慢，然而经济一旦恢复，人员流动中基本结构性的力量将会持续作用，并有可能在未来的几十年产生更大的人员流动压力。

人员流动：谁迁移到何处，什么时候，为什么

本章的目的是一般性地描述人员流动的情况，对谁迁移，如何迁移，为什么迁移，迁移到何处等做一个概述。人类流动是一幅复杂的画面，我们粗线条的描绘很难捕捉到每一个细节。然而，画面中呈现出的相似性和共性却是惊人的，正是这些相似性和共性能够帮助我们理解导致和限制人们迁移的各种力量。

我们首先在2.1节中分析人员流动的关键特性，如所涉及的人数、构成和去向。在2.2节中我们考虑今天的人员流动与过去的人员流动有什么相似和不同之处。我们的研究结果表明，人员流动主要受政策的限制。我们将在2.3节中详细讨论该问题。在最后一部分（2.4节）中我们展望未来，并试图理解开始于2008年的经济危机一旦结束，人员流动在中长期会有怎样的发展。

2.1 人员流动现状

研究迁移问题一般是从描述发展中国家向发达国家的人员流动开始的，有时我们会不严谨和不准确地将它称为“南—北”流动。然而，世界上大多数的人员流动不是发生在发展中国家与发达国家之间，甚至也不是发生在国家之间，我们发现绝大多数的人员流动却是发生在国家内部。

人员流动的这个基本情况为什么没有被很好地认识，原因之一在于数据的严重缺乏。为克服这一知识缺陷，本报告组织了一项背景研究，该研究根据人口普查资料一致性地计算了覆盖世界人口57%的24个国家的国内流动人数（见图2.1）。[1]尽管对国内流动人口采用了一个相对保守的定义，即仅计算一个国家内最大辖区间流动的人数，但在我们的样本中，国内流动的人数要比国际迁移的人数高出6倍。[2]把从这些数据中发现的区域流动模式推广至全球，我们估计得出世界上大约有7.4亿的国内流动人口，这一数字几乎是国际迁移人数的4倍。

相比较而言，当前国际移民的人数（2.14亿，或世界人口的3.1%）就显少些。当然，这种全球性的估计也遇到一些方法论上和可比性上的问题，但是我们有充分的理由相信这个估计数在数量级上是正确的。[3]专栏2.1指出了关于国际迁移人数数据最常被提到的一个忧虑，也即这些数据在多大程度上记录了非正规移民，这一点我们将会在下面进行讨论。

即使把注意力集中在国际迁移方面，我们也发现大部分的国际迁移并不发生在发展水平差异很大的国家间。世界上仅有37%的迁移是从发展中国家向发达国家的迁移，而多数迁移是发生在相同发展水平的国家间：大约60%的迁移是发生在发展中国家间或发达国家间（剩下的3%是从发达国家向发展中国家的迁移）。[4]

以上的比较依据对国家进行的划分，即把一部分国家定义为已达到了较高发展水平而另一些国家则没有。这样的划分必然有些武断。我们是依据人类发展指数（HDI）来对国家进行分类的，那些HDI等于或高于0.9（HDI赋值为0—1）的国家我们称为发达国家，没有达到0.9的则被称为发展中国家（见专栏1.3）。本报告全文都使用这个划分标准。这样做并不意味着我们是对任何特定的经济或政治体制的优劣作出任何判断，也无任何掩盖在改善和保持现有人类福祉水平中所存在的错综

图 2.1 国内流动人数多于国际间流动人数

国内流动和移民出境率，2000—2002 年

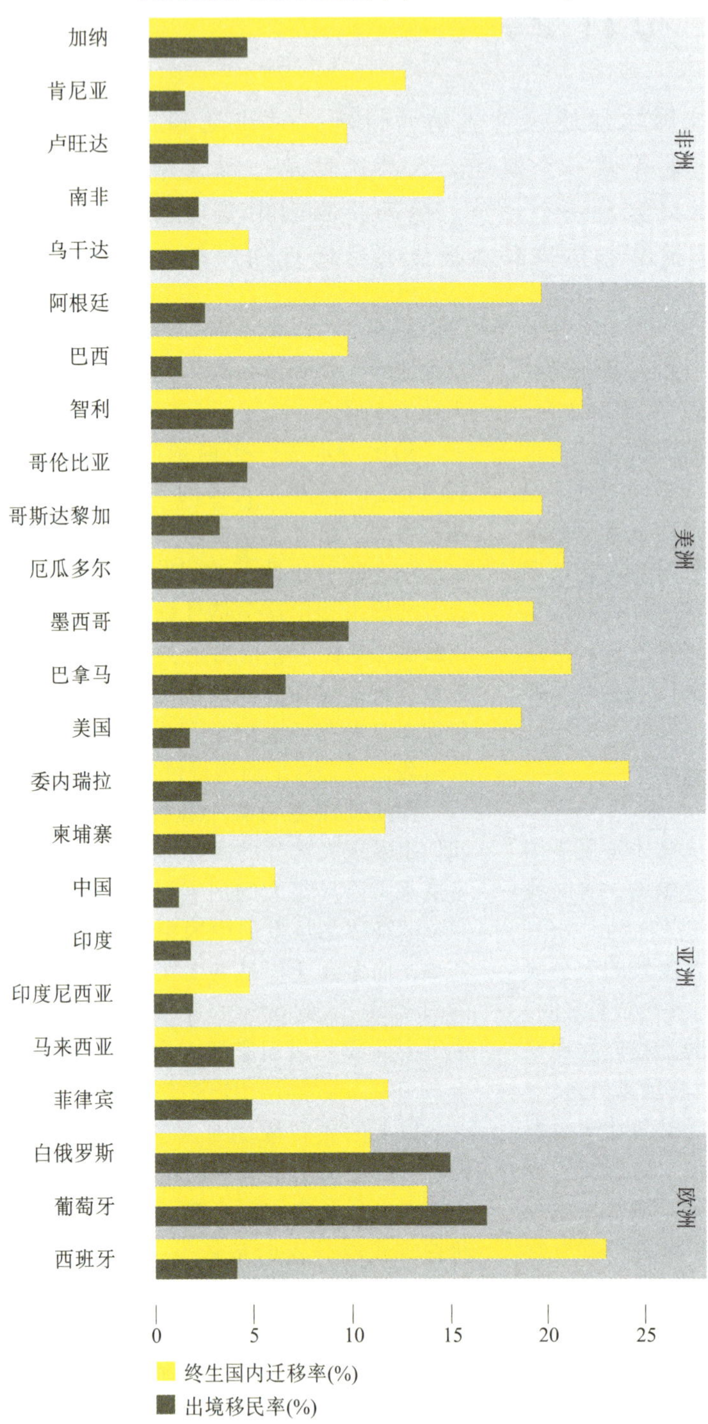

资料来源：Bell 和 Muhidin（2009），以及根据 Migration DRC（2007）数据库由 HDR 编写组作出的估计。

注：所有的出境移民数据均来自 Migration DRC（2007）数据库。该数据库覆盖了 2000—2002 年度。除了白俄罗斯（1999）、柬埔寨（1998）、哥伦比亚（2005）、肯尼亚（1999）和菲律宾（1990），其他国家国内流动率根据这些国家 2000—2002 年度人口普查数据计算得到。

复杂的关系的意图。按照这样的标准所定义的发达国家或地区不仅包括那些通常就被认为具有发达水平的国家或地区（包括所有的西欧国家、澳大利亚、加拿大、日本、新西兰、美国），而且也包括一些通常不被认为具有发达水平的国家或地区（比如东亚地区的中国香港、新加坡、韩国，海湾地区的科威特、卡塔尔、阿拉伯联合酋长国）。然而，除捷克共和国和斯洛文尼亚外，大多数东欧国家都未进入高 HDI 组（见统计表 H）。

之所以没有出现更多从发展中国家向发达国家的人员流动，一个很明显的原因是流动的代价高，因为长距离流动总要比短距离流动付出更高的代价。国际迁移的高额费用不仅来自迁移成本，而且也来自于对跨国迁移的各种政策限制，而只有那些拥有足够资源的、拥有目的国所需要的技能的，或者是那些愿意冒很大风险的人能承受所有这些费用。有近半数的国际移民是在他们原住地所在的区域内流动，大约有 40% 的人迁移到相邻的国家。然而，原住地和目的地的临近不仅体现在地理上：6/10 的移民所选择的目的地的主要宗教信仰和他们出生地的宗教信仰相类似，4/10 的移民选择的目的地的主要语言和他们出生地的语言相同。[5]

这种区域内和区域间的人口流动模式可从地图 2.1 中看到。图中迁移人数的大小用箭头的厚度表示，每个区域的大小与其人口的大小成比例，每个国家的颜色代表它的 HDI 类别。从图中可看出，区域内流动占主导位置。举一个很显著的例子，在亚洲，区域内的迁移人数占国际迁移总量的 20%，超过了欧洲从所有区域接纳的移民的总和。

从发展中国家向发达国家的流动仅占国际人员流动的很小一部分的事实并不意味着生活水平的差异是不重要的。恰恰相反，3/4 的国际移民所选择的目的地的 HDI 都高于他们原住地的 HDI；来自发展中国家的移民的这一比例更是超过了 80%。然而，他们所移居的目的地常常不是发达国

专栏 2.1 计算非正规移民

唯一全面统计世界上境外出生人数的机构是联合国经济和社会事务部（UNDESA），其数据覆盖了近 150 个会员国。该机构得到的各国境外出生人数主要是以人口普查数据为基础作出的估算数。人口普查数据试图统计在某一特定时刻和特定国家居住的人数，其中“居民”被定义为“在其每天通常休息处有居住地方的人”。也就是说，人口普查试图计算一国内所有的居住者，而不管他们是正规的（regular）还是非正规的（irregulars）。

然而，非常有理由怀疑人口普查会大量地低估非正规移民人数，因为这些移民可能会担心自己的情况被普查员掌握后会将其信息透露给其他政府部门而避开普查员的调查，房主也有可能隐瞒其非法出租房屋给非正规移民的事实，移民本身具有的流动性极强的特性也可能造成统计上的困难。

已有研究运用了许多人口学和统计学方法来估计低估的移民人数。美国的 Pew Hispanic Center 已经开发了一套与人口普查研究和从墨西哥获取的历史人口数据相一致的假定，通过这些假定估算出低估的人数大约有 12%。其他研究估计在 2000 年洛杉矶人口普查期间移民人口的漏查率为 10%—15%。根据这些估算推算，美国的官方统计数遗漏了约 100—150 万非正规移民，相当于其总人口的 0.5%。

很少有研究对发展中国家被低估的移民人数进行估算。唯一的例外是阿根廷，近来对阿根廷所做的研究发现被低估的移民人数相当于这个国家总人口的 1.3%。在其他发展中国家，移民人数低估率可能更高。对包括俄罗斯联邦、南非、泰国在内的不少国家所做的研究发现，低估的非正规移民人数占总人口的比重达 25%—55% 不等。然而，真实的数据仍然存在很大的不确定性。根据 HDR 编写组对移民专家所做的调查，发展中国家非正规迁移人数平均约占总迁移人数的 1/3。通过假定所有这些移民都没有被相关国家的人口调查所触及，我们可以获得被国际统计遗漏的移民数的最大值（也就是说低估率是 100%）。在这一假设下，在全球统计中，发展中国家中低估的移民数大约是 3000 万。

资料来源：UN（1998），Passel 和 Cohn（2008），Marcelli 和 Ong（2002），Comelatto、Lattes 和 Levit（2003）。俄联邦部分见 Andrienko 和 Guriev（2005），南非部分见 Sabates - Wheeler（2009），泰国部分见 Martin（2009b）。

家，而是有更高生活标准和/或更多工作职位的其他发展中国家。

原住地和目的地的人类发展水平差异可以是巨大的。图 2.2 说明了这种差异。我们用一个量化值来表示，并且暂时将其不精确地称为迁移所带来的人类发展的“收益”。图中以原住国的 HDI 为对象对这一值加以绘制。[6]如果平均而言移居者的目的国和他的原住国的人类发展水平处于相同的水平，这个值为零。相反，除去最发达国家，其他所有国家该数值都是正的而且通常很大。当原住国人类发展水平提高时，平均“收益”减少。这个事实说明，平均而言来自于最贫困国家的人从国际迁移中所获收益最大。

许多系统研究进一步证实了来自低 HDI 国家的移民从国际性迁移中获得最多收益的结论。由本报告委托的背景研究对移民原住国和目的国的 HDI 做了比较，发现两者之间的差异在绝对量和相对量上都与原住国的 HDI 呈负相关关系。来自于低 HDI 国家的移民获得的收益最多，平均而言，他们的收入增加了 15 倍（达到年均 1.5 万美元），入学率提高了 2 倍（从 47%

图 2.2 最贫困的人从流动中获得最大收益……

目的国与原住国 HDI 的差额，2000—2002 年

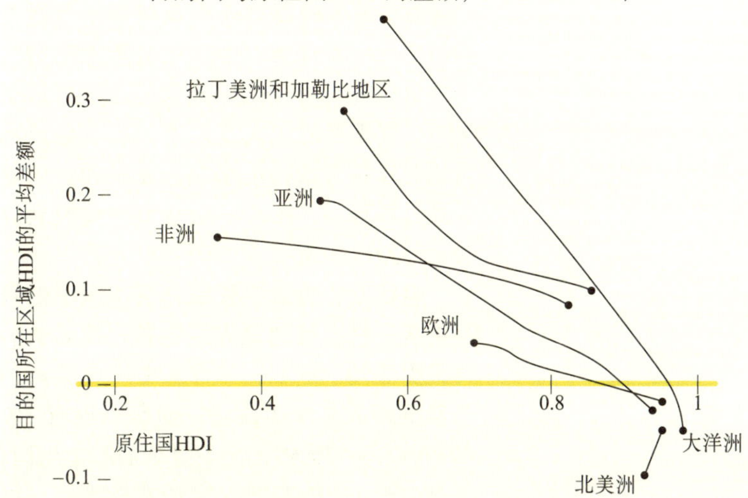

资料来源：由 HDR 编写组根据 Migration DRC（2007）数据库估计。
注：平均数使用 Kernel 密度回归法。

地图 2.1 大多数人是在区域内迁移

国际迁移中的原住国和目的国，2000 年左右

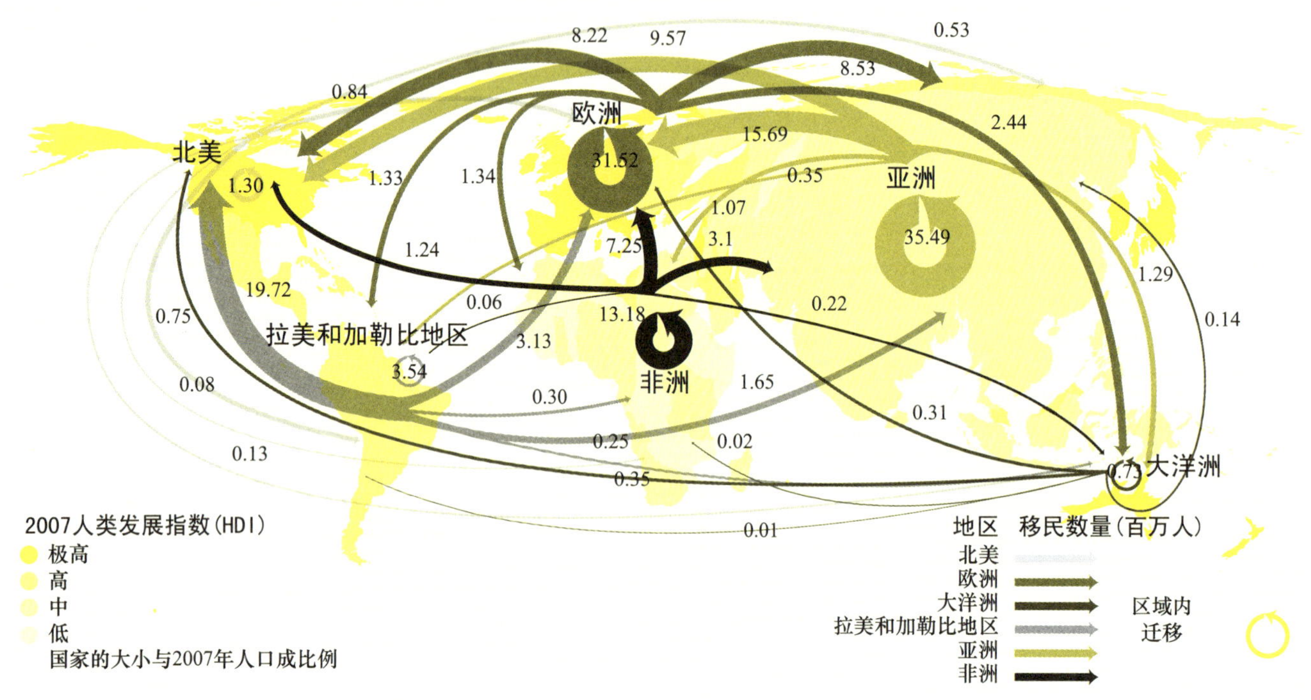

资料来源：由 HDR 编写组根据 Migration DRC（2007）数据库估计。

提高到 95%），儿童死亡率降低了 16 倍（从 112‰降低到 7‰）。对许多发展中国家所作的类似的调查进一步发现，自我选择（即那些选择迁移的人在原住国是相对较富裕和教育水平较高的人）仅可以解释这些收益中的一小部分。为本报告所做的另一个背景研究对两个国家的双边迁移进行了分析，发现目的国人类发展的所有组成部分均对迁移有积极的影响，并发现收入差距最具解释力，[8]在以下的章节中我们会详细地讨论这些关系。

自相矛盾的是尽管来自贫困国家的移民能从迁移中得到最大的收益，但是他们却最少流动。例如，尽管从非洲向欧洲的迁移得到了高度的关注，但是也仅有 3% 的非洲人所定居的国家不是他们的出生国，并且少于 1% 的非洲人定居在欧洲。一些学者注意到了如果分析移民出境率与一国发展水平之间的相关性，那么它酷似一个“驼峰”，也就是说，贫穷国家和富裕国家的移民出境率均比中等发展水平的国家要低。[9]这种情况可见图 2.3，该图表明低人类发展水平国家中移民出境率的中位数仅仅是高人类发展水平国家的 1/3。[10]当我们的比较仅限于向发达国家的迁出率时，这种关系甚至更强：低人类发展水平国家的迁出率的中位数小于 1%，而高人类发展水平国家的这个比率接近 5%。对两国间的迁移分析表明，即使控制了原住国和目的国的一些特征如寿命、教育年限和人口结构，这一模式仍然成立。[11]

贫困是迁移的一大限制因素，这一结论还在对住户的分析中得到证实。例如，对墨西哥住户的一项调查发现，对于年收入低于 15000 美元的住户，其迁移的可能性随着收入水平的提高而增加（图 2.3，B 部分）。本报告的一项委托研究发现，在孟加拉国的 Monga 或生长季节期间，当人们

的现金财力最少时，一个随机的货币激励便会使迁移的可能性大大增加，[12]而且其影响幅度是巨大的：如果目的地给移民一笔相当于一周工资的收入，那么迁移的倾向就会由 14% 增加到 40%。这一结果对政策圈子中宣传的一种观点提出了强烈的质疑，即认为随着原住国的发展，迁移就会减少。

许多移民家庭的确通过迁移提高了他们的生活水平，但这也并不总是实情。像第 3 章讨论的，当迁移发生在选择权被限制的情况下时，常常会引起相反的结果。尽管由冲突以及人口贩运导致的迁移在全部人员流动中所占的比例并不大，但是它们影响着世界上不少最贫困的人，所以需要加以特别关注（见专栏 2.2）。

另一个重要的事实是迁出模式与国家人口的多少成反向相关关系。对于 48 个人口低于 150 万的国家（包括 1 个低 HDI 国家，21 个中等 HDI 国家，12 个高 HDI 国家和 11 个极高 HDI 国家），它们的平均迁出率为 18.4%，显著高于世界平均水平 3%。的确，世界上迁出率最高的 13 个国家都是小国家，其中安提瓜和巴布达，格林纳达，圣基茨和尼维斯的迁出率都超过了 40%。人口规模和迁出率之间的简单相关系数是 -0.61。在许多情况下，为了充分利用其他地方的机会，出生在偏远的小国家的人会选择迁移。类似的因素也导致了许多国家内部大量的人口从农村流向城市。跨国回归分析表明，人口规模对迁移的影响对于那些远离世界市场的国家来说更大；越偏远的小国，决定迁移的人越多。[13]这些迁移模式的含义在专栏 4.4 中会有讨论。

以上回顾的总体情况告诉了我们移民来自哪里、要去哪里，但是还没有说明是谁在迁移。虽然严重的数据限制妨碍了我们对全球的移民作一个概况，但是现有的数据还是展现了一些令人感兴趣的情况。

国际移民中大约有一半（48%）是妇女，而且过去 50 年来这一比例一直保持稳定：1960 年该比例是 47%。这种情形与 19 世纪时的情况形成了对比，那时绝大多数迁移者是男性。[14]尽管近年来提及到了移民的女性化，但是很大程度上移民在数量上的性别平衡在早先已经达到了。然而总体的稳定性掩盖了区域一级的趋势。当迁移到欧盟的女性比例缓慢地从 48% 增加到 52% 时，迁移到亚洲的女性比例则从 47% 降低到了 45%。

当然，迁移人口相对平衡的性别比可以掩盖迁移环境和可得机会方面的显著差异。[15]同时，越来越多的文献已经对传统所认为的在作出迁移决策时女性处于次要角色的观点提出了挑战。[16]例如，对移民到阿根廷的秘鲁夫妇所作的一项定性研究发现，

图 2.3 ……但是他们也很少流动

人类发展指数（HDI）、收入与移民出境率

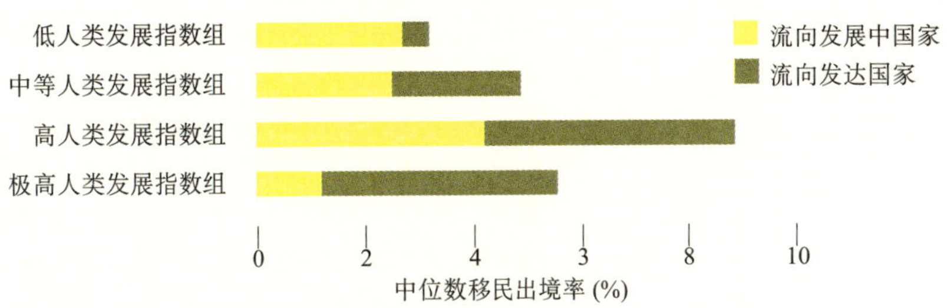

资料来源：HDR 编写组根据 Migration DRC（2007）和 UN（2009e）估计。

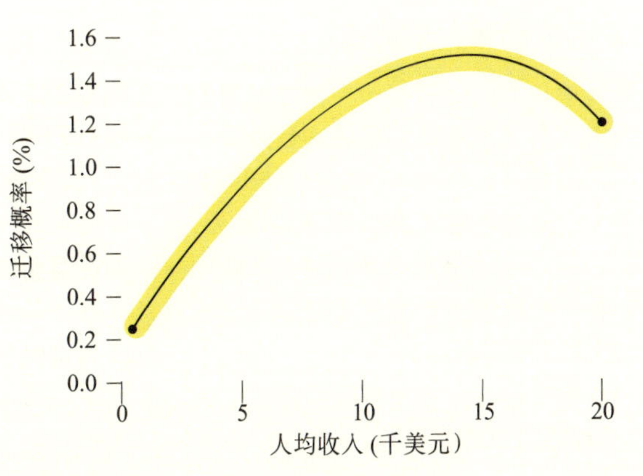

资料来源：Meza 和 Pederzini（2006）。

大多数妇女是自己先迁移，之后丈夫和孩子才迁移的，因为她们比丈夫能够更快地找到工作。[17]

数据也显示了大量的临时性流动人员。在经合组织（OECD）国家中，在特定的一年中临时入境者通常占到总入境人数的1/3以上。然而，由于其中大部分人很快离去而另一部分人转入较长期的安排，在任何给定时间点上持有临时签证的人数要比总的临时入境人数少很多。确实，在经合组织国家境外出生的人中有83%在这些国家已经居住了5年以上。[18]几乎所有的临时移民都是出于工作原因而迁移。一些人进入了迁移的循环圈，他们重复地进出目的国以从事季节性或临时性工作，几乎是拥有了两个居住地。[19]

重要的是不要过分强调移民类别之间的区别，因为许多移民在不断地转换类型。实际上，把许多国家的入境体制比作是一间房子的多扇门或许能更好地理解问题。移居者可通过前门（永久定居者）进入房子，也能通过侧门（临时访问者及临时性工人）或者后门（非正规移民）进入。然而，一旦进入了一个国家，这些渠道往往相互融合，例如临时访问者可能变成正规入境移民或者落入非法地位，非正规的迁移者也可能获得合法的居住权，拥有永久居住权的人又决定返回原住国等。

上述比喻对于理解非正规移民特别有用。特别是在发达国家，超期居留是成为非正规移民的一个重要渠道。事实上，正规和非正规的区别要比经常所假定的更模糊。例如，人们通常合法地进入一个国家，然后不管是否获得工作许可证都照样工作。[20]在一些岛国如澳大利亚和日本，超期居留几乎是非正规迁移的唯一渠道。甚至在许多欧洲国家，超期居留也会占到非正规迁移的2/3。在经合组织国家，那些处于非正规居留或工作状态的人们往往是教育水平低的人。[21]美国非正规移民人数是总人口的4%或总移民人数的30%。[22]近来由欧盟委员会资助的一项研究项目估计，2005年非正规移民占全部移民的6%—15%，或者相当于欧盟总人数的1%。[23]计入官方移民估计数的仅为非正规移民的一部分，大部分并未计算在内（见专栏2.1）。

在迁移人口中，有技术和处于工作年龄的人数的超比例是移民选择性的一个方面。与非移民相比，移民不仅有较高的获取收入的能力，而且与目的地拥有同等教育资历的当地人相比，他们常常身体更健康、工作更高效。移民选择性通常反映了经济、地理位置、或者政策设置的障碍的影响，这些障碍使低技术人员的流动更加困难。最明显的例子就是正规教育。大学

专栏 2.2 由冲突引发的流动和人口贩运

受冲突和无安全保障影响的人是所有移民中最可能遭受一些最坏人类发展结局的人。由于冲突而迁移的人数是很可观的：2008年初，由联合国难民署或联合国近东巴勒斯坦难民救济和工程处（UNRWA）托管的避难者大约有1400万，约占所有国际移民的7%。大多数避难者来自于世界上较贫困的国家，并且又迁移到较贫困的国家：亚洲和非洲的避难者分别占全部国际移民的18%和13%。

甚至有更多的受暴力和冲突影响人被安排迁移到他们国内的其他地方。据估计，2009年这样的背井离乡的人不少于2600万，其中苏丹有490万，伊拉克有280万，刚果民主共和国有140万。

确定被贩运的人口的规模要更难。事实上，有多少人被贩运还没有一个准确的数字，其原因包括：有关人口贩运的数据通常与其他形式的非法移民或移民剥削的数据相混合，很难区分什么是自愿的，什么是被迫的，以及人口贩运本身就是一项秘密的、犯罪的活动。许多经常引用的数字受到相关国家的质疑，而且人口贩运的估计数与已确认的人数间存在很大的差距。

资料来源：IDMC（2009b），Carling（2006），Kutnick、Belser 和 Danailova – Trainor（2007），de Haas（2007）和 Lazcko（2009）。

毕业生占处于工作年龄段的迁移到经合组织国家的移民的 35%，而他们只占非经合组织国家的同一年龄段人口的 6%。[24] 从发展中国家向经合组织国家迁移的人往往是处于工作年龄段的移民，例如来自撒哈拉以南非洲地区的移民中，80% 是处于工作年龄段的。[25]

关于发展中国家的移民的选择性我们又知道什么呢？当迁移过程更具选择性时，大部分的流动者为适龄工作人口（他们比那些劳动力市场外的人有更高的谋生能力）。利用人口调查数据，我们对 21 个发展中国家和 30 个发达国家分别比较了这些国家移民的年龄概况和他们原住国人口的年龄概况。通过比较，我们发现两者间存在显著差异：在发达国家中有 71% 的移民是适龄工作人口，但在原住国处于适龄工作人口的人数仅占 63%；相比之下，在发展中国家这个差异可以忽略不计（63% 对 62%）。

关于国内流动的最新的研究表明移民选择性问题要比以上所论述的更加复杂。例如在肯尼亚，受本报告委托的研究发现在人力资本和迁移之间存在一个正相关关系。[26] 但随着一批又一批移民的涌入这一关系正逐渐减弱，[27] 这一结果与关于社会以及其他网络的发展会使流动变得更加便利的思想是相一致的。换句话说，当听到其他人成功迁移的消息时，较贫困的人可能也会决定冒险迁移，并且他们对为自己的成功而获得所必需的支持也变得更加自信。受本报告委托的其他研究对 34 个发展中国家国内流动人员的教育情况进行了探讨，结果表明流动人员与非流动人员相比更有可能完成中学教育。该结果不仅反映了流动儿童有更好的教育结果而且也反映了迁移选择性（见第 3 章）。[28]

对于国内流动和国际迁移之间的关系我们还知道些什么呢？国内流动，特别是从农村向城市的流动，可以是向国际迁移迈出的第一步，正如在墨西哥、泰国和土耳其所做的一些研究所发现的那样，但这远远不是一个普遍的模式。[29] 相反，在一定程度上，移民出境却可以促进原住国国内的流动。早在 20 世纪 90 年代初，从阿尔巴尼亚向希腊的移民潮产生的汇款为国内居民向城市中心的流动提供了资金支持；在印度，从喀拉拉邦迁向国外的移民在他们的原住地腾出了不少工作岗位，同时他们的汇款又刺激了当地建筑业的蓬勃发展，从而吸引了周边的低技术移民。[30]

对比国际迁移和国内流动能够加深我们对人员流动的原因和意义的理解。例如，本报告的背景研究中分析了原住地的大小（用人口来衡量）与技术工人流动之间的关系，发现国内和国际迁移模式在这方面是大体相似的。特别是，较小地方的技术工人的迁出率要高于较大的地方，而这正与较小国家的技术工人的迁出率要高于较大的国家一样。[31] 这些迁移模式反映了人类互动（human interaction）在促进迁移方面的重要性。寻求更好的机会是国内、国际间人员流动的主要驱动力。在很多情况下，特别是涉及技术劳工的流动，那些有互补技能的人存在的地方机会相应的也更多，这就是为什么人们被吸引到城市的原因之一，也是为什么高技术的人才常常流向那些已经建立与他们相关的职业的城市和地区的原因之一。[32]

尽管我们能够确定以上人员流动的大致轮廓，但是我们所知道的和所不知道的相比，未免有些相形见绌。遗憾的是有关迁移的数据仍然很稀缺。对于决策者来说，计算鞋子、手机的国际流动要远比计算护士、建筑工人的国际流动更容易。我们的许多信息是建立在人口调查数据基础之上的，但是这些数据来源并不提供能够反映移民流动趋势的时间序列数据，也缺乏用于评价迁移影响的关键数据，如入境时迁移者的收入以及其他特征。通过人口登记能得到这样的时间序列数据，但是能做到这种登记的国家寥寥无几。决策者通常需要按类别划分的移民入境信息（例如合同工人，学徒工，家属，专业技术人员等），所以发放给各类入境者的签证数和许可证数的数据是重要的。但是，这些数据并不

寻求更好的机会是国内、国际间人员流动的主要驱动力。

遗憾的是有关迁移的数据仍然很稀缺。对于决策者来说，计算鞋子、手机的国际流动要远比计算护士、建筑工人的国际流动更容易。

能回答有关国际迁移的社会影响或经济影响的问题。

近年来在数据方面已经取得了一些进步。经合组织、联合国、世界银行以及其他机构已经编辑、出版了相关的人口调查和管理信息数据库，这对全球人员流动的某些方面提供了新的线索。但是这些公共数据仍然不能回答一些基本的问题，如去年有多少摩洛哥人离开了法国？2004 年在美国定居的拉丁美洲人从事什么职业？近年来迁移去南非的津巴布韦人的数量有什么变化？全球有多少人返回了原住地或进入循环式迁移，他们的特征又是哪些？针对大部分问题，迁移数据仍然很不完整，不具有可比性，而且很难获得。有关贸易和投资的数据很多很详细，而关于人员流动的许多方面却仍然是决策者的盲点。

虽然一些数据方面的局限性难以克服（如准确估计非正规移民的人数问题），但其他限制应该是可战胜的。从逻辑上来看，我们首先要确保国家统计部门遵循国际指导，从而确保每次人口调查都包含核心迁移问题。[33]现有调查的范围应该稍微扩大一点，或者现有的行政性数据应加以编制并发行，以增加对迁移过程的公共信息。在人口普查中增加关于出生国别或先前居住国的问题将是许多国家未来可采取的一个低成本的方法。另一个办法是将现有的劳动力数据公开发布（包括出生国别），像巴西、南非、美国和其他一些国家已经做的那样。再一个办法是将标准的移民问题纳入住户调查中，尤其是在那些移民问题已变得越来越重要的国家。这些改进是值得政府重视的，也应有更多的发展援助。

2.2 回顾

我们现在来回顾人员流动如何促成了世界的历史。由此可帮助了解早期的人员流动和现今的人员流动之间的相似性和差异性，同时还能揭示迁移行为在社会结构转型中所扮演的角色，包括促进迁移的动力和妨碍迁移的阻力。之后，我们将对发生在 20 世纪内的国内与国际的迁移活动及其演变展开详细的讨论，但我们的重点会集中在二战后的几十年间。对过去 50 年间迁移趋势的分析是我们理解导致近年来迁移模式变化的原因的关键，也是我们预测未来发展趋势演变的重要依据。

2.2.1 历史视角

尽管人们普遍认为，国际迁移是与 20 世纪末的全球化和贸易增长联系在一起的，但大规模的长途迁移早已有之。当伊比利亚人还在统治美洲的时候，就有超过 50 万的西班牙人和葡萄牙人，以及约 70 万的英国人移居到他们在美洲的殖民地。[34]从 15 世纪开始直到 19 世纪末，通过野蛮的武力征服，约有 1100 万至 1200 万的非洲人穿过大西洋被运往美国充当奴隶。在 1842—1900 年间，约有 230 万中国人和 130 万印度人以合同工的身份来到了东南亚、非洲以及北美。[35]在 19 世纪末，许多国家境外出生的人口比例要比今天高得多。[36]

再向前追溯，我们发现人员流动贯穿整个历史，存在于几乎所有有历史学和考古学证据的社会。最近的 DNA 检验结果支持了早期的化石证据，即整个人类都起源于非洲赤道附近的一个共同祖先，他们在距今约 50000 年前穿越红海进入了阿拉伯半岛南部。[37]尽管不同社会文化的相交经常产生冲突，但是迁移者在他乡与当地人和平共处的情况还是时有记载的。比如，公元前 18 世纪的古巴比伦石板上，便记录了一群 Uruk 人由于家乡遭到洗劫，逃难他乡的故事。他们在新地方并未遇到任何文化阻碍，他们的牧师被允许和当地的牧师同住一起。[38]关于尊重和善待外来人的基本礼仪在古代许多宗教典籍中都可以找到。比如，在旧约中，就有这样一段话，“和你们同居的外人，你们要看他如本地人一样”，而古兰经则要求信徒在信仰受到威胁之时进行迁移，并要为非穆斯林提供庇护（aman），即便他们与穆斯林有过矛盾。[39]

历史上，人口流动对经济结构转型发挥了重要的作用，从而对发展作出了极大的贡献。遗传学和来自新石器时代（公元前 9500 年—公元前 3500 年）的考古证据表明，人们掌握了种植技术后，随着社区的扩展分散，农业很快地得到了推广。[40]英国工业革命既促进了城市的飞速发展，也受到了城市化的推动，其主要动力来自于乡村人口向城市的流动。[41]在所有发达经济体中，农村人口的比重大幅下降。美国的农村人口比重从 1820 年的 79% 下降到了 1980 年的 4%；而韩国的这一比重下降更快，从 1963 年的 63% 下降到了 2008 年的 7%。[42]

从我们的分析来看，一个有趣的现象是 19 世纪下半叶，欧洲有大量人迁移至新大陆。截止 1900 年，每年有超过 100 万人由于面临饥饿和贫穷和为追寻更好的生活而离开欧洲。即便以现代标准来衡量，如此大的人口迁移规模也是惊人的。在 19 世纪的迁移高峰期，10 年间移民数量的总和分别占到爱尔兰总人口的 14%，挪威的 10%，以及瑞典和英国总人口的 7%。相比之下，今天来自发展中国家的永久迁出人口要少于这些国家总人口的 3%。这一历史现象的出现，部分原因在于迁移成本的降低：从 19 世纪 40 年代初到 50 年代末，英国到纽约的旅费下降了 77%。[43]当然，还有另外一些因素决定了特定情况下的迁移，如爱尔兰的土豆饥荒等。如此大规模的人口迁移对于原住国和目的国都产生了巨大影响。工人从劳动力富裕的低工资地区迁移到了劳动力稀缺的高工资地区。这些迁移导致了显著的经济收敛：19 世纪 50 年代至第一次世界大战期间，瑞典的实际工资从相当于美国工资水平的 24% 增长到了 58%，而在同一时期，爱尔兰的工资也从相当于英国的 61% 增长到了 92%。经济史学家称，19 世纪末出现的各国工资收敛，其中有 2/3 可以归因于人口迁移。[44]

跨境汇款以及人员返回在过去也同样重要。汇款可通过信使运送、转账、票据等方式，经由移民银行、商所以及邮政渠道实现。1900 年之后，还可进行电汇。据估计，1910 年在美国的英国人平均将其总收入的 1/5 汇回国内；也大约在这个时候，约有 1/4 的移居美国的欧洲人是依靠他们亲人的这种汇款而成行的。[45]人员返回现象也十分普遍，据估计，移居美国的保加利亚人、塞尔维亚人和黑山人中竟有 69%，意大利人中约有 58% 的人返回了他们的祖国。[46]在阿根廷，来自意大利的移民经常被称为“燕子”（Golondrinas），因为他们喜欢返乡。一位同时代的观察家曾写道：“在阿根廷的意大利人并非殖民者；他们不要房产，不求生活，只希望得到一份适度的积蓄。”[47]

导致这些人口流动的另一个原因是政策姿态，当时各国政府不但倾向于接纳外来迁移者，而且还在许多情况下积极鼓励移民。对于原住国来说是如此：它们经常补助迁移活动，以减少本土的压力。对于目的国来说也是如此：他们邀请移民前去以充实居民点，以及充分利用当地的自然资源。例如，至 19 世纪 80 年代，就有约一半前去阿根廷的移民获得了迁移补贴，而巴西则在 1850 年通过一项法案，免费为外来移民安置土地。[48]更一般地说，在 19 世纪末期，没有任何之后出现的各种繁杂的限制国际人员流动的机制。比如，在美国永久定居甚至不需要签证，直至第一个限制性法案于 1924 年颁布。1905 年跨越大西洋来到纽约埃利斯岛的 100 万人中仅有 1% 的人被拒绝入境。[49]

一战前期与当今的最显著区别在于目的地国政府对移民的态度。尽管当时反移民的情绪有时升温，并经常导致一些旨在限制一些特定类型流动的障碍被设立，但当时各国政府所持的主导观点还是认为，人口流动是不可避免的，外来移民最终会对原住国和目的国都带来益处。[50]考虑到当时社会上对少数族群的容忍程度还普遍较低，而且远比现在广泛被人接受，政府的以上态度确实非同一般。[51]这也提醒我们，当前许多发达和发展中国家大量设置障碍限制移民的现状，也并非如之前想象的那样难以改变。

历史上，人口迁移对经济结构转型发挥了重要的作用。

2.2.2 20 世纪时的情形

先前支持人口迁移的共识没有能长久

地持续下去。在 19 世纪末，许多国家出台了入境限制。其原因多种多样，从剩余居住地的匮乏，到劳动力市场压力，再到公众情绪。在阿根廷和巴西等国，这一政策转变表现为对移民补贴的取消；在澳大利亚和美国，则以设置入境障碍来限制移民入境的形式出现。[52]虽然出台了这些限制政策，但 20 世纪早期的数据显示，当时的国际迁移人口占世界人口的比重，如果不比今天高也与今天相当。但考虑到当时交通成本相对较高，这一结果确实让人惊讶。[53]

第二次世界大战后的移民政策，没有一点可与当时的商品贸易以及资本流动领域内的快速的多边自由化相比拟。[54]一些国家签署了双边或区域性的协议，以应对特定的劳动力短缺问题，例如，1942 年美国实行了墨西哥农场劳工（Bracero）项目，在 22 年间为美国安排了超过 460 万份劳动合同，[55]1947 年英国与澳大利亚签署了英国—澳大利亚人员协作往来合约（United Kingdom - Australia Assisted Passage Agreement），以及欧洲各国实施的一系列劳工流动协定和外来工项目。[56]但早期对于外来工项目的热忱在 1970 年前便烟消云散了。美国在 1964 年取消了 Bracero 项目，大部分严重依赖外来工项目的西欧国家也在 20 世纪 70 年代的石油危机中终止了招募工作。[57]

人员流动领域内自由化的缺乏与一个稳定的全球人口迁移比例是相一致的。如表 2.1 所示，该比例（出于可比性的原因，排除了捷克斯洛伐克和前苏联）在 1960—2010 年间仅从 2.7% 缓慢增至 2.8%。然而，这些数据也显示了有关迁移目的地的一个显著变化。发达国家中移民占总人口的比重增长了一倍多，由 5% 增长至 12%。[58]更大的比重增长发生在海湾合作委员会国家，由 5% 增至 39%。这些国家经历了由石油推动的经济的飞速增长。但是在世界其他地区，境外出生人口的比重却基本持平甚至有所下降。下降最明显的是在拉丁美洲和加勒比地区，在这些地区国际迁移比重降低了一半以上。其他出现较明显的境外出生人口比重下降的地区还有非洲和亚洲其他地区。

一个重要的说明是，由于难以建立可以用以比较的数据，以上趋势分析排除了两组国家。一组是前苏联国家，另一组是从前捷克斯洛伐克分离出的两个国家。这些国家的独立产生了移民人数的虚假增加，不能被算作是国际迁移水平的实际增长（专栏 2.3）。[59]

近年来，发达国家的外来人口又是从何而来呢？我们尚不清楚双边人员流动演变的情况，但是图 2.4 给出了在具有可比性的 8 个发达国家中，来自于发展中国家的移民比例的变化情况。除英国之外，所有 7 个国家中来自发展中国家的移民比例均出现两位数的增长。[60]在许多欧洲国家，这一比例的增长是由于存在大量来自东欧国家的移民，但根据其人类发展水平这些国家被划分为发展中国家。例如，在 20 世纪 60 年代期间，在德国的来自发展中国家

表 2.1　总体稳定与地区变化的 50 年

国际间移民的区域分布，1960—2010 年

	1960年			2010年		
	总移民数（百万）	占世界移民比例	人口比例	总移民数（百万）	占世界移民比例	人口比例
世界（不包括前苏联和前捷克斯洛伐克）	**74.1**		**2.7%**	**188.0**		**2.8%**
区域						
非洲	9.2	12.4%	3.2%	19.3	10.2%	1.9%
北美洲	13.6	18.4%	6.7%	50.0	26.6%	14.2%
拉美和加勒比地区	6.2	8.3%	2.8%	7.5	4.0%	1.3%
亚洲	28.5	38.4%	1.7%	55.6	29.6%	1.4%
海湾合作委员会国家	0.2	0.3%	4.6%	15.1	8.0%	38.6%
欧洲	14.5	19.6%	3.5%	49.6	26.4%	9.7%
大洋洲	2.1	2.9%	13.5%	6.0	3.2%	16.8%
人类发展类别						
极高人类发展水平（HDI）	31.1	41.9%	4.6%	119.9	63.8%	12.1%
经合组织	27.4	37.0%	4.2%	104.6	55.6%	10.9%
高人类发展水平	10.6	14.2%	3.2%	23.2	12.3%	3.0%
中等人类发展水平	28.2	38.1%	1.7%	35.9	19.1%	0.8%
低人类发展水平	4.3	5.8%	3.8%	8.8	4.7%	2.1%

资料来源：HDI 编写组根据 UN（2009a）的估计。

注：估计数不包括前苏联和前捷克斯洛伐克。

的移民中，只有18%来自东欧，而40年后，该比例上升至53%。

尽管数据有限，但我们仍然发现发展中国家的情况更为复杂。我们将今天若干国家移民来源的数据与数十年前的同类数据进行对比之后发现了一些有趣的反差（图2.5）。在阿根廷和巴西，境外出生人口比例的下降是因为来自欧洲一些较贫困的国家的移民数量减少，因为那些国家在战后实现了飞速发展，而拉美大部分地区在此期间经济停滞不前。相比之下，哥斯达黎加移民比例的增加是由于接收了大量来自尼加拉瓜的移民，而马里移民比例的下降是因为来自布基纳法索、几内亚和毛里塔尼亚移民数量的显著减少。

如图2.6所示，多个国家出现了国内流动人口增长的趋势，但这些趋势并不一致。在具有可比时间序列数据的18个国家中，有11个出现了增长态势，4个没有明显变化，而有2个发达国家出现了下降的态势。十年间，这些国家国内流动人口的平均增长率约为7%。然而，我们的研究也发现，在我们的样本国家中，绝大多数国家的近期国内流动人口（即那些在最近5年内迁移的人）的比例没有增加，这可能表明各国国内的人员流动情况已趋稳定。

在一些发达国家和高HDI国家中，我们可以预期国内流动人员数量会基本持平甚至下降。因为这些国家之前的国内流动主要是由当时高速的城市化导致的，而现在城市化速度则在逐渐减慢。但在许多发展中国家，城市化进程还无减慢的迹象，并且预期还将持续一段时间。实际上，根据联合国经济和社会事务部（UNDESA）的估计，到2050年世界城市人口将翻一番，而且非洲城市人口的比例也将从40%增长到60%。城市化进程的部分原因是因为城市人口的自然增长，但也受从农村及境外迁移来的人口的刺激。尽管目前很难甄别这些不同方面各自的贡献，但我们清楚，人口迁移在许多国家都是城市化的一个重要原因。[61]

专栏2.3 前苏联的人口迁移趋势

当苏联于1991年解体时，2800万人在一夜之间成为国际移民（即便他们寸步未动）。这是因为统计中一般将国际移民定义为居住在非出生地国家的人。1991年以前他们是在苏联内流动，而现在他们则被划分为境外居民。他们或许并不知晓，自己已经成为了统计学意义上的“移民”。

在某种意义上，这种再归类有其道理。一位居住在明斯克的俄罗斯人，在1990年时还被算作是居住在出生地国家的居民，但到了1991年底，她则变为了技术上的“外国人”。但如果像一些学者那样把此类移民也计算在国际人员流动中则是不正确的。因此，我们在计算表2.1提供的趋势时，将他们连同前捷克斯洛伐克的移民一并排除在外。

自1991年以来，前苏联的人员流动真的增加了吗？一方面，户籍登记限制的放宽促进了人员流动。但另一方面，新国界的形成又会减少人员流动的范围。由于1991年后许多迁移都是因为人们返回其原住国，使情况变得更加复杂：例如许多原籍俄罗斯的人又从中亚国家迁移返乡。

任何试图理解前苏联人口迁移趋势的努力都必须使用可比性的地区。一种方法是同时考虑解体前后的跨加盟共和国移民情况。按照这一方法，任何从一个加盟共和国迁移到另一个加盟共和国（且这两个加盟共和国之后又成为两个独立国家）的人，都将被算作国际移民。例如，一个住在圣彼得堡的拉脱维亚人，在1991年苏联解体前后均被算作是国际移民。

在本报告的背景研究中，研究人员运用了前苏联的人口普查数据建立了关于人口流动的时间序列数据。他们从中发现，1959—1989年间，苏联各加盟共和国境外出生人口的比重从10%略升至10.6%。1990年后，该比例在不同的前苏联国家呈现出不同的特征。后来成为该地区移民磁石的俄罗斯，移民比例占总人口的比例由7.8%增长至9.3%。而在乌克兰和其他三个波罗的海国家，由于大量的境外出生人员的迁出，移民比例有所下降。在所有其他前苏联国家，2000年以前移民的绝对数均有下降，其中大部分国家移民占总人口的比例也有所下降。由于许多人在苏联解体后选择了归国，因此原在前苏联国家生活的约3300万境外出生人员，在2000年减少到2740万，2005年又降至2650万人。

资料来源：Heleniak（2009），UN（2002），Zlotnik（1998）和Ivakhnyuk（2009）。

图 2.4　日益增长的来自发展中国家的移民比例

部分发达国家中来自发展中国家的移民的比例

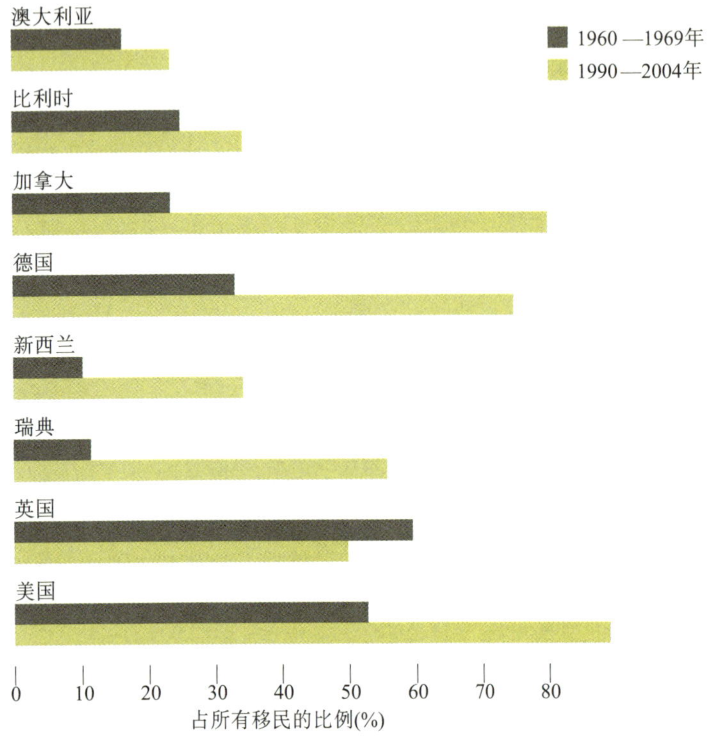

资料来源：HDR 编写组根据 UN（2006a）的估计。

城市化也会给城市居民以及负责城市规划和服务供给的市政当局带来挑战。其中最明显的便是到 2030 年，全球将有 20 亿人生活在贫民窟中，占总城镇居民人口的 40%。[62] 众所周知，贫民窟生活条件低下，没有安全的饮用水，缺乏安全的卫生条件，土地租用权也不稳定。正如我们在第 4 章和第 5 章中将要谈到的，由于地方市政规划及各种项目能在应对这些挑战方面起到重要的作用，因此必须为居民负起责任的这些地方市政当局也应该获得足够的融资以应对这些挑战。

总之，自 1960 年以来，在整体迁移情况趋于稳定的大环境下，迁移者越来越多地集中到发达国家。我们该如何解释这一现象呢？我们的研究显示了三个关键因素—收入、人口和迁移成本的变化，这些因素趋向于促进人员流动。但同时它们也遇到了另外一些日趋重要的限制，即越来越多的法律及行政阻碍。

不同区域间收入差异的扩大与世界绝大部分地区收入的整体增长相结合，是解释人口流动态势的主要因素。尽管东亚及太平洋地区和南亚地区的收入差异有所减小（见图 2.7，A 部分），但国际间收入不平等情况的演变表明，大部分发展中国家与发达国家的收入差异愈加扩大了。[63] 其中，中国是一个例外。在 1960—2007 年间，中国的人均收入占发达国家平均人均收入的比例，从 3% 上升到了 14%。[64] 总的来说，数据显示出从贫困国家迁移到富裕国家的收入激励大大增强了。[65]

现有的大量文献尝试对以上收入差距的扩大进行解释，所涉及的因素包括劳动力与资本积累差异，技术革新，政策与制度等等。[66] 无论最终的推动因素是哪些，其中一个关键因素是人口增长率的差异。众所周知，在 1960—2010 年间，世界人口的地区组成有了很大变化：全球新增的 28 亿适龄劳动人口中，9/10 是生活在发展中国家。由于发展中国家的劳动力愈加过剩，与发达国家的工资差距也随之扩大。这使得向发达国家的迁移变得更具吸引力。尽管发达国家的入境门槛也不断升高，但这还是使得全球人口迁移的模式发生了改变。同时，如图 2.7（B 部分）所示，全球的平均收入也不断上升（即使在部分发展中国家它曾一度下降）。由于贫困是迁移的主要限制因素，更高的平均收入令远距离迁移也变得更加可行。换句话说，随着收入的增长，较贫困的国家进入了“迁移驼峰”的上升期，其向发达国家迁移的潜在人数也在不断扩大。

近年来交通与通讯成本的降低也进一步促进了人员流动。1970—2000 年间，航空票价实际下跌近 3/5，通讯成本也大幅下降。[67] 从澳大利亚打一个三分钟的电话到英国，话费在 1926 年是 350 美元，2000 年则下降到了 0.65 美元。而且随着互联网电话业务的兴盛，这一成本有望降低为零[68]。

上述趋势均使得人们更容易到达遥远的目的地并在那里定居。

基于上述驱动因素，我们本可以预计在近来几十年间，国际迁移人数会有显著增长。然而，这种潜在可能性受到了移民政策（特别是针对低技术劳动力的移民政策）的阻碍。接下去我们将会进一步讨论这些限制因素在影响和阻碍当前全球人员流动方面所扮演的角色。

2.3 政策与人员流动

自从 17 世纪出现了现代国家以来，国际法律体系都是建立在以下两个最基本的原则之上的：国家主权与领土完整。同时，它也包含一些由国际法规定的准则和相关限制条例。在此体系下，一国政府有权巡查其国境并限制入境。本节讨论不同的政府政策是如何影响移民入境人数、移民的原住国或原住地，以及入境后他们被赋予的地位。

虽然现阶段有大量的国家层面的关于移民政策的定性分析（特别是关于发达国家的），但严重的数据缺失限制了跨国间的比较分析。我们很难对此进行度量，因为同一政策在不同的国家可以以不同的形式出现，另外执行的方法和力度也可有所不同，所以研究人员很难将其量化。比如，不像对待许多经济政策那样，各国统计部门并不以保证国家间可比性的方式测量本国移民政策的影响。因此，本报告中所引用的绝大多数度量数据皆来自国际研究机构和非政府组织（NGOs），而非官方统计。

其中覆盖国家最多、时间跨度最长的统计数据来自联合国经济和社会事务部（UNDESA）的一项针对决策者的长期调查，该调查向参与国政府询问了他们对于迁移问题的态度以及他们所采取的应对方法。该调查涉及 195 个国家，内容包括被调查国家决策者对入境移民水平的看法，以及他们的政策是提高还是降低或维持不变的移民数量。虽然这是一项自我评估，其中反应的多为官方的愿望而非实际情况，但还是出现了一些令人感兴趣的现象（见表 2.2）。2007 年，约有 78% 的接受调查的政府认为当前其国家的移民水平令人满意，而只有 17% 认为其国家的移民水平过高，5% 则认为过低。当被要求描述其国家的有关政策时，情况也大体相同。从对上述两个问题的回答来看，在移民问题上发达国家较发展中国家要更多地倾向于限制。

这一情况表明，虽然在大多数国家中，公众希望政府实行更加严格的移民政策（比如设置更高的入境门槛），但实际上政府还是允许相当多的人入境，两者间存在较大的差异。[69] 尽管对此的解释错综复杂，

图 2.5 迁移到发展中国家的移民的来源及趋势

部分国家移民占总人口的比例，1960—2000 年

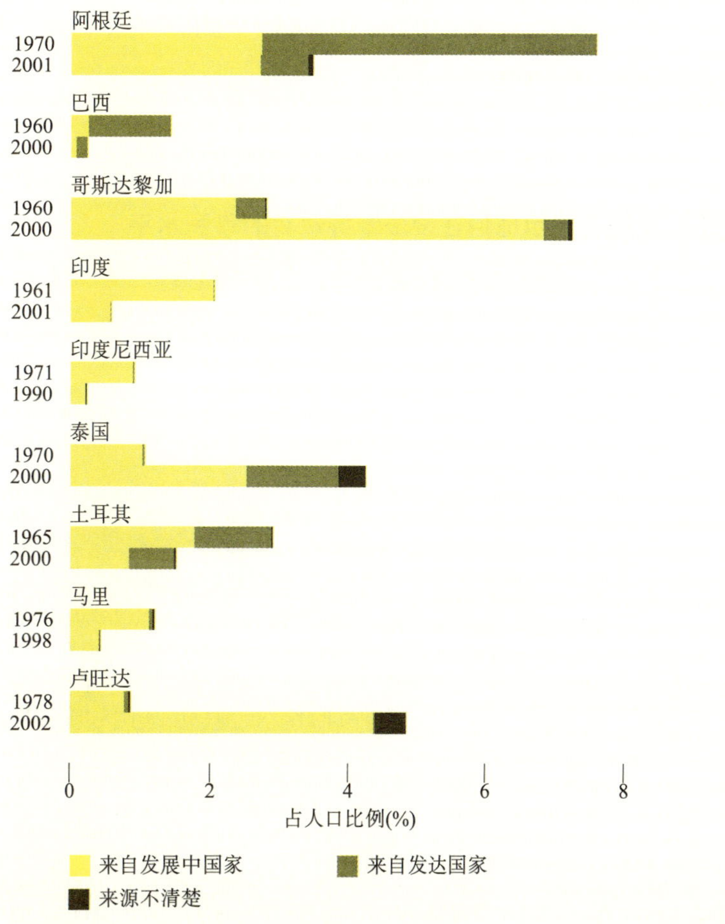

资料来源：HDR 编写组根据明尼苏达人口中心（2008）和人口普查所选年份的数据估计。

图 2.6 国内人员流动比例增长缓慢

部分国家国内移民终生流动的密度趋势，1960—2000 年

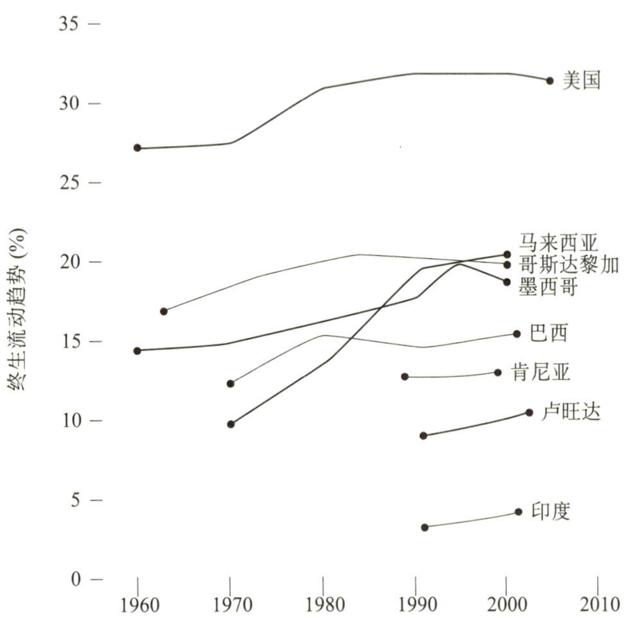

资料来源：Bell 和 Muhidin（2009）。

表 2.2 决策者表示他们在设法维持现有的移民水平

按 HDI 分类的国家对移民水平的看法和政策，2007 年

	政府对移民水平的看法				移民政策				
HDI类别	太高	合适	太低	总计	降低	不变	提高	不干涉	总计
极高HDI									
国家数	7	26	6	39	7	24	7	1	39
比重	18	67	15	100	18	62	18	3	100
高HDI									
国家数	6	40	1	47	9	37	1	0	47
比重	13	85	2	100	19	79	2	0	100
中等HDI									
国家数	17	62	4	83	18	47	3	15	83
比重	20	75	5	100	22	57	4	18	100
低HDI									
国家数	4	22	0	26	4	6	0	16	26
比重	15	85	0	100	15	23	0	62	100
总计									
国家数	34	150	11	195	38	114	11	32	195
比重	17	77	6	100	19	58	6	16	100

资料来源：UN（2008b）。

但以下几个因素应该起到了重要的作用。

第一，对移民的反对意见并非像乍看起来那样铁板一块，通常投票民众对此意见不一。正如下面所示，在许多国家，关于移民可能对就业和财政带来负面影响的担心，常与认为包容他人和民族多元化有其正面价值的观点同时。第二，有组织的团体如工会、雇主组织以及非政府组织在制定公共政策方面有显著的影响。在许多情况下，这些团体不倡导严格的入境限制。第三，许多政府选择容忍非正规移民的存在，表明决策者是知道打击非正规入境会对社会和经济造成损害的。比如，美国的雇主在雇佣员工时无需审核其移民证件是否属实，但却必须从他们的工资中扣除一部分联邦工资税：通过这种途径，非法入境工人每年要向联邦财政缴纳约 70 亿美元的税款。[70]

出于本报告的目的，为了填补信息缺口，我们与相关国家的移民问题专家和国际移民组织携手对 28 个国家的移民政策进行了调查。[71]该调查的关键价值在于我们首次将发展中国家（占样本数的一半）纳入了调查范围，并收集了大量有关入境许可制度、移民待遇和权利以及相关执行情况的资料。在过去所做的类似的调查中，发展中国家是被排除在外的，

通过对发达国家和发展中国家移民政策法规的对比，我们既发现了巨大差异，也找到了相似之处。一些发达国家常见的备受批评的限制措施，同样出现在了许多发展中国家（图 2. 8）。两类国家的移民政策都向高技术工人倾斜：在我们的样本中，92% 的发展中国家和全部发达国家允许临时性技术移民入境；对于永久性技术移民的迁移，两类国家的比例分别为 62% 和 93% 。与之相比，样本中有一半的发达国家和 38% 的发展中国家拒绝永久性的非技术工人入境。[72]

临时性的移民政策由来已久，大多数国家都有此类入境许可。此类政策对于外国劳工的出入境时间、逗留、就业等方面均有相应的规定。比如，美国的 H1B 签

证，可向外来高技术工人提供最高 6 年的入境许可，而 H2B 签证则向短期低技术工人提供最高 3 年的入境许可。类似的，新加坡的移民政策向专业技术人员发放就业通行证（Employment Passes），而向中低技术工人发放工作许可证（Work Permit）或 R 通行证（R－Pass）。[73]在我们进行政策评估的国家中，发展中国家更倾向于为低技术工人发放临时许可证。

有关签证类别变更及亲人团聚的政策，在不同国家之间差异巨大。[74]一些国家的短期许可为持有者提供了变更为长期甚至永久居住许可的机会，并允许外来务工者携带家属。例如，美国的 H2B 签证便是如此，但每年的入境人数被限制在一个较低的水平上，且规定亲属不得务工。另有一些国家则明令禁止或严格限制签证类别变更，以及移民亲人团聚。

海湾合作委员会国家的短期外来务工人员或 Kafala（阿拉伯语中的字面意思是“保证和照顾”）项目则是一个特例。[75]在此项目下，外来移民工人可以获得一张入境签证和一份居住许可，但条件是有东道国公民的资助。Khafeel，或资助商雇主，要对所招工人承担经济和法律责任，还需就此签署一份劳工部的官方文件。[76]如果有工人违反条约，他们就会被勒令立刻自费离开该国。Kafala 项目的限制性体现在几个方面，其中便包括与家人团聚的机会。人权侵犯，尤其是发生在日益增多的来自印度次大陆移民中的人权侵犯得到了完整的记录，这些人权侵犯包括拒付工资、对家政人员的性剥削。[77]

近年来，一些海湾国家已开始逐步改革移民制度。沙特阿拉伯近期出台了一系列法规，旨在促进服务类公司（如维修公司）的雇员向政府部门转移。[78]同时还有其他一些举措用以监测外来迁移人员的生活以及工作条件。在阿拉伯联合酋长国，劳工部还开设了一条专门用于接听群众投诉的热线电话。2007 年，政府共检查了 122000 个单位，对 9000 多起侵犯工人权利的事件和工作环境不合格的案件进行了处罚。但其他更大胆的改革举措，比如 Bahrain 所提议的在 2009 年初废除 kafala 制度的计划，却已经搁浅。有报道称这是因为来自商业利益的巨大阻力。[79]

图 2.7 全球收入差距扩大

人均实际 GDP 的变化趋势，1960—2007 年

A：发展中国家与发达国家收入比

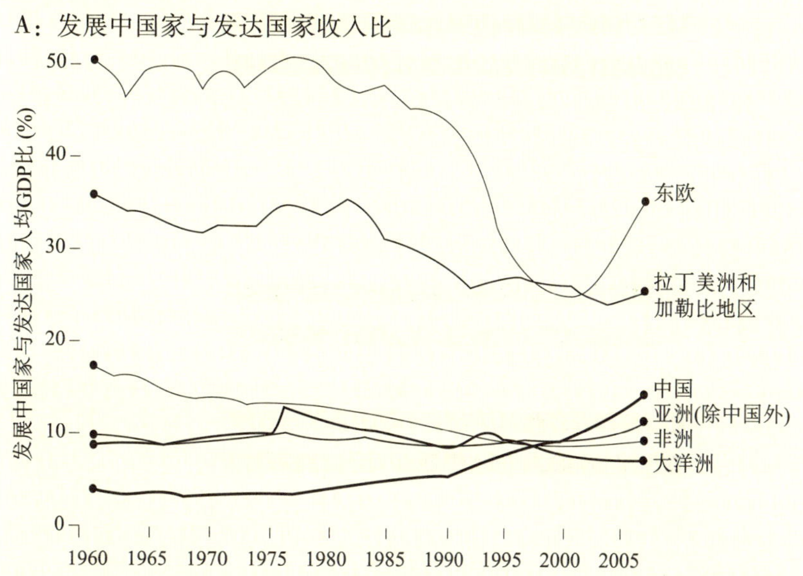

B：发展中国家区域实际（real）人均收入

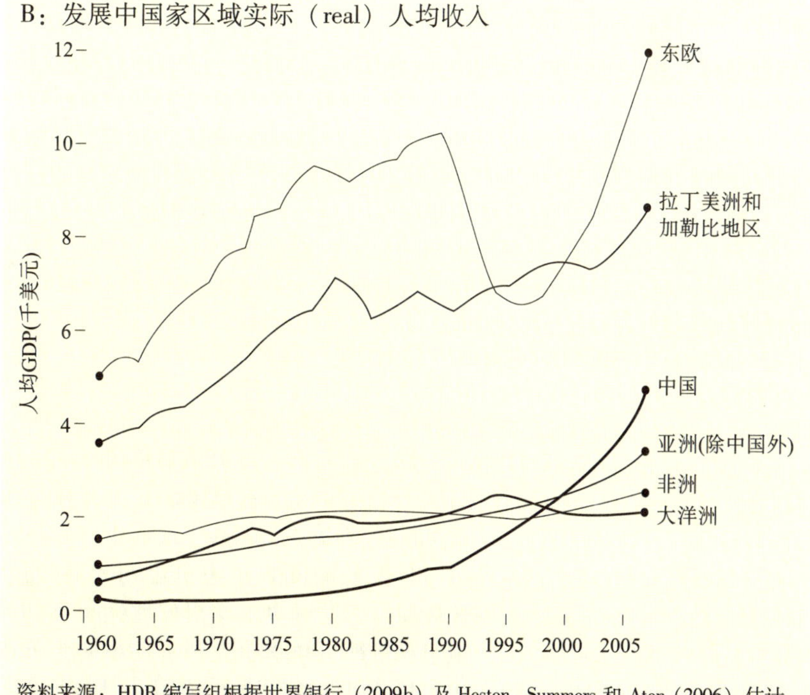

资料来源：HDR 编写组根据世界银行（2009b）及 Heston、Summers 和 Aten（2006）估计。

图 2.8 欢迎高技术工人，更换低技术工人

发达国家和发展中国家对合法移民的开放态度，2009 年

A：永久性入境

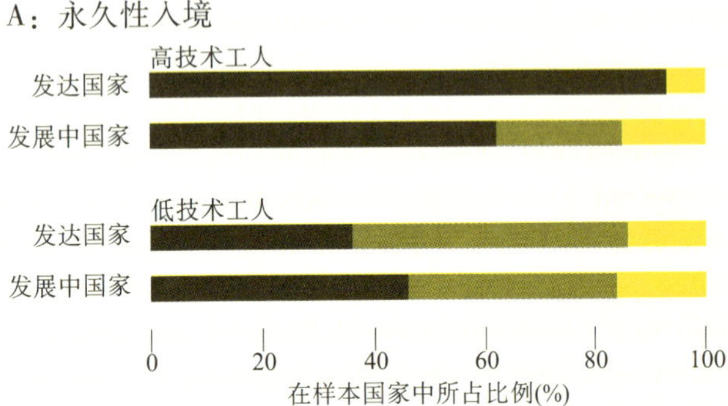

B：临时性迁移入境

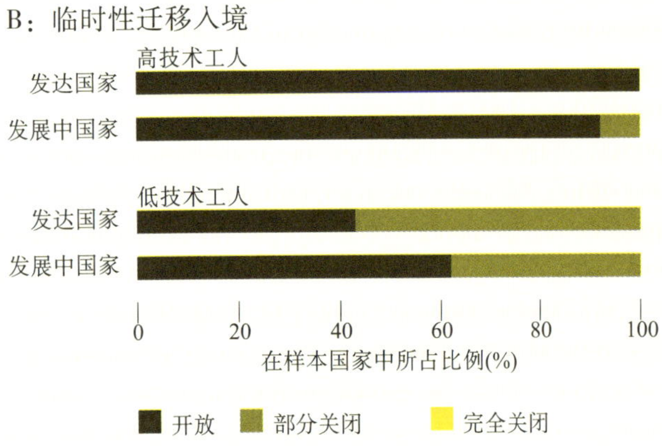

■ 开放 ■ 部分关闭 ■ 完全关闭

资料来源：Klugman 和 Pereira（2009）。

在一些包括澳大利亚、加拿大和新西兰在内的发达国家，对高技术工人的优先考虑是通过积分制度来实行的，该制度考虑了迁移人员的教育、职业、语言水平以及年龄等因素。尽管其他不采用这一方法的国家仍能吸引大量的毕业生入境，但这一制度使得原来看起来十分主观的选择过程具有一定的客观性。[80]

积分制度在发展中国家较为罕见。在这些国家，正规的入境限制包括要求以前曾有被聘的历史，在某些发展中国家也通过实行配额制度来作为正规的入境限制。比较而言，发展中国家对家庭团聚类的入境限制较严。样本中大约有一半的发展中国家禁止短期移民的家庭成员入境和工作，相比之下，发达国家中只有 1/3 是如此。

在几乎所有的经合组织（OECD）国家中，因家庭团聚和婚姻而移民的人数占入境移民总数的一个很显著的份额，甚至成为一些国家入境移民的主导群体。比如在美国和法国，这两种入境人数加起来分别占年总入境人数的 60% 和 70%。尽管区分家人团聚移民和劳工移民是普遍的，但必须注意的一点是，家庭团聚移民或者本来就有工作的权利，或者可以通过某些方式来获得工作的权利。

当然，国家政策与实际发生的情况存在差别。不同国家对移民政策的执行力度也存在着显著的差异（图 2.9）。对美国的研究发现，边境执法的严格程度随着经济周期的变化而变化，萧条时紧，扩张时松。[81]2002—2006 年间，在移民政策没有任何变化的情况下，南非驱逐出境的人数翻了一番，这主要是由于警方在执法过程中更加积极。[82]我们的政策评估显示，虽然发展中国家在执行边境政策时更为宽松，以及在扣押违法者时更加宽大，但其他诸如执法机构突击检查，随机检查，罚款等执法方式出现的频率至少与发达国家相当。较弱的执法能力或许能够部分解释这种差异。据报道，即便在检查后发现属非法入境，发展中国家也有较大的可能性对之不采取任何措施，或仅仅是给予罚款。在一些国家，当考虑驱逐出境时，法院也会考虑到家人团聚以及该移民与该国的关系的程度等因素。[83]有关执行力度在移民政策中所扮演的角色，我们将在第 5 章作深入探讨。

以上有关入境法规和入境待遇的讨论，提出了一个是否存在“人数与权利”取舍的问题，而这也是可以利用跨国数据进行分析的。或许，一个国家可以更开放的敞开国门，让更多的移民涌入，但条件是限制他们的某些基本权利。当吸纳更多的移民会给社会带来过大的成本，以至于民众和决策者都显然不会给予支持时，这种情况可能出现。[84]利用有关移民待遇的数据，我们可以对这一问题进行经验研究。经济学人信息部（EIU）曾对 61 个国家（34 个

发达国家，27 个发展中国家）设定了一个可及性指数，该指数根据被聘难易程度、自谋职业许可所必备的条件、家人团聚的难易程度，以及官方对移民的社会融入规划等对相关国家的官方政策进行了总结。移民融入政策指数（MIPEX）则对有关政策怎样在六个方面帮助移民融入社会进行了度量，这六个方面包括（长期）居住权，家人团聚权，公民权，政治参与权，反歧视机制以及劳动力市场准入。

我们的分析发现，不同水平的移民权利与移民数量之间并没有系统的联系（图 2.10）。EIU 指数统计所用的样本较大，同时包括了发达国家及发展中国家（见图 2.10 A 部分）。以此为依据所进行的比较并未发现移民数量与其所享有的基本权利之间存在多少关联，这说明各种移民政策均可与或高或低的移民数量相一致。如果将分析范围缩小至 MIPEX 指数所覆盖的国家，我们便可利用经合组织的数据，该数据可以从总移民人数中区分出来自发展中国家受教育程度较低的移民人数。但是，我们还是没有发现多少关联（B 部分）。比如波兰和爱尔兰，其来自发展中国家的低技术移民比例很低，而它们的 MIPEX 得分也较低。而另外一些国家，近年来该比例有所增加，但却没有出现移民的权利和资格缩水的现象。[85] 例如，1980—2005 年间，西班牙低技术移民的比例从 2% 增长到 11%，而与此同时，西班牙政府却扩大了对非正规移民的紧急与非紧急医保。[86]

我们对政策的评估允许我们区分移民政策中的不同成分。我们从这些评估中也得到了相似的结果。实际上，即便出现任何相关性，也通常是与“数量与权利此消彼长”的假设相反。相关数据显示，根据许多种度量，一般都表明发展中国家拥有较低的境外出生劳动力中位数比例，但对移民权力的保护程度也较低。发达国家有较多的移民，但它们也实行了为移民提供更好待遇的相关政策。例如，在我们的评估中，印度在保障移民权力以及所享有的服务方面得分最低，但其移民数量占总人口比例不足 1%；葡萄牙得分最高，但其移民比例则达 7%。

图 2.9 实施情况不同

对非正规移民入境所采取的干预措施和程序，2009 年

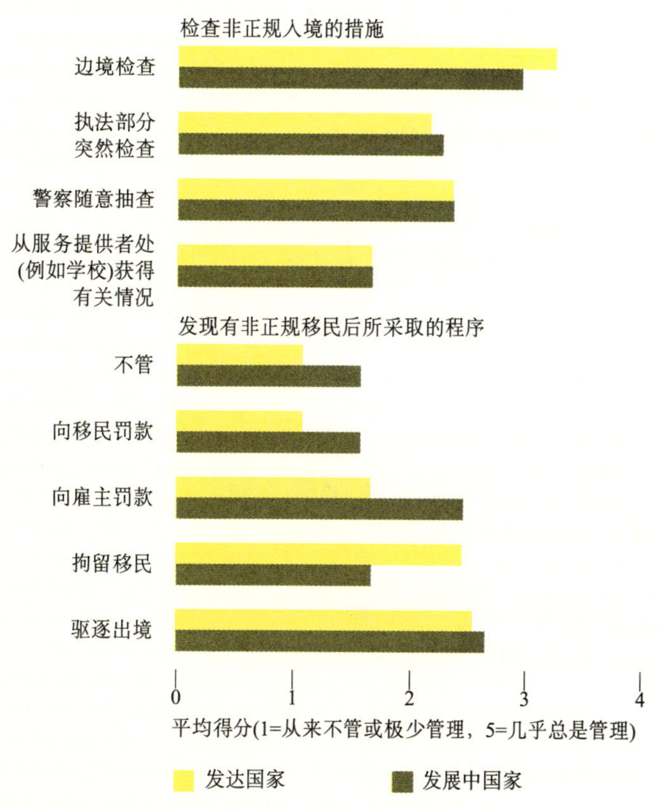

资料来源：Klugman 和 Pereira（2009）。

一国的移民政策并不单由该国来制定。国家间的各种协定（或双边、或区域性的）均可对迁移人数产生巨大影响。区域性协定大多通过各种国际政治联盟而建立，如西非国家经济共同体（ECOWAS），欧盟和南方共同市场（MERCOSUR）。双边协定的一个优秀案例是澳大利亚和新西兰签订的跨塔斯曼通行协定（Trans – Tasman Travel Arrangement）。这些协定在签约国之间的移民往来方面扮演着重要角色。当各签约国拥有相当的经济水平，或有强烈的政治或其他动机推进社会经济融合时，这些国家就更有可能允许人员在相互间自由流动。我们的政策评估发现，在发达国家

图 2.10 跨国证据对“人数与权利”假说提供很少支持

移民比例与待遇的相关性

A：外籍移民与 EIU 的可及性指数评分，2008 年

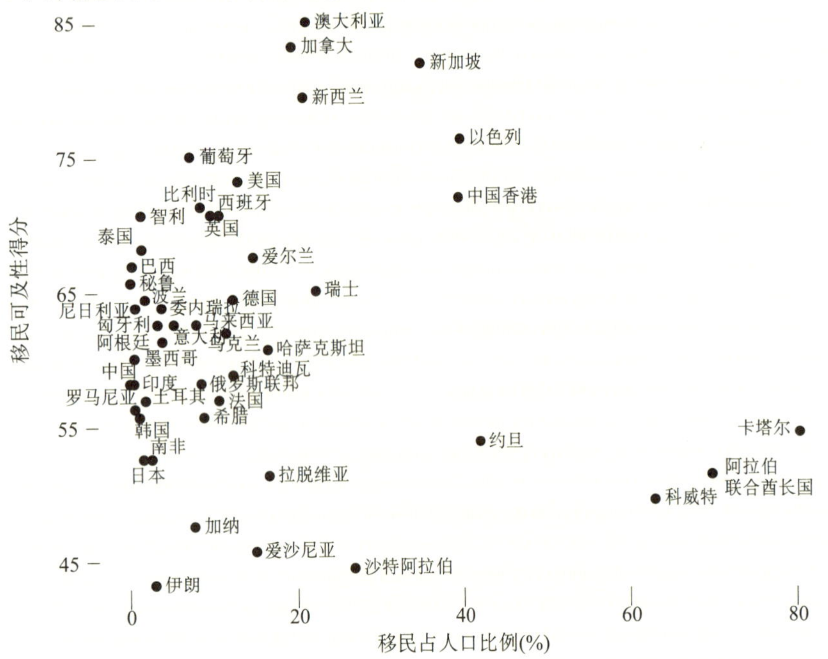

B：经合组织国家中低技术境外出生移民与 MIPEX 得分

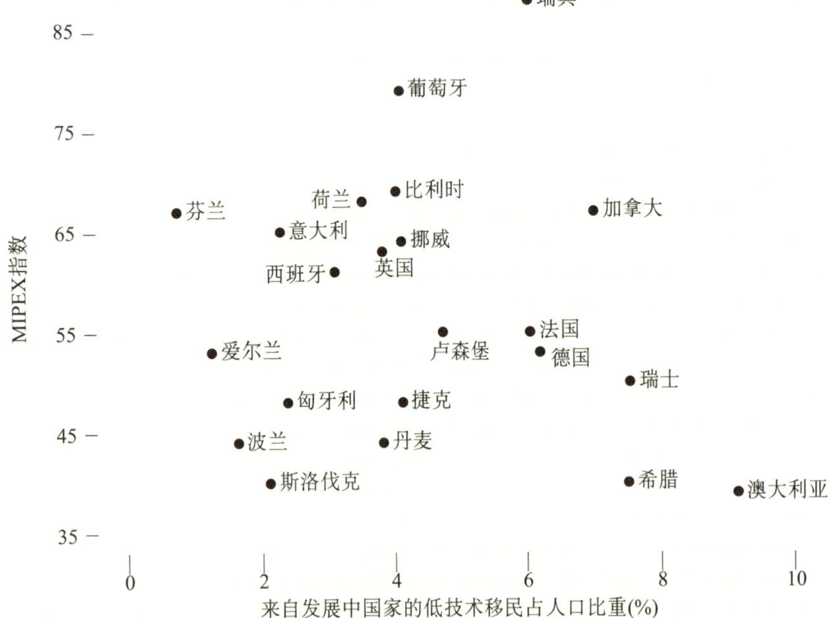

资料来源：UN（2009d），The Economist Intelligence Unit（2008），OECD（2009a）和 Migration Policy Group 和 British Council（2007）。

的类似协定中，约有半数是与其他发达国家签订的。而在发展中国家中，有 2/3 是与其他发展中国家签订的。还有的协定仅允许特定的个人自由往来，如高技术工人。例如，北美自由贸易协定（NAFTA）的移民条款，就仅涵盖了加拿大、墨西哥和美国拥有学士学位并获得在他国工作机会的人员。专栏 2.4 简要概述了有关人员流动的多边协定。

不过，协定的文字与实际的执行之间往往会有很大差异，尤其是在法制不健全的国家。比如，尽管 1975 年签订了西非国家经济共同体公约，该公约就成员国之间人员的入境、居住、择业等权利作了全面的规定（并计划在之后的 15 年内分三个阶段实施），但到目前为止，却只实现了第一个阶段，也就是为 90 天以内的逗留豁免签证。造成实施进度缓慢的原因包括该公约与某些成员国的法律法规不协调，边境争端，以及全面战争等等。后者导致了大量外国公民被相关国家驱逐。[87]

我们也发现，一些国家还对国内流动和公民出境作出限制。这方面的数据来自一个名为 Freedom House 的非政府组织。该组织收集了有关针对境外以及境内出行的、正式或非正式的限制的信息，以作为其评估当今世界自由程度的一个依据。[88]其结果十分惊人，尽管世界人权宣言（Universal Declaration of Human Rights）保证每个人都有国内自由流动的权利、自由离境以及自由返回自己国家的权利，但全球仍有超过 1/3 的国家严重限制此类自由（表 2.3）。

许多有着中央计划传统的国家存在境内流动限制，包括白俄罗斯、中国、蒙古、俄罗斯，以及越南。[89]维持这些正规限制会造成大量的货币成本和时间成本，而且执行起来也非常困难。即使程度上有所区别，各种非正规限制会遇到同样的问题。在这些国家，尽管许多人没有正式文件仍可以在国内旅行，但他们随后就发现，由于没有这些正式文件，他们不能享受到相关的服务和工作机会。在一些国家，腐败是人们在国内自由流动的主要障碍。在当地道

专栏 2.4 人员流动的全球治理

除了已有一个广为遵循的难民公约之外，国际人员流动缺乏一个多边制度予以管理。国际劳工组织长期以来一直有关于移民工人权利的公约，但签署这一公约的国家不多（详见第 5 章）。国际移民组织也超越了其战后帮助难民回国的角色，转而从事改善移民管理的工作，且其会员国数量也有增加。但它独立于联合国系统之外，且仅以项目为基础向会员国提供服务。根据世界贸易组织（WTO）服务类贸易公约（GATS）的规定，已有约 100 个成员国承诺，向前去本国提供服务的外国公民发放临时准入签证（但这些签证多为商务访问签证，逗留期限不得超过 90 天），以及发放用于公司内部高技术员工调动的定期签证。

移民方面多边合作的缺乏是由几方面的因素导致的。在贸易谈判中，国家间探讨的问题通常是两国共同降低对对方出口产品的限制。但在移民问题谈判中，发展中国家多处于不利地位。来自于发达国家的移民多数是向其他发达国家迁移，所以发达国家很少有压力需要打通向发展中国家移民的渠道。这种不对称现象，以及发达目的地国家对移民问题的政治敏感性，导致了在国际移民问题谈判中缺少来自这些国家的引领作用。在国际磋商中，移民原住国之间通常也配合不佳。这些问题使得一些国际组织及部分国家政府为促进合作和促成有约束性的国际承诺的大量努力付之东流。

在多哈回合贸易谈判中，已有人主张探讨有关进一步实现自由化的议题。多哈谈判自 2000 年开始以来长期处于停滞状态。现有的服务贸易总协定（GATS）中所提供的承诺是很有限的，并且主要是针对高技术工人的，而且服务贸易总协定排除了有关“自然人在其他国家劳动力市场寻求劳动机会（或）有关长期公民权，居住权和就业的措施。”服务贸易总协定根本不针对长期移民问题：许多 WTO 成员国通常会限制外来劳动力在本国的停留时间不超过 5 年。

在多哈回合中，发展中国家希望使自然人的流动自由化，而发达国家则希望就服务业的贸易自由化进行谈判。或许可以说，服务贸易总协定对劳工迁移的重要意义并不在于它所促成的那一小部分额外的劳工迁移，而是在于它为未来的磋商建立了一个制度性框架。然而，如果 WTO 进一步采取更包容、更以人为本的努力，包括允许来自其他利益相关者的更多的参与，以及更好地与现有的人权保护法律体系相联系，也许相关问题的解决就会取得更大的进展。

资料来源：Castles 和 Miller（1993），Neumayer（2006），Leal－Arcas（2007），Charnovitz（2003），第 243 页，Mattoo 和 Olarreaga（2004），Matsushita，Schoenbaum，及 Mavroidis（2006），Solomon（2009），及 Opeskin（2009）。

路上设卡寻贿的行为，在撒哈拉以南非洲十分常见。例如在科特迪瓦，居住在北部叛军控制地区的居民，如果前往南部政府控制地区，经常被迫缴纳 40—60 美元的通行费。[90]某些腐败现象也出现在缅甸、俄罗斯和越南。在这些国家，居民更改自己的居住地时需要行贿。在一些南亚国家，居住在城市贫民窟中的移民常常面临政府部门的清理、驱逐以及寻租的威胁。[91]国内流动也受到各种法规以及行政程序的阻碍，外地人时常享受不到与当地人一样的公共服务及法律权利（第 3 章）。

一国可以通过多种手段阻止人们出境，这些手段包括从明令禁止到设置各种实际障碍（比如大量出境费用和行政要求等）。高昂的护照费用使得穷人几乎不可能通过正规渠道出境。最近有研究发现，有 14 个国家所收取的护照费超过这些国家年人均收入的 10%。[92]在许多国家，繁琐的手续和规定，加上各种腐败之风，常使得这一过程十分漫长从而加重了迁移的负担。比如，想要出境的印度尼西亚人必须前往许多个政府部门才能获得出境所需的全套证件。因此，在出境限制程度与移民出境率之间存在一种负相关关系也就不足为奇了。[93]

全球仍有少部分国家存在官方的出境限制，其中古巴和朝鲜限制最为严格，而在中国、厄立特里亚、伊朗、缅甸和乌兹别克斯坦也同样存在限制。[94]以厄立特里亚为例，该国要求本国及外国公民必须拥有出境签证才可离境。有报道称该国曾发生拒绝向子女提供出境签证与父母（居住在国外）团聚的事，因为其父母没有向该国缴纳 2% 的外国收入税。[95]有 20 个国家限制妇女出境，包括缅甸，沙特阿拉伯和斯威士兰，还有 8 个国家限制兵役年龄的人出境。[96]

表 2.3 超过 1/3 的国家严格限制人们的流动权

人类发展指数的内部流动和移民的限类
人员流动限制，2008 年

HDI类别	人员流动限制，2008年					
	限制最严	1	2	3	限制最少	合计
极高HDI						
国家数	0	3	1	3	31	38
比重	0	8	3	8	81	100
高HDI						
国家数	2	4	4	10	27	47
比重	4	9	9	21	57	100
中等HDI						
国家数	2	13	24	27	16	82
比重	2	16	29	33	20	100
低HDI						
国家数	2	5	13	5	0	25
比重	8	20	52	20	0	100
总计						
国家数	6	25	42	45	74	192
比重	3	13	22	23	39	100

资料来源：Freedom House（2009）。

2.4 展望未来：危机与危机之后

全球经济的未来是决策者们关心的重点。和其他人一样，我们无法预知未来，但是我们可以分析当前的经济危机所带来的冲击与启示，以作为我们判断未来数十年国际趋势的基础。特别是人口趋势，正如我们在过去 50 年中所看到的，仍会继续在促成区域间人口流动方面扮演重要角色。但是，诸如气候变化等新的情况也会起作用，而且其影响令人难以预测。

2.4.1 经济危机与复苏前景

许多人正承受着战后最严重的经济衰退的打击。当我们撰写本报告之时，2009 年全球 GDP 预计将下降 1 个百分点，成为近 60 年来全球产出的首次萎缩。[97]其中发达国家萎缩比例最大，达到 4%。然而，最初的关于新兴经济体也许能够从这次金融危机中“幸免于难”的乐观想法已经被越来越多的证据所否定：它们也已经或将会受到沉重的打击。亚洲国家遭受出口需求下滑的打击，而国际信用成本的上升则对东欧和中欧国家产生了不利的影响。非洲国家也在应对商品价格下跌，流动资金干涸，未来的发展援助不确定等问题。一些最大的新兴经济体国家，如巴西和俄罗斯，将会陷入衰退，而中国和印度的经济发展也将显著放缓。[98]

典型的经济衰退并不会给长期经济趋势带来巨大影响。[99]但就目前情况看来，此次衰退绝非典型的衰退。因此，此次危机也有可能对收入和就业带来长期的、甚至永久性的影响，而且对于发达国家和发展中国家，影响程度还会有所不同。[100]比如，由于 1980 年美联储加息而引发的经济衰退在美国仅持续了三年，但紧随其后的债务危机却使整个非洲和南美洲陷入经济停滞，被人称为“迷失的十年”，两个地区的贸易条件分别恶化了 25% 和 37%。由于商品价格已从 2008 年的最高点显著下跌，类似的情况这次也有可能发生。

此次的金融危机很快就转变为就业危机（图 2.11）。经合组织国家的失业率在 2009 年预计将达 8.4%，[101]而该数字实际上已被美国超过。自 2007 年 12 月至 2009 年 5 月，美国失去了近 600 万个就业岗位，使得失业人数达到 1450 万。[102]在西班牙，2009 年 4 月的失业率高达 15%，移民的失业率更是达到 28%。[103]至今，遭受金融危机最严重的国家，恰恰是那些大多数移民居住的、较为发达的国家。移民数量与经济增长的负相关关系也说明，移民不但可能在经合组织国家，也有可能在海湾地区、东亚以及南非地区，受到金融危机的严重打击（图 2.12）。[104]

就业危机对于移民来说通常不是好事。如同劳动力短缺时不少国家会吸引海外移民一样，经济衰退同样会使这些国家首先让移民下岗。这部分是因为，平均来说，移民劳动力是对经济衰退抵御能力最脆弱一个群体，或者说他们多为年轻人，受教育程度较低，工作经历较短，多为临时雇员，且工作多集中在周期性行业中。[105]在对德国和英国的劳动力分析中发现，即便控制了教育程度和性别，移民劳动力与原籍人口相比，在经济衰退时也更容易失业。[106]利用 14 个欧洲国家 1998—2009 年的季度 GDP 和失业数据，我们发现，在那些遭受经济衰退的国家中，移民劳动力的失业率要比其他群体的失业率增加的更快。在经合组织国家中，移民劳动力通常集中于那些高度周期性的、经济衰退时遭到最多裁员的行业中，包括制造业、建筑业、金融业、房地产业及餐饮业。在几乎所有的高收入经合组织国家中，这些行业雇佣的移民劳动力的比重均超过40%。[107]而这些移民向原住国或原住地家中汇款的大幅下降对于其家人也将产生负面影响。我们将在第 4 章中讨论这一问题。

图 2.11 主要移民目的国失业增加

部分目的国的失业率，2007—2010 年

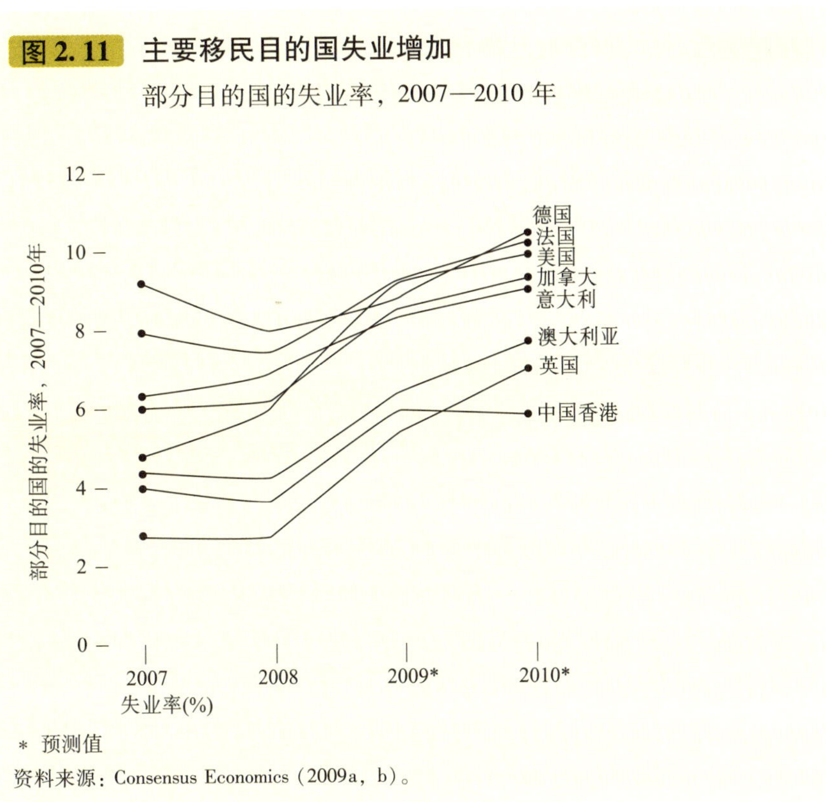

＊ 预测值

资料来源：Consensus Economics（2009a，b）。

几种因素将决定当前金融危机对人员流动的影响程度，它们包括：国内外目前形势，迁移、居留和返回的潜在风险，以及迁移壁垒的可能的增加等等。一些主要的目的地国家出台了政策鼓励人们返回原住国（如：发放奖金、返程票、一次性付清社会保障金等），并同时对移民入境和逗留增加了限制条件。一些国家政府鼓励企业不对外招工，并减少了签证数量，这些政策不仅针对低技术工人，同时也针对高技术工人。在一些国家，这些手段被视为只是短期的应对之策，所涉及的仅是小规模的微调，而非全面禁止（比如：澳大利亚计划每年减少 14% 的年高技术工人入境人数）。[108]但也有许多这样的公告和规定含有一种民粹主义的成分。例如，美国的经济刺激政策对于那些获得过“问题资产援助计划”（Troubled Asset Relief Program）资金援助的企业，就限制了其通过 H1B 签证招聘外国员工的数量[109]。韩国也已通过其工作许可制度停止办理新签证。马来西亚则吊销了超过 55000 个孟加拉国人的签证以改善其本地就业形势。[110]

有证据表明，在 2008 年期间，当经济危机不断扩大时，流向发达国家移民的数量已有所减少。在英国，境外出生人申请国家社保卡的数量下降了 25%。[111]美国人口普查局的调查显示，在截止于 2008 年 8 月底的前一年中，来自墨西哥的移民数量下降了 25%。[112]而随着金融危机对国内就业市场的进一步肆虐，预计在 2009 年和 2010 年这些趋势还将延续。然而，也有理由使我们怀疑将会出现大规模的移民返回浪潮。根据 20 世纪 70 年代欧洲外来工人项目（European guest - worker programmes）的经验，返回移民数量的多少受诸多因素的影响，这些因素包括再入境到东道国的前景、东道国福利系统的慷慨程度、原住国家庭成员的需要和家中条件等，而所有这些考虑均会促使移民放弃返回原住国以等待衰退的结束。

我们并不清楚此次危机是否会对全球移民态势产生结构性的影响。之前几次经济衰退提供的证据所显示的关于该问题的结论不尽相同。在对若干国家（阿根廷，澳大利亚，巴西，加拿大，美国和英国）的历史回顾中发现，在 1850—1920 年间，国内工资的下降导致了对移民入境更严格的限制。[113] 1973 年的石油危机在欧洲曾造成长期的经济低迷、结构性失业和对低技

图 2.12 移民所在地区遭受到经济衰退的最严重打击

移民所在国与预期 GDP 增长率，2009 年

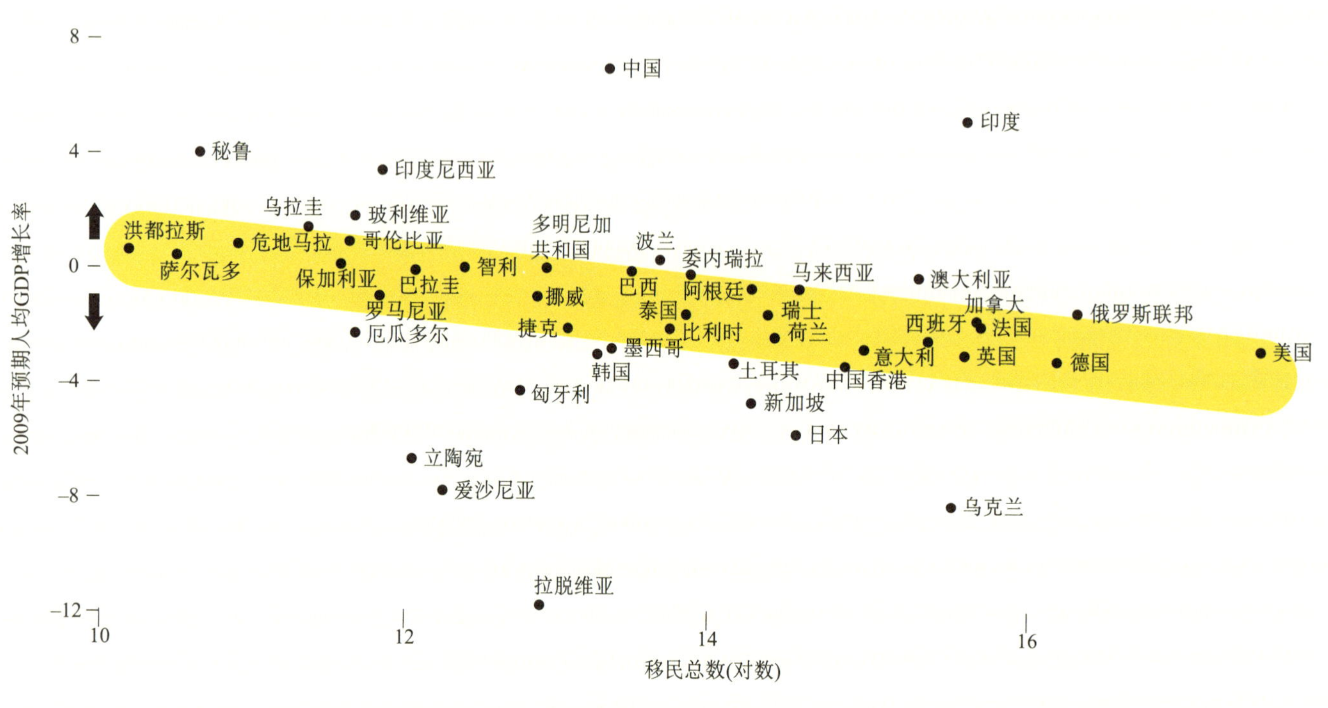

资料来源：HDI 编写组根据 Consensus Economics（2009a，b，c，d）及 UN（2009d）估计。

术工人需求的下降。一些学者认为该危机改变了全球的迁移态势：中东国家变得富裕起来了，它们成为新的移民目的地中心。[114]20 世纪 80 年代，墨西哥进口替代型发展战略的垮台开启了大量人口迁移至美国的历史时期。而美国 1986 年的移民政策改革，又不经意地加剧了这一过程。[115]相比之下，20 世纪 90 年代末东亚的金融风暴却似乎并未对全球移民格局产生长期的影响。[116]

我们现在尚无信心预测此次危机将会给全球迁移带来什么样的结构性改变，以及这种改变的程度会有多大。一些评论家认为，由于此次危机的源头和最猛烈的影响都集中于发达国家的某些行业，或许它会增强发展中国家特别是亚洲发展中国家的地位，甚至也许会大幅度转变现有的全球经济结构。[117]但是，随着经济增长的恢复，我们也有理由期望危机前的经济和结构趋势会同样得到恢复。尽管如此，我们可以确定的是，无论经济衰退的方向如何，诸如人口趋势这样更深层的长期过程将会进一步延续。

2.4.2 人口趋势

根据当前的预测，全球人口将会在未来 40 年中增长 1/3，而几乎大部分人口增长都将发生在发展中国家。与此相比，世界上包括德国，日本，韩国和俄罗斯在内的 1/5 国家的人口将会缩减。1/6 的国家（全部为发展中国家，并且除了 3 个国家外全部都在非洲）在未来 40 年中人口数会翻番。如果没有人口迁移，发达国家的人口将在 2020 年达到顶峰，并在之后的 30 年中下降 7%。过去 50 年中欧洲人口下降而非洲人口上升的趋势将会进一步延续。[118]

人口老龄化现象将会普遍存在。到2050年，无论是从全球来看，还是从除非洲以外的所有大陆来看，老年人口（60岁及以上）的数量都将会超过儿童（低于15岁）。这是由于发展中国家死亡率迅速下降，而出生率下降速度较慢所导致的必然结果。这种现象被称为“人口转变（demographic transition）”。到2050年，发展中国家的平均年龄将达到38岁，发达国家的将达到45岁，而即便是7年的差距也会带来显著的影响。到2050年，全球将新增适龄劳动人口11亿，但即使当前的人口迁移趋势继续延续，发达国家的适龄劳动人口也将略微下降。在未来的15年中，发展中国家的新增劳动力人数甚至会超过当前发达国家适龄劳动力的总人数（图2.13）。如在过去那样，这种趋势将会对工资带来压力，并为贫穷国家的劳动力提供更多的迁移激励，也为富裕国家的企业主们提供更多的到海外招募工人的激励。

这一过程将影响人口的抚养比率，也就是老年人和儿童对适龄劳动人口的比例（表2.4）。在发达国家中，每有100位适龄劳动者，目前就有49位非适龄劳动者，其中约有一半是老人，一半是儿童。在发展中国家，抚养比率则更高，达到53%，但非适龄劳动人口中超过3/4为儿童。在未来40年中，随着出生率下降以及现在的儿童逐步成为适龄劳动者，发展中国家的抚养比率将会基本保持稳定，仅在2050年达到55%。而在发达国家，由于老年人的比例会进一步上升，非工作年龄人口与适龄劳动人口间的比例将达到71%，显著高于目前的水平。如果不考虑上述计算中所包含的迁移人口，则发达国家的抚养比例还将进一步升高：如果发达国家完全拒绝新移民入境，其抚养比率在2050年将达到78%。

根据当前的预测，全球人口将会在未来40年中增长1/3。

图2.13 发展中国家所在地区适龄劳动人口将增加

不同地区预期适龄劳动人口图，2010—2050年

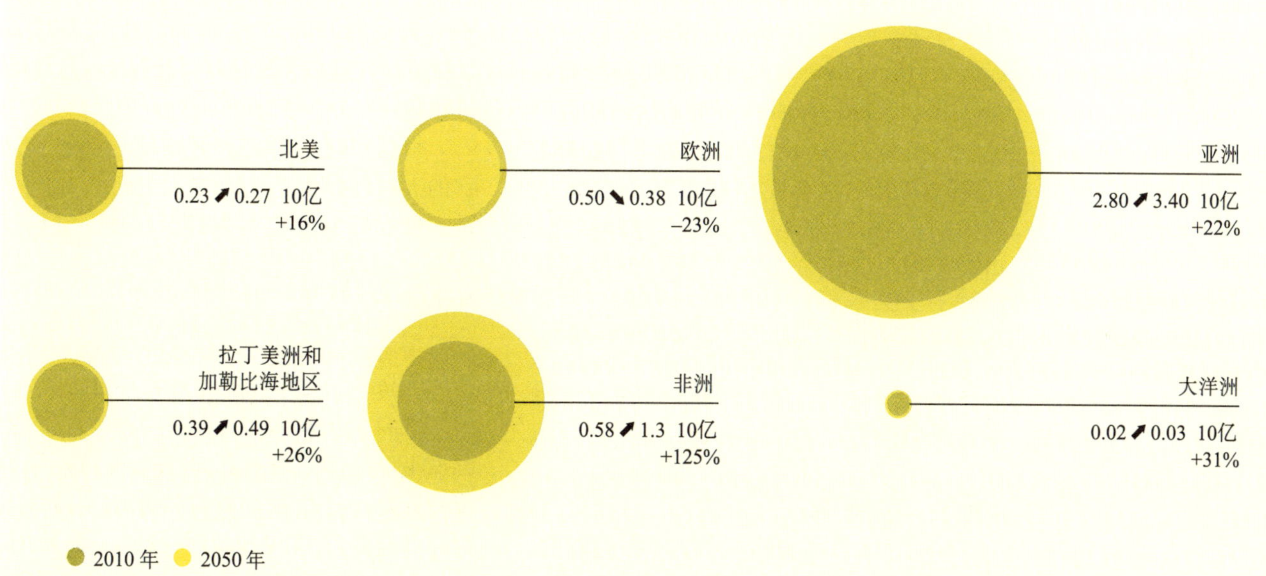

资料来源：HDI编写组根据UN（2009e）计算得到。

表 2.4 发达国家抚养比将增加，发展中国家抚养比保持稳定

发达国家和发展中国家抚养比预测，2010—2050 年

年份	发达国家		发展中国家	
	基准预测	没有移民的抚养比	基准预测	没有移民的抚养比
2010	49	50	53	53
2020	55	56	52	52
2030	62	65	52	52
2040	68	74	53	53
2050	71	78	55	54

资料来源：UN（2009e）。

众所周知，对发达国家来说，以上情形意味着给儿童和老年人提供保障将变得愈加困难。公费教育和医疗系统均依靠劳动人口所缴纳的税款来维持。随着潜在纳税人数量的减少，维持原有的支出水平将变得更加困难。

上述人口变化趋势支持了放宽入境限制的主张。但是我们也并不认为移民是解决这些问题的唯一可能的办法。更大的劳动力缺口可以导致向高科技产业和资本密集型产业的转型，技术革新也可以变革传统的劳动密集型服务业，如照看老年人等。退休金与医保系统的可持续问题则可通过提高退休年龄、增加社保贡献等方式解决，或至少可部分地加以解决。[119]越来越高的抚养比迟早会在所有经历人口转变的国家出现，且移民自身也会逐渐变老。但是发展中国家充足的劳动力资源把我们带入了一个新时期：更多的移民进入发达国家不仅让迁移者自己和他们的家人受益，而且对于目的地国家的人口也是非常有利的。

2.4.3 环境因素

环境是人员流动的一个主要驱动因素。从游牧时代人们为寻找雨后长势良好的草场而迁移，到现代的自然灾害如印度洋海啸和卡特里娜飓风迫使人们离开家园，环境条件始终与人类历史上的人员和群体流动密切联系。现在有一些人预计持续的全球变暖会导致大规模的人类流动。

气候变化预期会给已经贫瘠的土地带来更大的环境压力，并增加自然灾害发生的频率。温室气体的持续排放很可能改变降水情况，导致土地沙化，风暴频发，以及海平面上升，而所有这些因素都可能会触发人员流动。[120]比如，降水情况的改变会影响水的供应进而影响粮食生产，并有可能会引发粮价上涨甚至饥荒。

尽管预测值之间相差悬殊且有很大的不确定性，但据现有估计，好几个发展中地区将会受到环境变化的巨大影响。根据一个极端的预测结果，到 2020 年南非依靠雨水种植的农作物会因干旱而减产一半[121]。从中期来看，随着冰川水的减少，河流会逐渐干涸，这将严重影响灌溉化的农业，尤其是在如喜马拉雅山周围的地区。

海平面上升将最直接地影响沿海地区的居民。一种情景是，海平面升高 1 米，直接影响约 1.45 亿人，其中 3/4 的受到直接影响的人居住在东亚和南亚。[122]在一些情况下，海平面的上升会直接导致整个社区的迁移。比如，鉴于其岛国将会被上涨的海水淹没，马尔代夫政府已经打算在其他国家购买一片土地作为避风港。[123]

根据一些估计，因环境变化而被迫迁移的人口将在 2 亿—10 亿人之间。[124]遗憾的是，这些数字没有太多科学依据。它们至多反映受气候变化风险影响的可能人数，但没有考虑个人、社区与政府可能采取的应对措施。[125]因此很难知晓这些粗略的估计会给公众的讨论带来好处还是坏处。

气候变化对人类定居的影响，在一定程度上取决于该变化是如何发生的，即该变化究竟是一个独立事件还是一个持续过程。独立的事件通常是突发的、急剧的，迫使人们在短时间内向更安全的地区迁移。而连续的过程则指慢慢发生的变化，如海平面的上升、农用地的盐碱化或侵蚀，以及日益严重的水资源短缺等。在许多情况下，持续变化会允许社区找到自己的应对

措施，而迁移（无论是季节性的还是永久性的）可能只是其中一个手段。此时，随着家庭中一些成员的迁移而其他人继续留在原住地，人员流动表现为家庭收入来源的多样化。[126]这种情况曾在那些遭受了严重的和频繁的干旱灾害的埃塞俄比亚家庭中被观察到。[127]

鉴于气候变化是以独立事件还是持续过程的方式出现仍不确定，我们难以预测人们将会采取什么样的应对措施以及采取这些应对措施的程度，我们也不能预测他们是否会选择迁移。此外，环境因素并非是迁移的唯一决定因素，相反，它们常与生存机会和公共政策相互作用。很多情况下，自然灾害往往不会导致最脆弱的群体迁出，因为最贫困的人通常缺乏迁移的手段，而自然灾害又进一步损害了他们的迁移能力。对墨西哥的研究发现，降雨对迁移模式的影响是由社会经济条件以及支付迁移成本的能力决定的。[128]本报告的一项背景研究对飓风米奇（Hurricane Mitch）期间尼加拉瓜的移民模式进行了分析，发现相比于其他家庭，财富水平处于倒数第一个和第二个20%的农村家庭在飓风后更少迁移。[129]

更重要的是，将来会发生什么是受我们今天消耗和利用自然资源的方式影响的。这是2007/08年人类发展报告（应对气候变化：分化世界中的人类团结）传递的主要信息：只有国际社会立即采取行动，才能避免下一代人遭受灾难性的风险。在减少总碳排放量的条件下，发展中国家不断增加的能源需求（发展中国家的许多人仍然用不上电）同样可以得到满足。为了达到这个目标，一方面，需要向发展中国家推广在发达国家已经采用的高效率技术；另一方面，应同时发明下一代更高效率的技术从而使发展中国家能够跳过现有技术而直接使用那些更高效率的技术。同时，发达国家的能源消耗必须理性化。鼓励转向低碳能源的政策措施包括提供市场激励，制定新排放标准，研发新科技和加强国际合作。[130]

2.5 结论

本章关于全球人员流动趋势的分析，提供了三个重要发现。第一，流动在很大程度上反映了人们改善自身生活的需要。第二，人员流动受政策与经济障碍的制约，与富人相比穷人更难跨越这些障碍。第三，由于存在不同的经济与人口趋势，未来数十年内人员流动的压力会增大。

总之，这些结构性因素将如何影响未来人口流动，关键在于决策者的态度，特别是目的国决策者的态度。当前，移民人口数量较大国家的决策者们面临相互对立的两种压力：一方面是民众对进一步增加移民人口的抵制；另一方面是放宽对移民入境限制的经济和社会的合理性。

我们对未来数十年中政策的演变应该存有什么样的期待呢？它们是否会朝着使得人类流动所能带来的利益被充分实现的方向演变，还是会让流行的反迁移压力占上风？经济危机是否会导致对移民入境增设保护主义的障碍，还是它能够令我们反思人类流动在社会经济进步中的重要地位？历史经验与当代的经验给了我们相反的例证。尽管对移民存在普遍的不容忍和恐外心理，但是19世纪劳动力的严重匮乏令南北美洲向移民大开国门，最终使得经济高速发展。在某些方面，这一情况与今天的许多海湾合作委员会国家的情况相类似。但是，对于外来人的责备之声也在经济危机中加剧。从俄罗斯到南非再到英国，近来发生在一些国家的事件预示着一种偏激情绪的蔓延，以及将外国人拒之门外思想的抬头。[131]

但是，所有这一切结果都不是既定的。重要的是要有领导力和行动去改变公众的讨论。美国大萧条时期对国内移民态度的转变给予了我们一个令人信服的案例。由于美国南方中西部地区发生严重干旱，约有250万美国人在20世纪30年代迁移到新农业地带。在那里，他们遭遇到了当地

流动在很大程度上反映了人们改善自身生活的需要……人员流动受到政策与经济障碍的制约。

居民的强烈抵制，被当地人视为是对他们的工作机会和生计的一种威胁。正是在这种背景下，John Steinbeck撰写了《愤怒的葡萄》（The Grapes of Wrath）一书。此书是至今为止对美国国内移民所遭受的虐待和不宽容的最有力的控诉。Steinbeck的小说激起了一场全国性的大讨论。这些讨论导致了国会对迁移工人所处的困境的调查，并最终于1941年促使最高法院通过了一项具有里程碑意义的重大决定：宣布州政府无权干涉美国人民在国内的自由流动。[132]

流动人员的境况

3

富庶之地提供的机会可以使移民收益颇丰。这些机会取决于移民的基本禀赋——技能、金钱、人脉等，同时这些机会也会受到一些障碍的制约。影响迁移这一决定的政策和法律同样会影响到迁移的过程和结果。总的来说，尤其对低技术的人而言，这些障碍限制了他们的选择，也减少了他们从迁移过程中得到的收益。

流动人员的境况

更优越的工作、教育、公民与政治权利、保障和健康保健条件激励着人们去迁移。大多数迁移者比迁移前生活得好，有时会好很多。对移民来说，从贫穷国家向最富裕国家迁移的潜在收益最大，但是这种流动在整个移民大潮中只占很少一部分。目前掌握的证据表明，向新兴和发展中国家迁移的人们以及在国家内部迁移的人们同样可以获益。

但是，迁移并不总会对人们的福祉带来直接的正面影响。由于结果的不确定性以及一系列背景因素决定着迁移的具体影响，所以迁移会存在风险。不论是国内流动还是国际间迁移，迁移过程的不同方面（包括迁移的大致原因、迁移之初的禀赋和能力）都深刻地影响着迁移的结果。被迫逃离和放弃家产的人经常是在自由受限和身无分文的情况下长途跋涉离开家乡的。同样，对于那些由于当地发生经济危机、干旱或因其他导致极端贫困因素的肆虐而迁移的人们，他们并不知道自己将会有什么样的可行能力，而只是知道他们不能继续留在原地。甚至对于那些迁移后结果很好的人，他们最初都面对很有限的可行能力和很高的不确定性。

所以，迁移的人类发展结果深刻地受到迁移条件的影响。这些条件决定了迁移后人们还会拥有什么样的资源和可行能力。那些可从大使馆取得签证、订购机票、然后飞往如英国等国家求学的人，他们的境况要比那些被贩运、没有书面证件、身无分文且受束缚的人境况要好得多。迁移的距离（包括地理、文化和社会意义上的距离）也很重要。去一个语言不通的国家一下子就降低了自己的知识和能力的价值。

这一章考察流动对迁移者的影响、为什么收益是不均等的，以及为什么有些人成功了而有些人却失败了。这里有可能存在权衡取舍，比如虽然收入提高了，但公民权利则有所丧失。迁移的成本也应被纳入考虑范围。我们会逐条考察关于这些影响的证据，这样做可以使我们从大量的文献和经历中提取主要的发现。

与此相关的一个重要问题是：迁移会怎样影响原住地和目的地的那些没有迁移的人。我们将在第 4 章中阐述这一问题。这些貌似迥然不同的问题显然是紧密相关的——成功的迁移者往往会与原住地的未迁移者分享他的成功，而目的地的政策反应又会影响到当地移民和非移民的状况。迁移对原住地和目的地的影响是相关的。目的地提供的社会经济流动性与在原住地社会阶梯上向上移动的能力通常是同一枚硬币的两面。

3.1 收入与生计

从一开始就需要重申估计迁移的影响会遇到重重困难，这在专栏 1.1 中会得到说明。主要的问题是移民与非移民在基本特征上往往是有差异的，所以直接的比较可能会有误导性。此外，确定因果关系也是一道难题。

最容易量化的影响是收入和消费的变化，所以我们的分析就从这里开始。之后我们将会考察迁移成本，这样我们就可以从总收益中减去这一成本。

3.1.1 对总收入的影响

现有的证据一致表明迁移者的平均收入会出现很大增长。由本报告委托的研究发现，非迁移者与那些迁移到经合组织国家的人相比，两者在收入上存在着巨大的差距，尤其是当原住国的人类发展水平很低时，其收入差距最大（图 3.1）。在美国，移民工人的收入是他们在原发展中国

图 3.1　流动人员比非流动人员收入高很多

经济合作与发展组织国家流动人口的年收入和原住国的人均 GDP，以原住国的人类发展指数类别分类

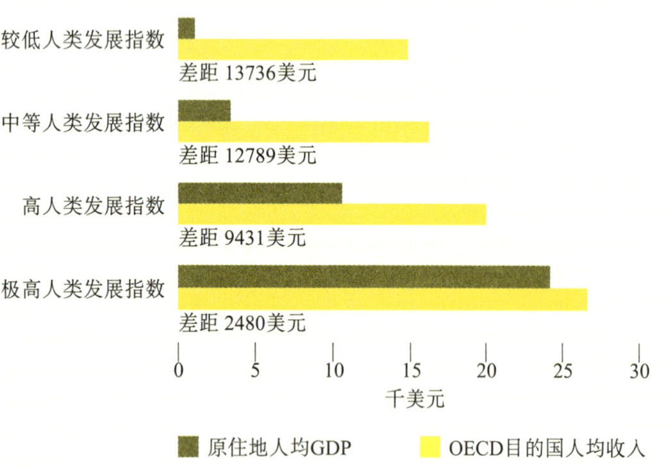

资料来源：otega 2009。

图 3.2　高技术移民的巨大的工资增长

若干配对国家的平均专业人员薪金差异，2002—2006 年

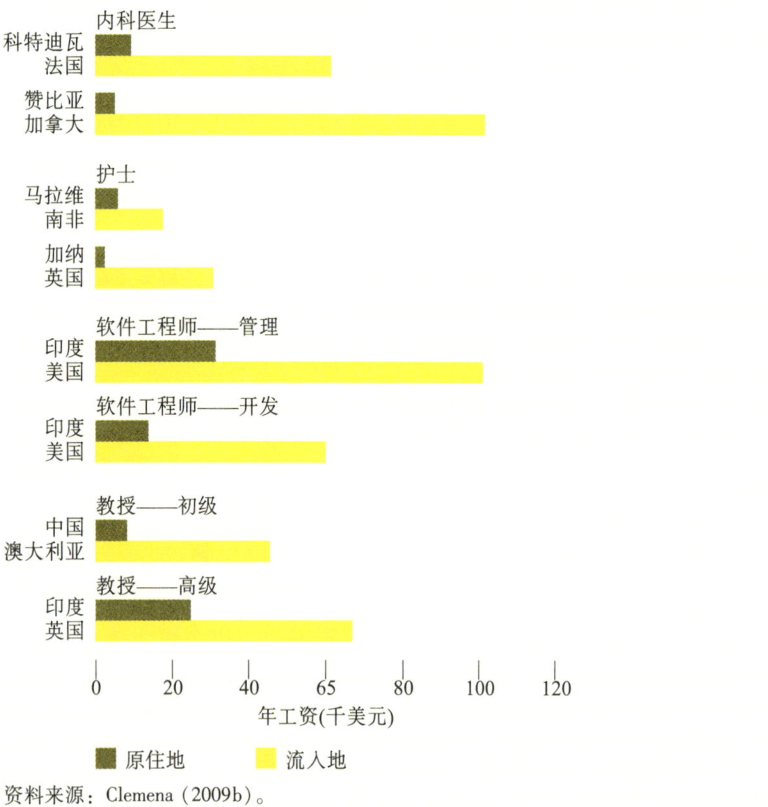

资料来源：Clemena（2009b）。

家收入的 4 倍，[1] 而在新西兰工作的太平洋岛国移民的净实际工资比原住国的净实际工资增加了 2 倍。[2] 来自一系列国家的证据表明，随着语言技巧的掌握，移民会更好地融入当地劳动力市场，因而其收入的增长也会随时间而增加。[3]

不仅仅是迁移到经合组织国家的人的收入会增加。迁移到中国香港和台湾省的泰国人，与他们在本国当低技术工人相比，挣的钱是原来的 4 倍。[4] 在塔吉克斯坦，人均月工资只有 9 美元，而在俄罗斯联邦工作的季度工资可达 500—700 美元，而这些钱能够解决一个家庭在首都杜尚别一年的花费。[5] 但是，这些收入的增加是不均等分配的，而且迁移的成本也降低了总收益。

不论对于高技术劳动力还是低技术劳动力，收益都可以很大。比如，印度软件工程师在 90 年代后期的工资，还不到同时期美国工程师的 30%，所以迁移到美国就可获得很大的收益。[6] 图 3.2 显示了经过购买力平价调整后的若干配对国家中高技术专业人员的工资差异。一名来自科特迪瓦的医生通过迁移到法国，收入可以增加 5 倍。除了薪水之外，很多人也是为了孩子的未来，以及更安全和更加舒适的工作环境而迁移。[7]

国内流动人员同样能获得更好的收入机会，并能使其生活来源多元化。一份委托研究发现，玻利维亚的国内流动人员的实际收入获得了显著的增长；对从乡村迁移到城市的低教育水平的人而言，其收入增加超过了 4 倍（图 3.3）。我们同样发现，16 个国家中有 13 个国家的国内流动人员的收入比非流动者的收入高。[8] 在巴西和巴拿马，一系列研究在控制了教育因素后发现，迁移后的土著人会获得收入上的提升。[9] 对一些国家的研究表明，国内流动能够使得很多家庭走出贫困，这一点我们在下一章中将作更深入的讨论。

发展中国家中劳动力市场的分割影响了迁移者的工作前景。有时这可以归结为行政限制，比如中国和越南的户籍制度（专栏 3.1）。但是市场分割在世界其他地

区也是广泛存在的，包括南亚、非洲、拉丁美洲；这些障碍虽然不是法律强制的，但是却存在于根深蒂固的社会和文化规范之中。[10]比如，印度由农村向城市迁移的流动人口主要会被雇佣到建筑工地、砖厂、纺织厂、矿井等地方，这意味着他们需要忍受艰苦的体力劳动和恶劣的工作与生活环境；在蒙古，由乡村向城市迁移的流动人口主要从事暂时性的、艰苦的和不受法律保护的非正规工作。[11]在亚洲，近期从乡村迁移出来的低技术流动人口在城市社会中主要处于最低级的社会和职业阶层，并且总被当作外来人员来对待。

图 3.3 玻利维亚国内流动人员工资显著增长，尤其是低教育水平人员

2000 年玻利维亚国内流动人员的目的地与原住地工资之比

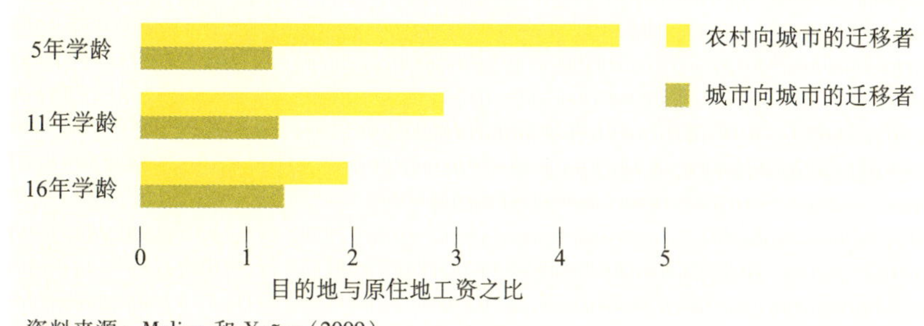

资料来源：Molina 和 Yañez（2009）。

就像之前在第 2 章中所看到的，大多数来自较低人类发展水平国家的移民是迁移到了较低或中等人类发展水平的国家去工作和生活。一部分原因是这种迁移的入境障碍通常较低，而且流动成本也较低。但是，这些目的国的条件会比富裕国家更艰苦，并且有可能面临被剥削或驱逐的风险。

来自发展中国家的女性移民所面对的劳动力市场机会高度集中于护理行业、家政行业和非正规部门。[12]这样的女性可能被困于少数聚集区。比如，在纽约，西班牙裔人开办的公司被发现雇佣了大量的多米尼克和哥伦比亚女性移民，这些公司只为她们提供了很低的工资、极少的福利和有限的职业发展机会，而这些进一步加深了她们的社会劣势。[13]中国的不少流动妇女也有同样的遭遇。[14]在阿根廷，大多数的秘鲁和巴拉圭妇女（分别占 69% 和 58%）拿着低薪水在个人服务行业工作。[15]在海湾合作委员会国家，女性移民还被排除在正规的工人保护措施之外，这使得问题变得更为严重。[16]尽管一些国家（如沙特阿拉伯和阿拉伯联合酋长国）的情况正在改变，但是移民依然不被允许加入当地工会。[17]非政府组织可能为移民提供服务和保护，但是它们所覆盖的范围很有限。

劳动力市场上的歧视对移民来说是一个重要的障碍。对外国姓氏工作申请者的低电话回拨率反映了这点。[18]但是情况往往很复杂，种族、性别、合法身份等因素都可能产生影响。在英国，一些研究发现在雇佣移民时存在低就业和低工资的歧视。但也有其他一些研究发现中国、印度和爱尔兰裔人的就业情况起码与英国白人的就业情况一样好。[19]我们对 2006 年“欧洲社会调查”数据所作的分析发现，这个地区大多数的移民（超过 75%）并没有报告感觉到受歧视。但是根据“世界价值观念调查”提供的更大的国家样本的数据，在当地出生的人中有较大的比例支持“当工作稀缺时雇主应当优先考虑本地人”这一命题，尽管在这点上各国之间存在相当大的差异（参见 4.2.5 部分）

很多移民最初到达新地方时面临的一个问题就是他们的技能和文凭不被认可。[20]加上语言和其他社会障碍，这意味着他们要比同样条件的当地居民挣钱少得多。[21]这一问题的严重性随部门差异而不同。比如，信息技术公司对文凭的要求更加灵活，而公共部门组织经常对此较为保守。不能充分利用他们掌握的技能使得新到的移民承担了相当的成本。移民政策研究所最近估计，美国有将近 20% 的具有大学学历的移民处于失业状态或者仅在低技术岗位上工作；在加拿大，尽管实行了积分制度，据估计这一问题也使得加拿大经济每年损失 17 亿美元。[22]为此，加拿大政府采取了各种措施来加快对国外文凭的认证。

专栏 3.1 中国：与国内流动相关的政策和结果

虽然其可以追溯到古代，但中国的户籍管理系统还是模仿了前苏联的户籍登记制度；该制度通过给予居民一种许可（户口）来运作。在农村地区居民可据此获得农田，而在城市地区可据此获得社会福利和公共服务。直到 20 世纪 80 年代中期，这个系统都在严格运行，没有户口的人员流动是被禁止的。自那之后，中国的人员流动相对宽松，但是户籍制度作为一项正式制度还是被运行着。

如同其他领域的改革，中国选择了渐进式路径。从 20 世纪 80 年代中期开始，中国允许人们在居住地之外而无当地户口的地方工作，但是不为他们提供社会福利、公共服务和正规部门的职位。类似于一些发达国家的积分制双轨人员流动体制被设计出来：高教育水平的人可改变其永久居住地，但是低教育水平的农村流动人口则只能获得暂时居住权。很多城市的政府为那些能够提供可观投资的富裕流动人口提供了蓝印户口。

有证据表明，国内流动人员以及他们家庭的人类发展收益受到了持续的户籍制度的限制，这主要体现在以下几个方面：

收入所得。2004 年，由农村向城市流动的人们平均每月挣得 780 元人民币（94 美元），这是务农平均收入的 3 倍。但是由于户籍制度造成的市场分割，暂时性流动人口主要流向薪水较低的工作，他们的贫困几率是有户口的城市居民的两倍。

工作条件。低技术流动人员主要从事那些无充分保障和福利的非正规工作。根据一项基于三省的调查，低技术流动人员的工作时间要比当地工人长一半，他们被雇佣时通常没有书面合同，只有不到 1/10 的人有社会养老保障和医疗保险，而在中国这些保障和保险平均的覆盖比例超过了70%。低技术流动人员遇到的职业危害也很高——2005 年在危险的矿井和建筑工地上死亡的人数达 11000 人，其中流动人员超过 75%。

服务可及性。只有暂时身份的流动儿童需要支付额外教育费用，并且不能进入精英学校。据估计总共有 1400 万到 2000 万的流动儿童无法入学。他们在小学和初中阶段的失学率超过了 9%，而本地儿童的相关失学率几乎是 0。他们的基本医疗服务也是有限的。即使是在上海（在为流动人口提供社会服务方面相对较好的城市之一），2004 年也只有 2/3 的流动儿童接种了疫苗，而当地儿童的接种率达到了普及水平。当流动人员患病时，由于城市医疗费用昂贵的缘故，他们经常回到农村地区接受治疗。

参与。由于体制障碍，很多流动人员在目的地仍然处于边缘地位。他们在工作地点很少有表达利益和表达保护权利的渠道。几乎有 80% 的人没有工会、工人代表大会、劳动监督委员会或者其他劳工组织代表他们的利益，而只有 1/5 的当地出生人口是如此。距离太远也阻碍了参与。对武汉市流动人口所作的一个调查发现，只有 20% 的外出人员在最近一次村民选举中投了票，主要因为他们的住地离投票地太远。

据报道，关于户籍改革的讨论仍在进行，一些地方政府也进一步放开了它们的户口管理。1997 年的法制改革显著地提升了工人的权利——包括流动人口的权利；针对流动工人的可转移式养老金措施也于 2008 年宣布。广东东莞提供了进一步变革的迹象；比如，那里的流动人员现在被称为“新居民”，原来的流动人员和出租屋管理办公室（Migrants and Rental Accommodation Administration Office in Dongguan）更名为新莞人服务管理局（New Dongguan Residents Service Burea）。

资料来源：Avenarius（2007），Gaige（2006），Chan、Liu 和 Yang（1999），Fan（2002），Meng 和 Zhang（2001），Cai、Du 和 Wang（2009），Huang（2006），Ha、Yi 和 Zhang（2009b），Fang 和 Wang（2008），以及 Mitchell（2009）。

收入并不仅仅来自劳动力市场所得。建立了福利体制的国家，社会转移支付通过失业救济、社会救助和养老金等制度降低了弱势群体的贫困率。一项制度是否能够使流动人员家庭获利取决于该制度的设计和规则。这些制度的慷慨程度在不同国家之间有明显不同。由于预算约束，这些制度在发展中国家更加有限。由于大多数发展中国家并没有实行广泛的福利制度，所以同等可及性的问题并不会出现。因此，以下讨论集中于发达国家。

我们的政策评估发现，样本中几乎所有的发达国家都允许永久移民享有失业救济和家庭补助。但是，只有临时身份的人则不大可能获得这些补助。一些国家（包括澳大利亚和新西兰）设置了获取补助的等候期限。为避免福利依赖，一些国家（如法国和德国）要求，申请家人重聚的人需要证明其有稳定和足够的收入来养活家人，而不是依靠国家福利。

利用卢森堡收入调查和欧洲收入与生活状况调查的数据，我们可以估计社会转移支付对有孩子的贫困家庭的影响。[23]对于样本中的所有 18 个国家，移民家庭比当地出生的家庭更容易陷入贫困。根据转移支付前的市场收入，法国和英国的移民家庭儿童贫困率分别超过了 50% 和 40%。这些国家的社会福利的再分配作用是显著的，因为转移支付将移民家庭儿童和当地出生儿童的贫困率削减了大半（图 3.4）[24]。相反，由于转移支付的数量相对较小，美国的社会转移支付对本地和移民家庭的贫困削减作用却是微不足道的。同时值得注意的是在澳大利亚、德国和美国，市场收入性贫困率比法国和英国的要低得多，这表明移民家庭在这些国家的劳动力市场中做得更好。

3.1.2 人员流动的财务成本

文献中提到的总收入增长一般都没有考虑流动的货币成本。这些成本来自不同的方面，包括证件和公文处理成本、向中介支付的费用、旅费，以及在一些情况下不得不付的贿赂费用。这些花费具有累退性质，因为与其预期工资相比，低技术工人的花费往往很高，尤其是对那些只签订了临时合同的工人而言更是如此。[25]

对那些缺乏基本证件的人来说，可能会产生高额成本。据估计，全世界大概有 4800 万儿童缺少出生证明，他们多数来自极贫穷的家庭。造成高额成本的主要原因是获得这些证件所需的费用，以及到有关注册部门的距离太远。[26]

冗长的申请过程以及在一些国家为例行服务支付的贿赂会使得申请重要档案和基本旅行证件变得非常昂贵。[27]在刚果民主共和国，护照申请者需预期支付 500 美元（人均年收入的 70%）为贿赂费用。[28]据报道，官僚机构能力有限，以及在旅行证件发行过程中存在腐败的其他国家包括阿塞拜疆、印度和乌兹别克斯坦。[29]

中介，又称“中间人”，在全球劳动力市场中发挥一种特殊的作用。他们帮助流动人员填充信息空白、满足行政要求（比如在签证申请前已有聘用合同），并有时提供贷款以支付流动的前期费用。这样

图 3.4 移民子女的贫困率更高，但是社会转移支付起到了缓解贫困的作用

部分国家转移支付对儿童贫困率的影响，1999—2001 年

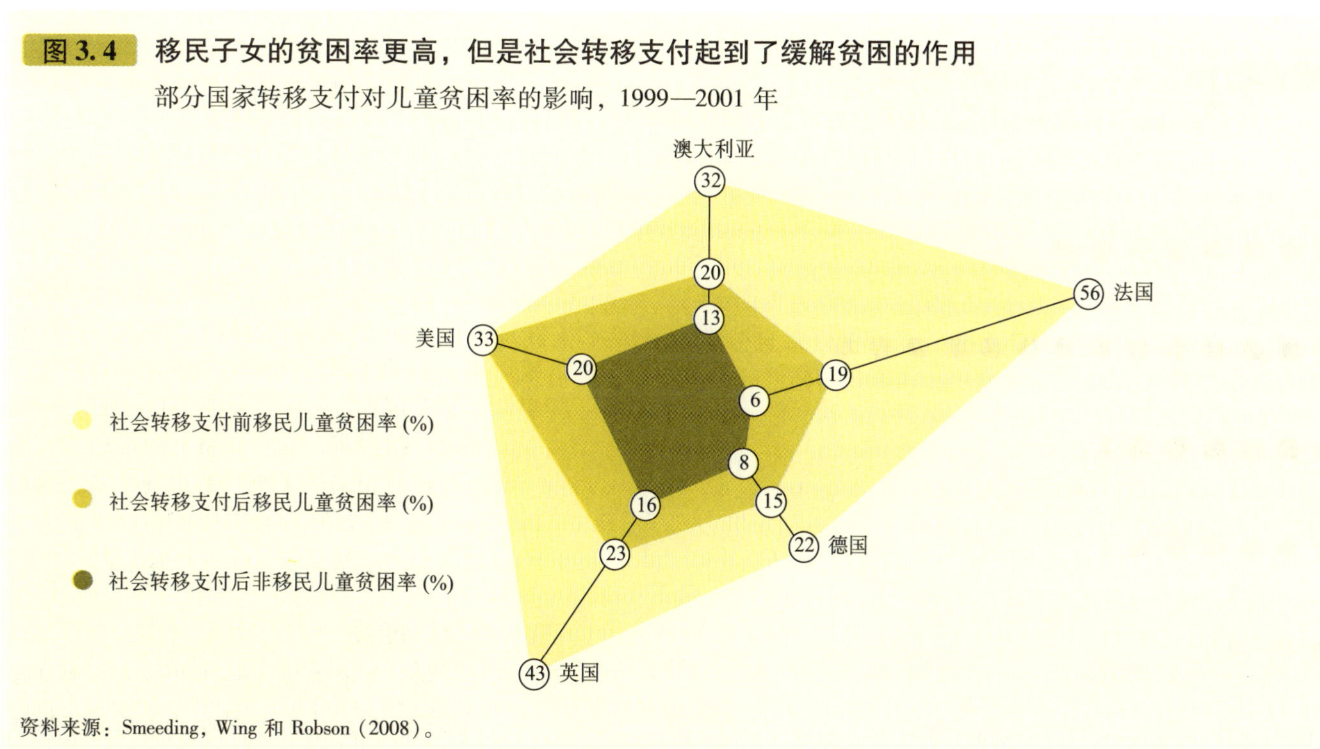

资料来源：Smeeding，Wing 和 Robson（2008）。

图 3.5　迁移成本通常很高

部分迁移线路上中介成本与人均收入之比，2006—2008 年

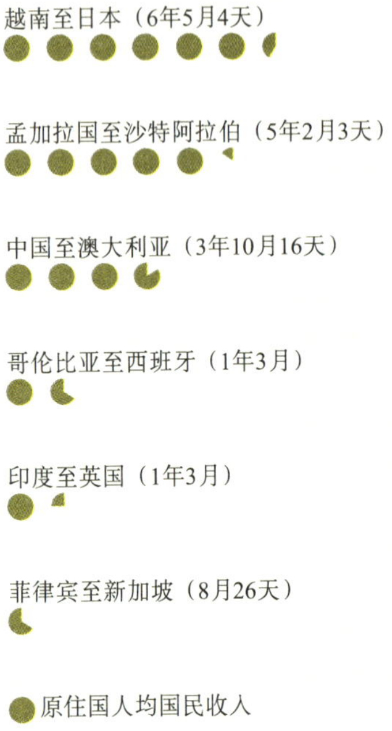

越南至日本（6年5月4天）

孟加拉国至沙特阿拉伯（5年2月3天）

中国至澳大利亚（3年10月16天）

哥伦比亚至西班牙（1年3月）

印度至英国（1年3月）

菲律宾至新加坡（8月26天）

●原住国人均国民收入

资料来源：孟加拉国至沙特阿拉伯：Malek（2008）；中国至澳大利亚：Zhiwu（2009）；哥伦比亚至西班牙：Grupo de Investigación en Movilidad Humana（2009）；菲律宾至新加坡：TWC（2006）；越南至日本：van Thanh（2008）。

图 3.6　移民成本是月收入的很多倍

流向部分目的地的印度尼西亚低技术工人流动成本与预期收入之比，2008

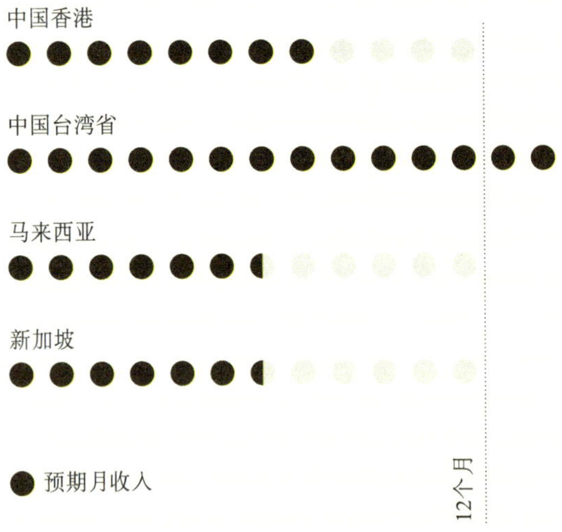

中国香港

中国台湾省

马来西亚

新加坡

● 预期月收入

12个月

资料来源：The Institute for ECOSOC Rights（2008）。

的中介机构有很多：仅在菲律宾就有将近 1500 个注册的招聘代理，在印度则有将近 2000 个。[30]中介服务费用相互间似乎有很大差异，但通常超过原住国的人均收入（图 3.5）。

印度尼西亚的例子说明了中介费如何因目的国而异。流入马来西亚和新加坡的费用是 6 个月的预期工资，而流入中国台湾省的费用是一年的预期工资（图 3.6）。对中介机构规定的最高合法收费限额普遍被忽视，因为流动人员通常要交纳比这多得多的费用。[31]原住地的工资水平与国外预期工资之间的差异可能是决定中介服务价格的最重要的因素。对工作机会相对少的国家和地区，负责安排这些机会的中介人员可以收取到更高的费用。虐待和欺诈的事是存在的。申请迁移的人支付了很高的费用，到了目的地后却发现并没有工作合同，或合同发生了单方面变更，或存在涉及人身安全和工作条件的严重违约现象。[32]一些移民报告了雇主没收了他们的护照，虐待雇员，以及不提供医疗保健服务等情况。[33]

过多的政府法规和过高的行政收费会鼓励违规行为。据报道，在俄罗斯，雇主申请聘用外国工人的许可证程序十分耗时和腐败，以至于频繁发生违规和不正当聘用的行为。[34]在新加坡，雇主聘用低技术移民工人时必须支付一个额外税金，然后他们再从工人的工资中扣除这部分税金。[35]泰国、柬埔寨和老挝三国签订的合约规定，招募费用相当于移民工人 4—5 个月的薪水，申请处理过程平均为 4 个月，15% 的工资将被暂时截留直至移民工人返回家乡。相反，据报道，这些线路上的走私者收取的费用只相当于 1 个月的工资。基于这些成本差异，2006 年在泰国只有 26% 的移民工人注册的结果就不会令人惊讶了。[36]

3.2　健康

这一部分回顾人员流动对流动者健康的影响。获得更好的服务（包括医疗保健服务），可能是流动的关键动力之一。相比

图 3.7 移民子女生存几率大得多

原住国与目的国就儿童死亡率的比较，以原住国的人类发展指数类别分类。2000 年或其后年份的人口普查数据。

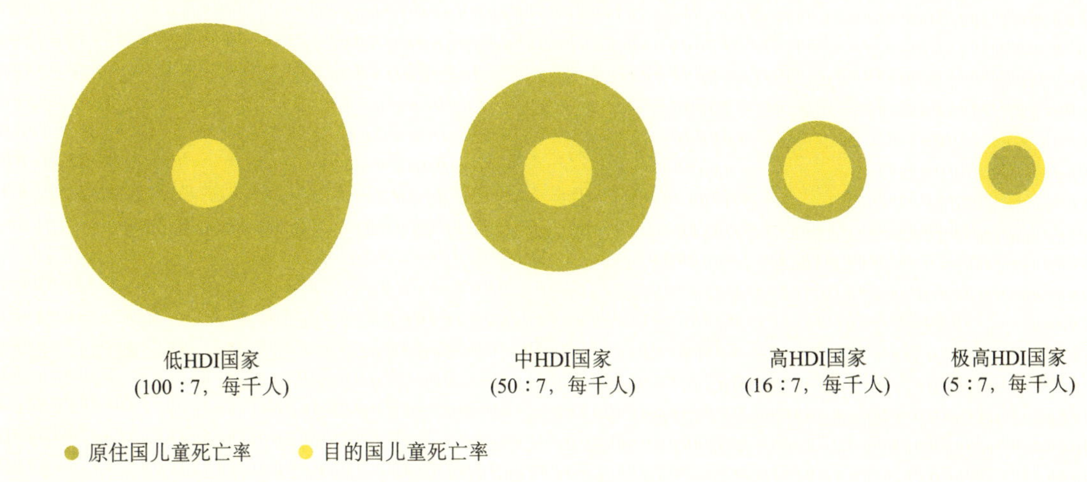

资料来源：Ortega（2009）。

于“薪水”来说，来自汤加和巴布亚新几内亚的顶尖高中毕业生更多地提及了“卫生保健”和“儿童教育”是他们迁移的原因，并且诸如“安全和保障”等因素也几乎同样被频繁提及。[37]然而，迁移与健康的关系是复杂的。移民的健康决定于他们迁移之前的个人历史、迁移过程本身，以及是在什么条件下进行的迁移。目的国政府常常严格筛选申请者的工作签证，所以成功的申请者往往是健康的。[38]不过，非正规的移民则可能会有具体的健康需求需要解决。

迁移到更加发达的国家能够使迁移者享受到更好的保健设施和专业医师的服务，以及其他有利于健康的条件，例如饮用水、环境卫生、制冷设备、更好的健康信息和更高的收入。有研究表明，与如果不迁移相比，迁移之后家庭会养育更少但更健康的孩子。[39]最近美国的一项研究发现，移民的健康结果在迁移后第一年有了显著的改善。该研究利用了对移民进行跨时跟踪的面板数据。[40]

受我们委托的一项研究发现，迁移使得来自低人类发展水平国家的移民的婴儿死亡率减少到只有原来水平的 1/16（从每一千个活产新生儿死亡 112 个降低到 7 个）（图 3.7）。当然这些下降部分地可被解释为自我选择。[41]然而，这些差别是如此之大，以至于我们很难想象这些移民如果留在原住国也会发生同样的结果。作为比较，根据 2006 年人类发展报告，布基纳法索最富有的 1/5 家庭的儿童死亡率大约为每一千例活产新生儿死亡 150 个。

有研究表明，由于农村地区较差的卫生服务水平、饮水质量和环境卫生，相比于农村的居民，迁移到城市的人们明显地改善了他们的生存机会。[42]这一影响的程度与在城市逗留的时间相关，后者又与更高的收入、被改善的知识与习惯有关。有时流动人员比城市的当地人使用更多的卫生服务，这本身就表明这些卫生服务在城市的存在可能首先激发了他们的流动。然而，与城市化有关的健康结果是不稳定的。一个规模更大的研究发现，由于流动人员在社会经济上的劣势，他们的健康结果比城市当地人的健康结果更加糟糕。受我们委托的研究也发现，在所覆盖的国家中，只有一半国家其境内流动人员比非境内流动人员有着更高的预期寿命。[43]

在对一些经合组织国家的详细研究发

与地位、文化和语言差异一样，财政情况也为卫生服务的提供设置了障碍。

现，移民最初的健康优势往往会随时间而减弱。[44]造成这一后果可能是因为流动人员在目的国或目的地养成了较差的健康行为和生活方式，也可能是因为其中一些人被暴露在不利的工作、住房和环境条件下，而这些人常常代表了发达国家低收入人群。与家庭以及自己的社会关系网的分离，以及对于工作保障与生活条件的不确定感也会影响健康。一些研究发现，移民报告有压力、焦虑和失落感的发生率要比当地居民高，[45]这个结果与更差的经济条件、语言障碍、不合法地位以及刚抵达不久有关。相反，其他的研究发现，由于有更好的经济机会，迁移对移民的心理健康有积极影响。[46]

拥有较差的住房条件和从事较大风险的工作会增加事故并影响健康，而这对非正规移民来说尤其是如此。[47]在卫生保健服务与健康结果方面，有许多材料表明发达国家中的弱势移民群体与当地人口之间存在不平等。[48]儿童移民的健康也受他们的工作类型的影响，他们从事的很可能是那些存在虐待性和（或）危险性的工作。[49]例如在印度，许多境内流动人员工作于危险的建筑行业，而皮革行业的工作条件常常使得大多数流动工人患上呼吸疾病和皮肤感染疾病。[50]然而，相比于在家乡可以得到的工作而言，这些工作的酬劳还是较高的，并且在比哈尔邦的农村进行的采访表明，许多人还在寻求这样的工作。[51]

并不是所有类型的迁移者都有同等的获得卫生保健服务的机会。[52]永久移民常常比临时移民享有更多的机会，而非正规移民的机会往往会更受限制（图3.8）。如果获得服务的资格只是被限制在被认可的居住地，流动有时会剥夺境内流动人员获得卫生服务的机会，比如像在中国那样。与此相反，永久移民，特别是那些拥有高技术的永久移民，往往会享有相对好的机会。然而，也有一些国家的卫生保健服务是面向所有的移民，而不论他们的法律地位如何。葡萄牙和西班牙就是这样的例子。阿拉伯联合酋长国所属的各酋长国所实施的保险计划的覆盖范围各不相同，其中阿布扎比和迪拜实行了雇主们必须为他们的工人交纳保险金的强制性保险计划。在加拿大，所有居民都享有国家健康保险，但只有地方政府才能决定谁有资格成为当地居民。

实际上，与地位、文化和语言差异一样，财政情况也为卫生服务的提供设置了障碍，[53]特别是对于非正规的移民而言更是如此。在法国、德国和瑞典，医生有责任汇报为非正规移民提供的服务。这会导致服务提供者和病人之间缺乏诚信，并遏制移民寻求治疗。[54]在海湾合作委员会国家，如果单身女性移民被发现怀孕，她们就会被驱逐。[55]

在次富有的目的国，在给非正规移民提供卫生保健机会的理想和资源约束的现实之间存在着紧张的矛盾。在南非，许多非本国籍人员报告不能获得抗艾滋病的抗逆转录病毒药物，因为医疗机构以“外国人”或不具有本国公民证件为由拒绝提供治疗。[56]基于南非是世界上HIV流行程度最高的国家之一，并同时面临着有改善但仍然有限的抗逆转录病毒药物资源，非正规移民代表了低优先权就不足为奇了。但是，也有正面的例子在世界其他地方出现。例如，在全球艾滋病、结核和疟疾基金（the Global Fund to Fight AIDS，Tuberculosis and Malaria）的支持下，泰国向来自柬埔寨和缅甸的移民提供了抗逆转录病毒治疗服务。泰国还向移民提供健康保险通道，并且正在努力把这一通道推广到非正规移民。

3.3 教育

教育既有内在价值，同时也在提高收入和社会参与程度方面具有工具性价值。它能够为移民提供有助于其经济与社会融入以及实现跨代收入增加的语言、科技和社会技能。流动有可能提高教育成就，特别是对儿童来说更是如此。许多家庭因为有着让孩子们上更好和（或）更高级的学校这样明确的目标而移民。在发展中国家的许多农村地区，居民仅仅有获得初级水平教育的机会，并且其教育质量也比城市地区的差，这就给农村居民提供了向城市流动的一个额外的动机。[57]同样地，为了教育目的的国际迁移——移民学校——也在增加。[58]

在这一部分，我们将回顾原住地和目的地学生的学业完成情况、流动儿童能否进入国立学校，以及相比于当地出生的孩子流动儿童的学业表现等情况。

当一个家庭搬到新地方，其子女的入学会因多种原因而改变。更高的收入是一部分原因，但其他因素，例如教师和学校的可及性、基础设施的质量和交通费用，可能同样重要。当衡量教育收益时，一个自然的出发点是入学率的比较。它们醒目地给出了迁移所带来的好处（图 3.9），特别是对来自低人类发展水平国家的儿童来说，其变化最大。然而，有两点（也是大家熟悉的）需要注意：这些结果可能受正向选择的影响而被高估；仅仅入学既不能保证高质量的教育，也不能保证上学一定能带来一个好的结果。[59]

对孩子的身体、认知和情感发展进行早期激励的重要性，以及与此相关的早期儿童发展（ECD）计划的重要性，已被广泛认同。[60]来自德国的研究显示，ECD 计划能够使移民家庭的儿童达到与本地同样社会经济地位家庭的儿童一样的水平。[61]然而，由于传统规范、语言和文化的障碍，以及不确定的法律地位，这些孩子参加正式的 ECD 计划的可能性相对较小，尽管欧洲和美国的有关政府部门常常主动动员移民儿童参加。[62]泰国是那些寻求向移民儿童提供非正式 ECD 的发展中国家中的一员，它让这些移民儿童居住在北方的边境地区。一些别的国家也有类似的安排。例如，多米尼加共和国就向海地的儿童提供此类服务。

在一些国家，移民儿童可能无法进入公立学校，或者如果他们想进入公立学校，其父母就可能会被要求缴纳更高的费用。我们的政策评估发现，发达国家更有可能允许所有类型——永久的、暂时的、人道

图 3.8 临时性或非正规移民往往难以获得医疗保健服务

发达国家和发展中国家就移民身份获得医疗保健的对比，2009 年

板块一：预防保健

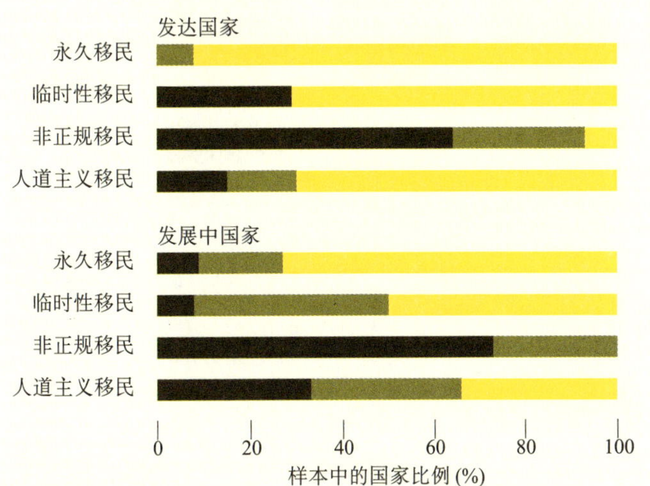

板块二：急救护理

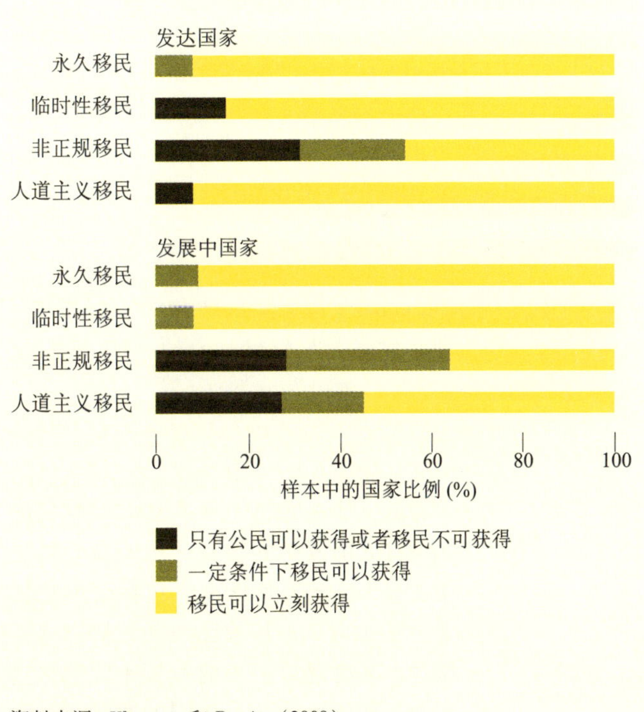

资料来源：Klugman 和 Pereira（2009）。

图 3.9 来自低人类发展国家的移民的教育收益更大

原住国毛总入学率和目的国毛总入学率的比较，以原住国的人类发展指数类别分类，2000年或其后年份的人口普查数据

低人类发展指数	中人类发展指数	高人类发展指数	最高人类发展指数
（47%对95%）	（66%对92%）	（77%对92%）	（92%对93%）

● 原住国入学率　● 目的国入学率

资料来源：Ortega（2009）。

注：毛总入学包括初等教育、中等教育和高等教育。

图 3.10 发达国家的移民具有更高的教育可及性

发达国家和发展中国家就移民身份获得公共教育的对比，2009年

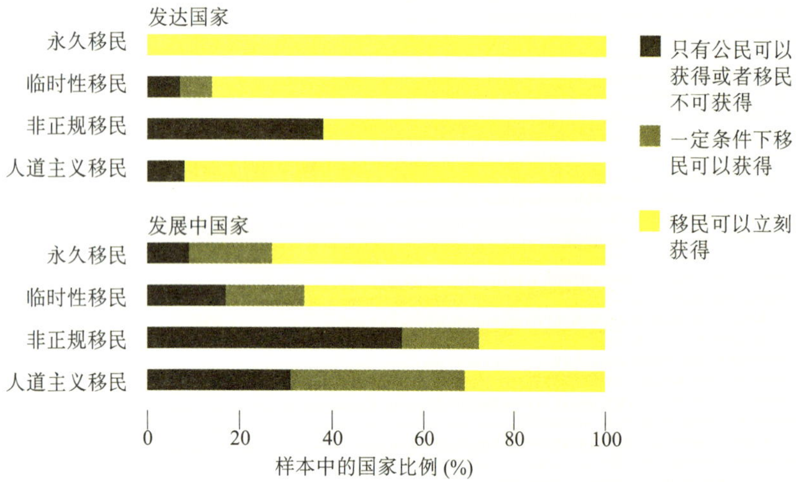

资料来源：Klugman 和 Pereira（2009）。

主义的、非正规的（图3.10）—移民的儿童享有立即入学的权利。然而我们的样本中也有1/3的发达国家，包括新加坡和瑞典，[63]拒绝向非正规移民的儿童提供这样的机会，并有超过一半的发展中国家，包括埃及和印度，采取了相同的政策。下面是一些具体的例子：在阿拉伯联合酋长国，非正规移民的儿童没有获得教育服务的权利；在比利时，教育是免费的并且是每个人的权利，但对于非正规移民的儿童而言，它不是强制性的；在波兰，对6到18岁的儿童，教育是一种权利，并且也是强制性的，但是在划拨各校的资金时，非正规地位的儿童不得计算在内。这可能导致学校拒绝录取这样的孩子。[64]

贫困和歧视（正式和非正式的）会抑制对基本服务的获得。即使非正规移民身份的孩子有权利进入国立学校，他们仍有可能存在入学障碍。在不少国家（例如法国、意大利、美国），对他们非正规身份被暴露的担心往往遏制了这些儿童的入学。[65]在南非，因为一系列的原因，包括无能力支付学费、交通费、校服费和书本费，以及受学校管理人员的排除，接近1/3的处于入学年龄的非本国儿童没有能够入学，而那些入了学的孩子则经常报告他们听到教师或其他学生对他们说些仇外的话。[66]

最严峻的挑战看起来落在了以下两个群体身上：独立迁移但往往没有合法身份的孩子（专栏3.2）和临时性地跟随父母在发展中国家内和发展中国家间迁移的孩子。由于社会和文化的孤立、艰苦且危险的工作、极度的贫穷，糟糕的健康条件和语言障碍，第一类群体不可能有能力获得教育。[67]至于第二类群体，关于越南和巴基斯坦的定性研究发现，季节性的迁移往往会使他们的教育受中断。[68]例如，在收割季节，越南的Rac Lai少数民族带着他们的孩子迁移到与世隔绝的山区，而他们的孩子在这段时间不上学。[69]

即使移民的孩子们能进入比他们原住地的学校更好的学校去上学，相比于当地出生的孩子，他们的考试成绩也不是都好。"国际学生评估项目"[70]曾对学生在科学方面的成绩进行了评估，发现在其覆盖的21个经合组织国家和12个非经合组织国家中，移民学生的成绩往往要比当地出生的孩子们的差。但是，在澳大利亚、爱尔兰、新西兰、以色列、中国澳门、俄罗斯联邦和塞尔维亚，境外出生的学生们则表现得

与当地学生一样好。同样的，来自同一原住国的学生即使在相邻的目的国表现得也不同：例如，来自土耳其的移民学生的数学成绩在瑞士要比在德国更好。[71]下一代，即在目的地出生的移民子女，一般会做得更好，但也有例外，比如在丹麦、德国和荷兰。

移民家庭中孩子们的部分教育劣势来源于他们父母的较低教育水平和较低收入。那些没有完成全部中等教育的父母（这在法国、德国、瑞士和美国的移民家庭中较为普遍），他们的孩子典型地表现为较低的学龄。一项关于八个发达国家移民儿童的研究发现，虽然许多移民家庭远离了他们的亲戚和社会关系，相比于当地的孩子，他们一般更有可能在父母的陪伴下成长。[72]这驳斥了一种有时在文献中出现的观点，即移民的孩子们常常处于劣势是因为他们的父亲或母亲往往不与他们一起生活。

专栏 3.2 独立的移民儿童

通常认为，人口贩运和寻求避难可以解释大部分的儿童独立迁移。然而，有长期的历史纪录表明，儿童也会为寻求工作与教育机会而迁移。《儿童权利公约》在承认儿童自身为主体、决策者、创办者和社会活动者方面迈出了重要的一步。然而，有关儿童流动的文献和政策应对在很大程度都聚集在福利与保护其免于受伤害问题之上，它们却往往忽视了包容、辅助和非歧视原则。

儿童独立迁移的影响因情况而定。一些研究发现农村孩子们不上学与外出工作的倾向之间有着显著的联系，而另外一些研究则发现流动与教育之间存在着正相关的关系。最近一项使用阿根廷、智利和南非人口普查数据的研究表明，独立迁移的儿童在目的地有着较差的居住条件，而随亲人迁移的儿童则与非迁移儿童有着相似的居住条件。这些国家中有超过 1/5 的、15—17 岁之间的国际独立迁移儿童被雇佣，而只有不到 4% 的随亲人生活的非移民儿童这样做。许多人与亲戚或雇主生活在一起，但是住所和安全问题往往让人担忧。与成年人相比，孩子们改变工作的可能性更低，主要原因包括：即使他们合格的话，也较难获得证件；他们有更大的可能会遭到雇主的暴力侵犯或遇到警察；他们也更容易被雇主和别人欺骗。

虽然有一些例外（包括丹麦、希腊、荷兰和葡萄牙），在经合组织国家中，移民学生一般会进入那些与当地孩子所上的学校相比具有相同师资力量和教育资源的学校。有时，移民孩子所上的学校的质量要低于国家标准，但这与其说是由于他们特殊的移民地位，倒不如说是因为他们较低的收入水平。有关美国学校种族隔离的研究表明，如果来自移民家庭的孩子上了少数民族和中心城区的学校，他们的考试分数会较差。[73]来自荷兰和瑞典的研究发现，让移民的孩子们聚集起来并把他们与其他孩子拆分开来对他们的学校成绩是有害的。[74]即使他们在教育资料和设备上不处于劣势，移民学生们还可能需要特殊的服务，例如当地语言的训练。

我们之所以对入学感兴趣，部分原因是它在改进下一代的希望方面有价值。专栏 3.3 给出了一些相关证据说明这在多大程度上起到了作用。

3.4 赋权、公民权利和参与

流动不仅能影响物质福祉，而且还影响一个人的议价能力、自尊和尊严的潜力。若把赋权定义为追求个人目标和福祉的自由[75]，流动则能够加强赋权。然而，目的国对移民的态度具有明显的重要性，特别是当当地人对移民存有敌意时更是如此。这种敌意有时甚至可能导致暴力冲突。

人类发展关系到人的所有可行能力的发展，其中也包括社会自由。这是一种即使没有政治和公民权保障的情况下也能行使的自由。这种自由组成了被一些哲学家称为“自尊的社会基础”自由的一部分。[76]它们与收入的增长同样重要，并且和这些增长有联系，但通常被更深层的社会、阶层和种族障碍所遏制。在有些国家，对移民的态度是否定的，而这会减少移民的尊严和自尊。这并不是一个新的现象：在 19 世纪，爱尔兰人在英国面对着这样的成见；中国人在澳大利亚也是如此。

流动可以让农村妇女获得自主权。赋权往往发生在妇女从农村迁移到城市的时候，这时她们与家庭成员和朋友分开了，这也使得她们能在家庭外获得有报酬的工作。[77]在厄瓜多尔、墨西哥和泰国做的定性研究证明了这一影响的存在。对于这些研究中的女性来说，回到原来农村的那种生

专栏 3.3 下一代

流动人口常常因憧憬他们的孩子会有更好的生活而受激励。并且，移民子女确实代表了一个重要的人群，这一点需要引起决策者们的注意。例如在布鲁塞尔，移民子女代表了超过 40% 的学龄人口；而在纽约，该比例是 50%；在洛杉矶县则几乎是 2/3。

获得好的教育对未来的前景有着决定性的作用。有证据表明移民子女往往比他们的父母表现得更好，但即使在控制了社会经济变量以后，他们仍然不能完全赶上那些没有移民背景的孩子们。然而也有例外，如在澳大利亚和加拿大，移民子女在学校的表现接近或者超过当地的孩子。那些实行早期分层教学（early streaming）制度的国家，例如德国和荷兰，则似乎出现了学校表现方面最大的两极化。

移民子女在劳动市场上的状况往往因国家和群体而异。最近获得的证据表明，相比于同龄的移民，他们有着更高的受业率，但相比于那些没有移民背景的同龄人，他们则处于劣势。在一些欧洲国家，年轻人失业率在移民子女中更高。缺少非正式社交网络和歧视（无论是基于原籍的还是社会阶层的）是导致这些差距的两个可能的原因。

一些移民子女遭遇着种族歧视，而这常常与有限的工作机会有关。例如，一些美国的研究表明可能存在“割裂性融合（segmented assimilation）”的危险，即移民子女的社交、关系网络和期望被限制在他们自己种族的圈子内，但这些研究也表明这种危险因群体而异。墨西哥移民的青少年孩子被发现面临更大的辍学、入狱或怀孕的危险。同样的研究也表明，更多的家庭和社区层面的经济和社会资源能够帮助克服这些危险，并遏制一个不满的年轻人阶层产生。

活方式中去简直是无法想象的。[78]在移居国外的土耳其妇女中，也发现了更高的劳动力参与度和更好的自主权。[79]不仅女性在流动中寻求挑战她们的传统角色，年轻的移民男子也会从流动中获得赋权，并以之向他们家庭中的父权制提出挑战。[80]

但是这种正面的结果并不总是必然的。一些移民群体步入了一种时间扭曲，这表现为他们会一直保留移民时在原住国流行的文化和社会习俗，即使他们原来的国家已经放弃了这些习俗。[81]有时，一些移民社区还会发展一些非常保守的观念和习俗，并且通过这些观念和习俗使自己从目的地文化中孤立出来。这会导致异化并偶尔造成极端主义。在文化和社区传统、社会经济环境和公共政策之间，存在一种复杂的动态关系。最近对 10 个拉丁美洲国家的微观分析发现，土著血统的境内流动人员仍然在城市中被歧视，即使相比于在他们的农村地区，他们已经获得了更好的服务。[82]另一项研究发现，在阿根廷的玻利维亚女性受到歧视，她们只有有限的工作机会，并且继续处于下层社会的地位。[83]

参与和履行公民义务是赋权的重要方面。我们用世界价值观念调查数据所作的分析表明，有迁移背景的人更愿意参与各种公民社团。相比于无移民父母的人来说，他们更可能参加一系列体育、娱乐、艺术和职业组织；而且他们对这些组织也会有更大的信心。另有研究表明，随着说东道国语言能力的提高、在东道国居住年数的增加、教育水平的提高、社会网络和劳动力市场联系的增多，以及注册和选举制度壁垒的降低，他们的政治参与也会变得更加积极。[84]

制度因素是起作用的，这尤其体现在公民权和选举权方面。我们的政策评估发现，尽管一些发达国家允许外国人参与地方选举，全国大选的选举权在很大程度上仍然是只授予公民的（见图 3.11）。移民融入政策指数（MIPEX）在其评估中考虑了移民参与公众生活的机会，包括参加各种集体组织的机会、参与地方选举和在这些选举中当候选人的机会，以及为移民组织提供支持的程度等。该指数发现，西欧国家的政策是有利于移民参与的，但是在中欧、东欧和东南欧就不是这样了。在瑞典，所有在境内居住达三年的合法居民都可以参加地区和地方选举，并且也可以在地方选举中当候选人，而在西班牙的外国人只要在地方政府处注册为居民就有参加地方选举的权利。

很多人是为了享受更好的人身和个人安全而迁移到法治和政府问责更好的地方。

一个明显的例子是，即使在寻找避难时他们的法律地位非常脆弱，很多难民仍然从冲突中逃出。我们对配对国家间迁移的决定因素的分析表明，一个国家的民主程度对移民流入量有正面的和显著的作用。[85]

然而，当日常的警察执勤涉及移民法的执行时，即使有着深厚法治根底的国家也经受了考验。如我们在第 2 章所说明的，不同国家在实际执行方面是有差异的。在一些国家，非正规移民常常被贪污官员看做是他们的合适目标。在南非，那些找寻贿赂的警察经常损毁或者拒绝承认有效证件，并以之作为他们逮捕相关移民的理由。[86]在捷克共和国的蒙古移民报告，无论他们是合法的还是非法的，在警察突击搜查时他们都会被处以罚款。[87]在马来西亚，移民有时受制于非常规的执法机制，这导致了关于虐待的指控（见专栏 3.4）。

正如我们将在第 4 章讲到的，目的地居民经常会考虑移民入境对经济、治安和文化的影响。有时恐外症泛滥，而这最可能发生在有极端主义者煽动恐惧和不安全感的地方。针对移民的暴力事件有时会发生，比如 2008 年发生在马来西亚和南非、2009 年发生在北爱尔兰的事件。这些事件不但对所涉及的个人，而且对整个社会都造成了严重的影响。[88]经验表明，这些事件一般爆发在那些由于政治真空，从而使得肆意妄为的地方头目得以操纵潜在社会紧张局势的地方。[89]

具有讽刺意味的是，尽管褊狭经常导致对社会接触的抵制，但也有证据表明，移民与非移民之间社会接触的增多可以提高对移民群体的宽容程度，而且还能减少已有的偏见。[90]很明显，温和的政治家、政府当局和非政府组织在制定和实施有助于社会融合和避免紧张升级的政策和服务时，均起着重要的作用。有白纸黑字的法规还不够，还必须辅之以领导、问责和明了的公共辩论（第 5 章）。

3.5 了解负面动因的后果

一些人迁移是因为他们交了好运——他们赢得了绿卡抽签，或是因为他们的朋友或亲属伸出了援助之手，使他们获得一个在新城市工作的机会。但是也有不少人迁移是因为他们所处的困难境况，比如津巴布韦的经济崩溃和政治动荡、苏丹的战祸，以及某些自然灾害如亚洲的海啸等。在这种情况下迁移会使人们不得不暴露于风险，并使他们变得更加脆弱并削弱他们的可行能力。当然，在这些情况下，不是因为迁移本身而是因为那些潜在的不利因素导致了恶化的结果。本节主要讲述三大类影响人员流动的因素：冲突、因发展引起的流离失所，以及人口贩运。

3.5.1 由不安全感导致的流动

那些为了远离不安全和暴力而逃离的人们大多看到他们人类发展成果的彻底崩溃。但是，即便如此，迁移还是保护了他们免受那些如果他们留在原住地将必然遭受到的伤害。对难民，尤其是对那些受 1951 年《关于难民地位的公约》保护而受联合国难民署管辖的难民，有几种保护措施。1951 年的《关于难民地位的公约》规定了个人可获得签署国庇护的标准以及他

图 3.11 选举权被一般性的保留给公民

发达国家与发展中国家相比，移民身份在地方选举中的选举权，2009 年

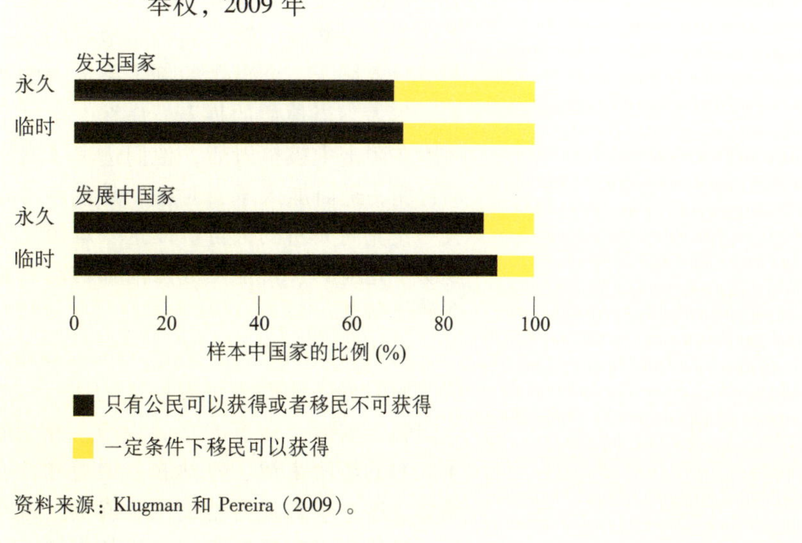

资料来源：Klugman 和 Pereira（2009）。

专栏 3.4 马来西亚的执法机制

作为东南亚最坚挺的经济之一，马来西亚吸引了很多的移民工人（2005 年官方估计在总人口的 7% 左右）。2008 年底，马来西亚的劳动力差不多有 1200 万人，占其 2700 万居民的 44%，其中包括 210 万从孟加拉国、印度尼西亚和其他亚洲国家合法迁移来的人。马来西亚政府已逐渐趋于容忍未取得批准而擅自入境的移民，但是伴随这种调整而来的是对新进入人群的禁令和更加严厉的执法。

从 1972 年开始，马来西亚的人民志愿军部队（Ikatan Relawan Rakyat 或 RELA）就开始帮助政府执法，这其中就包括移民法的执法。约 50 万 RELA 志愿者可以在没有任何许可的情况下进入工作单位和家庭，并且在经过 RELA 长官允许后便可以携带枪械和实施逮捕。移民活动家说，RELA 志愿者已经成为了志愿警员，他们编造证据以证实其逮捕移民的合法性，也在执行警务中滥用职权。政府已经宣布要遏制滥用职权，并且也正在寻求通过给 RELA 成员提供培训来提高他们素质的途径。

资料来源：Crush 和 Ramachandran（2009），Vijayani（2008）以及 Migration DRC（2007）。

们所拥有的相关权利。这条保护措施已使得数以百万的难民得以迁移到新的有安全保障的环境中。

在当代，冲突越来越与大规模的人口流动相关，这包括那些蓄意让平民流离失所并把它作为一种战争武器的情况。[91]虽然有些可以逃离到较遥远的地方如北美，西欧和澳大利亚，大多数流离失所的人们只能被安置在原住国国内或其周边地区。即使只有约 1/3 的因冲突而流离失所的人群被收容进难民营，[92]这些定居点也已经成了那些生活在贫困、受冲突影响地区的人民苦难的象征。一个当代的例子是苏丹的达尔福尔人，当他们的牲畜、庄稼、水井和房屋在袭击中被摧毁后，他们逃离了自己的村庄，进而加入了当时已经是世界上最大一支流离失所的人群。而这一难民点又起源于先前的、发生在苏丹南部的旷日持久的战争。

当那些贫困的、身无分文的人们逃离战区的时候，他们承受着巨大的风险。战争削弱或摧毁了所有的基础设施，并切断了人们的经济来源、各种服务渠道和社会网络。这一切都使得他们更为脆弱。逃离后，虽然这些流离失所者已经基本避开了最直接的人身威胁，但是他们仍然面临着各种各样的艰巨挑战。安全问题和当地居民对他们的敌意是许多问题中最突出的。这些问题尤其发生在营地中和营地附近。[93]在内战中，国内流离失所的人们很可能要面对来自政府的骚扰和当地居民的仇恨。

尽管如此，我们仍需要指出，由冲突和不安全导致的人口流动仅仅只是所有人口流动的小部分，大约占国际流动人口的 1/10，境内流动人口的 1/20。同时，这种流动也存在地域差异：非洲一直受到较为严重的影响，冲突导致了非洲大陆上大约 13% 的国际流动人口。地图 3.1 显示了这些冲突发生的地点，以及与之相关的流离失所的人口在非洲各国境内和各国之间的流动。虽然这幅地图呈现出了一幅凄惨的景象，但是我们仍要强调，非洲最大的人口流动仍然不是由冲突引起的。事实上，大多数非洲人迁移的原因和其他人一样。[94]

除了持续的不安全，试图赚取一份体面的收入同样是那些流离失所者所面临的最艰巨的挑战，尤其是在他们缺乏有效身份证件的地方更是如此。[95]在我们委托的案例研究中，[96]乌干达是 6 个国家中唯一的一个允许难民自由迁移并接受工作和获得土地的国家。在乌干达，难民营中大约 44% 的劳动年龄人口参加了工作，而在其他的 5 个国家，这个比例则低于 15%。即使这些流离失所者被允许参加工作，但工作机会通常仍然是稀缺的。

由于不安全而迁移的人们的人类发展成果差异相当大。虽然联合国关于国内流离失所问题的指导原则已经引起了大家对这个问题的关注，国内流离失所的人口（其中 80% 是妇女和小孩）并不与其他难民一样享受同样的法律权利[97]。世界上大约有 2600 万国内流离失所者，其中约一半可以从联合国难民署、国际移民组织以及其他组织那里得到了一些帮助，但是国家主权常常被引用作为限制国际援助的一个理由。2007 年，苏丹、缅甸和津巴布韦各有超过 50 万的受危机影响的人群，他们无法得到任何人道主义的援助。[98]甚至在不太严重的情况下，营养不良、缺乏清洁饮用水和卫生保健服务、缺少证件和财产权的现象在国内流离失所者中也非常普遍。然而，也有一些国家政府已采取了一致行动，从而可以保障国内流离失所人群的权利和改善他们的居住环境。[99]

国际难民的情况也不尽相同，但同样是相当的凄凉，尤其是在一些不断发生冲突的地区（例如巴勒斯坦）更是如此。这样的难民大概占难民总数的一半。受我们委托的研究证实了国际难民整体上薄弱的人类发展成果，但也存在一些群体和国家之间的差异。性暴力和基于性别的暴力发生率较高。然而矛盾的是，在布隆迪和斯里兰卡，随着妇女获得新的社会角色而成为她们家庭的保护者和支柱，她们也同时得到了更多的赋权。[100]

难民营中居民的教育以及卫生指标有时候会比周边居民的高。我们的调查表明，在尼泊尔、坦桑尼亚和乌干达难民营中，由熟练的医生接生的比例要高于那些国家全部人口的这一比例。相同的，难民营中一些教育指标像小学毛入学率和师生比都比所在国总人口的比例要高（图3.12）。这些情况既反映了国际人道主义援助的作用，也说明了在那些拥有大量难民的国家中普遍低下的人类发展条件和指标。

如上所述，大多数难民和国内流离失所的人们并不进入难民营，或者进入了但又很快离去。例如，只有不到1/3的巴勒斯坦难民生活在联合国难民救济及工程局管理下的难民营。平均而言，那些迁移到城市去的难民通常比较年轻且受到过良好的教育，而且他们比居住在难民营中的人享有更好的人类发展成果。[101]通常情况下，那些经济条件较好的人也许会逃离到更遥远和更富裕的国家中去，但这有时是在特殊的政府安排下才能发生。

只有少数的寻求庇护者能够成功地获得难民身份或居住权，那些要求被拒绝的人将面临十分不确定的前景。[102]他们的经历取决于目的国政府的政策。我们的政策评

地图 3.1 冲突是导致非洲人员流动的一个原因

非洲的冲突，不稳定和人口流动

境内流离失所的人（2008年底）	
布隆迪	100000
中非共和国	108000
乍得	180000
刚果	近7800
刚果民主共和国	1400000
科特迪瓦	至少621000
埃塞俄比亚	200000—300000
肯尼亚	300000—600000
利比里亚	未定
卢旺达	未定
塞内加尔	10000—70000
索马里	1300000
苏丹	4900000
乌干达	869000
津巴布韦	570000—1000000

资料来源：UNHCR（2008）和 IDMC（2008）。

注：本地图标注出了基于官方 UNHDR 数据的难民数量，但未标注出很重要的与不稳定相关的移民数量，比如逃难到南非的津巴布韦人。

估发现，发达国家是允许移民获得人道主义紧急援助的，但是对获得预防服务则有较多限制，而在我们样本中的发展中国家，则对获得公共卫生服务有更多的限制（图3.8）。

寻求持久的长期解决办法，或者是可持续地返回原住地，或者是成功地融入当地社会，被证明是一个非常大的挑战。2007年，大约有270万国内流离失所者和70万难民，分别约占各自总数的10%和5%，返回了他们的原住地。[103]巴勒斯坦的情况最能反映难民们所遭受的苦难：那里战祸不断，难民安全无法得到保障，而且几乎无任何经济机会可言。[104]

在一些发展中国家和发达国家，虽然他们仍然处于劣势（尤其是在融入当地的劳动力市场方面），难民们逐步融入当地社会的过程（有些是通过加入目的国国籍）正在缓慢进行。[105]

图3.12 难民的入学率往往超过发展中国家本国社区人口的入学率

初等教育毛入学比例：难民、目的国人口和主要来源国，2007年

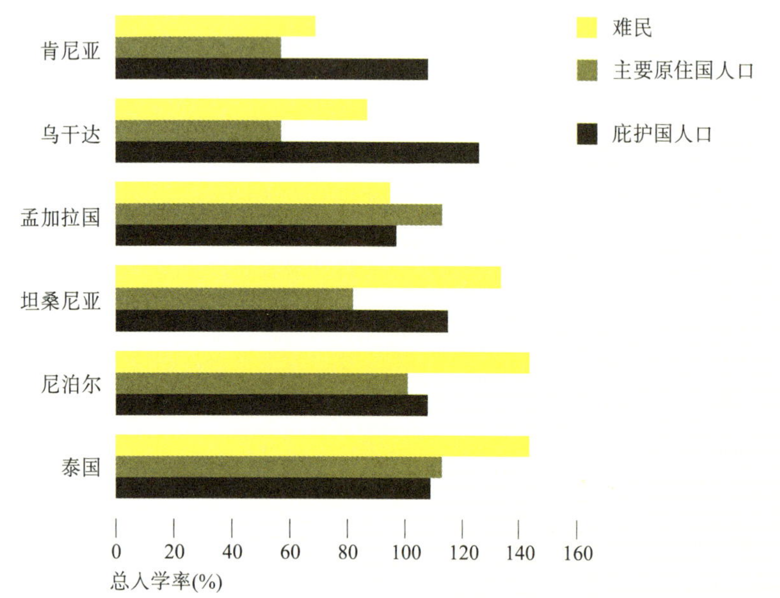

资料来源：de Bruijn（2009），UNHCR（2008）和UNESCO Institute for Statistics（2008b）。

3.5.2 发展引起的流离失所

当发展计划导致流离失所时，其结果也可能是负面的。为城市供水、发电或为下游农业灌溉而兴建大型水库是一个典型的例子。农业发展是另一个重要的原因，比如由于土地将被用于灌溉型经济作物的开发，牧民们会失去他们传统的河流放牧场。道路、铁路或机场等基础设施项目也可能使人们流离失所，而能源部门——采矿、发电、石油勘探和开采、管道铺设等，可能是另一个罪魁祸首。如果其管理是自上而下的而不是依靠当地的社区，公园和森林保护区同样有可能导致人们流离失所。

一般说来，这些类型的投资增加了大部分人的机会——比如提供了增产技术、与市场的联系，以及使用能源和水的权利等等。[106]但是，如何计划和实施这些投资同样是至关重要的。到20世纪90年代，人们逐渐认识到了这种干预对一部分人所产生的直接负面影响，并且这些干预也在社会正义和人权方面遭到批评。[107]对此的一个直言不讳的批评声音来自世界水坝委员会。该委员会指出：“对世界上被重新安置的人们来说，落入贫困和失去权利已是通例而不是例外。”[108]而对当地的土著和部落居民来说，这些现象尤其严重。

对当地的土著居民来说，其负面影响包括财产流失、失业、债务束缚、饥饿以及文化解体。各地记载了很多这样的例子。[109]印度社会研究所估计，该国大约有2100万因发展造成的流离失所者，其中许多属于表列种姓和其他部落群体。在巴西，据估计，图库鲁伊大坝的建设造成了大约25000到30000人流离失所，这极大地改变了Parakanã、Asurini和Parkatêjê土著群体的生活方式和谋生手段。糟糕的移民安置计划使得社区四分五裂，这会迫使人们搬迁多次。新搬迁去的地方也经常缺少必要的基础设施，而这些基础设施被要求既可以满足越来越多的流动人口（因建筑业而吸引去的）的需要，又同时满足

由发展造成的流离失所者的需求。[110]

联合国关于国内流离失所问题的指导原则有些就是针对上述问题的。该原则规定，在规划阶段，有关当局应探索能够避免流离失所的所有可行的方案。如确实不能避免，应由当局为此给出强有力的理由，并说明为什么这是出于公众的最佳利益。应寻求所有利益相关者的支持和参与。需要时，协议应规定赔偿的条件以及解决争端的机制。在任何情况下，流离失所不应该威胁到生命、尊严、自由和安全，有关当局应为确保流离失所者享有合适的住房、安全、营养和健康制定长期的安排。与此同时，也应给予土著居民、少数民族、小农和牧民特别的关注。

这些原则可以帮助发展规划者正确把握大规模的、有时甚至是小规模的发展规划所可能产生的社会、经济、文化和环境方面的问题。将这些分析纳入规划过程，如一些发展融资组织所做的那样（包括世界银行，它实行一个非自愿移民政策），是已经迈出的重要一步。[111]这些政策允许受害方通过检查组和其他机制行使上诉的权利。尽管面临的挑战依然很大，但这种方法既可以使大多数人获益，同时也可以帮助减轻少数流离失所者所承担的风险。

3.5.3 人口贩运

和人口贩运相关的印象经常是恐怖的，而且其关注的焦点往往集中在它与性剥削、有组织犯罪、滥用暴力和经济剥削等之间的联系。人口贩运不但对个体有不利影响，而且影响到对整个群体的尊重。然而，虽然对这个现象有了越来越多的关注，但是关于其规模以及在国家内部和跨境人口流动中的相对重要性还没有一个可靠的认识（第2章）

首先，贩运人口限制了人们的自由，违反了基本的人权。一旦落入贩运人口的网络，被害者便有可能被剥夺旅行证件和被隔离，以增加逃脱的困难，假如逃脱是可能的话。生活在有语言、社会和实物障碍的地方，许多受害者无法寻求到帮助，并最后落入债务束缚。另外，这些被害者可能不情愿表明自己被贩运的身份，因为他们可能会因此而面临法律制裁或刑事诉讼。那些被贩运去做性工作的人还面临着很高的被感染上艾滋病毒和其他性病的风险。[112]

数据限制了对人口贩运影响的评估。国际移民组织的反人口贩运模块数据库（The IOM's Counter Trafficking Module database）仅有不到14000个案例，而且其样本不具有代表性。联合国毒品与犯罪问题办公室（UNODC）的数据库也存在同样的问题。[113]从上述数据库提供的数据以及已有的研究和报告所反映的情况来看，绝大多数被贩运的人是来自少数民族群体的年轻女性。这一情况也得到了其他资料的证实——例如，一项对东南欧国家的研究表明，那些生活在发生冲突后的国家农村地区的年轻人和少数民族最容易成为人口贩运的侵害对象，因为他们往往经历了劳动力市场的严重排斥和任人宰割的命运。[114]然而，这个情况也可能是片面的，因为男性也许比较不愿意自主报告被贩运的遭遇，以免自己被拒绝受害者的地位。除了来自社会和经济方面的排斥，家庭内和家乡社区里的暴力和剥削也会增加人口贩运发生的可能性。另外，过于天真地相信那些在国外能获得高薪工作的承诺，也同样增加了人口贩运发生的可能性。

性剥削是最常见的人口贩运形式（约占联合国毒品与犯罪问题办公室数据库中80%的案例），其次是经济剥削，占了剩余案例的大部分。出于这样或那样剥削意图而被人口贩运的受害者包括妇女、男子、儿童。以下所列出的和未列出的情况都曾经被报道过：契约劳工、家庭奴役、胁迫婚姻、器官切除、乞讨、非法收养或招募。

人口贩运给人类发展带来的消极后果不仅与受害者本人缺乏权力和资金有关，而且与接收国的法律体制也有一定的关系。严格的入境管制意味着，边缘群体往往得

首先，贩运人口限制了人们的自由，违反了基本的人权。

打击人口贩运最有效的办法是在原住地提供更多更好的就业机会，以及增强公民的意识——有能力对贩运人口者说“不”是最有力的抵御方式。

不到正规身份，因而缺少进入正规劳动力市场的渠道，他们也无法获得政府向公民和其他合法外来劳工提供的保护。[115]当然，更一般的，打击人口贩运最有效的办法是在原住地提供更多更好的就业机会，以及增强公民的意识——有能力对贩运人口者说“不”是最有力的抵御方式。

区分人口贩运与其他类型的剥削存在难度，定义剥削行为也具有挑战性，这些都使得人口贩运活动受害人的权益问题变得更加复杂。强制措施可能会造成问题。有时，对贩运的解释非常广，以至于所有参与性工作的女性移民都被认为是被贩运入境的。于是，她们遭受又被驱逐出境的折磨看起来是正当的，她们也因此更容易受到剥削。而且一旦情况被认定，那些被贩运的妇女几乎总是会遭到驱逐，或被送至那些要求其与执法机关密切配合的援助机构。

近年来，反对人口贩运的行动发展迅速。针对潜在的被贩运人口源社区，一些旨在降低人们受害可能性的干预措施也已实行，例如开展宣传活动和民生工程。一些援助项目也已经在为人口贩运活动的受害者提供咨询、法律援助，以及重返原住国和重新融入原住地社会的支持。其中一些方案已被证明是成功的。例如在埃塞俄比亚和马里，人们利用娱乐活动和个人亲身故事作为社区宣传的有效工具。在刚果民主共和国，挨家挨户开展大众宣传沟通活动。[116]然而，其他一些行动却产生了相反的效果，有的甚至造成了灾难性的后果，这包括对妇女权益带有偏见的限制。例如，在尼泊尔，预防人口贩运的信息使得女性不敢离开她们的村庄，而关于艾滋病的宣传却使回乡者遭到了污蔑。[117]很明显，反对人口贩运的行动带来了非常复杂艰难的挑战，所有这些都需要认真处理。

人贩子与那些招聘人员和走私者之间的界限是模糊的。例如，征聘劳动力的活动可扩展到包含很多层级的非正式次级代理商。这些次级代理商在合法招聘人员的保护伞下，可以减少所承担的责任并增加成本，被拘留和驱逐出境的风险很高。同时，在一些情况下走私的成本还包括了贿赂腐败的边境官员和制造假文件所发生的费用。[118]

图 3.13　境内迁移的显著人类发展收益

1995—2005 年，在部分发展中国家中流动人员与非流动人员的人类发展指数估计值之比

资料来源：Harttgen 和 Klasen（2009）。

3.6　综合影响

我们已经讨论了流动对收入、健康、教育，以及赋权和主体性的具体影响，并且也看到了人们在胁迫下流动会产生的不

利结果。人类发展指数（HDI）的差异是一种度量整体变化的简单方法。

我们的背景研究发现，移民和非移民（境内流动和国际迁移）之间的人类发展指数平均差异非常大。我们发现，平均而言，对比留在各自原籍国的人，经合组织国家移民的人类发展指数要高 24 个百分点。[119]但是不仅只有那些流动到发达国家的人收益大，我们也发现了境内流动人员和非流动人员之间的重大差异。[120]图 3.13 表明，在对 16 个发展中国家的分析中，有 14 个国家的国内流动人口人类发展指数要比非流动人口高。

在某些情况下这种差异还是很大的。例如，几内亚的境内流动人员的人类发展指数要比非流动人员的高 23 个百分点——只比那些迁移到经合组织国家的移民的人类发展指数低 1 个百分点。如果这些移民被认为是一个独立的国家，他们在全球人类发展指数排名中要比非移民高 25 位。

对于境内流动会改善福祉这一点存在两个例外：在危地马拉和赞比亚，境内流动人员的境况似乎要比非流动人员的差。这两种情况有力地说明了伴随人员流动所存在的风险。在危地马拉，大部分流动人员是因为发生于 20 世纪 80 年代和 90 年代初的暴力和内战而流离失所的；而在赞比亚，由于过去 20 年来该国所遭受的连续经济打击，流动人员面临的是极端的城市贫困。在另外一些情况下——比如玻利维亚和秘鲁，尽管收入增长可观，但是总体人类发展收益却似乎微不足道，这表明服务可及性的不足是阻碍人类福祉增加的一个因素。然而，这些例外有助于我们对总体情况的强调，即大多数的流动人员是赢家。

以上关于国际移民的结论被移民自己对福利的感受所证实（图 3.14）。我们分析了 2005 年的 52 个国家的数据，发现自报的幸福和健康指数在移民和非移民之间是非常相近的：84% 的移民感到生活幸福（非移民中该比例为 83%）；72% 的移民感觉健康状况良好或非常好（非移民中该比例为 70%）；只有 9% 的移民对生活不满意（非移民中该比例为 11%）。那些说自己感到相当幸福或者非常幸福的移民在发达国家中所占比例最高。在国外和本地出生的受访者中也有相同比例（超过 70%）的人感到他们的生活“拥有自由以及选择的权利”。[121]

图 3.14 移民像本地出生的人一样开心

2005 年和 2006 年，世界上移民和本地出生的人的自评快乐

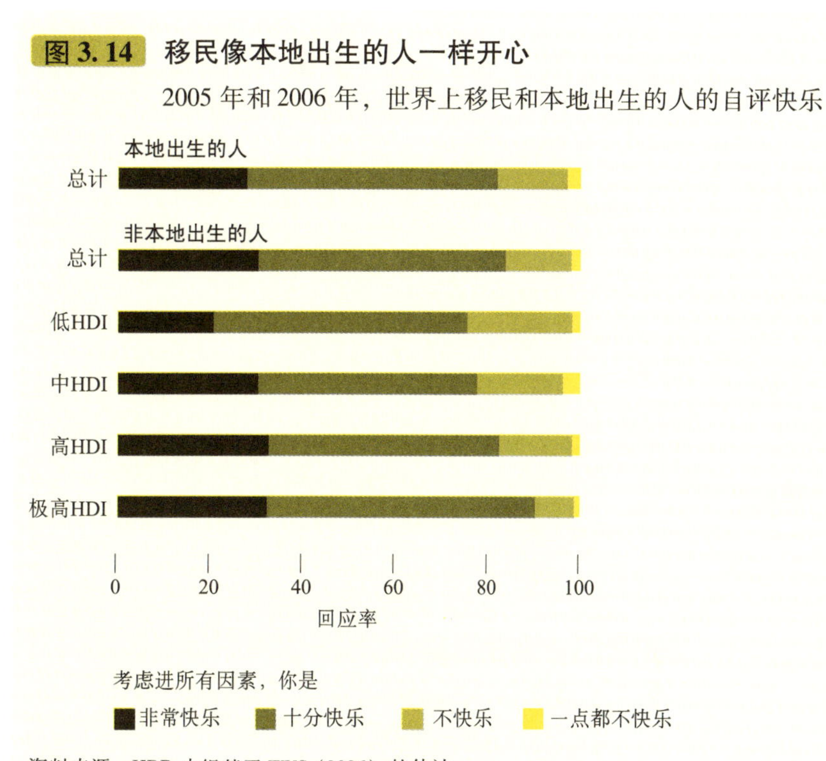

资料来源：HDR 小组基于 WVS（2006）的估计。

3.7 结论

与人员流动相关的复杂影响难以简单概括。这一章中的主要发现强调了人员流动在拓展人类自由中的作用。有关的概述可见第 1 章。我们看到，通过流动人们总体上来说确实可以至少在一些方面增加机遇，与此相伴随的是非常大的收益。然而，我们也看到，这些收益会因为原住地与目的地的政策以及个人和家庭所面临的限制而减少。由于不同的人们面对的机遇和制约不同，我们观察到的人员流动的回报有显著的不平等。人们在流动之中及之

后经历福祉恶化的案例——冲突、人口贩运、自然灾害等等——是和那些阻止他们自由地选择居住地的制约因素联系在一起的。

我们得出的一个关键要点是，人员流动中也存在权衡取舍。人们可能会在某些方面失去自由，但在另一些方面获得自由。但是，相关的损失可以通过更好的政策来减轻，甚至被抵消，这正如我们要在最后一章说明的那样。

对原住地和目的地的影响

4

除了对流动者本身外，人员流动对其他人群也有着多重影响，这些影响是形成其总体效应的关键。本章考察了原住国和目的国所受的影响，同时也强调了二者之间的内在联系。如果一个家庭中有成员流动到国内其他地方或国外，该家庭通常能得到直接的收益，但流动带来的好处可能还不会仅限于家庭。同时，也有观点认为人们的离开对于原住地会造成损失。关于对目的地的影响，人们通常认为存在负面作用——因为他们担心新来的人会抢走工作、增加公共服务的负担、造成社会紧张，甚至增加犯罪率。有证据表明这些普遍的担心是被夸大了的，而且这些担心通常也没有得到证实。但是直观的认识仍然是有用的——这些认识会促使人们进行深入调查，从而影响政策讨论。

对原住地和目的地的影响

没有流动却可能受到影响的是流动人员的家庭，原住地和目的地的社区。人员流动对这些地区的多重影响对决定流动的综合人类发展效应至关重要；这一章将逐一阐述。

在原住地，影响可以体现在收入和消费、教育和医疗以及更广泛的文化和社会进程中。这些影响多数是好的，但是也需回应人员流动对社会造成损失的担忧。通过对之前证据的回顾，我们发现影响是复杂的、依情况而定的，并且是随时间而改变的。影响的性质和程度取决于谁流动、他们如何在国外生活、他们保持联系的倾向（这些可能通过资金、知识和思想的流动体现出来），以及可能在将来某个时间回国的打算。由于移民多来自某些特定地区，如印度喀拉拉邦和中国福建省，因此他们对地方社会的影响可能比对整个国家的影响更为显著。然而思想的流动可能会在长期影响到更大范围社区中的社会规范和阶层结构。一些影响一直被视为负面的，但是一些扩展性的视角表明，我们应该更细致的分析这些问题。基于此，我们同样也考察诸如减贫战略（PRSs）在内的一些国家发展计划是如何反映和形成发展中国家从人员流动中获益的努力。

很多学术和媒体的焦点集中在人员流动对目的地的影响上。一个广为接受的理念是认为这些影响是负面的——新来的人如果就业就被视为“抢走了我们的工作”，如果未就业而申请福利补贴就被视为靠纳税人养活，新来的人也为医疗和教育领域的公共服务增添了不受欢迎的额外负担，也与当地人或其他流动群体之间造成了紧张，甚至还增加了犯罪行为。我们就这一问题查阅了大量的实证文献，它们显示这些担忧是夸大且通常是不存在的。这些认识会起到作用，因为它们会影响到关于移民准入和待遇方面的政策决策的政治气候——以上担忧可能导致更多对移民的敌对情绪，从而使政治极端主义者获得权力。事实上，历史和当代证据都表明，在萧条时这种敌对情绪可能最为突出。我们在这一章的结尾会讨论民意这一有争议的问题，这一问题对最后一章中探讨的政策选择施加了约束。

4.1 对原住地的影响

一般来说，原住国总人口中只有一小部分人会迁移。特例，即大部分人移居国外的国家，通常是一些小国家，比如一些加勒比国家（安提瓜和巴布达、格林纳达、圣基茨和尼维斯），这些国家的出境移民比例超过 40%。移民比例越高，对留守人民的影响可能越是普遍和深刻。尽管以下的讨论集中于发展中国家，但是我们需要记住（正如在第 2 章所提到的），人类发展指数低的国家，其移民率在所有国家分类中是最低的。

总体来说，在原住地感到受影响最大的是家中有移民的人。然而，社区、地区甚至整个国家都可能受到影响。我们现在逐一考察。

4.1.1 对家庭层面的影响

在许多发展中国家，迁移是一种家庭策略，目的不仅在于改善迁移者的前途，而且在于改善其他家庭成员的未来。作为支持迁移的回报，家庭可以期望成员在迁移稳定后寄回汇款——远高于初始的花费或迁移者留在原住地所能够赚的钱。这些汇款可以被用于较大的投资以及满足即时的消费需求。

尽管会有这些金钱回报，分离对迁移者和留守的人来说仍是一个具有极大情感

尽管会有这些金钱回报，分离对迁移者和留守的人来说仍是一个具有极大情感成本的痛苦决策。

成本的痛苦决策。菲律宾女诗人 Nadine Sarreal 的诗中写道：

你爱的人在大洋彼岸
面对早餐，凝视几番
你坐在桌旁
而今五人分餐
相比从前六人，寂寞挥之不散[1]

如此多的父母、配偶和生活伙伴愿意去承受那些成本的事实说明，他们对迁移回报的期望很大。

金钱汇款对提高发展中国家上百万人的生活质量起着关键的作用。许多实证研究已经证实，国际汇款对原住地家庭的福利、营养、食物、健康和居住条件有正面影响[2]。关于人员流动的文献已经认识到这种贡献，并且（如地图4.1所示）世界银行及其他组织发布的关于国际汇款的越来越精确的数据也反映出这种作用。即使是被战乱驱走的流动人员也可以是净汇出者（比如波斯尼亚和黑塞哥维那、几内亚比绍，尼加拉瓜、塔吉克斯坦和乌干达），汇款使得因战乱而陷入水深火热的社区得以生存下来[3]。

在许多国际流动的通道地区，汇款的成本呈现降低的趋势，这一点对寄出和接受汇款的人带来明显的收益[4]。正如 Kenya 在表4.1描述的，近年来的创新导致汇款成本在国家水平上显著降低。伴随着汇款成本的降低，曾经靠亲属和亲密朋友，或是通过当地汽车司机等非正式渠道汇款的人现在开始选择通过银行、汇款公司甚至手机来汇款。

汇款的一个重要的功能是使收入的来源多样化，从而减轻疾病、经济衰退、政治冲突或气候异常等对家庭带来的冲击[5]。尽管很难确认这是否能发挥有效的保障作用，不同国家（如博茨瓦纳、萨尔瓦多、牙买加和菲律宾）的研究都已经发现移民会通过增加汇款来对气候冲击作出反应。近期的实例包括2004年发生在海地的飓风 Jeanne，2004年发生在印度尼西亚和斯里兰卡的海啸，以及2005年发生在巴基斯坦的地震[6]。对一个贫困国家样本的研究发现，增加的汇款抵消了飓风引起损失的20%[7]；而在菲律宾，增加的汇款则抵消了由于降雨量减少造成的收入损失的60%[8]。在博茨瓦纳，由气候原因导致的农作物减产使其居民迁移到美国的概率增加了24%[9]。

如果迁移者的收入足够多并且不直接随他们的家庭收入而变动，那么迁移者就可以提供此种类型的保护。这取决于冲击的性质、幅度和迁移者的地点。比如，汇款可能不会对当前的全球经济衰退提供很多保障，因为在其家庭成员最需要帮助的时候，几乎所有地方的迁移者都在受到影响。我们预计对发展中国家的汇款将从2008年的3080亿美元下降至2009年的2930亿美元[10]。

尽管汇款的总额是很大的，但其直接的减贫作用取决于迁移者的社会经济背景。比如，在拉丁美洲地区，最近的一项研究发现在墨西哥和巴拉圭接受汇款的家庭主要是低收入和低教育水平的家庭，而秘鲁和尼加拉瓜的情况则正好相反[11]。然而，更通常的情况是，由于低技能迁移者流动的机会较少，所以汇款不易直接流向最贫穷的家庭[12]，也不易流向最贫穷的国家[13]。以中国为例，因为迁移者通常不是来自最贫穷的家庭，所以内部流动对减贫的影响是很有限的（估计使贫困率降低1%），然而这仍然意味着减少了近1200万的贫困人口[14]。同时，一些迁移者确实来自于贫困的家庭，并且有时大量的汇款会流向非家庭成员，这将带来更广泛的收益（比如斐济和牙买加的情况）[15]。

许多对不同国家情况的研究表明，境内人口流动的减贫效应甚至会更加显著。在印度的安得拉邦和中央邦，有迁移人员的家庭的贫困率在2001/2002年到2006/2007年之间降低了一半[16]。此外，孟加拉国也发现了同样的结果[17]。面板数据可以追踪个体在不同时期的信息，1991—2004年坦桑尼亚的卡盖拉区收集的面板数据也发现了很大的迁移收益[18]。本报告的研究

地图 4.1 由发达国家流向发展中国家的汇款

国际汇款的流向，2006—2007 年

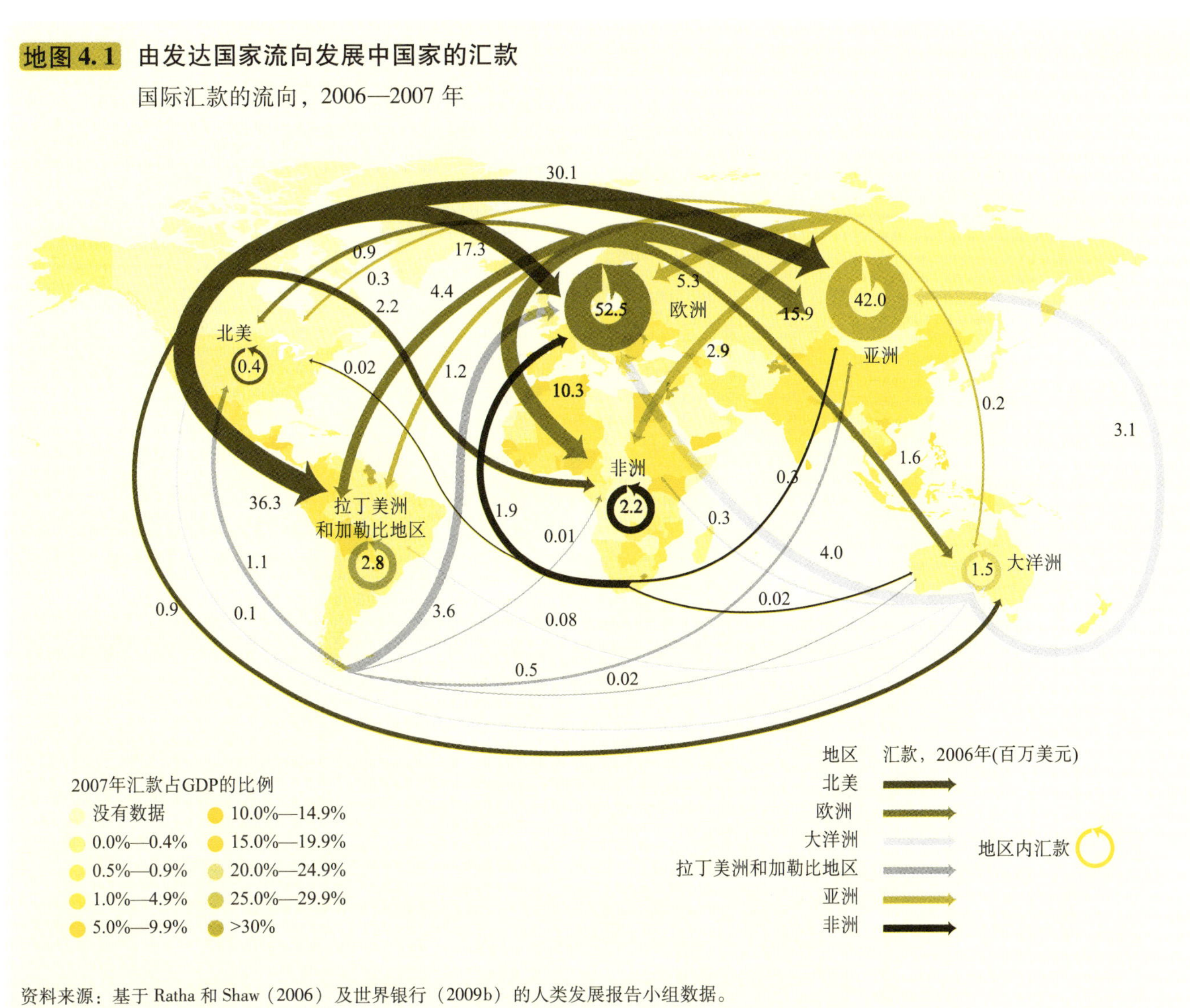

资料来源：基于 Ratha 和 Shaw（2006）及世界银行（2009b）的人类发展报告小组数据。

使用了面板数据，并且控制了选择性偏误。在此基础上，本报告考察了印度尼西亚 1994—2000 年和墨西哥 2003—2005 年的情况。在印度尼西亚，几乎 1/2 的家庭有境内迁移者，考察期间（包含了东亚金融危机）其未迁移人口的贫困率基本上是稳定的（从 40% 略微降至 39%），但迁移人口的贫困率却从 34% 快速降低至 19%。墨西哥约 9% 的家庭中有一个境内迁移者，该国在考察期（覆盖了 2001—2002 年间的经济衰退）中非迁移者的贫困率从 25% 急剧上升至 31%，但对迁移者来说，则仅从 29% 略微上升至 30%。开始时，在最富有的 2/5 家庭中，有迁移人员家庭的比例不足一半，但后来，该比例却增加到了2/3[19]。

看似能够影响汇款的一个因素是性别。有证据显示，女性倾向于把她们收入的较大比例更频繁地寄回家，尽管她们较低的工资水平意味着其工资绝对数额较小[20]。

时间因素也会影响汇款规模。随着时间的推移，汇款的连锁效应可能会显著增强其对贫困和不平等的影响[21]。当汇款被用于增加当地就业时（比如建房子，创业

专栏4.1 手机如何降低资金转移成本：肯尼亚的案例

对发展中国家边远农村地区的很多人而言，接收汇款的成本仍然很高：汇款接收者通常需要走很远的距离到省会或者首都去取现金，或者只能通过一个收取很多差价的中间人传递现金。

过去十年手机科技的飞速扩散带动了很多国家创新汇款体系的发展。比如，在肯尼亚，一个领先的手机公司Safaricom在2007年与捐助者一起试运行了一个系统，并进而创建了M－PESA（意为“移动现金”）系统。任何有手机的人都可以把钱存在一个账户里，并通过M－PESA遍布全国的运营商来把它汇给另一个手机用户。

最近一个对肯尼亚手机用户的调查发现，在两年之内，M－PESA已经迅速扩展。目前该系统已有600万用户，占全国总人口的17%（总人口中共有26%的手机用户）。此外，该系统的运营商也增长到了2500个之多。通过这个系统，资金可以从维多利亚湖边的港口城市蒙巴萨汇到基苏木，或者从南方的内罗毕汇到北方的马萨比特（其距离都是两天的车程），这个过程只需按几个按钮，其花费还不到1美元。在2008年，该系统的汇款额已经达到了GDP的8%，其中大部分是大量的小额交易。

资料来源：Jack和Suri（2009）。

或扩大经营），穷人就会受益[22]。一些研究已经发现，汇款的接受者会比没有迁移人员的家庭表现出更强的企业家精神和更高的边际投资倾向[23]。然而，正向的投资效应可能需要几十年的时间才能完全体现出来，并且这种效应也是复杂的和非自发的。效应的滞后性可能是由于迁移者需要适应他们的新住地而造成的汇款延迟，也可能是原住地对投资有阻碍或延迟作用的一些政治经济条件（如较差的投资环境）[24]。最后，汇款也可能被积攒起来，用于资助第一个迁移成员离开多年之后家庭中其他人的迁移。

一些人因为汇款会部分的用于消费而调低了对汇款重要性的评价。这种看法是错误的，其中有两个基本原因。首先，消费从本质上来说是有价值的，并且从长期来看经常会有类似于投资的作用，尤其在贫困的社区中更是如此。营养和其他基本消费品的改善能够极大地提高人力资本，继而提高未来收入[25]。类似的，教育开支经常是接受汇款家庭的优先开支，因为它可以增加下一代的创收能力。其次，许多种类的开支，尤其是在劳动密集型商品和服务上的开支（如住房和其他设施的建设），会产生乘数效应，从而使当地经济受益[26]。以上两点都体现了汇款的正向效应。

有迁移者的家庭更可能送他们的孩子去上学，他们可以利用收到的汇款来支付学费和其他花销，这减少了童工数量。并且，移民子女一旦去上学，他们更可能完成学业，因为与迁移相关的较好的预期影响了社会规范和激励机制[27]。在危地马拉，境内流动和国际迁移都引起了教育支出的增长（增长比例分别为45%和48%），尤其在较高等级的教育中表现得更为明显[28]。在巴基斯坦的农村地区，暂时性的迁移与入学率的增加和中途辍学率的降低（超过40%）有关，而且对女孩的影响要大于男孩[29]。我们委托的研究发现，墨西哥也存在类似的结果，即有境内流动人口的家庭的孩子处于和他们年龄相对应的年级中的概率要高30%—40%[30]。

迁移的较好前景能够使投资于教育的动机增加[31]。这一点已经得到理论的预测并且在许多国家的现实中体现出来了。比如，为了能在澳大利亚从事高技术工作，斐济人在国内追求更高的教育水平。这种效应是如此巨大，以至于尽管大约1/3的印度裔斐济人在过去的30年中迁移出去，并且在迁移人口中高技术工人的比例很高，但是在斐济高技术的印裔斐济工人的绝对数量仍有所增加[32]。包含菲律宾在内的许多政府已经有意推进其国民在国外工作，它们所采取的措施之一就是促进国内人口技术水平的提高[33]。

迁移的前景对受教育动机的作用受到环境和教育前景本身的影响。比如在墨西哥，通常是以低技能的、非正规的人员迁移为主，男孩子更可能中途退学来选择迁移[34]。在我们委托的对中国省级人口普查数据的研究中，农村地区的教育就能够满足外省工作岗位对技能的要求。因此，如果一个地区的境内迁移者拥有中等水平的教育，那么这会促使留在原地区的孩子完成较高水平的学业，而在迁移人员一般仅完成初中教育的地区，孩子高中教育的完成率就会较低[35]。

未迁移者的健康可能受到迁移的影响，这会通过营养、生活条件、收入的增加以及知识和实际行为的传播而发生。有证据显示，与迁移相关的收入提高和健康知识的改善可以降低婴儿和儿童的死亡率[36]。然而，至少在墨西哥发现，较长期的健康结果可能会受到负面影响，因为当双亲或双亲之一迁移时，预防保健（如母乳喂养和防疫）会变差[37]。这可能会与单亲或家庭中成年人减少所造成的沉重家务负担和/或总体知识水平降低有关。而且，如果在目的地感染了传染性疾病，那么流动人员回乡对家人也会造成较大的健康风险。感染 HIV 和其他性传播疾病的风险尤其高[38]。

家中的孩子可能会在情感上受到迁移过程的负面影响，这抵消了迁移在消费、教育和健康方面的部分潜在收益。比如，在阿根廷定居的乌拉圭母亲中，有 1/5 让其小孩留在乌拉圭[39]。以考察其潜在影响为目的的研究已经发现，这种负面影响取决于孩子与母亲分开时的年龄（在一岁时影响会更大些）、托管人对孩子的熟悉程度和态度，以及孩子与母亲分开是长期的还是暂时的[40]。近年来，廉价、方便的通讯方式的出现（如手机和网络沟通工具 skype）已缓解了家庭成员间分离的痛苦，

专栏 4.2　2009 年的危机和汇款

2009 年的经济危机从主要的移民目的国肇始，到现在已经传播到了全球，它减少了向发展中国家的汇款量。已经有证据表明向严重依赖汇款的国家（如孟加拉国、埃及、萨尔瓦多和菲律宾）汇出的资金已经显著减少。

不同的国家和地区在经济危机中受汇款影响的情况不尽相同。预计向东欧和中亚国家的汇款在相对数量和绝对数量上减少最多，这部分体现了加入欧盟以及俄罗斯快速经济增长阶段后的倒退。在世界上汇款占 GDP 比例最高（分别为 45% 和 38%）的摩尔多瓦和塔吉克斯坦，汇款在 2009 年减少了 10%。汇款占到其 GDP18% 的萨尔瓦多同样正面临着汇款的显著减少。

大约 3/4 寄向撒哈拉以南非洲地区的汇款来自于美国和欧洲，这些汇款也已经受到经济衰退的严重影响（第 2 章）。这些来源是否比官方发展援助和私人投资更具有反弹能力，我们拭目以待。

资料来源：Ratha 和 Mohapatra（2009a，b）。

图 4.1　世界性的衰退预期会影响到汇款

向发展中地区汇款的预期趋势，2006—2011 年

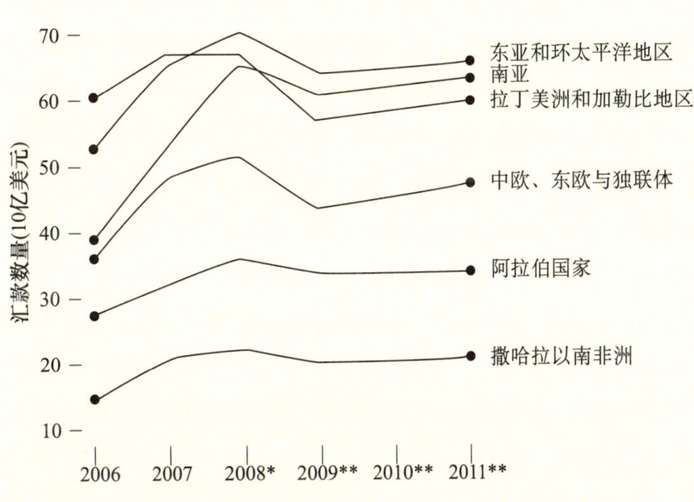

* 估计　** 预测

资料来源：Raha 和 Mohapatra（2009 b）以及经济学人信息部（2009）。

注：这些地区性分类是根据联合国发展计划署地区局的分类法，包括所有的发展中国家。关于每个地区内的国家名单请见统计附录“国家分类”。

并很大程度上促进了家庭纽带和关系的维持。

迁移能够影响在原住地形成的性别关系[41]。女性，尤其是专门照顾孩子和老人

技术的流动对来源国的影响比通常想象的害处要小。

的那些女性，可以通过迁移来改变她们的传统角色[42]。当男性迁移时，农村女性会因为他们的离开而被赋权：在厄瓜多尔、加纳、印度、马达加斯加和摩尔多瓦的研究均发现，伴随着男性的迁移，农村女性会更多地参加社区决策[43]。迁移者在新的居住地形成的规范——如较高的婚龄和较低的生育率，女孩较高的教育期望和劳动参与水平——能够渗透到原住地。原住国和目的国之间的社会和文化差异较大时，这个扩散过程就会被加速[44]。最近关于从迁移人员到原住地家庭成员及朋友的生育规范转移的研究结果证实了这一点：减少生育成为两地在国家层面上共同的规范[45]。

然而总的来说，关于迁移对传统性别角色影响的证据是多重的。比如，当迁移者的妻子在家里的生活仍旧很大程度上限于从事家务、抚养子女和做农活，那么除了她们的工作负担加重外，情形几乎不会发生什么改变。如果男性迁移者回来后恢复了他们的一家之主的地位，那么女性威信的获得就是暂时的，这正如阿尔巴尼亚和布基纳法索所报告的那样[46]。

规范的转变可能会扩展到对公民事务的参与方面。最近在六个拉丁美洲国家的研究发现，与国际迁移网络有着较紧密联系的个体会更多的参与当地的社区事务，更加支持民主主义原则，也会更加批判性的看待他们自己国家在民主方面的表现[47]。

4.1.2 对地区和国家层面的经济影响

除了对流动人员的家庭有直接影响之外，人员流动还有更广泛的影响。由人口流动驱动的社会和文化变革过程对企业发展、社会规范和政治转型都有深刻的影响，而且这些影响会代代相传。比如，肯尼亚（甚至实际上非洲的大部分地区）可能被巴拉克·奥巴马在50年前的一个是否到美国留学的决定所影响。大多数影响是积极的。但是，我们需要讨论的一个问题是来自原住地的技术外流。

一直以来人们担心技术工人流出会损害到原住国的经济，虽然这场争论在近几年有所平息[48]。这些担忧在一些小省份和穷国时常出现，但是也延伸到了像澳大利亚这样有很多毕业生出国的国家。这一问题在最近几十年中催生了诸多解决方案，我们将在第5章中评述。但是一个重要的潜在问题是人员流动是正常和普遍的，即使是在发达的社会中也是如此（第2章）。正如所有人一样，在原住地没有工作机会和/或其他地方存在更好的机会时，技术工人为了自己和孩子会选择迁移。在不解决潜在结构性原因的情况下试图遏制这些人口流动是很难起作用的。正如专栏4.3所示，我们同样有理由相信技术人才的流动对原住国的负面影响比通常想象的要小。

一个传统的考虑是健康青年人的流失会导致劳动力匮乏和产出下降，尤其是在农业方面更会如此[49]。比如，在印度尼西亚，社会面临着从事合作性农活的劳动力的缺失[50]。但是，在很多发展中国家，人口从农村地区向城市地区的转移是结构转型的重要组成部分。而且，考虑到限制大多数发展中国家经济增长的是资本而不是劳动力的短缺，汇款可以成为农村投资资金的重要来源。

人口流动是原住地和目的地工资和收入趋同的强大驱动力。这是因为，当两个地方之间人口流动增加，它们的劳动力市场趋于整合，这会使其难以维系很大的工资差异。正如第2章所回顾的，有充分的历史证据表明，人口流动的增长与国家间工资差异的减小是紧密联系的。国家内的不平等可能随时间变化形成一个钟形模式：一些地区的进步创造了财富，这样就增加了不平等；这鼓励了人口流动，一段时间后又反过来降低了不平等。一些研究将巴西、印度、印度尼西亚、墨西哥国内劳动力流动的增加与地区间收入不平等的降低联系起来[51]。

有趣的是，在大多数发展中国家，女性熟练工人的流动率远高于男性[52]。在很多国家，如阿富汗、克罗地亚、加纳、危地马拉、马拉维、巴布亚新几内亚、多哥、

专栏 4.3 技术工人流动对人类发展的影响

受过高等教育的人的迁移吸引了非常广泛的社会和学术关注，特别是在很多贫困国家技术很匮乏的情况下更是如此。证据表明，改善当地的工作环境来增强吸引力是比限制流出更加有效的策略。

一些贫困国家关键性服务质量的糟糕并不能随意的归咎于专业人员的流出。一个基于非洲的卫生人员迁移数据的系统分析证实：较少的卫生人员数量和糟糕的公共卫生条件是主要问题，但是该问题却基本与卫生专业人员的国际间迁移无关，真正的问题体现在较弱的激励、匮乏的资源和有限的管理能力上。迁移被视为是失败的医疗体制的一个表现更为准确，而不是原因。

技术人员迁移的社会成本不应当被高估。在毕业生失业率高的地方（通常是穷国），迁出的机会成本可能并不大。如果一个高产低薪的工人离开，当地会遭受很大损失；但是如果一个同样技能但是低产的工人离开，当地就不会受到什么影响。例如，如果老师们经常不按时上班，他们离开的直接影响不会很大。尽管这不应减少我们对低效和浪费的根源的考察，但是工人可能未向原住地社区提供服务这一事实是不能被忽略的。

正如其他移民，通过汇款和人际网络的建立，国外的技术移民经常为原住国带来收益。正如图 3.2 所示，迁移带来的收入上的绝对收益是巨大的，以至于即使这一收益中只有一小部分被寄回，这也会给原住国带来很可观的好处。一些研究表明，一个发展中国家获得的外国直接投资的比重，与这个国家在投资国留学生的数量呈正相关。其他研究发现，从一国向另一国移民的高技能人员越多，两国之间的贸易就越多。

最后，最近的估计表明大量高技能迁移者是会回国的，其中通常大约一半人在 5 年后回国。最近文献也强调了人员来回流动对国际间人际网络扩展的重要性。

资料来源：Clemens（2009b），Banerjee 和 Duflo（2006），Javorcik、Ozden、Spatareanu 和 Neagu（2006），Rauch（1999），Felbermayr 和 Toubal（2008），Findlay 和 Lowell（2001）以及 Skeldon（2005）。

乌干达和赞比亚，受过高等教育的女性向经合组织国家迁移的倾向比男性高 40%。尽管这反映出多种因素，但是原住国的结构性和/或文化性障碍对于专业成熟的影响似乎是最可能的解释[53]。

技术人员的流动不仅会发生在国际间，也会发生在国家内部，因为人们总是趋向更好的工作机会。我们用图 4.2 进行解释，图 4.2 比较了巴西、肯尼亚、菲律宾、美国的国内流动和国际流动的比例。令人惊讶的是，我们发现技术人员在国内和国际流动的形式是类似的。尤其是，技术人员从小国家流出的更高倾向与从国内小地区流动的更高倾向是相吻合的。这表明在地方发展的讨论中涉及的政策选择（比如增加激励和改进工作环境）与涉及熟练工人流出的政策可能是相关的。

从更广泛的国家层面看，移民对原住国的经济影响是复杂的，而且在大多数情况下难以衡量。人际网络可能形成，这会促进知识、创新和态度的传播，继而促进中长期的发展。有很多趣闻式的证据表明，通过技术转移、携带高技能回国工作，以及带回更好的管理实践经验，迁移人口会促进原住地的生产活动[54]。中国政府通过与留学华人建立联系以提高国内大学的学术水准。同样地，印度的“argonauts”（本世纪初期促进了这个国家高科技突飞猛进的年轻留学生们）把他们在美国和其他国家积累的思想、经验和财富带回到他们的工作中[55]。当许多公司纷纷把生产外包到印度或是在那里建立生产基地时，印度的整个软件工业模式就发生了改变。在这种情况下，技术人员的流动带来了显著的外部和动态效应，它对原住地的工人和产业都是有益的。

新兴产业通过专业人员网络在国际间的传播是迅速而又不可预测的，它甚至也会在低水平的整体发展中出现，并且主要依赖于原住国商业和政治环境的开放程度。比如，在高科技产业的成长中，体制更为封闭的伊朗、越南和俄罗斯联邦通过海外

图 4.2 技术工人的境内迁移和国际迁移是类似的

技术工人在国内和国际迁移的人数和比例

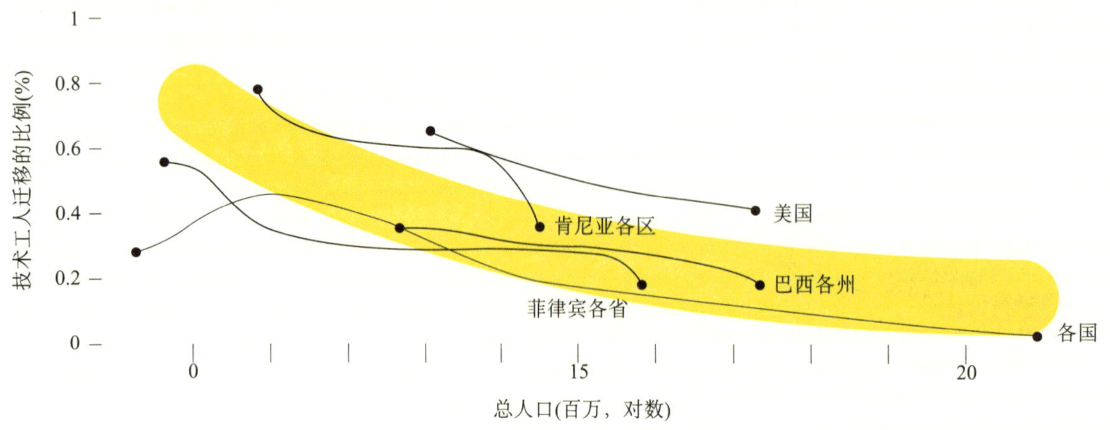

资料来源：Clemens（2009b）。

注：比例的表示采用 kernel density 回归。

专业工人获得的收益要小于印度和以色列[56]。

几乎所有国际层面的量化研究都仅仅集中于汇款的规模和贡献。2007 年向发展中国家汇款的官方记录数量大约是所有官方发展援助总量的 4 倍[57]。在这个层面上，相比于其他来源，汇款对于增加单个国家的外汇收益似乎作出了很大的贡献。比如在塞内加尔，2007 年的汇款比外国直接投资多了 12 倍。在一些小而穷的国家，汇款在 GDP 中逐渐占了很大的比重：最高的塔吉克斯坦占了 45%；2007 年，在接受汇款最多的前 20 名国家中，这一比例超过了 9%。有 20 个以上的发展中国家的汇款超过了其主要商品出口的收益。

但是关于这些研究需要做两点澄清。首先，这些汇款中的大部分并没有流向最穷的国家，2007 年估计的汇款流入量中，流入低人类发展指数国家的不到 1%。所以，对于这一类国家，汇款只占其官方发展援助的 15%。相反在拉丁美洲和加勒比地区，2007 年的汇款大约占所有外国直接投资和援助的 60%。第二，考察汇款对接收国长期影响的研究发现，尽管结果并不统一，但从总体上来看这些影响是很小的[58]。这部分是因为汇款对发展的影响最终依赖于当地的体制[59]。

人们担心汇款会创造一种“资源诅咒”，形成不受欢迎的货币升值，因此损害竞争力。但是关于该问题的证据依然不明确[60]。而且，与流向政府和企业并因此滋生腐败的自然资源的收益相比，汇款流向个人和家庭会引起的分配更为广泛。尽管仍然存在周期性波动，汇款的一个宏观经济上的正面特征体现在它比官方发展援助或者外国直接投资都更加稳定，这正如我们在 2009 年所见（专栏 4.2）[61]。

总体上，“汇款支持的发展”并不是稳健的增长战略。像国外援助一样，汇款本身并不能消除通向经济增长、社会变革和更好的治理所面临的制度约束（这些约束是很多低人类发展水平国家的特点）。对一些小国而言，尤其是那些存在地理位置偏远等挑战的国家，人口迁移应该整合到有效的人类发展总体战略之中。

专栏4.4 小国的人员流动与发展前景

如第2章所言，那些有着最高移民率的国家都是小国，这一点特别引人关注。这一比率经常与这些国家的不发达程度相吻合。对于贫穷的小国，其自身的劣势体现在过分依赖单一商品或部门，以及在面临外部冲击时不堪一击。小国无法轻易在经济活动和公共品供给上利用规模优势，而且常常还要面对高昂的生产成本和消费品价格。对于一些小的岛国，地处偏远是一个额外的劣势，这提高了运输成本和时间成本，从而使得它在外部市场竞争时更加困难。所有这些因素都促使人口向外迁移。

对于小国来说，移民带来的经济收益相对较大。在2007年，小国的人均汇款额为233美元，而发展中国家的平均水平是52美元。该年度汇款占GDP比重最高的地区是加勒比地区，其汇款总额占到GDP的8%。然而，很多小国并不在汇款占GDP比重最高的国家之列，因此它们也不会特别遭受来自这方面的冲击。与此同时，对小国来说，人员流动的收益远远超过了汇款的货币价值。人员流动为劳动力市场的联结开拓了新机遇，也能促进其与经济中心的一体化。暂时性的劳动力迁移可以平衡原住地和目的地的经济需求，为低技能的工人提供机会，并且也可利用回流到国内的技术和商业理念来使得原住地获得更大的收益。对于一些小型、脆弱，以及不稳定的经济体来说，移民与长期多元化经营战略一样，是缓解冲突危机的安全阀。

一些小国已经将移民计划融入其发展战略，这主要是为了应对创造就业机会的挑战。我们委托的一项国家减贫战略回顾显示，许多小国（如不丹、佛得角、多米尼克、几内亚比绍、圣多美和普林西比、东帝汶）都提到了国际移民对国家发展和/或降低贫困的积极影响。在2003年东帝汶减贫战略书（PRSP）的所有目标中，其中之一便是制定一项每年支持1000个工人出国工作的计划。然而，其他小国（吉布提、冈比亚、圭亚那和马尔代夫）只是将移民看做一个问题。一些国家看到的是消极的一面，例如移民汇款的下降（佛得角）以及不平等性的增加（不丹）。多米尼加的减贫战略认为人员迁移既是造成贫困的原因，也是减贫的措施之一。

小国可以通过许多方式将移民作为国家发展的战略因素，其中一些还会涉及区域协定。一些国家将重点放在短期出国务工上。另一些国家则强调通过与邻国共同合作来达到技术更新。毛里求斯积极地鼓励短期出国务工，并将其看做一种获得技术和资本的方式，凭借这些技术和资本移民便可以在回国后从事自己的经营活动。毛里求斯政府还依靠捐赠建立了一个为归国移民提供技术和资金支持的项目。关注于吸引外国直接投资来创造国内就业的《莱索托2020发展前景》也对国外工作经历（特别是在临近的南非工作经历）的作用给予了认可。该国出台了一系列的改革措施，其中包括促进移民服务的自动化与分散化，建立“一站式”服务来高效处理移民和工作许可，以及在移民局进行反腐败等。国家发展战略可以通过很多手段来应对地理位置偏远带来的挑战，例如在南太平洋，地方大学和职业培训促进了人员流动，并且许多国家已经与其邻国达成移民协议。

小国移民与一般移民的特征相似，即他们比留守居民拥有更多的技术和资源。例如在毛里求斯，总体的移民率是12.5%，但其中大学毕业生占到了49%。整体来看，小国和大国在以每万人医生人数衡量的净技术供给方面并无明显差别。就简单平均值而言，小国医生的数量甚至更多一些，为每万人口23人，而所有国家的平均值为20人。

资料来源：Luthria（2009），Winters和Martin（2004），Black和Sward（2009），Seewooruthun（2008），Government of Lesotho（2004），Winters、Walmsley、Wang和Grynberg（2003），Amin和Mattoo（2005），Koettl（2006）以及Pritchett（2006）。

4.1.3 对社会和文化的影响

如果社会地位低的人群能有进入较高收入群体的渠道，那么人员流动就会对原住地社会、阶层和种族等级产生深刻的影响。这种情况可以通过危地马拉[62]的玛雅人以及在摩洛哥[63]的黑人佃农来说明。这些令人欣喜的变化会瓦解传统种姓世袭方式造成的不平等，这种不平等源于血缘、肤色、种族和宗教，与之伴随的则是土地等其他资源的不公平分配。

那些回流到原住地家庭和社区的思想、实践、社会资本被称为“社会汇款”[64]。这种汇款产生自回乡和快速改善的通讯方式。在20世纪90年代的多米尼克Miraflores

那些回流到原住地家庭和社区的思想、实践、社会资本被称为“社会汇款”。

村，2/3的家庭都将家中成员送去波士顿，这对性别产生了动态影响。妇女角色的改变不仅仅发生在她们前往工作的波士顿，在多米尼加共和国国内，她们也享受到了更加公平的家务分配和更为普遍的赋权。另一个例子是关于在美国新英格兰伊斯兰中心的巴基斯坦人，在那里妇女同男人一起祈祷，一起去清真寺。这些变化传到巴基斯坦的卡拉奇，虽然妇女中的一些人仍然喜欢传统方式，但另一些人则开创了使妇女能在一起祈祷和学习的新空间。健康是社会汇款影响到的另一个领域。由于在国外的生活，探亲或回国的移民会带回饮用安全水，不在居所里养宠物，以及进行年度体检的习惯和行为。

然而，迁移对社会和文化的影响并不总是积极的。一个反例是那些被美国驱逐出境的青年回到中美洲，这可以被看做是输出了不良青年和不良文化[65]。虽然具体的数据和分析无法获得，但一份最近的区域性报告发现，本地成长起来的不良青年（pandillas）和从美国输出的不良青年（malas）之间的区别并不总是十分明显[66]。不论在哪种情况下，都要防止青年和群体暴力。除了国际间合作以及大力开展重新融合（reintegration）项目之外，开展针对受到威胁的个人和群体的项目也是非常有必要的[67]。

对于全世界的许多年轻人来说，在国外度过一段时间是正常的生命经历，而迁移则标志着他们向成人的转变。在约旦、巴基斯坦、泰国和越南的实地调查发现，迁移是一种提升家庭在社区中的社会地位的途径。因此对于那些和已经迁移到国外的移民有联系的人来说，他们成为移民的概率增加就并不足为奇了。

有时候会出现一种“移民文化”，在这种文化中，迁移到海外会与个人的、社会的和物质的成功联系在一起，而留在国内则有些失败的意味[68]。伴随着社会网络的扩展，这种文化将更加深入人心，并且迁移也会变得更普遍，尤其对于年轻的和有能力的人而言更是如此。这一点已经在一些国家的大规模人口外流中发现，如菲律宾、非洲的西部和南部。一项关于尼日利亚的研究发现，有2/5的大学毕业生更愿意离开尼日利亚以获取更高的社会地位，而不是在国内痛苦地找工作[69]。这一点也可以从对境内迁移的考察中看出来：一项最近来自埃塞俄比亚的调查显示，无论迁移带给他们的收入潜力如何，因为教育而导致的不断改变的偏好和强烈的愿望都会促使人们离开农村[70]。这种移民文化能够获得其独有的内在动力，正如爱尔兰人即使在经历“凯尔特虎”经济高增长时期，仍然保持着持续性的迁移。

在西非，迁移通常来说不仅仅是一种促进经济流动性的手段，它还是一个男孩成熟的过程[71]。对于马里、毛里塔尼亚和塞内加尔的一些群体，迁移是一种代代相传的仪式：只有通过在迁移旅途中获得知识和经验，青春期的男子才会成长为真正的男人[72]。在马里，对于索宁克人所在的孔达村，是否流动是区别男人和女人的标志[73]。男子气概也体现在有迁移的自由，而同村的女性在很大程度上只能固守家乡。那些不外出并且在经济上依赖其亲属的男性会被看做是不成熟的青年，并且妇女们也会用一种贬低的词语“tenes”来称呼他们，意思是“像胶水一样黏糊”。在马里，用来形容移民的法文口语是“aller en aventure”，字面的意思是“冒险的过程”。对索宁克人来说，“冒险的过程”意味着“通向成年的道路”。

人口流动对收入分配和社会不平等的影响主要是一个选择的函数，即取决于谁流动了（见第2章）[74]。一般而言，国际移民导致的资金流是流向了更富有的人，而至少从长远来看，境内移民的汇款则更有利于平等性的改善[75]。在墨西哥和泰国都发现了这类模式[76]。我们委托在中国的调查也发现，起初的不平等程度会伴随国内汇款上升，但之后会下降[77]。

如果是富裕的人群有迁移倾向，则比较适当的对策是确保国内基本服务和机会的可及性，同时为促进贫困人口的流动创造条件。正如我们在第 5 章中议论的，穷人不应当为了送子女去体面的学校而迁移，除了有迁移的可能性之外，他们也应当在原住地有选择的权利。

近几十年来逐渐兴起了通过同乡会及其他社区组织来进行集体汇款[78]。这种汇款常常以基础设施建设项目的形式出现，例如修路和造桥，安装饮用水设施和排水系统，挖掘水井，通电和电话，以及其他一些诸如地方教堂和足球场之类的公共物品。有时这些设施是共同出资修建的，其中最著名的例子是墨西哥的 Tres Por Uno 项目，该项目的目的在于增加集体汇款，该项目向移民协会保证：投资在地方发展项目上的每个比索，联邦政府、市政府和地方政府将投入三个比索。但是，由于作为集体汇款转移回国的数额仅仅是家庭汇款的一部分，所以此类项目的发展潜力不应被夸大[79]。比如据估计，自 1990 年起，居住在美国的菲律宾人在资金和物资两方面总共向菲律宾的慈善机构捐助了 4400 万美元，而这一数字仅仅占到 2007 年该国 GDP 的 0.04%[80]。

人员流动还会在更广义的层面上影响原住国的社会与政治生活。移民及其后代可能会回国并直接参与到政治生活中。商业投资、经常性的回国探亲和/或群体项目会影响到国内人群的政治参与方式。例如在黎巴嫩，特别是 1989 年“Ta’ef 协议”之后，归国移民利用其在国外所赚的钱参与政治，并形成了新的政治势力[81]。

不断积累的证据表明，移民已经带动了其原住国政治制度的改善。已有的发现表明，发展中国家将越多的本国学生送到民主国家去留学，其自身的民主改革就进行得越快[82]。一群满怀知识和期待的从法国归国的摩洛哥人已经在其地区政府制定的基础设施投资规划上发挥影响[83]。然而，如果将移民仅仅作为一种缓解政治压力的安全阀，政治精英改革的激励就会降低[84]。

正如流动人员使得目的地的社会结构更加丰富一样，如果他们带着在国外形成的新的价值观、期望和思想回来，他们也可以在政治和社会变革中发挥重要作用。有时这是以内战形式体现的，如斯里兰卡流亡者的例子，但是在大多数情况下这种作用是建设性的[85]。当代高端人物的例子包括非洲第一位女性元首、利比里亚总统 Ellen Johnson – Sirleaf 和莫桑比克前总统、目前受尊敬的高龄政治家 Joaquim Chissano。认识到迁移者的潜在作用后，一些政府开始积极地与其取得联系[86]。比如，摩洛哥和土耳其赋予移民政治和经济权利，并允许双重公民身份[87]。但是，这些政策是否使非移民受益，还是仅仅有利于在海外的精英群体，这个问题仍然没有定论。通过改进投资环境（目前世界银行的商业指数在非洲列第一），毛里求斯已经吸引了许多移民回来；类似的模式在印度、土耳其等一些国家中也存在。

不断积累的证据表明，移民已经带动了其原住国国家政治制度的改善。

4.1.4 人口流动和国家发展战略

迄今为止，发展中国家的国家发展和减贫战略既没有认识到人口流动的潜在意义，也没有对其进行规划和监测。这部分是由于这些国家面临其他更为紧迫、需要优先处理的事务，这些事务从改进服务体系，到基础设施建设，再到促进总体增长。

国家层面上的人口流动与发展之间的关系可以从最近的国家人类发展报告中得见一瞥。这些要点在专栏 4.5 中进行了总结。

为了从大样本中获得对国家发展战略与人员流动之间关系的认识，我们委托了一个研究来考察迁移在减贫战略（PRSs）中的作用。这些战略是穷国关于发展目标和政策的陈述，而这些国家在有关迁移的讨论中总是被忽略。减贫战略之所以值得讨论，是因为其涉及了公民社会成员的贡献以及与公民社会成员的伙伴关系。减贫战略倾向于对贫困做量化和参与式的评估，也在一定程度上表明了政府确立了优先领域[88]。减贫政策之所以是重中之重的原因

专栏 4.5 人员流动和人类发展：一些发展中国家的视角

最近，一些国家的人类发展报告（NHDRs），包括阿尔巴尼亚、萨尔瓦多和墨西哥，集中关注了人员流动对于发展的意义。另一些国家的人类发展报告则考察了人员流动如何影响发展的某些特定方面，比如公民社会的角色（埃及），乡村发展（乌干达），经济增长（摩尔多瓦），社会团结（科特迪瓦），以及不平等（中国）。

墨西哥的国家人类发展报告发现，不平等是决定人员流动的最稳健的因素，并且人员流动可以改变其他人（包括留守人员）可选择的机会。根据墨西哥国家就业调查，典型的墨西哥移民具有略高于平均水平的教育程度和中等的收入水平，而且他们来源于边缘化地区，这些情况表明一定的初始能力与机会缺乏是移民的主要动力。这个报告发现，在墨西哥，人员流动对总体人类发展的影响是复杂的，且依赖于不同群体的特征和禀赋。比如，尽管移民有助于减少教育不平等（尤其是对女孩而言），但是它也会导致对高等教育投资的减少，因为在这些地区多数人员流动到国外是从事低技能的工作。

萨尔瓦多提供了不同的视角。那里的移民占总人口的14%，移民的影响在宏观层面更加明显。最近人口流动的加速被认为促进了国家向服务型经济的转型，该经济主要依赖于汇款和一些专门为流动人口与家人间提供物品和服务递送的小型商业，这其中包括一些思乡产品和通讯服务。这个报告认为，通过与全球经济建立联系，人口流动可以为一些穷人提供向上流动的渠道。

资料来源：联合国发展计划署（2000；2004a；2005a，b；2006a；2007c，e；2008c）。

还在于，在承认国家主权在发展中的重要性的前提下，国际合作伙伴承诺了使其援助更多地为这些战略服务。

迄今为止，孟加拉国的减贫战略可能是最全面地反映人员流动和发展之间关系的案例。最近阿尔巴尼亚、吉尔吉斯斯坦、斯里兰卡出台的减贫战略反映出对人员流动相关问题的重点关注。很多非洲国家也认识到了汇款的重要性、技术人员回国和来回流动的好处以及流动人员所传播的知识的价值。一些战略则试图从迁居在外的富有者中吸引发展性投资。

早期所进行的对国际迁移在减贫战略中作用的分析，部分地基于对“迁移”这个词的提及次数[89]。尽管简单，这一指标却不是很有意义。但是令人吃惊的是，在减贫战略中提及迁移的次数与其对国家发展的影响之间并不存在相关性，其中这些影响包括海外居住的人口比例，汇款水平和城市化率[90]。

减贫战略中已经提出了与人员流动有关的多种政策，尽管其并不明确是基于研究而提出的。在很多情况下，人们对提出的政策与预期的对发展的影响的关系并不是很了解，这凸显了更好的数据和分析的重要性。

总体上说，减贫战略似乎认识到了国际间迁移的复杂性，同时也承认了它在提供发展机会和减贫方面的优势，以及可能存在的负面影响。一些人倾向于强调正面影响，比如最近埃塞俄比亚、尼泊尔、塞内加尔和乌兹别克斯坦的减贫战略把移民定义为机会，而没有提及可能的负面影响。很多最近的战略（包括孟加拉国、刚果民主共和国、加纳、老挝、利比里亚、巴基斯坦、东帝汶和乌兹别克斯坦）则强调了汇款的作用。

一些战略清楚地阐述了针对人员流动的政策。我们可以区分出以“积极/促进”为基调的政策和集中于“监管/控制”的政策（表4.1）。打击人口贩运，防止不正当移民，以及加强移民和海关服务并对其进行现代化改造是一些主要政策。值得注意的是这些政策如何回应了那些富国政府的政策。

总之，尽管减贫战略框架总体上并不

是针对于处理迁移政策的，但是它可以为流动人员与发展的整合提供有益的工具。把这一维度放在总体的国家发展战略中需要更大的投入以获得数据和进行分析，而且也需要咨询更多的利益相关者。这些挑战将在第5章中深入讨论。

4.2 对目的地的影响

关于人员流动的争论还经常集中在其对富裕目的国的经济和社会影响这一问题上。本报告有意去纠正这一不平衡，所以我们从分析流动人员和他们的家庭开始，然后我们也讨论了人员流动对原住地的影响。但是这并不是说人员流动对目的地的影响是不重要的。

对于很多发达国家，过去50年中移民在总人口中的比例是迅速增加的。目前的估计认为，超过12个经合组织国家的移民占总人口的比例是原来的两倍[91]。如同在第2章和统计表A中表示的那样，最高的比例是在大洋洲（16%），包括澳大利亚、新西兰，此外还有北美（13%），欧洲（8%）。这个比例在三个主要的发展中地区非洲、亚洲和拉丁美洲及加勒比地区都只分布在1%到2%之间。最高比例的国家是海湾合作委员会国家和东南亚，其中包括卡塔尔的63%，阿拉伯联合酋长国的56%，科威特的47%和中国香港的40%。人员流动实际观察到的效应是重要的，这尤其是因为这些观察会决定讨论和形成政策改革的政治环境。

我们首先来考察人员流动的总体经济影响，之后集中关注劳动力市场和财政影响。其中每一种影响都有重要的分布问题，因为尽管有总收益，但是它们并不是平均分布的。

4.2.1 对整体经济的影响

人员流动对目的国经济增长的整体影响已经有很多讨论，但很难进行可靠的度量。数据方面的要求以及研究方法上的复杂性，包括区分出直接影响和间接影响并分析其发生的时间，所有这些均具有挑战性（参见专栏1.1）。

经济学理论预测认为，人员流动可以创造出非常可观的总收益，流动人员和目的国都可以从中获益。这主要是由于迁移可以使人们分工更为专业化，从而使他们能充分发挥自己的比较优势，从这个意义上来看，人口迁移有点像国际间贸易。总收益中大部分由流动人员获得，其他部分则通过资金流动或其他形式分配给目的国居民和原住国居民。本报告委托的背景研究中，研究人员根据世界经济的一般均衡模型估计出，当发达国家移民数量增加5%时，目的国能获得移民总收益的1/5，总计可以达到1900亿美元[92]。

为补充国家层面的研究，我们的委托研究建立了关于迁移人员流量和存量的新数据库，该数据库包括1980—2005年14个经合组织目的国和74个原住国关于就业、工作时间、资本积累、移民法律变化等方面的年度数据[93]。我们的研究得到了迁移促进就业（没有挤出当地居民就业）的证据，该研究也发现迁移在投资方面的效应同样很显著。这些结果意味着短期内人口迁移导致的人口增长将提高真实人均国内生产总值，两者表现为1∶1的关系

表4.1 减贫战略认识到迁移的多重影响

减贫战略中针对国际迁移的政策手段，2000—2008年

积极的/促进的	国家数	积极的/促进的	国家数	监管/控制	国家数
劳动力出口	10	促进汇款	9	打击人口贩运	19
鼓励女性迁移	1	鼓励合法汇款渠道	3	海关现代化	18
促进学生流动	3	与海外散居者建立联系	17	加强边界控制	17
签署双边协议	9	促进海外散居者投资	8	打击非法移民	12
改善国外劳动力条件	6	引进技术	4	促进难民回国	10
离开前的培训	6	参加地区性合作项目	8	处理智囊流失	9
拓展领事服务	3	推进更多的研究和监测	8	支持回国	7
监管招聘产业	2	增进机构能力	5	签署再次准许入境协议	2
推进养老金的可携带性	2	在流动人口中抗击艾滋病	7		
促进难民融入当地	7	重新整合被贩运人口	5		

资料来源：改编自Black和Sward（2009）。
注：回顾了84个PRS。

移民还能带来更为广泛的经济利益，这其中包括更频繁的创新发明。

（这意味着迁移所导致的人口1%的增长将使真实人均国内生产总值增长1%）。这个结论是比较合理的，因为多数情况下每年迁移者总数只占目的国劳动力存量极小的一部分。此外，这些迁移在很大程度上是可预测的，这意味着即使在短期内人均投资水平的全面调整也是可能实现的。

在个体国家层面上，至少在经合组织国家中，我们也发现了类似的结果，即迁移增加对人均收入呈中立或边际的正面影响。例如，2004年欧盟扩张后进行的模拟研究表明，如果英国和爱尔兰接受来自新加入欧盟的东欧国家的大规模移民，其产出水平在10年后将提高0.5—1.5个百分点[94]。在移民占人口和劳动力比例较高的国家，如海湾合作委员会成员国，移民对整体和分部门经济贡献更为显著。然而，不幸的是，还没有出现关于该问题的详细的实证分析。

移民还能带来更为广泛的经济利益，这其中包括更频繁的创新发明。许多目的国生产力的提高可以归功于外国留学生和科学家对该国知识库的贡献。来自美国的数据表明1950—2000年间高技术移民推动了技术创新，这表现在，高校毕业生中留学生的比例每增加1.3个百分点，人均专利数量就会大幅度上升15个百分点。其中科学和工程类毕业生起了明显作用，并且他们对当地人的创新活动没有造成任何负面影响[95]。

全球范围内各个国家都在竞争获取人才，与此相对应的是，移民中大学毕业生的比例差别也很大[96]。特别是对于美国，它可以凭借其优质的大学和研究基础设施以及良好的专利制度吸引大批的移民精英[97]。在爱尔兰和英国，移民中受过高等教育的比例超过30%，而在澳大利亚、意大利和波兰的比例则均低于15%[98]。设立灵活的准入制度和提供更有前途的长期发展机会能使一个国家更好地吸引高技能移民，然而居住时间、签证条件、职业发展等方面的约束则会阻碍移民的进入（例如德国）。这引发了关于临时居住证（蓝卡）或欧盟范围内工作许可的讨论——该想法得到了欧盟议会的初步支持并已得到欧盟委员会的批准[99]。新加坡和中国香港制定了明确的政策来欢迎国外高技能专业人士。这些政策包括允许移民携带家属，经过一定等待时间后便可获得家庭永久居住权（新加坡等待两年，中国香港等待七年），以及提供入籍的选择等[100]。

吸引熟练劳动力的项目可采用积分制，该方法与劳动力市场测试和/或雇主的要求相关（第2章）。集中的“人力资源”计划方法实施起来较为困难，特别是当遇到结构性变动和经济冲击时更是如此。由于其操作简单，积分制被许多目的国政府所采用，这种制度有利于吸引高技能移民或本国所缺乏的某些工作岗位上的劳动力，澳大利亚一般技术移民计划（Australia's General Skilled Migration Programme）正是一个很好的案例。

虽然人员迁移可以促进当地的就业和商业，但是这种影响要分具体情况而定。移民也会影响消费者需求的水平和结构，比如他们会需求更多的思乡产品、在家庭和工作地点附近的产品和服务。我们所委托的对加利福尼亚的研究发现，在2000年之前的10年间，某些地区（选择这些地区来得到不同公司的潜在客户群）移民的涌入与一些行业的高速就业增长呈正相关，特别是在教育行业中这种关系表现得尤其明显。移民对消费需求结构的影响是混合的：较大比例的移民将导致更少的小公司和独立零售店，以及更多的大型折扣零售店。同时，与预期一致，该研究还发现移民数量的增多导致了餐饮店更明显的民族多样性[101]。

4.2.2 对劳动力市场的影响

人员流动对于目的国就业和工资的影响仍存在争议，尤其是对受到正规教育较少的人员的流动更是如此。民意调查显示，人们十分担心人口迁入会导致本地工资下降[102]。关于这个话题的学术争论（尤其是在美国）也很活跃。但是值得注意的是，对经合组织国家的许多实证研究得出以下类似的结论，即人员流动对目的国工人工资的影响可能是正面或负面的，而且这种影响在短期和长期中都较小[103]。在欧洲，多国研究和单一国家的研究都发现人员流动对当地居民的平均工资影响很小，甚至在有些情形下没有任何影响[104]。

同时，我们也必须认识到移民导致的工资变动不可能在所有工人之间平均分布，这一点在本地工人与流动工人形成竞争时更为明显。一些争论已经澄清，即对目的国劳动力市场造成影响的不仅是流动人员的数量，而且还有他们的技能构成。流动人员带来的技能影响了当地不同群体的工资和就业机会，其影响有时候是微妙的。如果流动工人的技能对当地工人的技能形成互补，那么二者都将受益[105]。如果二者技能很接近，那么竞争就会加剧，于是当地工人就可能失败退出。但是我们远不能预知结论。通常的结果是二者均有，两个群体中均有部分人受益，部分人受损。对这些影响的估计存在着问题，因为衡量两个不同群体的技能是互补还是替代是很难的，尤其是在国际层面上更是如此[106]。

一个值得注意的关于互补的例子是流动人口可以提高当地女性的劳动参与性[107]。如果存在低成本的儿童看护，年轻母亲就可以得到解放，这使得她们可以出去工作。在欧洲，低技术的流动劳动力与当地劳动力通常是互补的，这一点在文献中已形成共识[108]。这部分是因为流动人员比本地工人更具灵活性（比如在意大利）[109]。更重要的是，移民通常更愿意去从事当地人不愿意做的工作，比如儿童看护、老人看护（在老龄化社会需求旺盛）、家政服务和餐厅、旅馆和其他服务行业的工作。

正如前面已经指出的，对平均工资影响很小有可能掩盖对当地不同种类工人之间影响的巨大差异。有很多实证研究是关于人员流动对发达国家工资分布的影响。在美国，对低技术人员工资影响的估计在 -9% 到 0.6% 之间[110]。正规教育水平较低的当地人相对于流动人员的优势可能不仅是语言上的，还有对当地制度的了解、人际和技术，所有这些都使得他们可以获得互补性的和薪酬更高的工作[111]。

流动人员和当地劳动力之间的不完全替代与最新的证据是相一致的，该证据表明受新流动工人影响最大的是更早的流动工人。他们可以感觉到劳动力市场调整所带来的任何冲击，因为新来的流动人员主要是与他们竞争。例如，在英国，20 世纪初流动人员中加剧的竞争可能将本地人与流动人员的工资差异扩大近 6% [112]。

尽管关于就业影响的证据还不是很多，但是其机制都是相类似的。研究还没有建立人员流动和失业之间的系统性关系。这部分是由于劳动力市场的分割，因为低技术流动人员从事对本地人较没有吸引力的工作，这使得后者流向其他工作部门。欧盟成立后，人员大量流入并没有导致爱尔兰和英国的工人换岗或失业。这一最近的来自欧洲的经验支持了以下这个观点，即劳动力流动对当地人就业并没有很大影响。欧洲的另一个研究则发现，就业人口中流动人员比例每增加 10%，当地居民的就业率就会减少 0.2% 至 0.7% [113]。

这些计量经济学结果也应当考虑到流动人员在劳动力市场中的劣势（第 3 章中所评述的）。法律和制度因素的设计和实施都至关重要。如果流动工人没有被纳入工资和工作环境保护的正式体系安排，他们与本地工人之间不公平的竞争就会随之而来。如果人们被排除在工会之外或者规制的实施乏力时也会出现同样结果。即使是在劳动力市场规制良好的国家，身份不正规的工人也经常“游离于体制之外”——在英国莫克姆海湾拾贝而淹死的中国人就是卫生和安全标准实施不力的负面例子。最近英国的研究发现，一些总体的结构性趋势，尤其是代理（短期）劳动合同（这类合同只为工人提供很少的权利）使用的增加，是决定流动工人工资和工作环境的显著因素。有大量证据发现存在薪酬低于

流动人口可以提高当地女性的劳动参与。

法律和制度因素的设计和实施都至关重要。

法定最低工资的现象，尤其是在年轻的流动人员中尤其严重[114]。

在新兴和发展经济中，关于流动人员对劳动力市场的实证研究很少。最近一个关于泰国的研究考察了在流动人口较为集中的地方是否工资更低的问题，结果发现流动人员每增加10%，泰国本地人工资就会减少0.2%，但仍没有降低就业率或减少境内流动[115]。在中国香港进行的类似研究发现，即使新移民增加很多(40%)，对工资的影响也不超过1%[116]。考虑到流动人口只能在非正规劳动力市场找到工作，他们的到来会影响到当地原来的非正规就业人员。在很多发展中国家，非正规工作是处处存在的，所以流动人口可能会进入到这块已经很庞大的劳动力市场中。

4.2.3 迅速的城市化

部分由国内流动引起的快速城市化会引起许多巨大的挑战。尽管人们可能被城市里更好的机会吸引，但是事实上当地的服务和设施却可能承受很大压力。这在大城市比如加尔各答、拉各斯，还有诸多小城市比如科伦坡、瓜亚基尔、内罗毕等很常见。很多从发展中国家迁来的流动人员和他们的家人住在大城市周边破败的小镇和贫民窟里。他们还可能遭受洪水和山崩的危险，就更别提当局的压迫、暴力、盗窃还有犯罪分子的勒索了。

当人员流动是被原住国较差的生活水平和薄弱的支持服务所驱使时，向城市中心的流动就可能超过那里的劳动力市场需求和服务供给能力[117]。这种情况的后果就是很高的结构性失业和非充分就业。更为甚者，在那些当地政府并未对人口增长做好准备并且面临严重的体制和资金制约的地方，结果很可能是收入和福利不平等的扩大，以及城市被分割为相对富足安全、服务好的地区和生活条件糟糕的“不要去的地方”。相反，如果人们是被就业机会吸引到城市中，那么由于思想、才能和资金的集中，迁移带来的净收益就会增加，韩国就是这样一个例子[118]。

这些形成对比的场景强调了城市治理的重要性。城市治理被定义为个人和机构——包括公共的和私人的——规划和管理城市生活的多种方式的总和。在针对流动人员的城市规划中，最为重要的方面包括：充足的资金来源（这通常需要通过当地税收获得）；基本社会服务设施的同价政策；服务向流动人员居住的地方延伸；对非正规部门的平等规制；针对流动群体的延伸和支持性服务（比如语言班），以及加强问责（该措施包括在当地政府中增加流动人员代表、主要服务绩效标准的公开以及市政账目的独立审计和公布）。

实地调查有助于我们深入考察市政府处理人员流动以及城市贫困等挑战的措施。在调查中可以发现，至少在公共设施的提供上，分权化和民主化能给穷人更多机会来游说和获得持续的收益[119]。发出呼声——并且能使呼声被听到——似乎能够保护穷人免受差的治理所带来的最坏影响，尤其是免受对非正规商业活动的压迫和取缔[120]。这清楚地印证了阿玛蒂亚·森关于民主化进程与媒体自由所能起的积极作用的观点[121]。

但是很显然，一些市政府对人员流动采取了压制的措施。例如，本报告委托的关于亚洲城市化经验的回顾发现，很多政府继续实施致力于减少人员流入的政策。一些国家已经强制清除了贫民窟，并把穷人驱赶到缺少服务的边远地区[122]。孟加拉国达卡市曾居住有6万人的29个贫民窟在2007年初被清除。在印度尼西亚的雅加达，“封城政策”要求流动人员提供就业和住房证明，这使得他们更难合法地留下来，而2007年9月通过的一部法律规定住在河岸和高速公路上是不合法的。有时这种干预会导致不稳定，比如孟加拉国在Agargoan和其他新拓居住地实行驱逐政策之后的情况正好说明了这一点[123]。正如2005年津巴布韦哈拉雷市附近的破旧城镇清理事件证明的那样，当民主和政府问责性较弱时，大规模的驱逐行动更容易发生。

最后一点，在欧洲、美国和南非，当地人普遍感觉人员流动与私营市场价格的提升是相关的（比如房屋租赁市场）。而就我们所知，并没有研究证明有这样一种机制存在。

4.2.4 财政影响

关于人员流动影响的一个较为常见的方面是其所导致的政府财政状况的变化，尽管这一方面不一定能反映出真正的经济社会效应[124]。代表各种政治利益的人们通常都关心人员流动给福利国家带来的影响。我们对 2002 年欧洲社会调查的分析表明，这一地区近 50% 的人担心流动人员成为净财政负担，而教育水平低的人，老人和失业者对此更为担心。这一担心在捷克、希腊、匈牙利和爱尔兰最为尖锐，而在意大利、卢森堡、葡萄牙和瑞典则缓和得多。一些人担心成本的增加，另一些人则担心社会凝聚力下降导致的可持续性下降。一些国家比如澳大利亚、新西兰和英国，已经试图通过增加获得福利的等候时间来解决这一问题。

流动人员是“索取大于奉献”，还是正好相反？这是个存在高度争议的问题，且我们认为该争议已经吸引了太多不必要的关注。估计流动人员对公共设施的利用充满了度量上的困难，而计算他们相抵消的税收贡献则又更添了一层复杂性。孩子上公立学校的流动人员也可能通过提供儿童看护服务来促进高技能女性的劳动参与，而这两者都会纳税。

现实中，不同国家在福利包、慷慨程度和流动人员受益资格等方面都存在很大差异。美国作为一个富国来说福利是很低的，对它的研究有一系列发现，但是结论在总体上是一致的：即第一代移民倾向于产生净财政成本，而后代移民则趋于创造很大的财政盈余[125]。同时，流动人员支付的税收可能并不足以达到政府向他们提供服务的水平。尤其是在流动人员数被低估的地方，在以人头和需要为基础分配财政转移支付的地方，地方政府在为流动人员提供最基本服务方面会承受最大的负担却缺乏足够的资源来做这些事情。

地方财政支出通常占总财政支出很大比例，且承担着为基本服务提供资金的责任，这其中就包括为流动人员提供的服务。根据国际货币基金组织[126]，2007 年发达国家地方政府支出比例最高的是丹麦 63%，最低的是希腊 6%。这一比例在其他很多主要目的国都是很高的，比如俄罗斯（51%）和南非（47%）。但是也有例外，比如泰国的比例低于 15%。因此，与公共财政结构相关，流动人员可能一方面增加某一级政府的净财政成本，同时又增加各级政府的总财政收益。比如，提供教育和医疗服务的成本，以及提供特殊项目（比如语言课程）的成本可能集中于地方政府，而收入税则主要流向中央政府。

在美国，财政方面的关注似乎影响了不同群体的移民政策偏好。一个研究发现，在有着大量移民并且为移民提供慷慨福利的州，当地人倾向于限制移民[127]。这一观点在具有较高收入潜力、贡献较高税收水平的人中最为强烈。在对 20 多个欧洲国家的研究中也得出类似的结论[128]。

在实行累进税制和福利政策的国家，低技术流动人员、难民和那些在家庭重聚项目下流入的人会带来更高的净财政成本。在一些欧洲国家，在控制了人口学特征之后，流动人员似乎比当地人更加依赖于福利项目，但是并不是在所有国家都是这样[129]。这一差异起码部分地可以归结于福利体系的相对慷慨程度。

在 2008 年到 2009 年的经济萧条中，流动人员失业率上升和生活困境预计将对公共财政造成额外的负担，尽管这在现实中发生的程度仍有待观察。各国的决定性因素是失业群体中流动人员的比例和失业保障福利的结构，其中关于受益资格的规定尤其重要。即使在福利体系发达的国家，

代表各种政治利益的人们通常都关心人员流动给福利国家带来的影响。

孩子上公立学校的流动人员也可能通过提供儿童看护服务来促进高技能女性的劳动参与，而这两者都会纳税。

流动人员享受福利的渠道依然是很有限的。最近的一个研究预测，在欧洲国家中，由于2009年的萧条，爱沙尼亚、法国和拉脱维亚可能由于流动人员而面临更高的公共财政负担，而奥地利、芬兰、德国、爱尔兰和西班牙所面临的负担增长则较少[130]。在很多的发展中国家，萧条期间财政成本普遍没有增加，但该结果的原因仅仅是任何人本来都没什么福利。

在很多发达国家，人口迁移被视为解决人口迅速老龄化带来的财政危机的一个方案（第2章）。这要求移民必须是在中短期可以为财政体系作出贡献的人。同时，移民退休后的长期成本也应当被考虑在内。这二者都暗示了需要持续增加流动人员，或者更实际的是提高不断增长的流动人员的社会保障缴费，同时对社会保障体系和退休体系进行结构性改革。

不论是正面影响还是负面影响，人员流动带来的净财政冲击都不大。把各种影响放在一起计算其占GDP比例，多数对美国和欧洲的估计都认为，人员流动的净财政影响在其GDP的±1%之间[131]。比如，英国的数字是GDP的±0.65%[132]。这些估计表明人员流动的财政影响一般不应成为政策设计的关键因素。

一些目的国政府对流动人员收取额外的费用，这项措施基于以下原则，即那些接受比当地纳税人得到的服务更多的人应当做更多的贡献。1995年，加拿大规定了一个等同于838美元的永久居住权费用，这项费用需要在签证颁发之前支付（但是如果没有签过可以退回）。一段时间以来，几个修正案正试图消除该政策的负面影响，比如贷款期权、付款时间上的灵活性，以及取消对难民、受保护的人们和需要依靠的儿童的收费，通过这些措施，2006年该项费用已经降低了一半。除此之外还对成人征收430美元的管理费（家属为86美元）。但是在加拿大和其他类似的案例中，从这一费用中得到的收入与为重新融合项目筹资并没有直接关联。英国最近引入了一种落地费，象征性地收取50英镑（93美元）。这两个例子似乎只是为了缓和普遍的担心，而不是为支付财政成本而增加收入。

4.2.5 关于迁移的感受和担忧

人员流动问题在许多国家中都是一个饱受争议的话题。来自不同背景的迁移者一出现，许多挑战便会随之而来，特别在那些传统上同质化的社会中更是如此。一般来说，相互关联的担忧可以区分为三种：与安全与犯罪相关的担忧、与社会经济因素相关的担忧和与文化因素相关的担忧[133]。最后，我们通过逐一讨论这些方面来结束本章。

在美国2001年遭受袭击之后，对安全的关注成为政治议事日程中最为重要的问题。一个关键的问题在于，无论是真实的还是想象的，人们会将外国人和缺乏忠诚及恐怖主义威胁联系在一起。这样的恐惧远非新近出现的，它代表了历史上很多反迁移的怨怼情绪。这样的例子包括：发生在20世纪60年代，在印度尼西亚的中国人被怀疑为要进行政治颠覆的共产主义代表；以及20世纪90年代在波罗的海诸国的俄罗斯人被怀疑暗地破坏那些国家在苏联解体后新近赢得的独立。这些担忧随着时间的推移通常都会减少，只是在政治动荡和更迭的时候，它们又会以新的形式出现。

安全关切也来自于所感觉到的迁移者与犯罪之间的联系，这种联系常常在有关迁移的热门讨论中被引用。我们在2002年欧洲社会调查中发现，超过70%的受访者相信迁移者恶化了一个国家的犯罪问题，这一比例在德国、捷克和挪威都超过了85%。就像电影《教父》中的例子，把迁移者与犯罪联系在一起的刻板形象已经长时间在大众媒体中传播，这种形象常常表现迁移群体的暴力犯罪，这包括意大利的黑手党（mafia）、中国的黑社会（triads），以及像萨尔瓦多的救世鳟鱼帮（Mara Salvatrucha）之类的中美洲黑帮。

然而，数据却没有证实这种刻板的形象。但它们却揭示了不同国家在迁移者犯罪率方面的明显差异。来自 2000 年美国人口调查的数据显示，在无论哪一个种族群体中，青壮年男子的入狱率在迁移人口中是最低的，甚至包括那些受教育程度最低的迁移者也是如此。平均来看，对于年龄处在 18 岁到 39 岁的男子（该年龄段占据了监狱中的绝大多数），2000 年当地出生者的监禁率是 3.5%，比在国外出生者的 0.7% 高了 4 倍[134]。早期对于美国的研究也得出了相似的结果[135]。相比之下，欧洲的情况更加多样化。来自欧盟 25 国的数据显示，入狱者中出生于国外的人是当地出生的人的两倍。一个针对 6 个欧洲国家的研究显示，在奥地利、德国、卢森堡、挪威和西班牙，犯罪率在外国人中更高，然而这一点在希腊却并不成立[136]。

关于迁移者会破坏当地人的社会经济地位的担忧已经得到了经验研究。正如已经指出的那样，这种影响可能对一些个人和团体是积极的，而对另外一些个人和团体是消极的，但总的来看这种影响效应并不大。然而，2008/2009 年的经济不景气严重地冲击了许多生活在目的国（和其他国家）的工人，这个冲击可能是 20 世纪 30 年代经济大萧条之后最严重的一次。虽然没有严格的证据表明这种冲击是由移民劳动力引起的，但这依然使得反移民言论的火焰变得更盛，因为当地工人都在寻求途径拯救自己的工作。许多国家的政府都处在很大的压力之下，这些压力常常是它们所无力承受的。即使在那些迁移者已经受到公众广泛欢迎的地方，情况也在变化。例如，尽管在长期的繁荣时期东欧人的大规模流入曾是一个成功的经验，但是目前英国也在排斥来自东欧的移民。[137]

人们对于人员迁入的观点取决于工作机会的可得性。在最近的世界价值观调查覆盖的 52 个国家中，大多数受访者支持对人员迁入进行限制，但是许多国家强调这些限制应该与工作的可得性相联系（图 4.3）[138]。第 2 章中陈述的人口与经济预测表明，在目前经济衰退之外的结构性特征将会导致职位空缺的重新出现，以及因此而产生的新的迁移机会。

即使在正常的时候，许多人也认为应该优先考虑当地出生的人（图 4.4）。我们的回归分析发现这种观点在年老、低收入、住在小城镇和没有移民背景的人中间更加流行。然而有趣的是，在那些移民人口存量相对较多的国家，人们可能更赞成平等地对待外来迁入者。

经济上和安全上的担心有时会相互加强，最终导致二者形成恶性循环。例如，那些由于临时或非正规就业及高失业率而被边缘化的移民，很可能会参与社会动乱及犯罪行为，这又反过来证实了当地居民对安全的担忧。如果这些因素再进一步导致劳动力市场和政策制定中的歧视，这些移民很可能会拒绝接受新社会。他们会转而回到原有社会中去，并且拉帮结派或形成其他反社会组织，所有这些都会威胁当地居民的安全。这类病态现象已经在法国的马格里布年轻人和美国的一些中美洲移民群体中出现了。

在劳动力市场上的劣势地位一旦演化为社会排斥现象，这就很快会对社会凝聚力产生负面影响。最近的一项在七个发达国家的调查特别关注了移民家庭中的儿童所面临的社会化障碍[139]。这些家庭通常集中于特定区域，例如城市低收入地区。这助长了教育和社会经济的隔离，居住在被隔离的社区限制了他们同当地居民的交流，学校中的分班政策更在事实上加强了这种隔离。我们委托的关于在美国的拉美移民身份的研究表明：严格的移民政策、不断增加的公众反对意见，同混杂的人类发展结果结合在一起，已经严重地影响了人们的自我意识。这项研究通过对来自几个拉丁美洲国家的移民及他们的孩子的采访，进而得出下面的结论：移民的经历促进了群体团结一致，但却加深了他们对美国身份的排斥，所有这些都和在不平等加剧时

不论是正面影响还是负面影响，人员流动带来的净财政冲击都不大。

图4.3 对人员迁入的支持依赖于工作的可获得性

对人员迁入的态度和工作可及性，2005/2006年

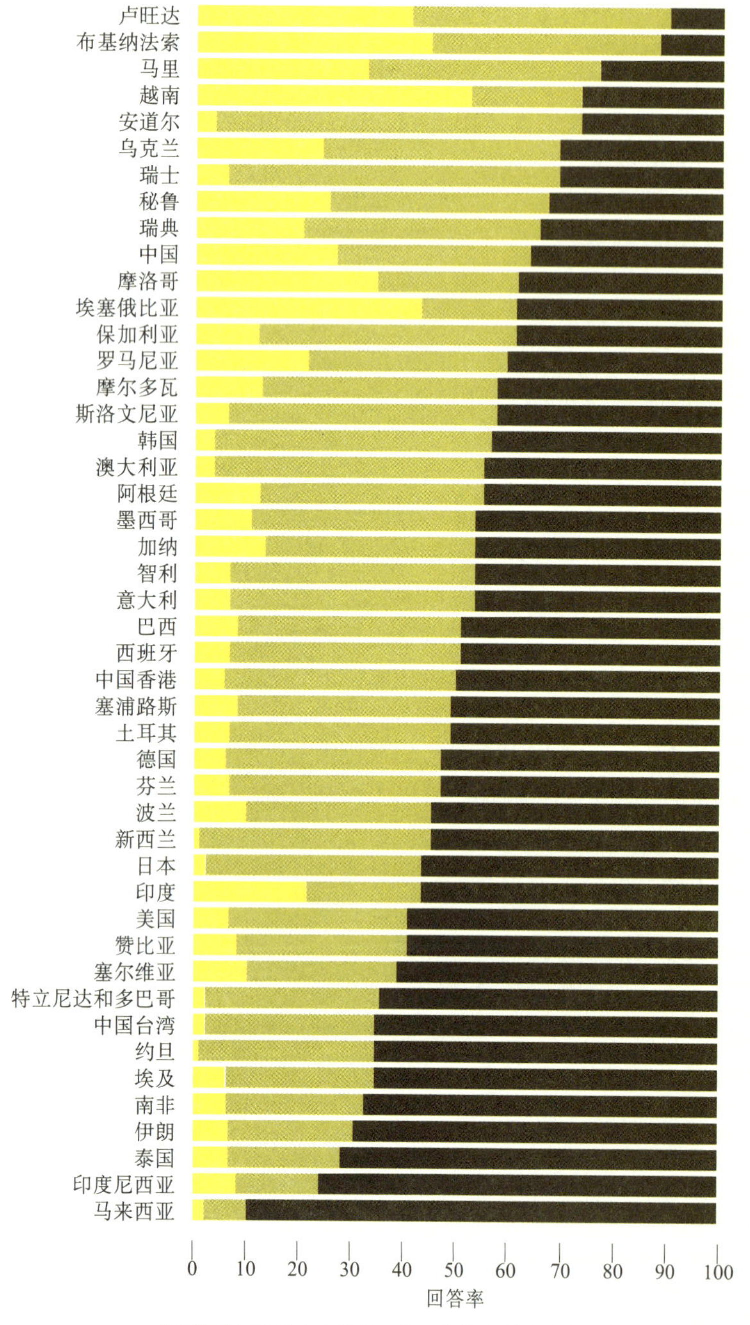

资料来源：Kleemans和Klugman（2009）。

期的劳动力市场的现实有关[140]。

另外，也有一些研究关注于迁移对政治环境的影响[141]。但是，在大多数国家中，移民人口数量相对较小，所以他们很难对该国的政治选举产生直接影响。考虑到移民来自各不相同的文化背景，以及具有各种不同的政治观点，这一点理解起来就更加容易了。不管怎样，移民一般都不被允许参与国家选举活动。他们的意向可能在地方选举活动中更有影响一些，因为这些选举较为普遍地向第一代移民赋予选举权利[142]。随着经济、社会和文化融合的不断加深，移民对选举模式的影响变得更加难以预测[143]。

最后但同样重要的是，人数众多的移民可以影响一个社会的民族多样性和文化多样性，甚至他们能够改变一个国家的面貌。当今世界上的一些高度繁荣的国家都是由历史上的移民建立起来的。澳大利亚、加拿大、新西兰和美国依然保持向如潮水般的移民敞开国门并成功地吸纳他们，无论他们来自何种文化背景，这些国家都赋予他们对新国家的归属感[144]。在一个长期独立，有着自豪感和强烈民族意识的国家里，移民的涌入也许会带来更多的挑战。

当然，也有一些文化属性更容易被本地人接受。例如，很多地区都对外来的新型饮食文化持欢迎态度（最抵制外来饮食文化的恐怕是法国人和意大利人，因为他们认为不可能有比他们现在的饮食文化更好的了）。这就证实了保罗·克鲁格曼所提出的下列理论：多样性和规模经济是对国际贸易模式最好的解释因素。但是，也有些人认为诸如妇女出门包裹头巾、女儿出嫁要有嫁妆之类的宗教、社会习俗还是很难被接受的。

虽然还可能出现其他特定的问题，但证据表明人们总体上都能够容忍少数民族，并且对种族的多样性大多也持积极态度（图4.5）。受教育程度越低的、年龄越大的，以及越是失业且没有移民背景的人越不重视种族的多样性[145]。同时，在2005/2006年的世界价值观调查中，超过75%的

受访者并不反对一个外来迁入者成为他们的邻居。这种态度清楚地表明，在更好地对待移民这个问题上有建立广泛共识的机会，我们将在下一章中探索这一项政策选择。

当流动人员社区被视为代表了另一种竞争性的社会规则和结构，且潜在地威胁了当地文化时，不安全感和负面反应就产生了。这与下面的观点有关，即认为不同的民族认同之间存在竞争，而且不同的民族对国家的责任感差异很大（这种观点意味着承认多元化和促进国家团结之间是零和博弈）。然而个人可以在民族、语言、宗教、种族甚至公民身份方面有（而且的确有）互补的多重身份（见第 1 章）。当移民更好地融入和渗透进目的国，从而使目的国变得更加多元化时，他们将很有可能被认为丰富了目的国社会，并为目的国引入了补充性的文化特质。

4.3 结论

这一章考察了人员流动对于未流动人口的影响。我们从对原住地的探讨开始，并且集中于对发展中国家的分析（尽管到目前为止，迁出率最高的地区是欧洲，而最低的地区是非洲）。对于那些其家庭成员中有流动人员的个体来说，最大的影响发生在家庭层面，人员流动对该家庭的收入、消费、教育和医疗的影响都显著为正。但是对贫困的作用则是有限的，因为流动人口通常都不是最贫穷的。我们也可以观察到更广泛的社区和国家影响，但是这些模式更加复杂、更加地依情况而定，而且随时间而改变。

在 2008/2009 年全球萧条背景下，人员流动对目的地或目的国的影响进行评估显得尤其重要。并没有证据表明人员流动会对经济、劳动力市场或者财政有显著的负面影响，但是却有证据表明那些社会多元化和创新力强的地区将会获得收益。总的来看，对人员流动的担忧是被夸大了。

图 4.4 当工作机会有限时，人们倾向于由当地出生的人来做

以目的国 HDI 水平划分的关于工作偏好的民意结果，2005/2006

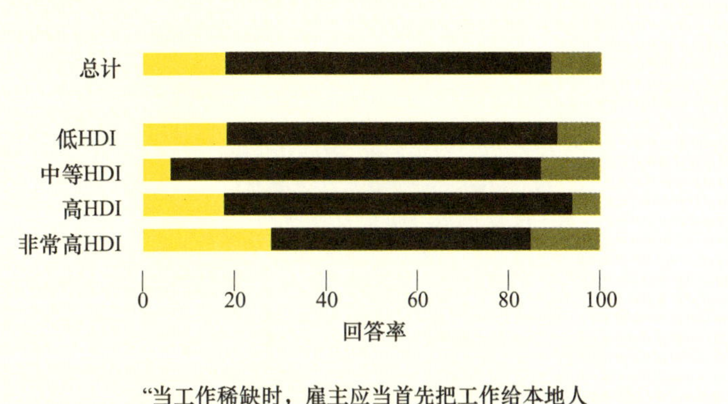

资料来源：Kleemans 和 Klugman（2009）。

图 4.5 很多人珍视民族多样性

按流入国家 HDI 水平划分的关于民族多样性价值的一般观点，2005/2006

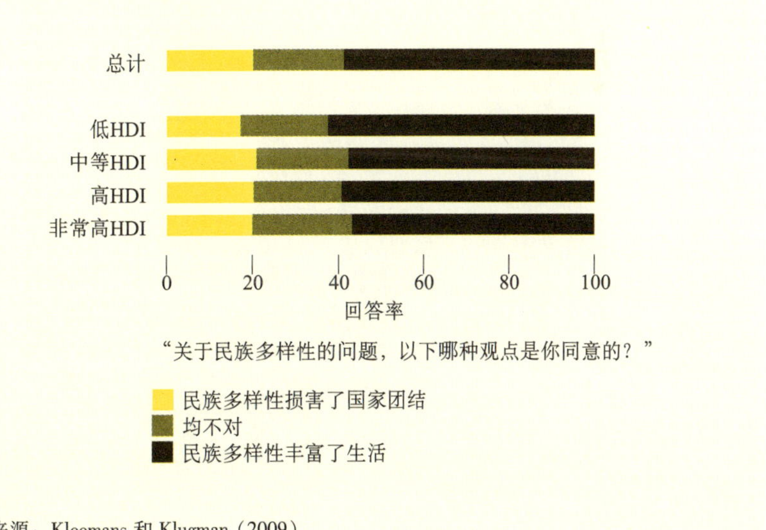

资料来源：Kleemans 和 Klugman（2009）。

同前面章节结合在一起，这些发现表明了通过政策措施来创造良性循环的可能性，这些政策措施将加强和扩大由人员流动带来的收益。这将增加流动人员对目的地和原住地社区和国家的经济和社会贡献。

公共政策对流动人员的未来具有重要的作用。这些设计好的政策符合流动人员自身的利益，也符合原住地社区以及目的地居民的利益。我们在本报告最后一章将讨论这个话题。

增进人类发展成果的政策措施

在这最后一章中，我们就改革提出建议，以使流动更好地为提高人们的自由服务。目前，许多流动人员最多只享有不可靠的权利，但却要面临一个不确定的将来。限制性的入境政策和对低技术工人的高需求之间存在政策上的不协调，这个问题需要认真解决。我们提出一组核心政策主张，它们既能改善流动人员个人及其家庭的结果，也能改善他们的原住地和目的地社区的结果。对相关改革的设计及时间选择，以及其可接受性，取决于对经济和社会情况做出现实的评估，以及对公众舆论和政治条件的认可与认识。

增进人类发展成果的政策措施

前面几章的分析表明，更好的针对流动人员的政策将带来巨大的人类发展成就，这些成就也将使所有受迁移影响的人获益。我们需要有胆略认识到这些巨大的成就，这是一种因其中所隐藏的巨大的潜在回报而敢于拥抱改革的胆略，同时我们也需要认识到将会面临的挑战和制约。

我们也看到，近几十年来，在许多目的国占主导地位的移民入境政策在很大程度上可被描绘为：一方面否认问题的存在和反映滞缓，另一方面则是加紧边境管制但又造成许多非法逗留。这使得缺乏合法地位的移民的状况变得更糟。同时，特别是在经济萧条期间，也使得更多的人遭受不确定性和挫折。

预期驱动迁移的因素，包括迥然不等的机会和人口转移，在未来的几十年中将继续发挥作用。不平衡的人口增长模式意味着自从 1950 年以来，在全球增加的劳动力中，有 9/10 是来自发展中国家，而发达国家的人口则越趋老龄化。这些趋势促使人们流动，但是允许低技术人员正常迁移的渠道则受到了很大的限制。尽管当前经济危机的影响致使对劳动力的需求临时减少了，但是至 2050 年的人口预测结果显示，这些趋势仍将继续。这意味着需要重新思考限制低技术工人入境的政策。这些政策与对低技术人员的潜在需求很不一致。本章将讨论在基本结构趋势的条件下，政府如何来为恢复增长作出准备。

我们的建议包括一整套核心政策，共包括六个“支柱”，我们也对这些政策的中长期回报作了说明。每个政策支柱都能单独发挥作用，但如果这些措施共同作用，则它们能为最大化人类发展的迁移效应提供最好的机遇。这些核心措施包括：

1. 放宽和简化正常的迁移渠道，允许人们到国外寻求工作；
2. 保障移民的基本权利；
3. 减少与迁移有关的交易成本；
4. 提高移民和目的地社会的成果；
5. 扩大国内人员流动的回报；
6. 将人员流动作为国家发展战略的一个组成部分。

我们的政策建议涉及迁移管理的新方法和新规范，但是没有对增强迁移管理到什么程度做任何详尽的规定，因为这取决于国家的发展水平。

我们主要关注的是，面向长远的改革需要如何来提高人员流动带来的收益，但同时也要认识到在短期内所面临的主要挑战。处在即将成为上世纪大萧条以来最严重的经济危机之中，许多国家的失业率已上升至最高纪录水平。因此，许多移民发现自己面临着双重的风险：一方面承受着失业的煎熬、不安全感以及社会排斥，但另一方面又常常被认为是这些问题的根源。重要的是不应该因为当前的经济衰退而寻找替罪羊，相反，我们应该抓住这个机遇对移民实行一种新政，以确保国内外的工人都能从中受益，并同时避免发生贸易保护主义的反弹。要做到这一点，我们需要有政治远见和坚定的领导来制定和向公众推行新政。[1]

在关于迁移问题的公众辩论中，开放式对话对取得成果至关重要。在这类辩论中，不要过分夸大迁移可能带来的好处，同时也需要重视和考虑到特别是对低技术工人的分配效应。有关改革的政治经济学方面的内容我们将直接在下文讨论。

因为这是一个关乎不同利益主体的全球性报告，因此我们概述的政策方向不可避免地会集中于一般情况。这些不同利益主体包括原住国、目的国和过境国政府；

在关于迁移问题的公众辩论中，开放式对话对取得成果至关重要。

捐赠者和国际组织；私营部门；公民社会，包括移居团体和国外侨民协会，学术界和媒体。我们的目的是激发辩论以及对这些建议的后续讨论、修改和执行。在国家层面上，我们需要更加详细的分析以确保与当地情况相符，同时也需要兼顾到政治现实与实际制约条件。

5.1 核心包

我们现在将要探讨上面概述中提出的各种政策切入点。在全世界已经讨论和实施的许多措施中，我们将只集中于其中某些方面。[2]在确定优先次序时，我们考虑到的是对弱势群体的关注、对政策限制条件的现实估计，以及对必不可少的权衡取舍的认识。只要有可能，我们都以良好的范例来说明。

5.1.1 放宽和简化正常的迁移渠道

过多的入境障碍阻止了许多人员流动，同时也意味着数百万流动人员变成了非正规移民。据估计这些人占移民总数的1/4。这使得移民社区和更多的人面临不确定性和挫折，尤其是在当前经济萧条期间。

当经济重新复苏时，对移民劳动力的需求同样会反弹，因为本来造成这一劳动力需求的人口和经济条件还会继续存在。发达国家对适龄劳动力的需求在很大程度上是结构性的、长期的而非临时的，即使对于高更换率的工作部门如护理、建筑业、旅游业、食品加工业等也是如此。如果对劳动力的需求是长期的，那么从移民及其目的地社区和社会的角度来看，最好的办法是允许他们合法流动，并且只要他们能够找到和保持工作，目的国就应该给予他们延长居住时间的选择，而不是把他们限制在临时身份上。人们在国外呆的时间越长，他们及他们的孩子就越有可能享受社会和经济的流动性。当东道国政府拒绝承认或忽略迁移人口的存在时，分割的风险就会显著增加，且这种风险不仅表现在劳动力市场上和经济方面，而且也会更普遍地表现在社会层面上。德国客籍工人（the German guest - worker）的教训就是一个很清楚例子。今天我们在海湾合作委员会国家（GCC）、俄罗斯联邦、新加坡、南非和泰国再次看到了同样的情形。

那么究竟应该怎样放宽和简化正常的移民渠道呢？在以下两个方面似乎存在合意、可行的改革方案：季节性或循环性方案，以及对低技术工人入境条件的放宽，包括允许其有条件地延长居住时间。如何对待非正规移民是第三个棘手的问题，关于这个问题存在多种应该加以考虑的可能改革方案。针对每一种情况，需要通过政治进程在国家层面上讨论和辩论新措施的具体设计，以确保各种不同群体利益的平衡（5.2部分）。由于高技术的人才在大多数国家都是受欢迎的，因此改革主要关注的应该是那些没有大专文凭的人员的流动。

第一个途径，也是已经被一些国家尝试过的方法，是扩大农业和旅游业等部门对真正的季节性工人的入境安排。在改革的计划和执行过程中，关键步骤包括与原住国政府的协商、工会和雇主的参与、有基本工资保障、提供卫生和安全保障，以及允许重复访问。这些步骤是已经在加拿大成功地运作了几十年、近年来又被引入新西兰的成功方案的基础（专栏5.1）。通过这种正规计划入境的工人相应地要比那些以非正规身份入境的工人得到更好的保护。从人类发展角度的来看，这是他们的主要优势之一。

第二个途径包含更加基本的改革措施，即根据雇主的需求而扩大颁发给低技术工人的签证数。鉴于目前的情况，签证最初可以是短期性的。签证的颁发可根据其有无聘用合同，或至少是有在一个预计会出现劳动力短缺的行业的工作经验或者有在此行业工作的意愿。

扩大正规的移民入境渠道涉及对以下几个关键问题作出决定：

*设定每年流入的移民数。*这些必须与当地情况相适应。有几种方法可确保做到这一点。具体数字可以根据雇主的需求

专栏 5.1 开放正规的移民渠道：瑞典和新西兰的案例

有两个国家最近引进了与本报告建议相一致的改革措施，但由于其引进的时间不长，所以我们还难以对其影响作出评价。

2008 年年底，瑞典推出了一项重大的移民劳工改革措施。这项改革倡议来自瑞典国会，并起自于国会对一个国会委员会的任命，该委员会被授权就入境政策提出改革建议。这项改革措施的出台正值经济快速发展和出现大量劳动力短缺期间。瑞典国会和媒体就该措施对造成本地工人失业的可能风险，以及寻求庇护者是否也适用于这项措施展开了辩论。一项满足工会对工资削减和劳工标准关注的方案诞生了。

方案的一个关键要素是规定了雇主是对移民劳工需求的首要评判者（自我估计），而瑞典移民局（Swedish Migration Board）的作用是确保集体协议的一致性并允许工会发表意见。该方案允许移民工人工作 2 年后可更换雇主，换句话说，如果工人在入境后的最初两年中更换工作，他们必须申请新的工作许可。最初的工作期限为 2 年，但可延长到 4 年，之后则可以申请移民永久居住权。该措施在实施后的第一季度就有 2.4 万人提出了申请，占所有申请去瑞典人的 15%。

新西兰的季节雇主认可计划（Recognised Seasonal Employer Scheme（RSE））出台于 2007 年 4 月，作为政府经济增长和革新措施的一部分，该计划主要是为了解决在季节用工高峰时，园艺业和葡萄业业主难以找到劳动力的难题。该计划向移民提供了一部分季节性工作，其数量依据每年的具体情况来确定。

RSE 计划的目的是避免低工资与临时性工作循环的一些不利方面，这对于雇主和工人（其中大部分工人是非正规移民）来说都被认为是不可持续的。过渡到 RSE 计划在制度上排除了非正规移民的存在，该计划让新雇主开始与政府建立联系。在转变过渡期，雇主被容许在有限时间内和在一定条件下保留那些已经在新西兰工作的工人。

在推行 RSE 计划中，新西兰政府和工会的首要目标，并且也是获得公众接受的关键，是确保雇主在招聘国外工人之前优先招聘和培训新西兰工人。然而，RSE 计划也可为附近太平洋岛屿国家的低技术劳动力提供一个可持续的劳动力市场，条件是这些国家配合制定适当的选择机制和便利化机制，并帮助确保工人顺利返回原住国。这些国家的工人因此有机会接受培训，并可获得适当的报酬，同时也丰富了他们的工作经验并扩大了他们的社会联系。迄今为止，该计划还没出现关于发生严重问题的相关报道。

RSE 计划并不是一种低成本计划。除非通过与一组相互熟悉的工人合作，并保证他们会每年回到同一果场或葡萄园，以至于相关行业的业主能够从中获得生产效率及质量的提高，否则整个计划将是不可持续的。

资料来源：Government of Sweden（2008）和世界银行（2006a）。

（如工人在到达前就必须拥有聘用合同），或由一个技术委员会或类似的机构根据相关的需求作出的预测，以及工会、雇主和社会团体提出的要求来确定。英国的移民咨询委员会（The United Kingdom's Migration Advisory Committee）就是一个很好的例子。该委员会成立于 2007 年年底，它主要为确定所谓的短缺行业提供指导性意见。要求已有聘用合同的不利之处在于能否提供工作机会事实上变成了由单个雇主决定的事情，个人的迁移成本因此有可能很高，并且雇主的可更换性也将成为一个问题。在对待由雇主提出的移民“需要”时应谨慎行事，这些需要有可能是因为移民愿意工作更长的时间和/或他们有更好的技术。雇主不应该把雇佣移民劳动力作为其逃避法律义务的计策之一，即使雇佣移民劳动力，雇主也应该履行为其提供基本的健康和安全保护以及最低标准工作条件的义务。这些义务应该对所有人都一视同仁，而不论他们来自何处。

雇主可更换性。把移民劳动力捆绑于特定的雇主妨碍了他们寻求更好的就业机会，因此这种做法既会造成经济上的无效率又会导致不良的社会风气。我们的政策评估发现，各国政府通常允许永久性高技

术移民有权更换自己的工作，但却不允许低技术工人这样做。然而，这种情况有变化的迹象。针对来自移民的关于受虐的投诉，阿拉伯联合酋长国开始提供可转移择业赞助。[3]瑞典近年来实行的移民劳工改革（详见专栏 5.1），或许是迄今为止可转移就业和可转移福利方面最全面的范例，之所以允许这两方面的转移，主要是因为改革后移民的工作许可是可转移的。无论是因为什么原因而失去工作，在他们的签证被吊销之前移民有 3 个月时间来寻找别的工作机会。[4]到国外招聘员工的雇主通常会要求在一段时间内所招聘的员工不得变换工作及雇主，但是即使在这种情况下也有办法提供一定程度的灵活性：例如，允许移民自己或想雇用她的另一个雇主给原来的雇主支付一笔费用，以偿还他的招聘成本。

*申请延期的权利和通往永久居住的途径。*这将由东道国政府来决定，并且截至目前，通常是要满足一系列具体条件的。然而，延长临时许可证在许多发达国家（如加拿大，葡萄牙，瑞典，英国和美国）以及一些发展中国家（例如，厄瓜多尔和马来西亚）都是可能的。许可证是否可以无限期延长可能取决于双边协定。有些国家为已居住过一定年数的（如意大利是 6 年，葡萄牙和英国是经过 5 年）正规移民提供由临时身份转变为永久身份的机会，但这可能是有条件的，例如，移民劳动力市场的记录以及无刑事犯罪的前科。[5]

*为人员来回流动提供便利。*在东道国和原住国之间自由往返流动可以提高移民和原住国的福利。同样，这也取决于当局的决定或者需要满足一定的条件。社会保障福利的可转移性是另一项能够鼓励移民往返流动的措施。

在几乎所有关于移民问题的讨论中，不可避免地会提到非正规移民的问题。各国政府采用了多种方法来解决这个问题，包括出台大赦计划并使之在一定时间内有效。这些计划已在许多欧洲国家以及拉美国家使用。日常管理机制可经过慎重斟酌授予某些类型的合法地位。例如，在美国可以根据家庭关系来这么做。被迫遣返回原住国的办法也曾用过。这些措施中没有一个是无争议的。专栏 5.2 总结了近来移民正规化的一些经验。[6]

在许多国家试行过的所谓“赚来的正规化（earned regularizations）”，也许是最可行的办法。[7]按照这一办法，移民获得在东道国临时工作和生活的许可，其有效期最初被限定在一段特定的时间内，然后他们可以通过履行各种标准获得许可的延长，或成为永久性居民。这些标准包括语言水平的提高，保持一份稳定的工作和纳税等。在该办法下，没有前面提到的大赦，而只有一条通往完全居民身份的有条件的通道。这种方法极富有吸引力，而且有望获得广泛的公众支持。

欧洲不同的经验表明，成功实施移民

专栏 5.2 移民正规化的经验

尽管实施这些方案的动机不同，并且有些国家否认其存在（奥地利和德国），但大部分欧洲国家已经实施了某种形式的移民正规化方案。近来的研究表明，至 2007 年的十年中，在欧洲有超过 600 万人申请了由非正规身份向合法身份的转变，批准率达到 80%。每个国家申请身份转变的人数差异很大，意大利最高（150 万人），西班牙和希腊紧随其后。

移民正规化方案不仅仅限于经合组织（OECD）国家。例如，在拉丁美洲，根据南方共同市场（MERCOSUR）区域协定，阿根廷已立法宣布来自共同市场国家的任何没有犯罪前科的公民都能成为其合法居民。南非正在着手规范非正规的津巴布韦移民，它先从给予临时居住许可开始，获得这种许可的津巴布韦移民能够获得卫生和教育服务，以及有居住和工作至少 6 个月的权利。尽管泰国在过去的正规化后紧接着采取了更加严格的移民驱逐措施，但在 2008 年初又给予了 13.5 万人正规化移民的身份。

有关移民正规化的优缺点问题已经引发了激烈的争论。正规化带给目的国的好处与安全性和法治相关，而对于取得合法身份的个人和家庭，正规化可以使他们更好地克服社会和经济对他们的排斥。正规化的缺点包括它可能会引起鼓励未来人员流动、削弱正规许可机制，以及欺骗性申请等令人担忧的后果。另一方面，正规化的收益很大程度上取决于一国的具体情况。例如，在美国有许多非正规移民已经成为纳税人，因而与那些拥有大量非正规经济、且避税现象更加严重的国家相比，正规化后税收收入的增加会小得多。对各国经验的调查趋向于得出以下结论：移民正规化的社会经济影响有好有坏，其对于工资、流动性和社会融合的预期积极影响并不总能被实现。

资料来源：ICMPD（2009），Cerrutti（2009）和 Martin（2009b）。

正规化的关键要素包括：在规划和实施过程中充分让公民社会组织、移民协会和雇主参与；确保在正规化阶段不发生驱逐移民的事情；以及清晰的移民资格准则（例如，居住时间的长短，就业记录，家庭关系等）。[8]移民长时间的等待可能是实际中会遇到的挑战。在由地方执行的规划下（如在法国），地区间在执行中的差距也可能是个问题。

迫使移民返回尤其受到争议。在一些国家，被迫返回的人数急剧上升，仅2008年一年，美国就有超过35万人、南非有超过30万人被迫返回他们的原住地国家。由于富裕国家政府热衷于推行这一做法，被迫遣返也成了欧盟国家人员流动协调中的一大特色。[9]许多原住国政府通过与目的国签署重新入境许可协议进行合作，但还是有一些国家（如南非）拒绝签署这样的协议。

人性化的执法政策应该是怎样的呢？大多数人认为对于违反边境管制和工作条例的违法行为必须给予惩罚，并且在酌情实施正规化的同时，遣返移民仍是一个有用的政策工具。但是，如何实施这一制裁又面临着重大的挑战，特别是当有关人员已经在该国生活、工作了好多年并且其家庭成员中又有合法居住者。例如，近来对被遣返的萨尔瓦多移民的研究发现，有1/4以上的人已经在美国居住了20多年，大约有4/5的人被驱逐出境时是有工作岗位的，其中许多人的孩子也出生在美国。[10]在许多国家（包括英国），媒体偶尔也会报道一些看起来是特别不人道的遣返非正规移民出境的例子。

在发现移民的非正规身份后，采取的措施要遵照法律、法规，并且要尊重他们的基本权利，这一点很明显是重要的。有必要对雇佣非正规移民的雇主建立雇主责任制。例如在美国，这已成为争论的一个话题。虽然某些程序（例如移民有权享有律师）被认为给发展中国家的公共财政增加了许多不受欢迎的负担，但采用正规的方法来确定人们是否有法律权利呆在一个国家很显然要比草率的、大范围的遣返好，而后者在过去确是发生过的（例如2005年初马来西亚对非正规的印度尼西亚籍移民的遣返）。[11]英国监狱督察（The United Kingdom Prison Inspectorate）根据国际人权规范发表了入境滞留展望（Immigration Detention Expectations），但仅仅发表报告自然不能确保能够达到相关的标准。在一些国家，非政府组织采取了一些行动来改善隔离营的生活条件，如乌克兰红十字会就是一个很好的例子。最近欧盟关于移民返回原住国程序的指令似乎是朝移民管理的透明性、一致性方向迈进了一步。该指令强调，无论在决定遣返或者授予移民合法身份时都需要采用一套标准程序。然而，这项指令被许多人指责为在保障尊重人权方面是不够的。[12]

5.1.2 确保移民的基本权利

虽然本报告透过扩展自由这个镜头来关注人员流动问题，但是并不是所有的移民都能获得迁移所可能带来的自由。根据他们从何处来和到何处去，人们经常发现自己不得不对一个又一个的自由作出权衡，通常为了获得高收入而选择去一个国家工作，但是在该国却有一个或多个基本人权得不到尊重。对于那些缺乏能力、社会网络、信息和申诉途径的人，他们更有可能失去某些维度方面的自由。那些面临种族或其他形式的歧视的人也是一样。对于那些没有合法身份的人以及生活在治理和问责相对薄弱的国家的人，这些重要的问题都会出现。

难民在法律上是一个截然不同的移民类型，因为他们本来就需要国际社会提供保护。由144个国家批准的1951年的难民地位公约（Refugee Convention），以及1967年的难民地位议定书对难民的特定权利作了规定（图5.1）。[13]这些协议为那些跨国逃避迫害的人提供了重要的保护。

更一般的，已被全球131个国家批准的六项核心国际人权条约都包含有强烈的非歧视条款，这些条款确保了条约中许多

在发现移民的非正规身份后，采取的措施要遵照法律、法规，并且要尊重他们的基本权利。

规定对移民也适用。[14]这些条约是普遍性的，它们适用于所有的公民和非公民，甚至也适用于那些已经从一国迁出或仍在该国居住的人（不论他们的身份是正规的还是非正规的）。其中，与此特别相关的是在法律面前，人人平等的权利，以及免受基于种族、民族或其他身份的歧视。所有这些都是对国家行动的严格的法律制约。[15]

近来以现有协议为基础而出台的反对人口贩运和贩私的议定书迅速得到了广泛的支持，其缔约国已达到了129个国家。[16]这些协议旨在使得人口贩运非法化，其重点更多的是在打击有组织的犯罪和促进更加有序的人员流动上，而并不在于推动与个人有关（主要是妇女）的人权发展。[17]许多国家已经将这些原则纳入了国家立法：在接受2008年调查的155个国家中，有80%的国家已将人口贩运确立为一项犯罪行为，而且有一半以上的国家建立了一个特殊的反人口贩运警察部队。[18]这方面的进展显然是可喜的，但也有观察家指出，越来越严厉的移民政策往往使得人口贩运和贩私越来越猖獗。[19]

相比较之下，国际劳工组织在20世纪所采纳的一系列公约却并没有得到广泛的认可。这些公约主要致力于推进移民工人的最低标准。没有得到广泛认可的原因有几个，其中包括这些公约所涉及的内容范围和全面性与在这类问题上许多国家并不想受太多约束的愿望之间的抵触。1990年《保护所有移徙工人及其家庭成员权利国际公约》（CMW）重申了人权条约的核心原则，该公约进一步对歧视做了更广泛的界定，并制定了更有效的保障措施以反对集体的和随意的驱逐，还确保了正规移民有选举权和被选举权。但是，迄今为止该公约只有41个缔约国，其中只有5个是净移民入境国家，而且它们之中没有一个是高人类发展指数国家（图5.1）。

透过图5.1来看协议签署国的移民概况，我们发现其中大多数国家的移民出境率和入境率都低于10%。对于移民出入境率合计超过25%的国家，协议签署率仍然很低。例如，64个国家中仅有3个签署了CMW协议，而有22个国家签署了联合国的六项核心人权条约。对于净迁出率超过其人口总数10%的国家，尽管他们应该有强烈的激励签署该协议，以保护在国外工作的移民的权利，但它们的CMW协议签署率也很低。在CMW协议生效的20多年来，只有20%的高出境移民率国家签署了该协议，而相比较之下，它们中有一半批准了六项核心人权条约，并有59%的国家是近来出台的人口贩运协议的缔约国。

根据其他核心人权条约，尚未签署CMW的国家仍然有义务保护移民工人。在原有的条约监测机构（TMBs）的基础上，现在增加了由联合国难民署（UNHCR）进行的定期审查。近来对条约监测机构（TMBs）前十年的审议材料所作的详细分析显示，其他核心人权条约中的相关规定能够起到突出问题和保护移民权利的作用，并且随着时间的推移，其作用越来越大。[20]因此，虽然每个国家都想以最好的方式来

图5.1 移民权利公约的签署受到限制

基于HDI分类的某些协定缔约国数量，2009年

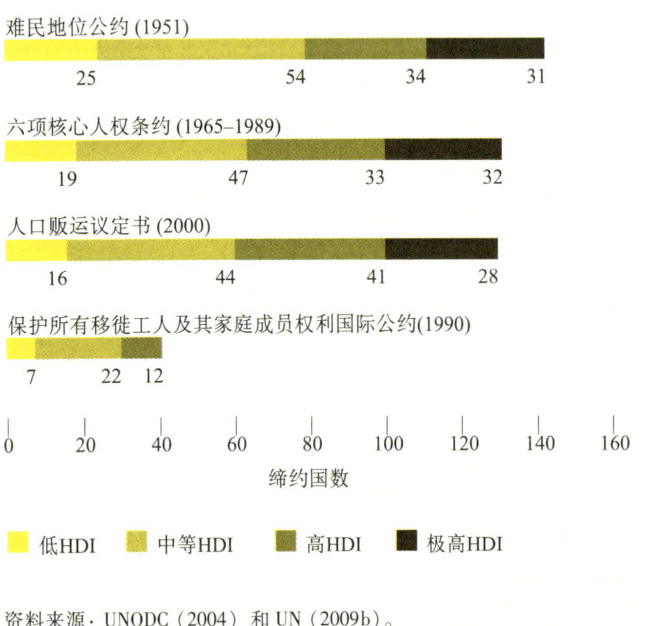

资料来源：UNODC（2004）和UN（2009b）。

描绘本国的人权状况，但是，尽管缺乏执法机制，条约监测机构（TMBs）还是能够通过“点名和羞辱（naming and shaming）”来突出恶性案件，并从道德或政治层面给以劝告。

确保移民的权利一直是所有全球论坛经常呼吁的话题，正如在马尼拉举办的2008 年全球移民与发展论坛上公民社会组织所做的陈述那样。因为已经有了一系列相关的公约、条约和惯例法，所以很显然我们面临的主要挑战不是缺乏保护移民权利的法律框架，而是不能有效地执行它们。本着这一精神，2005 年国际劳工组织建立了一个移民劳工多边构架，并且在无约束力框架内制定了相关准则和良好做法。该框架承认了所有国家都有权利决定自己国家的移民政策。这种“软法律”方法容纳了国家之间固有的差异，并且容许逐步实施相关做法。[21]

即使没有欲望签署正式公约，任何国家都没有充实的理由否认移民应该获得以下基本权利：

- 同工同酬，体面的工作条件，健康和安全保障的权利；
- 集体组织和集体谈判的权利；
- 不能被随意拘留的权利，通过法律诉讼程序来处理被驱逐事件的权利；
- 不能容忍残忍的、不人道的、有辱人格的待遇的权利；
- 返回原住国的权利

这些权利应该与自由、人身安全、信仰自由、不被迫工作和不被迫贩运等基本人权共存。

一种反对确保移民基本权利的观点认为，这样做必然意味着降低准许入境的人数。但是，正如我们在第 2 章中所说明的，这种权利与数量的权衡一般说来是不成立的，而且在任何情况下，这样一种观点在道德层面上都是不能被接受的。

保障人们在国外的基本权利的首要责任将落在东道国政府的肩上。原住国政府（如印度和菲律宾）为出境移民尝试实行最低工资的努力一般都失败了，原因是他们在这类问题上没有管辖权。但是，原住国政府还是可以提供某些支持的，比如为移民提供权利和义务方面的咨询（一般通过移民服务中心和在离境前给他们关于到达目的地后可以有的期望方面的指引）。

领事服务可以在为移民提供投诉渠道和寻找可能的救助方面起到重要的作用，而双边协定可以帮助制定重要的准则。然而，在提高工资标准方面，原住国之间集体的、协调一致的努力可能要比单独国家的行动更有效。

雇主、工会、非政府组织和移民协会也能起到重要的作用。雇主是侵犯移民基本权利的主要源头，因此他们的行为至关重要。有些雇主试图通过制定行动守则，以及就移民工人的权利与企业社会责任项目建立伙伴关系等方法来树立一个好的典范，并以此来应对那些无有效的执行机制来实施现存劳动法的情况。[22]工会和 NGO 组织可以采取的措施包括：告知移民他们应拥有的权利；与雇主和政府官员建立更密切的工作关系以确保这些权利得到尊重；组织移民工人工会；促进移民的正规化。法国的 Collectif de défense des travailleurs étrangers dans l’agriculture（CODESTRAS）正是这样一个活跃的非政府组织。该组织通过提高认识、提供信息、传播知识和提供法律支持等方法来改善法国南部季节工人的情况。[23]

工会的作用尤其重要。随着时间的推移，工会越来越重视移民的权利。2005/2006 年对 52 个国家所做的世界价值观调查（The World Values Survey）显示，有移民背景的人成为工会会员的比例更高——父母之一是移民的人加入工会的比例为22%，而没有这种背景的人加入工会的比例只有 17%。这一差异在低 HDI 国家尤其明显。[24]

最后要说的是，移民自己也可以影响目的地社区和社会对他们的看法。有时负面舆论部分地反映了过去与移民有关的非法行为。通过支持更具包容性的社会和社区，移民可以降低这种负面舆论的风险。

保障人们在国外的基本权利的首要责任将落在东道国政府的肩上。雇主、工会、非政府组织和移民协会也能起到重要的作用。

原住国“纸墙”的合理化是减少合法迁移障碍的重要组成部分。

在这种包容性社区和社会中，包括移民在内的每一个人都能理解和尊重法律，追求和平的参与形式。然而，在需要时移民也可以提出抗议。公民社会和地方当局可以通过支持移民网络和社区来帮助移民。[25]

5.1.3 减少与人口流动相关的交易成本

跨国界的流动必然会涉及交易成本。由于信息缺口、语言障碍和不同的规章制度等因素，距离常常使得国内的，尤其是国家间的工作配选变得复杂化。这造成了对中介和辅助服务的需要。考虑到低人类发展水平（low - HDI）国家与极高人类发展水平（very high - HDI）国家之间的巨大收入差异，出现一个中介市场就不足为奇了。该中介市场能在国外为工人提供与他们相匹配的工作，还能帮助他们应对与国际迁移相关的行政限制。

在现行移民体制下，移民在离境前就需要有从外国雇主那里得到的工作聘书，人口流动的主要费用通常是与这一行政要求相关的。尤其是在亚洲，许多移民工人都要依靠经纪公司提供工作聘书和作出所有的实际安排。大多数代理人都很诚实，严格通过法律渠道办理移民事务，但也有一些代理人缺乏足够的有关雇主和/或移民的信息，或者甚至通过非法手段偷运移民出境。

这一中介服务市场也可能存在问题。在最坏的情况下，中介市场可能导致人口贩运和移民长期被奴役、暴力虐待、有时甚至造成死亡。一个更为常见的问题是中介市场高额的费用，特别是对于低技术工人而言这种负担显得更大。由于一方面限制低技术工人入境，但另一方面又存在对低技术工人的高额需求，而且也因为低技术工人往往缺乏足够的信息和平等地讨价还价的能力，所以中介往往能从中获取可观的超额利润。当移民的技术水平提高时，相关的中介费用也呈现出下降的趋势。比如，很少有移民护士向中介支付招聘费，但大多数家政服务人员就需要这么做。流向海湾国家的亚洲移民往往要支付高额的招聘费和其他费用，这些费用约占他们期望在 2—3 年中所得收入的 25%—35%。[26]有时腐败也会再强加一笔费用。过多的行政法规可能会对减少交易成本起到相反的作用，因为它更有可能为中间商、政府官员，以及其他润滑移民体制车轮的人创造租金，从而使移民付出更高的成本。

政府可以在许多方面帮助减少移民工人的交易成本，而以下六个方面尤其值得优先考虑：

开放移民通道，建立允许人们自由流动的体制。例如，由于拉美南方共同市场的建立，玻利维亚工人可以比较自由地前往阿根廷。通过加深社会网络，他们也可以从朋友、亲戚处获得关于职业和就业机会的信息。随着 2004 年欧盟的扩大，相同的情况也以更迅猛的速度在欧洲出现。另一个例子是为跨越危地马拉和墨西哥边境的季节性工人提供的流动便利。

减少公务文件（如出生证明和护照）成本，使之更容易获得。原住国“纸墙”的合理化是减少合法迁移障碍的重要组成部分。[27]需要在国家和移民通道的层面上对移民的先期费用进行分析，借以确定其种类和数量。这些费用包括多次往返于农村和首都之间申请护照的费用，以及离境前还支出的其他一系列费用，如体检费、警方许可费、保险费和银行担保费等。在墨西哥与加拿大计划（the Mexico - Canada programme）下申请迁移的人，他们为办理相关手续平均需要去墨西哥首都 6 次，这促使墨西哥政府决定为此提供一定数量的津贴，以支付这些差旅费（虽然合理化行政手续将会更有效）。[28]有些费用则出自目的国的要求。例如，韩国要求移民入境前学习韩语：虽然语言培训能增加薪水，也能促进移民的融入，但是这同样增加了移民抵达前的债务。[29]一些国家正试图加快办理移民的文书工作，并且也取得了不同程度的进展（专栏 5.3）。

通过增加信息的可获得性，赋予移民在国外紧急求助权和建立更强大的社会网络来赋权给移民。特别是后者可以大大弥

补移民工人和雇主间的信息差距，以及减少对收费高昂的招聘机构的需要，从而能够使移民在更多的就业机会中选择职业。[30]马来西亚的移民网络使得印尼裔人能够及时了解新职位空缺的情况，甚至在本地居民获知该信息之前。[31]同样，在牙买加，先进的通讯手段也帮助未来的移民获得了更多的信息。[32]一些信息中心，如欧盟 2008 年在马里首都巴马科试运行了一个中心，能够向潜在的移民提供有关国外工作和学习机会的准确（也可能是令人失望的）信息。

*管制私人招聘，防止虐待和欺诈行为。*禁令通常是无效的，部分是因为目的国的禁令并不适用于在原住国进行的招聘。[33]然而，有些法规是有效的，例如，雇主和招聘机构之间的连带责任可以帮助避免欺诈和欺骗行为。在菲律宾，移民招聘机构被视为“联合雇主”，对违反合同的行为要负连带责任和单独责任。如果发现一个移民招聘机构有过失，它将面临执照被吊销的风险，尽管它们往往是通过缴纳罚款而避免了这样的处罚。通过行业协会和行为准则进行自律是另一种提高道德标准的手段。行业协会可以收集和发布高风险机构和最佳实践的信息。在南亚和东亚存在许多这样的协会，但是它们都不像发达国家的协会那样成为自律组织，这是因为大多数协会都致力于确保政府的移民政策对招聘行业是友好的，正如在孟加拉国、菲律宾和斯里兰卡的情况一样。[34]这些协会可逐渐在保证服务质量和在必要的情况下鞭策标准松懈的会员方面发挥越来越重要的作用。

*由公共机构直接管理移民的招聘工作。*例如在危地马拉，国际移民组织实施了一项方案，即免费派遣季节性农场工人去加拿大。但是，对政府应发挥何种作用有一些争论。在大多数贫困国家，国家就业机构为国内劳动力找到适合工作的能力已经是非常薄弱，更不用说在国外了。[35]一些双边协定，例如韩国所签署的，要求移民接受政府机构的服务，但遭到了雇主和工人就高收费和缺乏透明度的投诉。公共招聘

专栏 5.3 减少文书工作：政府及合作伙伴面临的挑战

尽管有繁琐复杂的行政要求，一个减少文书工作的优秀例子是菲律宾海外就业管理局，它负责监管移民招聘的所有方面，并且与其他代理机构密切合作以确保在国外工作的工人受到保护。印度尼西亚一直努力仿效该做法，2006 年成立了印尼外劳派遣与保护机构（BNP2TKI），但是据报告，较低的行政能力和薄弱的政府间合作影响了 BNP2TKI 的有效性。其他国家也试图解决办事拖延和成本的问题，但很少有成功的。虽然加蓬政府规定办理护照的等候时间为 3 天之内，但是拖延仍然很长、过程很繁琐。同样，缅甸政府最近颁布了办理护照时长在一周之内的规定，但持续的投诉反映出拖延和索贿现象仍然很普遍。

发展援助项目（Development assistance programmes）可以支持和资助行政管理的改善，对于重要记录的登记做到过程更短、成本更低，这将使各国政府能够向其公民提供他们负担得起的旅行证件。孟加拉国，一个出生登记率低于 10% 的国家，已与联合国儿童基金（UNICEF）在这方面进行了合作。

资料来源：Agunias（2008），Tirtosudarmo（2009），United States Department of State（2009e），Koslowski（2009）和 UNICEF（2007）。

机构尽管有时收取的费用较低，但是就时间成本而言却是很可观的，因此降低了未来移民对正规渠道的使用。[36]

*政府间合作。*政府间合作可以发挥重要的作用。科伦坡进程（the Colombo Process）和阿布扎比对话（the Abu Dhabi Dialogue）是两个不久前签署的政府间倡议，主要目的是合作解决移民的交易成本和其他相关问题。科伦坡进程（the Colombo Process）首次举行的时间是 2008 年 1 月，该进程涉及十几个原住国和几个海湾和东南亚的目的国，阿拉伯联合酋长国和国际移民组织是承办者。它围绕临时性合同工人，以及诸如开发和共享有关劳动力市场发展趋势的信息，防止非法招聘，提高合同工人的福利和保护措施等方面的主题着重于在原住国和目的国间发展关键性的伙伴关系。部长级磋商会议每两年举行一次。随后的一个试点项目由印度、菲律宾和阿拉伯联合酋长国政府倡议，它将从不同方面测度和确定关于短期移民和往返流动移民政策的最优实践，该试点项目所选的研究对象是建筑业、保

从人类发展角度看，包容和整合是至关重要的。

健业和服务业的一组菲律宾和印度工人。[37]

5.1.4 提高移民和目的地社区的收益

从长远来说，虽有大量证据表明迁移对总体经济的影响很可能是积极的，但是对于当地有一技之长的或住在特定地区的人来说，还是会受到迁移的负面影响。当然，这些不利影响在很大程度上可以被一些政策和项目抑制或抵消，这些政策和项目意识到移民的存在并进行规划，提高包容性，确保目的地不会不堪重负。重要的是了解移民对社区层面造成的实际成本和感受到的成本，并考虑如何分担这些成本。

从人类发展角度看，包容和整合是至关重要的，因为它们不仅有利于迁移者及其家人，也有利于目的地。认可移民地位、保证移民权利的方式也决定了整合的程度。在某些发展中国家，支持整合是发展援助的一个合适的资助领域。

然而制度和政策安排可能比针对特定人群的移民整合政策更重要。例如，贫困地区公立学校的办学质量是至关重要的——不仅对于移民是如此。在这一大背景下，增进移民及目的地收益的政策应优先考虑以下几个方面：

*提高基本服务的可及性，尤其是教育和卫生保健。*这些服务不仅对移民及其家人是至关重要的，而且也有广泛的正外部性。这里的关键是可及性和待遇的公平性。我们认为通常情况下，短期工人和非正规移民对基本服务的可及性是受到最多限制的。教育应该对移民和当地居民一视同仁。这同样适用于医疗保健，不仅是在发生事故或严重疾病下的急救，而且包括预防服务，如接种疫苗，这通常符合全社会的利益，从长期来看也是极其有效的。一些发展中国家如哥斯达黎加就准许移民有权使用公共卫生设施，而无论其身份地位如何。[38]

*帮助新来者熟练掌握语言。*这方面的服务更能在一般意义上促进劳动力市场的收益和包容性。语言服务的提供需要考虑到移民在生活和工作中所面临的限制因素。成人的需求是多种多样的，主要取决于他们是否是在外工作，孩子则可以在学校里学习。在这方面做得比较好的是澳大利亚，该国为移民及当地居民提供高级语言培训。[39]儿童语言学习的例子包括美国的“人人成功（Success for All）”项目，它在学前和小学阶段，综合运用了集体教学和一对一练习的方法。[40]一些欧洲国家通过中央政府、公立学校、市政府和非政府组织为新来者提供语言培训，比如可以追溯到1965年的瑞典移民项目（the Swedish for Immigrants programme），自2001年以来的葡萄牙Acolhe项目（the Portugal Acolhe programme），以及2007年丹麦设立的劳动力市场项目（the Danish Labour Market programme）。

*允许人们工作。*这是提高移民人类发展成果最重要的一项单一改革，尤其是对于比较贫困和更脆弱的移民更是如此。进入劳动力市场的机会是至关重要的，这不仅是因为可以获得经济收益，而且因为就业极大地提升了社会融合的前景。对有偿工作的种种限制，如传统意义上发达国家对政治避难者和难民所做的那样，对短期和中期成果都会造成破坏，因为它们助长了依赖性，摧毁了自尊心。这些应当被取消。允许人们更换雇主是一个好的规划的更进一步的基本原则，这些规划关心移民的利益，而不是仅仅关心雇主的利益。在许多国家，高技能的新来者也面临国内所获资格证书不被承认的问题（专栏5.4）。

*支持当地政府的作用。*强大而又负责任的政府对于提供包括医疗和教育在内的基本服务是非常重要的。然而一些国家的政府官员暗中否认移民的存在，不把移民纳入发展计划，甚至允许移民歧视的蔓延。改善个人和社会从迁移中得到的收益，需要当地政府做到以下几点：[41]

- 建立包容性的地方治理结构，提高参与和问责性。
- 预防制度性的歧视。
- 确保法律和规章起到帮助性作用，包

括有效的、回应性的政策服务。

- 为大众和公民社会组织（包括移民协会）提供相关信息。[42]
- 确保公平的土地使用规划，使其与穷人的需求相一致，比如降低房屋租住的无保障性和相关限制。

*解决地方预算问题，包括财政转移支付，为当地额外的需求提供资金。*通常提供教育和卫生等基础性服务的责任是由地方政府承担的，而人口增长使地方政府的预算经费很紧张，同时缺乏税收基础来为基础性服务融资。当地政府在为基本服务筹资方面扮演重要角色时，财政再分配机制可以消除收入和支出间的不平衡。政府间的财政转移支付通常是基于两个标准：需求（比如说人口、贫困率等）以及获得收入的能力（这样就不会使地方征税的努力得不到认可）。由于国家间的情况和目标不同，没有一种通行的转移模式。按人头给的资助要求将所有居民计算在内，包括非正规移民及其家人。财政转移也可用于补偿某些特殊支出，尤其是在社会服务方面，因人们强烈主张社会服务的获得应均等化。好的财政转移体系并不完全依赖于专款专用，而经费要尽可能做到简单、真实、透明。[43]

*解决歧视和仇外心理。*政府和公民社会适当的干预可以提升社会的包容性。这在有暴力倾向的地方尤其重要，然而在实践中政策的反应往往是滞后的。例如，政策对于科特迪瓦地区的暴力事件的回应是在 2008 年 8 月通过了一项“反仇外法（Anti - Xenophobia Law）”来制裁此类暴力事件。[44]公民社会也可致力于提升社会包容性、保护社会多样化的工作，正如最近在南非，在 2008 年 5 月的暴力事件后设立了“不排外”紧急手机短信网络。[45]另一个案例是由欧洲议会协同欧盟委员会、欧洲青年论坛共同组织的多样化、人权和参与权运动。这项运动强调了媒体在反击对穆斯林及罗姆的歧视中的作用，并对积极推动保护和包容政策的市政府给予奖励。[46]当然在那些歧视和紧张局势根深蒂固、且会引发暴力事件的地区，尤其是法治薄弱的地区，要想改善这一问题需要大量的时间、精力和善意。

*在经济不景气期间确保移民的公平待遇。*这在 2009 年呈现出一些紧迫性，这一时期世界各地出现了一些对移民的抵制和驱逐。可通过以下措施保护移民工人免受过分的困苦[47]：

- 允许失业人员寻找新的工作，至少在他们现有居住及工作许可到期之前；
- 确保那些在合同到期前被解雇的失业人员申请领取解雇费和/或失业津贴；
- 加强劳动法的执行，以便减少在工人担心被解雇的地方的虐待（比如工资拖欠）；
- 确保移民可以持续获得基本服务（医疗和教育）及求职服务；
- 支持在原住国的帮助失业工人回国并

专栏 5.4 资格证书的认可

许多移民特别是来自贫穷国家的移民，尽管他们有很好的资历，但不能在国外利用他们的技能。例如，虽然其有一些应该可以进行资格认证的制度安排，但欧洲的技能鉴定仍然很少。

不允许直接资格认证的原因很多，例如，国外资格认证的质量可能很难判断，也可能是地方知识存在溢价（例如，能够运用适用法规的律师）。

促进外籍人员的技能、资格的利用的策略有以下几种：

- *相互认可协议。*这是在具有相似教育体系和相近经济发展水平的国家间最常见的策略，正如在欧盟所实行的一样。
- *事先审查。*原住国和目的国政府可以在准移民离开前对其进行资格审查。澳大利亚率先采用了这种做法。但是，如果一个人的目标是通过迁移提高她的人类发展水平，那么等待资格认证可能会比试图在其他国家碰运气更加费时费力，特别是当她在本国不能从事其专业或只能拿低工资时就更是如此。
- *考虑建立资格认证的快速通道。*政府可以建立资格认证的快速通道，并且建立多个国家办事处加快资格认证。国外的导师和国外的短期课程可以帮助移民弥补差距。在美国一些州已建立了“新美国人办事处”，以协助新来者穿越资格认证的迷宫，其服务对象还包括国内流动人员。
- *承认在职技能。*许多技能是在工作中学到的，但是缺乏对这些非正规渠道学来的技能的认可。促进在职技能的承认和认证方便了有一技之长的工人在国外得到资格认可。

资料来源：Iredale（2001）。

在经济不景气期间确保移民的公平待遇是至关重要的。

为其提供培训资助和支持的机构；

- 改善分类数据，包括按部门和性别分类的裁员和工资数据，以便原住国政府和社会能够认识到就业前景的变化。

如果政府采取了这种措施，经济危机可以成为提升移民待遇和避免冲突的一个机会。

重要的是给予移民应有的信任。有许多国家和地方政府都能接受移民及其广泛的社会和文化影响。最近的西澳大利亚多元文化宪章（West Australian Charter on Multiculturalism）是一个在国家层面承诺消除歧视、提升凝聚力、包容移民工人和移民群体的有趣例子。[48]尽管现实往往充满了变数，但是上述许多建议已经在一些经合组织国家中成为标准政策。包括南非和阿拉伯联合酋长国在内的许多主要的目的国需要大胆的改革，这些国家目前致力于增进个人和社会人类发展成果的努力已远远不能满足需要。

5.1.5 从国内人员流动中受益

就人数而言，国内流动人口已远远超过了国际流动。仅中国就估计有1.36亿人在流动，印度有4200万人，因此仅这两个国家的流动人口总数就接近全球国际迁移人数存量。这反映了一个事实，人员流动不仅是人类历史中与生俱来的一部分，而且也是人类发展及现代社会的一个持续方面，人们试图从流动中寻找新的机会，相应的改变他们的经济状况。

鉴于这些现实，国家政策应设法促进、而不是阻碍国内人员流动进程。适当的政策和规划不应该对流动人口造成负面影响。同样道理，它们也不应该要求人们为了获得基本服务和谋生机会而迁移。由这两项原则得出的一系列建议应在每个国家政府的辖区内完全落实：

*消除国内人员流动的障碍。*为了确保所有人享有充分平等的公民权、经济和社会权利，至关重要的是消除对人员流动的法律和行政限制，防止反对人员流动的歧视。如在第2章谈到的，限制人员流动的行政障碍已经少了，因为世界上许多国家取消了中央计划，但有一些仍顽强存在，尽管它们通常也未能有效地遏制人员流动。这些限制是违背国际法的，对政府而言的维持成本和对流动人员而言的规避成本都是很高的。许多人在没有正规书面材料的情况下选择迁移，到后来才发现他们无法获得关键性服务。国内移民应该有平等的权利享有公共服务和福利，特别是教育和卫生，以及在相应地区的养老金和社会救助。

自由流动对于季节性和临时性工人尤其重要，他们通常是最贫困的移民，常常会被忽略而且遭到强烈的歧视。这些移民流给当地政府的服务供给带来严重的挑战，因此政府需要认识到这些挑战以满足流动人口的更多需求。仅仅允许移民出来工作，但不能使他们平等的获得基本服务（就像中国的情况），这样的改革是不够的。印度的一些邦在进行改革，允许季节性流动人口获得临时性的定量供应券，但是实施起来却很慢[49]。

*在目的地给予流动人口适当的帮助。*正如政府应该为来自海外的移民所做的一样，政府也应该为国内的流动人员提供适当的帮助。这可以通过与地方政府和非政府组织建立伙伴关系来做。因为缺乏教育、社会上对少数民族的偏见以及语言上的差异，一些流动人口的条件是比较差的，因此需要有针对性的支持方案。支持的范围从找工作到语言培训等方面。应确保他们有权获得社会救助及其他资格。尤其是要确保他们能获得基本的医疗服务和教育，这是至关重要的。印度就有非政府组织开办的儿童旅舍，这些非政府组织还帮助移民子女获得住房、教育和额外的课程以赶上同龄儿童的学习。

*重新分配税收收入。*政府间财政安排应能确保收入的再分配，这样流动人口经常居住的较贫困地区就不必为提供地方公共服务而承受超比例的负担。考虑国际移民流入的财政再分配原则也适用于此。

*提高回应能力。*这是显而易见、而且也是不言而喻的，但是地方政府和项目能

够对人们的需要作出回应的能力建设是至关重要的。包容和负责任的地方政府不仅在提供服务方面，而且在避免和缓和社会紧张关系方面可以发挥核心作用，避免移民的社会和经济边缘化需要积极主动的城市规划，而不是否认这一问题的存在。

千年发展目标（MDGs）号召采取行动创建“无贫民窟城市”（Cities without Slums），来改善卫生设施和保障土地使用权。然而进展缓慢：根据最新的全球千年发展目标报告，世界上超过 1/3 的城市人口生活在贫民窟，在撒哈拉以南非洲这一比例上升到 60% 以上。[50]

政府有时试图通过遏制移民流入城市来回应对贫民窟的担忧，正如第 4 章中对减贫战略（PRSs）的回顾所体现的。然而，更有建设性的政策方法是通过解决贫民窟地区越来越普遍的严重的水和卫生设施问题，以满足不断增长和变化的人口需求。积极的规划和足够的资源可以确保发展中的城市为人们提供体面的生活条件。一些认识到可持续发展的重要性的城市，提出了创新的方案来改善城市流浪者的生活状况。新加坡市区重建的经验被广泛认为是最佳实践的例子：几乎所有的违章建筑都被高层公共住房所取代，同时还扩展了公共交通，改善了环境管理。最近的一个例子来自埃及的亚历山大港，在那里参与性方法已被用于制定中长期的经济发展、贫民窟城市化改造及环境重建规划。[51]

最后，许多农村流动人口认为他们是被推向而非拉向城市地区的，其原因是原住地公共设施不足。有移民净迁出的地方应该加强服务和基础设施的普遍提供。这将为人们提升技能创造机会，从而使其更有生产力，能够在原住地竞争就业，同时也为他们去外地就业做好准备，如果他们愿意选择去外地的话。

5.1.6 将人员流动作为国家发展战略的重要组成部分

2009 年在希腊举办的“迁移与发展全球论坛”的中心主题是把迁移纳入国家发展战略。这提出了人员流动在提高人类发展水平的战略中发挥的作用问题。自 2000 年以来我们对减贫战略的分析有助于识别当前对迁移的政策态度和制约因素，同时也肯定了迁移在国家发展的不同历史时刻和时期起到过重要的作用。

人员流动与发展之间的联系是复杂的，在很大程度上是因为人员流动更应该被视为是人类发展的组成部分，而非一个孤立的原因或影响。这种关系更为复杂是因为，一般而言人员流动产生的最大的发展方面的收益是由出国的人获得的，它超出了那些以行政区域为单位、聚焦于某地的研究方法所能研究的范畴，而正是这些方法决定了政策思路。

迁移是家庭及家庭成员寻求丰富和改善其生活状况的一个重要战略，特别在发展中国家更是如此。资金流动有可能会直接或间接地改善福利、刺激经济增长、减少贫困。然而移民，尤其是移民的汇款，并不能弥补更大范围阻碍经济和社会发展的制度环境。来自经验中的一个关键点是，要从人员流动中获得更广泛的收益，国家的经济状况和强大的公共部门机构需要发挥重要作用。

我们看到，穷人的流动往往是受到限制的。这不仅源于他们自身技能所造成的潜在不平等，而且还源于政策和体制上的障碍。现在需要的是使用定量和定性的数据和分析方法，分国别分析限制人们选择权的因素。数据的改进以及最新的一些行动，例如移民档案的建立（得到了欧盟委员会和其他合作伙伴的支持），对这类分析非常重要。这将突显限制因素，并为改进国家战略的努力提供研究支持。

2000—2008 年间制定的 84 个减贫战略中的 8 个[52]对大学毕业生的出国问题给予高度关注。目前普遍认为，无论是出于道德原因还是出于经济原因，限制人员流出的强制政策不是正确的方向，而且也违反了国际法。[53]但是，应该采取怎样的替代政策却没有一致意见。专栏 5.5 列出了不同政策选择的优点。

包容和负责任的地方政府不仅在提供服务方面，而且在避免和缓和社会紧张关系方面可以发挥核心作用。

迁移是家庭及家庭成员寻求丰富和改善其生活状况的一个重要战略。

专栏5.5 当技术人才外流时：一些政策选择

国外公民税，有时称巴格瓦蒂税（Bhagwati tax）是一项较早提出的政策建议，也是美国税收制度的一个特点。征收国外公民税的理由可从以下角度加以解释，即公民的身份意味着责任，而这些责任包括纳税责任，尤其是对于富裕公民来说更是如此。如果入境障碍限制了技术劳动力流向目的国，从而造成了技术劳动力的短缺，那么那些设法成功迁移的人就会得到较高的收入。向这些人所征收的税不是扭曲性的课税，因此不会影响全球劳动力的分配。

但是，也有一些反对向国外公民征税的议论，他们也许已经向新的东道国缴纳了税款。首先，这种课税只能在自愿的基础上或通过双边税务协定来执行，但是，人们不喜欢纳税，同时有关移民税收的可取性在政府间也没有一致性的意见，后者很大程度上是因为征收该税的行政管理费用昂贵。第二，虽然一些出境移民曾受益于国内公立大学，但也有不少是在国外或私立教育机构接受的教育。第三，通过汇款、投资和其他机制，移民往往为原住国带来了实实在在的好处。征税可能会阻碍这些好处流向国内，同时征税也可能导致移民放弃原住国国籍而获取新国家的公民身份。

因此，这项税收提议很少被实际采用。菲律宾曾使用过这个税种，但成效难于评判，而且该办法已被搁置了近10年。当前，包括菲律宾在内的大多数国家都不向移民征税。

另一种补偿技术人才流失的办法是政府之间的直接转移。无论是自成一体还是作为官方发展援助的一部分，这一办法具有手续简单、交易成本相对较低的优势。但是技术的损失是难以衡量的，而且这种直接转移并不能解决原本刺激人才流出的那些根本性问题，例如低质量的教育和卫生服务，以及薄弱的高技术人才市场。

援助资金大体上是可互换的，正如许多研究所表明的那样。因此，即使是已被指明用于发展高等教育的资金，大部分也常常被政府任意用于其所感兴趣的项目。

在诸如卫生和教育等部门的技术移民问题上，也许确有必要采取合适的政策来解决问题，因为在这些部门中，私人和公共收益及成本之间存在很大差异。但究竟哪种政策措施最为适合要取决于当地的实际情况。例如：

- 给予针对公共部门工作人员的工资激励。由于其对劳动力供给可能产生的影响，这一做法必须加以仔细审定。其中一个主要制约因素是工资差距往往太大，以至于超出一些贫困国家的财政承受能力。
- 提供对原住国有用但不太容易在国际间流动的技能培训。例如，尽管国际上存在一个医生市场，但辅助医护技术方面的培训可以使更多的技术人才留在国内，也更加符合当地的卫生保健需要。
- 改革教育经费的筹措方法。允许私营部门提供教育服务，以便人们可通过私营部门的培训来实现出国的理想，而不仅仅依靠公共资金。菲律宾一直采用这种方法培训护士。
- 投资于替代技术。远程服务可以允许稀缺的技术通过手机、互联网技术或网站使远距离之外的更多人受益。
- 有针对性的发展援助。当人才流失是因为缺乏技术革新和投资时，例如在农业领域那样，发展援助可优先支持地区和国家级研究机构。

提供激励以吸引技术人才返回原住国也是一个可行的办法，但是其经验是多种多样的，而且也不清楚这是否是稀缺公共资金的最佳使用方法。这一办法的有效性部分地取决于所返回工作的原住国单位是否有实力吸引移民返回，但更重要的也许是整个国家的成就和前景。有证据表明，当国家提供了充分的、有吸引力的机会时，就会出现移民返回的情况。中国、印度和毛里求斯是近年来这方面的典型例子。

资料来源：Clemens（2009b），Bhagwati（1979），Clemens（2009a），Pomp（1989）和世界银行（1998）。

最后，虽然这个主题超出了本报告的核心内容，但是我们仍然要强调通过持续努力促进国内人类发展的重要性。[54]一项关于人类发展成败的根源及其对国家发展战略启示的综合性研究将成为下一个人类发展报告的主题，并作为全球人类发展报告20周年的纪念。

5.2 改革的政治可行性

鉴于对迁移普遍持怀疑态度的背景，一个关键问题是本报告提出的建议的政治可行性。本报告认为改革是可行的，但条件是必须采取步骤消除当地居民对移民的忧虑，以至于他们不再把移民看做是对其本人及社会的一种威胁。

尽管很多证据表明迁移使流动人口受益匪浅，并且在很多情况下是有益于目的国和原住国的，但对迁移的任何政策讨论都必须认识到，在许多目的国，包括发达国家和发展中国家，当地居民对移民的态度充其量仅是适度宽容，而且往往是十分不利的。一系列民意和其他调查显示，居民认为对移民控制是有必要的，并且大部分人希望看到现行的入境管制是被加强而不是被放松。然而，有趣的是，在 1995 年流动人口比例很大、并且在过去 10 年中流动人口增加率一直很高的国家中，对移民的态度似乎更加积极。[55] 在移民的待遇方面，情况则更好些，因为人们倾向于支持已经在其境内的移民享有公平的待遇。

我们从自由化入境这个争论不休的问题开始。有证据表明，对自由化的反对是普遍存在的，但情况也并不像初看起来那样单一。以下四个主要原因可以解释为什么会是这样。

首先，正如在第 4 章中所提到的，如果有工作机会很多人都愿意接受迁移。我们的提议把未来的入境自由化与劳动力需求联系了起来，移民的流入将填补劳动力的空缺，这将减少移民取代或削弱本地工人的危险。事实上，这种做法已经被广泛应用于技术移民的入境，特别是在发达国家。我们的建议是，应该把这种做法推广到低技术工人，并明确地规定它与国家劳动力市场状况和行业需求之间的联系。

第二，我们对提高移民身份永久性通道的透明度和效率的重视，将有助于改善当地许多人对跨境移民由来已久的印象，即认为绝大多数这样的移民是非正规的或非法的。诚然，在美国，非正规移民劳动力是一个重要的政治问题，并且就这个问题还尚未在政治上达成共识。非正规移民在其他发达国家以及发展中国家也广泛存在。有趣的是，最近的数据显示，发达国家有相当多的人支持永久性迁移，有超过 60% 的受访者认为合法移民应该获得永久居住的机会（图 5.2）。

为了把这种支持付诸行动，需要制定针对合法移民的政策，使之与工作机会有明确的关联，并且向公众宣传这一政策以巩固现有的支持。同时需要设计和实施并行的、针对非正规移民问题的措施，使得这方面的政策真空不再成为让公众担忧的源头。大规模的非正规移民，尽管通常对雇主是有利的，而且总能避过决策者，但往往不仅给移民自己带来了负面影响（如第 3 章所述），而且也削弱了进一步推进入境规则自由化措施的可接受性及其总体理由。可持续的解决办法必须包括鼓励雇主雇用正规移民，而且要鼓励移民选择正规的入境途径。

第三，一些反对迁移的阻力主要是基于对迁移后果的误解造成的。例如许多人认为，移民对现有居民的收入会产生负面影响，或者移民造成了较高的犯罪率。这种担忧又往往更多地与非法移民有关，因为起码他们的身份就是与对法律规则的侵蚀有关的。目前对这些问题有几大解决的

图 5.2 永久居住机会支持率

赞成临时性或永久性移民的比例，2008 年

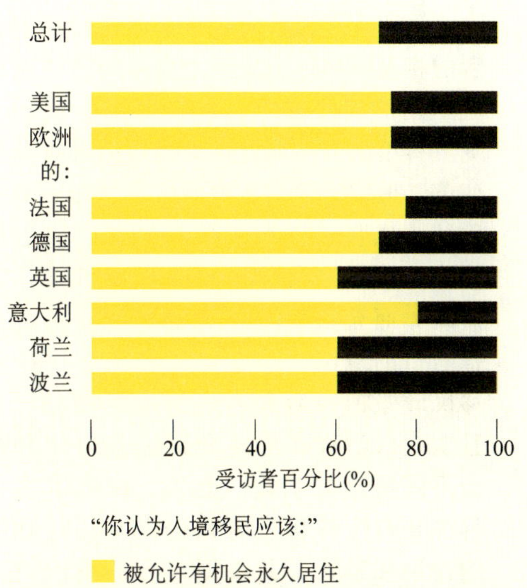

资料来源：Transatlantic Trends（2008）。

公平对待移民不仅符合公平的基本含义，而且也会给目的国社区带来工具性好处。

方法，而且都是有希望的。开展公众宣传和提高公众认识是至关重要的。因为移民是一个有争议的问题，所以目前对信息的使用往往也是有选择性的，许多人通过选择性的使用信息来支持特定的利益团体的观点。尽管这是民主式讨论的一个自然的、通常也是合适的特征，但它也影响了信息的客观性和对事实的理解。例如，最近对20个欧洲国家的研究发现，在每个国家人们感觉到的移民的数量大大超过了移民的实际数量，而且往往是实际数字的两倍或更多[56]。

为了弥合感觉和现实之间这种巨大的差距，有必要为公众提供有关移民的更准确的信息渠道，以及关于其规模、范围及其后果的分析。在关于移民的辩论中经常出现的一个现象是对官方统计数字和解释的普遍不信任。因为移民问题是一个棘手的政策问题，所以它需要更多地以受公众承认和尊重的、客观可靠的方式为相关的公共辩论提供准确的信息。政府可以从专家机构（如英国的移民咨询委员会）提供的技术意见中获益。这些专家机构应该与行政部门保持一定距离，这样人们才会认为他们是公正的。

第四，移民政策通常是通过很多参与者的相互作用形成的，这些参与者往往组成不同的利益群体，并归属于不同的政党。有组织的团体能够并且也的确推动了变革，他们经常在与他们的利益相一致的领域结成联盟从事变革。[57]例如，雇主团体往往为了解决本国劳动力和/或技术的短缺，而充当了呼吁入境规则变革的先锋。目的地国家需要通过政治程序决定移民政策的内容和入境移民的数量，并且这些政治程序应该允许公开辩论和平衡不同群体的利益。此外，在国家层面哪些是可行的移民政策也需要经过地方的讨论和辩论，并根据地方的情况对国家政策进行调整。在有关移民的讨论中，主流政党和政治组织往往比预期的更加缄默，部分原因是由于担心背上种族主义的指控。虽然这种谨慎值得称道，但这种自我审查有可能反而不利于问题的解决。

如何对待移民是政策领域的另一个问题，而且这方面的改革可能会比预期的更为容易。公平对待移民不仅符合公平的基本含义，而且也会给目的国社区带来工具性好处，如文化的多样性、高创新率，以及第4章中探讨的其他方面的好处。确实，现有的证据表明，人们一般比较容忍少数民族，并对种族多样性持有积极的看法。这些态度表明，围绕改善移民待遇存在多种达成广泛共识的机会。

对移民权利的保护正日益成为各主要目的国的利益所在，这些国家本身也有大量人口在国外工作。[58]截至2005年，有80多个国家的流动人口比例很高，移出和移入的人口在总人口中超过10%。对于这些国家，尊重移民的权利显然成为一个重要的政策目标。这表明，双边或区域间互惠的安排也许可在制定协调一致的改革方案中发挥重要的作用。

虽然有明显的空间提高公共辩论和政策的质量，但是我们的建议也需要作出真实、重要的选择和取舍。尤其是，我们在设计这些建议时充分考虑到了确保自由化带来的好处能够部分地用来弥补特定群体和个人遭受的损失。此外，虽然迁移的财政成本通常不很大（如第3章所示的），但在政治上也许有需要采取措施提高大家对费用分担的感觉和认识。例如，加拿大已经实行了行政性收费达十年以上，其他国家如英国也仿照了这一做法。

此外，政策设计也需要考虑到与迁移有关的潜在成本问题。改革措施的设计中已经确保了入境人数要符合劳动力需求，并且也确保了移民拥有合法地位。更进一步的措施可包括，由于在提供公共服务和福利方面接纳移民的社区和地区承担了过多的责任，应该给这些地区相应的补偿。这将有助于消除特定群体对移民的怨恨，同时在移民问题成为政治问题的地方，减少对极端主义政党的支持。这方面的一个例子是许多发达国家对有较多移民学生的学校提供了财政支持。

另一项能减少对当地居民不利之处的重要措施是遵守国家和地方的劳工标准。这是工会和公众关注的一个核心问题。他们对于剥削和虐待移民的事情痛心疾首，这一点是值得肯定的。同时这也清楚地表明，渐进式的改革是可以被接受的。工会参与移民方案的设计和实施的当代例子包括巴巴多斯、新西兰和瑞典等国。这种参与也确实改进了方案的设计，提高了方案的可接受性。

最后，不言而喻（但实际往往并非如此），参与性的决策能增加改革的接受度。这也许是政府可以采取的最重要的措施，以确保所出台的移民政策是与不同利益团体进行协商过并进而达成的一致意见的。荷兰提供了一个政府与移民组织定期进行磋商的例子。同样，新西兰在推行季节性就业计划（Recognised Seasonal Employment Scheme）时，举办了“Kick－Start”论坛成功地将相关利益集团召集到一起进行磋商和协调。[59]

5.3 结论

在本报告一开始，我们指出了全球机会配置的极端不平等，以及这种不平等如何成为人员流动的主要驱动力。我们的主导思想是人员流动能够潜在地提高包括流动人口、非流动人口以及目的国大多数人在内的人们的人类发展水平。然而，人员流动的过程和结果可以是负面的，有时甚至是严重负面的，因此，存在显著改善国家、地区及国际移民政策及制度的空间。本报告的核心包提倡进行大胆的改革，并制定了一个雄心勃勃的长期计划，以争取从当前及未来的人员流动中获取那些尚未实现的人类发展收益。

现有的国际性论坛，其中最著名的是移民与发展全球论坛，为应对挑战、分享经验提供了难得的机遇。这一层面的磋商需要有其他层面的实际行动相配合。即使在单边基础上，政府也可以采取措施提高国际、国内人员流动的成果。我们所提出的大多数建议并不以订立新的国际协议为条件。对于尊重移民待遇及提高人员流动对目的国的结果的关键性改革措施全部是在国家权限范围之内的。在一些方面，需要有地方政府配合行动，例如确保基本服务的享有。单方面的行动需要有双边的及区域间的安排相配合。许多国家，包括原住国、目的国以及过境国，都已经签署了双边协议。这些协议通常被用于确定人员流动配额、制定人员流动程序、规定人员流动最低标准方面。区域间协议特别能起到非常重要的作用，尤其是在建立自由流动通道方面。

我们在国家政策及制度方面倡导的改革措施，能够帮助各国从国内及国际人员流动中获得相当大的人类发展成果。推进这一进程将需要坚定的领导，与各利益团体广泛的磋商，以及开展大胆的倡议活动以引导公众舆论并推进相关的辩论和政策讨论。

人员流动能够潜在地提高包括流动人口、非流动人口以及目的国大多数人在内的人们的人类发展水平。

注释

第1章

1 OECD（2009a）。
2 几乎没有发展中国家拥有移民流动的数据。然而，发展中国家的境内流动人员以及国际移民存量的合计数却要比发达国家的移民存量大很多（见2.1部分）。
3 见预期寿命和收入统计表，教育年限见 Barro 和 Lee（2001）。
4 有关里约格兰德谷低地（Lower Rio Grande Valley）恶劣生活条件的原因的讨论见 Betts 和 Slottje（1994）。Anderson 和 Gerber（2007b）就边境两侧的生活条件及其随时间推移的发展变化情况提供了一个概览。有关美国人类发展的综合性数据及分析可从Burd-Sharps、Lewis 和 Martins（2008）查阅。
5 中国在1979—2003年间改变居住地的人口估计超过了2.5亿人（Lu 和 Wang, 2006）。省内流动人口（与我们在专栏1.3中所定义的境内流动相对应）大约占这些流动人口的1/4。
6 Clemens、Montenegro 和 Pritchett（2008）。
7 Clemens、Montenegro 和 Pritchett（2008），Ortega（2009）。
8 UNDP（2008d）。
9 移民被迫做HIV检测的情况并非阿拉伯国家独有。例如，美国严格限制HIV阳性的旅游者入境，阻止HIV阳性的非公民获得永久居住权。可参见 U.S. Citizenship 和 Immigration Services（2008）。
10 使用社会科学引文索引搜索到的关于国际移民的学术文章仅有1441篇，还不到研究国际贸易文章（7467）的1/5，且不到研究通货膨胀文章（30227）的1/20。
11 Koslowski（2008）。
12 IOM（2008b），世界银行（2006b），ILO（2004），及 GFMD（2008）。
13 Aliran（2007）。
14 Branca（2005）。
15 特别是，探寻自愿和非自愿移民间的区别又会被引导到"混合移民"和"庇护移民"术语的范畴，这些术语不是没有争议的，因为对于寻求庇护者的经济动机的识别将严重影响到他们的入境许可和待遇。见 Richmond（1994），van Hear（2003），van Hear、Brubaker，及 Bessa（2009），以及 UNHCR（2001）。
16 Bakewell（2008）说明自2002年内战结束后，在许多安哥拉移民返回的同时许多赞比亚人试图流入安哥拉分享预期的社会和经济进步是同步的。对于安哥拉侨民来说，这说明经济动机至少和返回原住国的愿望一样重要。
17 Van Hear、Brubaker，及 Bessa（2009）以及 Van Engeland 和 Monsutti（2005）。
18 一个不与经济增长差异相联系的移民流动的有趣例子出现在1985/1986年的经济衰退期间。当时马来西亚人均GDP减少了5.4%，而印度尼西亚的经济却未受到影响，但两国间的移民流动有增无减。见 Hugo（1993）。
19 这不意味着马来西亚的移民能够免于遭受歧视，见 Hugo（1993）。
20 发展一套用于理解移民流动的概念性框架的尝试至少可以回溯到 Ravenstein（1885），他提出了一套"移民流动法则"，并且强调把城市的开发作为"吸引极"。在新古典经济理论中，最初的阐述包括 Lewis（1954）、Harris 和 Todaro（1970），而马克思主义的传统研究开始于 Kautsky（1899）对"土地问题"的讨论。
21 Stark 和 Bloom（1985），Stark（1991）。
22 Mesnard（2004），Yang（2006）。
23 Massey（1988）。
24 Gidwani 和 Sivaramakrishnan（2003）。
25 关于这个思想的起源见 Nussbaum（1993）。
26 Huan-Chang（1911）。
27 Plato（2009）。
28 Nussbaum（2000）。
29 该定义与传统用法相一致。例如，牛津英文字典把"流动性"定义为"移动或被移动的能力；移动或改变位置的才能；……"（牛津大学出版社，2009）。将劳动力流动性视为不存在对流动的限制，并将其同流动行为本身区别开来的观点在国际经济学中有着长久的传统，见 Mundell（1968）。
30 Sainath（2004）。
31 Sen（2006），p.4。
32 UNDP（1990），p.89。
33 UNDP（1997）。
34 UNDP（2004b）。
35 参见通过国际迁移减少贫困国家的移民压力的观点，该观点出现于1994年的人类发展报告，UNDP（1994）。

第2章

1 Bell 和 Muhidin（2009）。
2 很少有保守的定义能够显著提高估计值。例如，虽然我们所估计的在印度的4200万流动人口（占印度总人口的4%）包括了所有的地区间流动人口，但实际上可能有3.07亿人（占总人口的28%）居住在非出生地的城市中（Deshingkar 和 Akter, 2009）。Montenegro 和 Hirn（2008）选用一个中等辖区并计算了34个发展中国家平均境内迁移率为19.4%。两种方法都不包括季节性流动人口。据我们所知，不存在具有可比性的对跨国季节性移民的估计，虽然特定国家的研究表明这种移民的数量通常很高。
3 例如，流入人口在177个国家是根据出生地来定义，而42个国家则以公民身份为基础来定义。少数国家（包括中国）没有境外出生或外国公民的信息，这意味着在样本中不能包括这些国家，或这些国家的入境移民比率必须要估计。通篇报告采用了后者，并使用了 UN（2009e）的估计值。
4 Migration DRC（2007）。
5 HDR 编写组根据 Migration DRC（2007）和 CEPII（2006）计算。
6 目的国的HDI值采用所有目的国的HDI的加权平均值进行计算，权重是占移民总人口的比例。图2.2中所介绍的量值仅仅是来源于国际移民的人类发展成果的大致的估计数，因为移民的人类发展水平可能与原住地和目的地人口的平均人类发展水平均不相同，而HDI本身又是对人类发展的部分测量。专栏1.1和第3章提供了对估计个人从迁移中的得益的内在问题的更加详细的讨论。
7 Ortega（2009）。
8 Cummins、Letouze、Purser 和 Rodríguez（2009）。这些作者使用了 Migration DRC（2007）数据库中的双向移民存量的数据来发展第一个引力（双向流动）模型，该模型包含 OECD 和非 OECD 国家。其他的发现包括大量的、具有显著影响的特征，如土地面积、人口结构、共同的边界和地理距离，以及前殖民地关系和共同的语言等。
9 Martin（1993）注意到贫困国家的发展通常伴随着迁移率的提高而非降低，他假设或许迁移与发展有一个倒"U"型的非线性关系。因此该理论被包括 Martin 和 Taylor（1996），Massey（多年代）和 Hatton 以及 Williamson（多年代）在内的几个作者讨论过。第一个使用双向流动数据对该理论进行的跨国检验由 de Haas（2009）完成。
10 类似的数字由 de Haas（2009）首次提出。
11 Cummins、Letouze、Purser 和 Rodríguez（2009）。
12 Mobarak、Shyamal 和 Gharad（2009）。
13 HDR 编写组的分析基于 UN（2009e），Migration DRC（2007）和 CEPII

（2006）。这些回归控制了HDI的一次项和二次项、国家大小和距离远近的一次项以及二者的交互项。距离的远近用到OECD国家的平均距离来度量，与CEPII（2006）的计算相同。国家大小用人口的对数来度量。

14 例如，200年前女性入境移民仅占美国入境移民的不到1/3（Hatton和Williamson（2005），p.33）。

15 关键问题的讨论可见Ramírez、Domínguez和Morais（2005）。

16 Nava（2006）。

17 Rosas（2007）。

18 OECD（2008b）。

19 Newland（2009）提供了包含循环迁移在内的关键问题的一个全面调查。

20 Sabates－Wheeler（2009）。

21 OECD（2008b）。

22 Passel和Cohn（2008）。

23 Vogel和Kovacheva（2009）。

24 Docquier和Marfouk（2004）。如果我们使用劳动力的广义定义，把所有超过15岁的人都视为从事经济活动的人口，我们会发现流向OECD国家的24%的入境移民都有大学学位，而流向非OECD国家的比例则为5%。

25 OECD（2009a）。

26 Miguel和Hamory（2009）。

27 Sun和Fan（2009）。

28 背景研究由HDR团队协同世界银行完成。这一国内流动人口的概况也发现在中高收入的拉美国家中那些有较低正规学历的人更有可能迁移。这个结果表明当一个国家的平均收入水平足够高时，即使是相对贫困的人也有能力迁移。

29 King、Skeldon和Vullnetari（2008）。

30 Skeldon（2006）关于印度和巴基斯坦，King、Skeldon和Vullnetari（2008）关于意大利、韩国和日本。

31 Clemens（2009b）。

32 见Jacobs（1970），Glaeser、Kallal、Scheinkman和Shleifer（1992）。关于集聚经济、经济发展与国际及国内人员流动关系的综合性讨论见世界银行（2009e）。

33 这些准则的概述见OECD（2008b）。

34 Altman和Horn（1991）。

35 Sanjek（2003）。

36 仅在1907年，美国就准许大约130万人或总人口的1.5%拥有永久居住的身份。一个世纪之后的2007年，无论绝对数还是相对比例都变得更低：获得永久居住身份的人仅有105万，仅占总人口的0.3%（DHS, 2007）。Hatton和Williamson（2005）估计，样本国家：丹麦、法国、德国、挪威、瑞典、英国以及六个“新世界”国家（阿根廷、澳大利亚、巴西、新西兰和美国），1910—1911年境外出生的移民大约有2300万，占这些国家总人口的8%。

37 Linz et al.（2007）。

38 van Lerberghe和Schoors（1995）。

39 Rahaei（2009）。

40 Bellwood（2005）。

41 Williamson（1990）。

42 Lucas（2004），2008年的数字来源于OECD（2008a）。

43 19世纪末，从英国到美国的普通舱的成本降低到平均年收入的1/10，这使得这一旅程对更多的人变得可行。然而，从其他地方出发的费用却很高：例如，1880年从中国到加利福尼亚的旅行费用大约是中国人均收入的6倍。见Hatton、Williamson（2005）和Galenson（1984）。

44 Taylor和Williamson（1997），及Hatton和Williamson（2005）。爱尔兰—英国的比较期间是1852—1913年，瑞典—美国的比较期间是1856—1913年。

45 Magee、Thompson（2006）和Baines（1985）。

46 Gould（1980）。

47 Cinel（1991），p.98。

48 Nugent和Saddi（2002）。

49 Foner（2002）。

50 例如，加拿大对移民开放政策后，邦联被视为国家政策的支柱，通过人口增长促进了经济的繁荣。见Kelley和Trebilcock（1998）。

51 见e.g. Ignatiev（1995）。

52 见Timmer和Williamson（1998），他们在阿根廷、澳大利亚、巴西、加拿大和美国寻找1860—1930年间的有力证据。

53 国际劳工组织的一项报告表明1910年外国公民为3300万人，相当于该项研究所覆盖人口的2.5%（相当于当时世界人口的76%）。与现代统计相比，那时把具有不同国籍的人都计算为外国人，而不是以居住国区分，因此很可能低估了境外出生人口所占的份额（International Labour Office（1936），p.37）。同样需要注意的是，在上世纪国家数量显著增加，即使并未出现人员流动的真正上升，国际迁移率也有可能增加。

54 自从1960年，世界贸易占全球GDP的份额增加了一倍多，平均每年增加2.2%。

55 García y Griego（1983）。

56 Appleyard（2001）。

57 在石油冲击前，德国对迁移的限制已经开始显现，但是石油冲击后限制加强。见Martin（1994）。

58 这些数字是根据最近的HDI排名（见专栏1.3）的发达国家中的移民百分比。如果我们计算的是1960年发达国家的移民比例，我们可能预计这些模式是不同的。但事实上在1960年17个最发达国家（占世界人口的15%，与今天发达国家人口所占比例相同）的移民比例是6.2%，与我们计算的5%相差不大。

59 捷克斯洛伐克和前苏联不是唯一的案例，许多新国家在此期间涌现出来。然而，本报告的背景研究分析中，我们研究了自1960年以来的国家统一或分裂之后出现的以及在其他情况（如德国、前南斯拉夫）下的移民比例的变化模式，移民比例的变化没有大到足以对总体趋势产生重大影响。

60 唯一的例外是英国，在20世纪60年代，出现了较大的来自英联邦中的发展中国家的入境移民比例。

61 UN－HABITAT（2003）。

62 UN（2008c）和UN－HABITAT（2003）。

63 这个分歧并没有在人类发展的其他维度出现，例如健康和教育维度（学校毛入学率）。尽管收入对于迁移倾向呈现出较大的影响（见Cummins、Letouze、Purser和Rodríguez，2009）但这些维度是至关重要的。

64 此外，在20世纪60年代，由于出境的限制，中国和其他发展中国家是不同的，这也影响了随着时间的推移出境流动的可比性。

65 由于我们比较的各国是按其目前的人类发展水平分类的，它没有考虑到一些快速增长的发展中国家的趋同性，这些国家进入了HDI类别的前列。我们的方法似乎更适合理解今天移民日益集中于一部分发达国家的情况。另外，如果我们把1960年界定的一组发展中国家拿来做比较，我们就会得到非常类似的情况（见endnote 58）。

66 有关这一文献的全面调查见UN（2006b）。关于分歧的辩论是与世界是否是越来越不平等的讨论相关，虽然后者也取决于各国内部不平等的变化过程。

67 Doganis（2002）。

68 Department of Treasury and Finance（2002）。

69 Facchini和ayda（2009）发现公众对入境移民更多的敌视情绪与更多的对移民的政策约束有关，在多数选民所期望的政策与决策者实际采用的政策之间仍然存在显著的分歧，也可见Cornelius、Tsuda、Martin和Hollifield（2004）。

70 Hanson（2007）。

71 评估体系评价了移民政策的几个方面，包括许可标准，融入政策，合法移民的待遇和非正规移民境遇。每个制度的开放性通过受访者的主观评价以及根据一系列的客观标准，如人数限制、入境要求和是否存在自由流动的国际协定进行评估。发展中国家包括智利、中国（仅包括国内人员流动）、哥斯达黎加、科特迪瓦、厄瓜多尔、埃及、印度、哈萨克斯坦、马来西亚、墨西哥、摩洛哥、俄罗斯联邦、泰国和土耳其。发达国家包括澳大利亚、加拿大、法国、德国、意大利、日本、葡萄牙、韩国、新加坡、西班牙、瑞典、阿拉伯联合酋长国、英国和美国。有关评估体系更详细的内容参见Klugman和Pereira（2009）。

72 政府往往对鉴定技术工人的标准不同。为了实现在不同国家某种程度的同质性，我们将所有来自于要求大学学位的体制的工人归为技术工人。当根据职业来分类时，我们试图将职业类型和通常从事该项工作所需要的教育水平相匹配。以教育水平或职位为基础的签证制度没有作出明确的区分时，我们就根据每个签证类别的信息作出区分，或者对于明显的混合人员流动，我们将管理视为既适用于高技术工人也适用于低技术工人。

73 Ruhs（2005）和新加坡政府人力部（2009）。
74 Ruhs（2002）和 OECD（2008b）。
75 这个概念起源于阿拉伯国家的立法机制，该机制不承认收养儿童，因此成年人要承诺照顾孤儿或弃儿，见全球法律信息网络（Global Legal Information Network）（2009）。
76 Longva（1997），pp. 20—21。
77 例如见 Bahrain Center for Human Rights（2008）和 UNDP（2008d）。
78 根据新规定，劳动部将把工人的保证人从以前由政府承办转到新的承办人处，国家将承担他们的 iqama（居住许可）和承办转移费。见 Thaindian News（2009）和 Arab News（2009）。
79 Khaleej Times（2009）。
80 Jasso 和 Rosenzweig（2009）。
81 Hanson 和 Spilimbergo（2001）。
82 Lawyers for Human Rights（2008）。
83 Human Rights Watch（2007a）。
84 Ruhs 和 Martin（2008）以及 Ruhs（2009）。
85 见 Cummins 和 Rodríguez（2009）。这些作者还通过利用双边引力模型预测移民比例作为国家间变化的一个外源性来源来解决反向因果关系的潜在问题。他们的研究结果仍表明移民人数和移民权利在统计上不是显著相关的，实际上，他们的许多工具变量所估计的相关性是正，这进一步对人数与权力的假说提出了质疑。
86 Muñoz de Bustillo 和 Antón（2009）。
87 Adepoju（2005）。
88 Freedom House（2009）。
89 United States Department of State（2009b），Wang（2005），National Statistics Office（2006），Ivakhnyuk（2009）和 Anh（2005）。
90 United States Department of State（2009d）。
91 Kundu（2009）。
92 McKenzie（2007）。
93 Tirtosudarmo（2009）。
94 古巴部分见 Human Rights Watch（2005a）和 Amnesty International（2009）。朝鲜部分见 Freedom House（2005）。其他国家见 United States Department of State（2009a），Immigration and Refugee Board of Canada（2008）和 IATA（2006）。
95 Human Rights Watch（2007b）。
96 United States Department of State（2009a）和 McKenzie（2007）。
97 IMF（2009a）。
98 见 IMF（2009c），Consensus Economics（2009a），Consensus Economics（2009c），Consensus Economics（2009d）。
99 发达国家的经济衰退趋向于持续两年，即经济增长趋势重新建立起来之后，见 Chauvet 和 Yu（2006）。然而，发展中国家经济衰退的平均持续时间和强度更长更大，见 Hausmann、Rodríguez 和 Wagner（2008）。
100 见 Perron（1989）、Perron 和 Wada（2005），他们发现了石油冲击以及大萧条对收入的持续影响的证据。
101 OECD（2009b）。
102 United States Bureau of Labor Statistics（2009）。
103 INE（2009）。
104 相关性在5%的水平下是显著的。亚洲开发银行预计主要的移民目的地会发生经济萎缩，其中萎缩幅度最大的新加坡达到了5%。南非作为120万移民的居住国，EIU 预计2009年其经济将缩减0.8%，而阿拉伯联合酋长国2009年预计缩减1.7%。来源于 Business Monitor International（2009）。
105 Betcherman 和 Islam（2001）。
106 Dustmann、Glitz 和 Vogel（2006）。
107 OECD（2008a）。
108 Taylor（2009）。
109 Kalita（2009）。
110 The Straits Times（2009）和 Son（2009）。
111 Local Government Association（2009）。
112 Preston（2009）。
113 Timmer 和 Williamson（1998）。
114 de Haas（2009）。
115 见 Martin（2003）和 Martin（2009a）。
116 Skeldon（1999）、Castles 和 Vezzoli（2009）。为了显示支持本地工人而存在一些驱逐移民的情况，但是一旦政府意识到本地工人对于移民所从事的工作并不感兴趣时，这些限制也被取消了。
117 例如可参见 Rodrik（2009）和 Castles，以及 Vezzoli（2009）。
118 尽管所有的预测都有内在的不确定性，但人口预测往往是相当精确的。自从1950年以来，联合国已经就2000年世界人口作出了12种不同的估计，除了一个估计之外，其余的估计值与真实值的误差在4个百分点之内（Population Reference Bureau，2001）。近来一项研究发现，即使对于细分的人口组群，平均预测误差也在2个百分点之内。
119 然而，这些替代方案本身就很昂贵：用技术创新来代替使用最多资源的一个全球丰富的要素，提高退休年龄或提高贡献会减少休闲或消费。
120 Barnett 和 Webber（2009）。
121 IPCC（2007），第9章。
122 Anthoff、Nicholls、Richard 和 Vafeidis（2009）。
123 Revkin（2008）。
124 Myers（2005），Christian Aid（2007）。
125 Barnett 和 Webber（2009）。
126 Stark（1991）。
127 Ezra 和 Kiros（2001）。
128 Black et al.（2008）。
129 Carvajal 和 Pereira（2009）。
130 UNDP（2007a），UNDP（2008e）。
131 见 Friedman（2005）。
132 Steinbeck（1939）。有关大移民潮见 Worster（1979）和 Gregory（1989）。对于具有里程碑意义的1941年美国最高法院在加州爱德华兹案件的决定见 see ACLU（2003）。

第3章

1 Clemens、Montenegro 和 Pritchett（2008）。
2 McKenzie、Gibson 和 Stillman（2006）。
3 Chiswick 和 Miller（1995）。
4 Sciortino 和 Punpuing（2009）。
5 Maksakova（2002）。
6 Commander、Chanda、Kangasniemi 和 Winters（2008）。
7 Clemens（2009b）。
8 Harttgen 和 Klasen（2009）。移民在两个国家（危地马拉和赞比亚）收入较低，在一个国家（越南）没有显著差异。参见3.6部分。
9 DelPopolo、Oyarce、Ribotta 和 Rodríguez（2008）。
10 Srivastava 和 Sasikumar（2003），Ellis 和 Harris（2004），及 ECLAC（2007）。
11 参见 Deshingkar 和 Akter（2009）关于印度，及 MOSWL、PTRC 和 UNDP（2004）关于蒙古。
12 Ghosh（2009）。
13 Gilbertson（1995）。
14 Zhou 和 Logan（1989）。
15 Cerrutti（2009）。
16 UNDP（2008d）。
17 Castles、Miller（1993）和 ICFTU（2009）。
18 Bursell（2007）、Bovenkerk、Gras、Ramsoedh、Dankoor 和 Havelaar（1995）。
19 Clark、Drinkwater（2008），及 Dustmann 和 Fabbri（2005）。
20 Iredale（2001）。
21 Chiswick 和 Miller（1995）。
22 Reitz（2005）。
23 这一分析中包括的社会转移项目是所有形式的普遍社会保险、最低工资、工资税和社会救助（包括各种形式的有针对性的收入核对补助）。贫困线被定义为收入中位数的一半。参见 Smeeding、Wing 和 Robson（2009）。
24 估计值可能高估或者低估转移对于贫困的影响，因为劳动力供给决策对转移的内生性反映没有被考虑到。
25 Martin（2005）和 Kaur（2007）。
26 UNICEF（2005a）。
27 Koslowski（2009）。
28 McKenzie（2007）和 United States Department of State（2006）。
29 United States Department of State（2009a）。
30 Agunias（2009）和 Martin（2005）。
31 Martin（2005）。
32 Agunias（2009）和 Martin（2005）。
33 UNFPA（2006）。
34 Ivakhnyuk（2009）。

35 Martin（2009b）。
36 Martin（2009b）。
37 Gibson 和 McKenzie（2009）。
38 所谓的健康移民效应已经被很好地阐述了；参见诸如 Fennelly（2005）。
39 Rossi（2008）。
40 Jasso、Massey、Rosenzweig 和 Smith（2004），using the US Citizenship 和 Immigration Service's New Immigrant Survey。
41 Ortega（2009）。
42 Brockerhoff（1990）。
43 Brockerhoff（1995），及 Harttgen 和 Klasen（2009）。
44 参见 Chiswick、Lee（2006），及 Antecol 和 Bedard（2005）。威胁这些估计的另外一个因素是均值回归可能解释部分健康的损害。尤其是，如果健康是移民重要的条件，那么那些移民者可能并非本身就很健康，而是很幸运地没有生病，这些人也比本身就健康的人更有可能在移民后生病。
45 Garcia－Gomez（2007）on Catalonia，Spain；Barros，及 Pereira（2009）on Portugal。
46 Stillman、McKenzie、Gibson（2006），Steel、Silove、Chey、Bauman 和 Phan T.（2005），及 Nazroo（1997）。
47 McKay、Macintyre 和 Ellaway（2003）。
48 Benach、Muntaner 和 Santana（2007）。
49 Whitehead、Hashim 和 Iversen（2007）。
50 Tiwari（2005）。
51 Deshingkar 和 Akter（2009）。
52 一些移民是逐渐获得服务的。比如，在很多国家，申请难民身份的避难者经常是直到申请成功才能获得服务。在其他一些国家，比如澳大利亚，对有限收入的支持可以向在这个社区内在签证申请达到一定阶段和符合其他标准（比如通过一场考试）的难民提供。
53 Carballo（2007），Goncalves、Dias、Luck、Fernandes 和 Cabral（2003）。
54 PICUM（2009）。
55 Kaur（2007）。
56 Landau 和 Wa Kabwe－Segatti（2009）。
57 Hashim（2006）和 Pilon（2003）。
58 OECD（2008b）。
59 我们对16个国家中境内移民和非移民者的 HDI 差异的委托研究发现，移民者的教育水平在10个国家中显著更高，在4个国家中无显著差异，在2个国家中更低。
60 UNICEF（2008）。其他研究发现类似的回报。如果需要早期儿童干预方面的全面回顾，请参见 Heckman（2006）。
61 Clauss 和 Nauck（2009）。
62 比如，挪威当局有义务通知这些难民家庭在到达三个月内 ECD 的可及性和重要性。
63 如果需要瑞典未记录移民的更多信息，请参见 PICUM（2009）。
64 PICUM（2008a）。
65 PICUM（2008a）。
66 Landau 和 Wa Kabwe－Segatti（2009）。
67 Rossi（2008）。
68 Government of Azad Jammu 和 Kashmir（2003），及 Poverty Task Force（2003）。
69 Poverty Task Force（2003）。
70 国际学生评估是对15岁学生进行的三年一次的调查。
71 OECD（2007）。国际学生评估研究项目重点在科学学科，但是也评估阅读和数学，这给出了类似的比较。
72 Australia、France、Germany、Italy、Netherlands、Switzerland、United Kingdom 和 United States。参见 Hernandez（2009）。
73 Portes 和 Rumbaut（2001）。
74 Karsten et al.（2006），Nordin（2006），及 Szulkin 和 Jonsson（2007）。
75 Sen（1992）。
76 Rawls（1971）。
77 Hugo（2000）。
78 Petros（2006），Zambrano、Kattya（2005），及 Mills（1997）。
79 Içduygu（2009）。
80 Piper（2005）。
81 Ghosh（2009）和 Kabeer（2000）。
82 Del Popolo、Oyarce、Ribotta 和 Rodríguez（2008）。
83 Cerrutti（2009）。
84 Uhlaner、Cain、Kiewiet（1989），Cho（1999），Rosenstone 和 Hansen（1993），Wolfnger、Rosenstone（1980），及 Ramakrishnan 和 Espenshade（2001）。
85 流入国以 Polity IV 指数衡量的民主的标准偏差增加1，导致移民数量的对数增加11，这在0.01水平上是显著的。参见 Cummins、Letouze、Purser 和 Rodríguez（2009）。
86 Landau（2005）。
87 Ministry of Social Welfare 和 Labour、United Nations Population Fund 和 Mongolian Population 和 Development Association（2005）。
88 Crush 和 Ramachandran（2009）。
89 Misago、Landau 和 Monson（2009）。
90 Pettigrew 和 Tropp（2005）和 Pettigrew（1998）。
91 Human Security Centre（2005）和 Newman 和 van Selm（2003）。
92 UNHCR（2008）。关于住在帐篷里的境内流离失所者的比例没有可靠的估计，但是估计有70%与本地亲戚、家人和社区居民居住在一起。
93 IDMC（2008）。
94 Bakewell 和 de Haas（2007）。
95 van Hear、Brubaker 和 Bessa（2009），及 Crisp（2006）。
96 位于孟加拉国、肯尼亚、尼泊尔、坦桑尼亚、泰国和乌干达的帐篷：de Bruijn（2009）。
97 ECOSOC（1998）。于1998年由联合国秘书长代表提交给联合国人权委员会，关于境内流离失所者的指导原则为政府、国际组织和其他相关行为者在国内冲突、自然灾害及其他世界范围内的被迫流离失所的情况下，为境内流离失所者提供援助和保护设立了标准和原则。
98 本段的估计值来自 IDMC（2008）。
99 IDMC（2008）在此范畴内列出了阿塞拜疆、波斯尼亚和黑塞哥维那、科特迪瓦、克罗地亚、格鲁吉亚、黎巴嫩、利比里亚，土耳其和乌干达。引人注目的努力包括土耳其回流项目的资金补偿和对巴尔干地区财产归还的努力，这在2007年已经在很大程度上完成。
100 Ghosh（2009）。
101 UNRWA（2008）。
102 Gibney（2009），及 Hatton 和 Williamson（2005）。比如2007年在英国每100个申请避难的人中只有19个被认定为难民并通过他们的申请，另外9个申请但是没有通过的人出于人道主义或其他原因被允许留下来。
103 UNHCR（2008）。
104 UNRWA－ECOSOC（2008）。
105 UNHCR（2002）。
106 参见诸如 UNECA（2005）。
107 Robinson（2003）。
108 Bartolome、de Wet、Mander 和 Nagraj（2000），p. 7。
109 参见 IIED 和 WBCSD（2003），Global IDP Project 和 Norwegian Refugee Council（2005），及 Survival International（2007）。
110 La Rovere 和 Mendes（1999）。
111 CIEL（2009）是有关世界银行的数据；关于 ADB 的其他一些例子参见 Asian Development Bank（2009）；有关 IDB，参见 IDB（2009）。
112 UNDP（2007b）。
113 UNODC（2009）。
114 Clert、Gomart、Aleksic 和 Otel（2005）。
115 参见例如，Carling（2006）。
116 USAID（2007）。
117 Laczko 和 Danailova－Trainor（2009）。
118 Koser（2008）。
119 Ortega（2009）。
120 Harttgen 和 Klasen（2009）。
121 这些数字来自2005年、2006年世界价值调查。这个调查记录了双亲之中是否至少有一人是移民，我们用来作为移民身份的代理变量。结果与1995年世界价值调查是一致的，该调查可以显示回答者是不是国外出生的人。

第4章

1 Sarreal（2002）。
2 Yang（2009）。
3 UNDP（2008b）。
4 关于花费最少和最多的国际渠道，参见世界银行（2009c）。
5 Stark（1991）。
6 Savage 和 Harvey（2007）。
7 Yang（2008a）。
8 Yang（2008a）。
9 Halliday（2006）。
10 Ratha 和 Mohapatra（2009a）。这是基

础情况，假设对主要流入国的新的人员流动是零，意味着目前的移民存量维持不变。
11 Fajnzylber 和 Lopez（2007）。
12 Schiff（1994）。
13 Kapur（2004）。
14 Zhu 和 Luo（2008）。
15 Lucas 和 Chappell（2009）。
16 Deshingkar 和 Akter（2009）。
17 Rayhan 和 Grote（2007）。
18 Beegle、De Weerdt 和 Dercon（2008）。
19 Deb 和 Seck（2009）。
20 Murison（2005）。例如，在中东工作的孟加拉国女性汇出平均工资的近72%，在西班牙工作的哥伦比亚女性汇款数超过男性（68%对54%）。
21 Docquier、Rapoport 和 Shen（2003），及 Stark、Taylor 和 Yitzhaki（1986）。
22 Adelman 和 Taylor（1988），及 Durand、Kandel、Emilio 和 Massey（1996）。
23 Yang（2009）。
24 Massey et al.（1998），aylor et al.（1996），及 Berriane（1997）。
25 Behrman et al.（2008）。
26 Adelman 和 Taylor（1988），Durand、Kandel、Emilio 和 Massey（1996），及 Stark（1980）。
27 Adams Jr.（2005），Cox Edwards 和 Ureta（2003），及 Yang（2008b）。
28 Adams Jr.（2005）。
29 Mansuri（2006）。
30 Deb 和 Seck（2009）。
31 Fan 和 Stark（2007），及 Stark、Helmenstein 和 Prskawetz（1997）。
32 Chand 和 Clemens（2008）。
33 Castles 和 Delgado Wise（2008）。
34 McKenzie 和 Rapoport（2006）。
35 Ha、Yi 和 Zhang（2009a）。
36 Frank 和 Hummer（2002）。
37 Hildebrandt、McKenzie、Esquivel 和 Schargrodsky（2005）。
38 Wilson（2003）。
39 Cerrutti（2009）。
40 Bowlby（1982），Cortes（2008），Smith、Lalaonde、Johnson（2004），及 Suarez－Orozco、Todorova 和 Louie（2002）。
41 关于性别赋权和人员流动，请参见 Ghosh（2009）。
42 King 和 Vullnetari（2006）。
43 See Deshingkar 和 Grimm（2005）。
44 Fargues（2006）。
45 Beine、Docquier 和 Schiff（2008）。
46 Hampshire（2006），及 King、Skeldon 和 Vullnetari（2008）。
47 Cordova 和 Hiskey（2009）。包括的国家有多米尼加共和国、萨尔瓦多、危地马拉、洪都拉斯、墨西哥和尼加拉瓜。
48 参见本文献的回顾，Clemens（2009b）。
49 Lipton（1980）和 Rubenstein（1992）。
50 Tirtosudarmo（2009）。
51 世界银行（2009e），p. 165。
52 Docquier 和 Rapoport（2004），及 Dumont、Martin 和 Spielvogel（2007）。
53 一个类比是在过去的半个世纪中美国教师的技能和资质的大幅下降，这归咎于高技能女性现在除了做教师外有了更广的职业选择范围。（Corcoran、William 和 Schwab，2004）。
54 Saxenian（2002）。
55 Commander、Chanda、Kangasniemi 和 Winters（2008）。
56 Saxenian（2006）。
57 世界银行在记录这些流量并且估计未记录的流量至少是总汇款流量的50%。
58 Chami，Fullenkamp 和 Jahjah（2005），及 Leon－Ledesma 和 Piracha（2004）。
59 Eckstein（2004），及 Ahoure（2008）。
60 世界银行（2006b），及 Kireyev（2006）。
61 Buch、Kuckulenz 和 Le Manchec（2002），及 de Haas 和 Plug（2006）。
62 Taylor、Moran－Taylor 和 Ruiz（2006）。
63 de Haas（2006）。
64 Levitt（1998）和 Levitt（2006）。
65 Quirk（2008）。
66 世界银行（2009a）。
67 世界银行（2009a）。
68 Massey、Arango、Hugo、Kouaouci、Pellegrino 和 Taylor（1993），及 Thomas－Hope（2009）。
69 Adesina（2007）。
70 Ali（2009）。
71 Bakewell（2009）。
72 Ba、Awumbila、Ndiaye、Kassibo 和 Ba（2008）。
73 Jonsson（2007）。
74 Black、Natali 和 Skinner（2005）。
75 如果国外人员的收入和消费是包括在不平等的衡量中，那么分布就会宽出很多，因为国外收入高出很多。
76 墨西哥：Taylor、Mora、Adams 和 Lopez－Feldman（2005）；泰国：Yang（2009）。
77 Ha、Yi 和 Zhang（2009b）。
78 Goldring（2004）和 Lacroix（2005）。
79 Orozco 和 Rouse（2007），及 Zamora（2007）。
80 HDR 小组估计所依据的数字来源于 Anonuevo 和 Anonuevo（2008）。
81 Tabar（2009）。
82 Spilimbergo（2009）。
83 skander（2009）。
84 Castles 和 Delgado Wise（2008）。
85 Massey et al.（1998）。
86 Eckstein（2004），Massey et al.（1998），Newland 和 Patrick（2004），及 van Hear、Pieke 和 Vertovec（2004）。
87 Gamlen（2006），及 Newland 和 Patrick（2004）。
88 IMF 和世界银行（1999）。
89 Jobbins（2008），及 Martin（2008）。
90 Black 和 Sward（2009）。
91 这些国家是澳大利亚、奥地利、比利时、加拿大、法国、德国、爱尔兰、卢森堡、荷兰、新西兰、西班牙、瑞士和美国；见统计表 A。那时英国的国外出生的移民比例估计约 9%。
92 Van der Mensbrugghe 和 Roland－Holst（2009）。这些模拟扩展了，并更新了在世界银行（2006b）中表示的那些。
93 Ortega 和 Peri（2009）。
94 见 Barrell、Fitzgerald 和 Railey（2007）。在美国，Borjas（1999）估计总效应是正的但是很小，是 GDP 的 0.1%。
95 Hunt 和 Gauthier－Loiselle（2008）。
96 参见诸如欧盟委员会（2009）。
97 参见 inter alia、Baumol、Litan 和 Schramm（2007），及 Zucker 和 Darby（2008）。
98 OECD（2008b）。
99 EurActiv. com News（2008）。
100 Martin（2009b）。
101 这一发现应当被核实因为不能区分劳动力供给效应（流动人员趋向于在这些餐馆里工作）和劳动力需求效应（如果他们在那里消费）。参见 Mazzolari 和 Neumark（2009）。
102 比如，38%的英国人相信是这样的：Dustmann、Frattini 和 Preston（2008a）。
103 参见诸如 Longhi、Nijkamp 和 Poot（2005），Ottaviano 和 Peri（2008），及 Münz、Straubhaar、Vadean 和 Vadean（2006）。
104 关于西班牙，参见 Carrasco、Jimeno 和 Ortega（2008），关于法国，参见 Constant（2005），关于英国，参见 Dustmann、Frattini 和 Preston（2008）。
105 参见诸如 Borjas（1995）。替代就是当一个投入品的供给增加使得另一个投入品的价格下降，而互补就是一个投入品的供给上升，使得另外一个投入品的价格上升。
106 比如在美国教育水平低于高中的工人可能在某些方面是高中毕业生的替代者，这对“完成是重要的”提出了质疑，参见 Card（2009）。
107 Kremer 和 Watt（2006），及 Castles 和 Miller（1993）。
108 关于调查，参见 Münz、Straubhaar、Vadean 和 Vadean（2006）。
109 Reyneri（1998）。
110 第一个估计来自 Borjas（2003），时间是 1980—2000 年；而第二个估计来自 Ottaviano 和 Peri（2008）时间是 1990—2006 年。利用 Borjas 的方法对 1990—2006 年进行估计，得出 －7.8%（Ottaviano 和 Peri（2008），p. 59）。这些方法在假设上存在差异，即高中辍学者和高中毕业生的可替代性。也可参见 Card（1990）和 Borjas、Grogger 和 Hanson（2008）。
111 Peri、Sparber 和 Drive（2008）；西班牙：Amuedo－Dorantes 和 de la Rica（2008）。
112 Manacorda、Manning 和 Wadsworth（2006）。
113 Angrist 和 Kugler（2003）。
114 Jayaweera 和 Anderson（2009）。
115 Bryant 和 Rukumnuaykit（2007）。
116 Suen（2002）。

117 关于这一议题全面的讨论可以参见世界银行（2009e）。
118 Henderson、Shalizi 和 Venables（2001）。
119 Amis（2002）。
120 The Cities Alliance（2007）。
121 Dreze 和 Sen（1999）。
122 Dreze 和 Sen（1999）。
123 见 Hossain、Khan 和 Seeley（2003），及 Afsar（2003）。
124 Hanson（2009）。
125 例如，Borjas（1995），及 Lee 和 Miller（2000）。
126 IMF（2009b）。
127 Hanson、Scheve 和 Slaughter（2007）。
128 Facchini 和 Mayda（2008）。
129 Brucker et al.（2002）。移民更依赖福利的国家包括奥地利、保加利亚、丹麦、芬兰、法国和荷兰，移民不太依赖福利的国家包括德国、希腊、西班牙、葡萄牙和英国。
130 Vasquez、Alloza、Vegas 和 Bertozzi（2009）。
131 Rowthorn（2008）。
132 另一种估计可以通过考虑流动人员和他们的家属以及后代的未来全部税收和花费流量而获得。但是估计净现值很难，因为需要给定所有人们未来行为（生育、教育、就业期望等）的假定，所以现实中使用一种静态的方法，参见 Rowthorn（2008）。一些研究者估计一个在美国的移民的净现值财政价值，并且发现很大的正估计。参见 Lee 和 Miller（2000）。
133 Lucassen（2005）。
134 IPC（2007）。
135 Butcher 和 Piehl（1998）。
136 Australian Institute of Criminology（1999）。
137 Savona、Di Nicola 和 Da Col（1996）。
138 但是尤其在中等人类发展水平国家（比如埃及、印度尼西亚、伊朗、约旦、南非和泰国），的确有很多人赞成对人员流入进行限制。类似的，在收入不平等更为严重的国家，人们更倾向于限制人员流动，并认为在职位稀缺时雇主应当优先考虑当地人。参见 Kleemans 和 Klugman（2009）。
139 Zimmermann（2009）。
140 Massey 和 Sánchez R.（2009）。
141 O'Rourke 和 Sinnott（2003）。
142 Earnest（2008）。
143 一些研究调查了人员流动对政治价值观的长期效应，结果不尽相同。Bueker（2005）发现不同移民背景的美国投票者有着显著不同的出席和参与率，而 Rodríguez 和 Wagner（2009）发现，意大利各地的人对再分配的记录良好的公民参与意识和态度模式，并没有在委内瑞拉的意大利人的政治行为中体现出来。
144 Castles 和 Miller（1993）。
145 Kleemans 和 Klugman（2009）。

第 5 章

1 Scheve 和 Slaughter（2007）。
2 本章没有提供一个综合性的与迁移相关的政策评论，因为这些评论都已在其他地方有记载，见 OECD（2008b），IOM（2008a），Migration Policy Group and British Council（2007）以及 ILO（2004）。
3 Agunias（2009），及 Klugman 和 Pereira（2009）。
4 Government of Sweden（2008）。
5 Khoo、Hugo 和 McDonald（2008），及 Klugman 和 Pereira（2009）。
6 一个优秀的评论参见 ICMPD（2009）。
7 Papademetriou（2005）。
8 ICMPD（2009），p. 47。
9 例如，在英国，外交和联邦事务部中致力于促进非正规移民和未得到批准的寻求庇护者的返回的工作团队比目前国际发展部中致力于移民和发展的团队大 5 倍以上。见 Black 和 Sward（2009）。
10 Hagan、Eschbach 和 Rodriguez（2008）。
11 Migrant Forum in Asia（2006），及 Human Rights Watch（2005b）。
12 见 European Parliament（2008）；有关评论见 Amnesty International（2008）。
13 UNHCR（2007）。
14 见《经济、社会、文化权利国际公约》（ICESCR 1966），《公民权利和政治权利国际公约》（ICCPR 1966），《消除一切形式种族歧视的国际公约》（ICERD 1966），《消除对妇女一切形式歧视公约》（CEDAW 1979），《禁止酷刑和其他残忍、不人道或有辱人格的待遇或处罚公约》（CAT 1984），以及《儿童权利公约》（CRC 1989）。亚洲和中东国家的批准率最低（47%），而拉丁美洲和非洲的批准率分别为 58% 和 70%。131 个国家批准了所有的六项核心人权条约，而其中一些条约的批准国超过了 131 个。每个条约的批准和签署国总数可从统计附件中查到。
15 ICCPR Art 2，26；ICESCR Art 2；见 Opeskin（2009）。
16 欧共体被列为一个单独的签署国，不包括在这里。
17 IOM（2008b），p. 62。
18 UNODC（2009）。
19 可见 Carling（2006）（on trafficking from Nigeria），及 de Haas（2008）。
20 December 18 vzw（2008）。
21 Alvarez（2005），及 Betts（2008）。
22 Martin 和 Abimourchad（2008）。
23 PICUM（2008b）。
24 Kleemans 和 Klugman（2009）。
25 这些活动的例子可见欧盟和联合国的联合倡议（EC－UN Joint Migration and Development Initiative，2008）。该倡议的核心部分是一个由公民社会和地方当局领导的与汇款、社区、能力以及权力活动相关的知识管理平台。参见 GFMD（2008）。
26 Martin（2009b），及 Agunias（2009）。
27 McKenzie（2007）。
28 Martin（2005），p. 20。
29 Martin（2009a），p. 47。
30 Hamel（2009）。
31 Martin（2009a）。
32 Horst（2006）。
33 1997 年通过的国际劳工组织《私营职业介绍所公约》规定禁止收取工人的费用，但仅有 21 个国家签署了该项公约。
34 Agunias（2008），Ruhunage（2006），及 Siddiqui（2006）。
35 Betcherman、Olivas 和 Dar（2004）评价了积极的劳动力市场计划的有效性，在发展中国家和发达国家借鉴了 159 份评估结果。
36 Martin（2009b），及 Sciortino 和 Punpuing（2009）。
37. 见 Colombo Process（2008）。
38 Marquette（2006）。
39 Christensen 和 Stanat（2007）。
40 Success for All Foundation（2008）。
41 Misago、Landau 和 Monson（2009）。
42 例如，这可能包括解释了谁做什么以及到哪里申述的传单。
43 世界银行（2002）。
44 Zamble（2008）。
45 One World Net（2008）。
46 Council of Europe（2006）。
47 Martin（2009a）。
48 Government of Western Australia（2004）。
49 Deshingkar 和 Akter（2009），pp. 38—40。
50 UN（2008a）。
51 The Cities Alliance（2007）。
52 Black 和 Sward（2009）。
53 例如，缅甸规定大学毕业生在拿到护照之前必须向政府偿还他们的教育费用，见 United States Department of State（2009c）。
54 正如 Ranis 和 Stewart（2000）记录的，虽然有很多途径可以实现人类发展的良好表现，但一般来说成功的是以赋予女孩和妇女（在教育和收入方面）有效的财政政策（如智利）和良好的经济表现（如越南）优先权的计划为特征的。
55 Kleemans 和 Klugman（2009）。
56 Sides 和 Citrin（2007）。
57 Facchini 和 Mayda（2009）。
58 Ghosh（2007）。
59 Bedford（2008）。

参考文献

ACLU (American Civil Liberties Union). 2003. "Edwards v. California." www.aclu.org. Accessed July 2009.

ActionAid International. 2004. "Participatory Poverty Assessment (PPA) Lower Songkhram River Basin, Thailand". Bangkok: ActionAid International and Mekong Wetlands Biodiversity Programme.

Adams Jr., R. H. 2005. "Remittances, Household Expenditure and Investment in Guatemala". *Policå Research Working Paper No. 3532.* Washington DC: World Bank.

Adelman, I. and J. E. Taylor. 1988. "Life in a Mexican Village: A SAM Perspective." *Journal of Development Studies* 25 (1): 5-24.

Adepoju, A. 2005. *Migration in West Africa.* Geneva: Global Commission on International Migration.

Adesina, O. A. 2007. *"'Checking out': Migration, Popular Culture, and the Articulation and Formation of Class Identity".* Paper presented at African Migrations Workshop on Understanding Migration Dynamics in the Continent, 18-21 September 2007, Accra, Ghana.

Afsar, R. 2003. *"Internal Migration and the Development Nexus: The Case of Bangladesh".* Paper presented at Regional Conference on Migration and Pro-Poor Policy Changes in Asia, 22-24 June 2003, Dhaka, Bangladesh.

Agunias, D. R. 2008. *Managing Temporary Migration: Lessons from the Philippine Model.* Washington DC: Migration Policy Institute.

Agunias, D. R. 2009. "Migration Intermediaries: Agents of Human Development?" *Human Development Research Paper No. 22.* New York: United Nations Development Programme, Human Development Report Office.

Ahoure, A. A. E. 2008. "Transferts, Gouvernance et Développement Economique dans les Pays de l'Afrique Sub-saharienne: Une Analyse à Partir de Données de Panel". Paper presented at African Migration Workshop, 26-29 November 2008, Rabat, Morocco.

Ali, S. N. 2009. "Education as a Means of Rural Transformation through Smooth Rural-Urban Migration: Some Evidence from Ethiopia". Paper presented at the 7th International Conference on the Ethiopian Economy, 25-27 June 2009, Addis Ababa, Ethiopia.

Aliran. 2007. "Chin Asylum Seekers Detained in Rela Raid." http://www.aliran.com/index.php?option=com_content&view=article&id=184:chin-asylum-seekers-detained-in-rela-raid&catid=32:2006-9&Itemid=10. Accessed May 2009.

Altman, I. and J. Horn (Eds.). 1991. *To Make America: European Emigration in the Early Modern Period.* Berkeley: University of California Press.

Alvarez, J. E. 2005. *International Organizations as Law-Makers.* New York: Oxford University Press.

Amin, M. and A. Mattoo. 2005. "Does Temporary Migration have to be Permanent?" *Policy Research Working Paper Series No. 3582.* Washington DC: World Bank.

Amis, P. 2002. "African Urban Poverty and What is the Role of Local Government in its Alleviation?". Unpublished report. Washington DC: World Bank.

Amnesty International. 2008. "Amnesty International EU Office reaction to Return Directive Vote." http://www.amnesty-eu.org/static/html/pressrelease.asp?cfid=7&id=366&cat=4&l=1. Accessed June 2009.

——. 2009. "Urgent Action: Cuba UA 115/09." http://www.amnestyusa.org/actioncenter/actions/uaa11509.pdf. Accessed June 2009.

Amuedo-Dorantes, C. and S. de la Rica. 2008. "Complements or Substitutes? Immigrant and Native Task Specialization in Spain". *Discussion Paper Series No. 16/08.* London: Centre for Research and Analysis of Migration.

Anderson, J. B. and J. Gerber. 2007a. "Data Appendix to Fifty Years of Change on the U.S.-Mexico Border: Growth, Development, and Quality of Life." http://latinamericanstudies.sdsu.edu/BorderData.html. Accessed June 2009a.

——. 2007b. *Fifty Years of Change on the U.S.-Mexico Border: Growth, Development, and Quality of Life.* Austin: University of Texas Press.

Andrienko, Y. and S. Guriev. 2005. "Understanding Migration in Russia". *Policy paper series No. 23.* Moscow: Center for Economic and Financial Research.

Angrist, J. D. and A. D. Kugler. 2003. "Protective or Counter-Productive? Labour Market Institutions and The Effect of Immigration on EU Natives." *The Economic Journal* 113 (488): 302-331.

Anh, D. N. 2005. "Enhancing the Development Impact of Migrant Remittances and Diasporas: The Case of Viet Nam." *Asia Pacific Population Journal* 20 (3): 111-122.

Anonuevo, E. and A. T. Anonuevo. 2008. "Diaspora Giving: An Agent of Change in Asia Pacific Communities". Paper presented at Diaspora Giving: An Agent of Change in Asia Pacific Communities?, 21-23 May 2008, Ha Noi, Viet Nam.

Antecol, H. and K. Bedard. 2005. "Unhealthy Assimilation: Why do Immigrants Converge to American Health Status Levels". *Discussion Paper Series No. 1654.* Bonn: Institut zur Zukunft der Arbeit.

Anthoff, D., R. J. Nicholls, S. J. T. Richard and A. T. Vafeidis. 2009. "Global and Regional Exposure to Large

Rises in Sea-Level: A Sensitivity Analysis". *Working Paper No. 96.* Norwich: Tyndall Centre for Climate Change Research.

Appleyard, R. 2001. "International Migration Policies: 1950-2000." *International Migration* 39 (6): 7-20.

Arab News. 2009. "Cabinet Passes Regulations Simplifying Iqama Transfer." *Arab News,* 21 April.

Asian Development Bank. 2009. "About the Safeguard Policy Update." http://www.adb.org/Safeguards/about.asp. Accessed June 2009.

Australian Institute of Criminology. 1999. *Ethnicity and Crime: An Australian Research Study.* Canberra: Department of Immigration and Multicultural Affairs.

Avenarius, C. 2007. "Cooperation, Conflict and Integration among Sub-ethnic Immigrant Groups from Taiwan." *Population, Space and Place* 13 (2): 95-112.

Azcona, G. 2009. "Migration in Participatory Poverty Assessments: A Review." *Human Development Research Paper No. 56.* New York: United Nations Development Programme, Human Development Report Office.

Ba, C. O., M. Awumbila, A. I. Ndiaye, B. Kassibo and D. Ba. 2008. *Irregular Migration in West Africa.* Dakar: Open Society Initiative for West Africa.

Bahrain Center for Human Rights. 2008. "The Situation of Women Migrant Domestic Workers in Bahrain". *Report submitted to the 42nd session of the CEDAW Committee.* Manama: Bahrain Center for Human Rights.

Baines, D. 1985. *Migration in a Mature Economy: Emigration and Internal Migration in England and Wales, 1861-1900.* Cambridge: Cambridge University Press.

Bakewell, O. 2008. "Research Beyond the Categories: The Importance of Policy Irrelevant Research into Forced Migration." *Journal of Refugee Studies* 21: 432-453.

——. 2009. "South-South Migration and Human Development: Reflections on African Experiences." *Human Development Research Paper No. 7.* New York: United Nations Development Programme, Human Development Report Office.

Bakewell, O. and H. de Haas. 2007. "African Migrations: Continuities, Discontinuities and Recent Transformations." In L. de Haan, U. Engel, and P. Chabal (Eds.), *African Alternatives*: 95-117. Leiden: Brill.

Banerjee, A. and E. Duflo. 2006. "Addressing Absence." *Journal of Economic Perspectives* 20 (1): 117-132.

Barnett, J. and M. Webber. 2009. "Accommodating Migration to Promote Adaptation to Climate Change". Melbourne: Commission on Climate Change and Development, University of Melbourne.

Barrell, R., J. Fitzgerald and R. Railey. 2007. "EU Enlargement and Migration: Assessing the Macroeconomic Consequences". *Discussion Paper No. 292.* London: National Institute of Economic and Social Research.

Barro, R. J. and J.-W. Lee. 2001. "International Data on Educational Attainment: Updates and Implications." *Oxford Economic Papers* 53 (3): 541-563.

Barros, P. P. and I. M. Pereira. 2009. "Access to Health Care and Migration: Evidence from Portugal." *Human Development Research Paper No. 28.* New York: United Nations Development Programme, Human Development Report Office.

Bartolome, L. J., C. de Wet, H. Mander and V. K. Nagraj. 2000. "Displacement, Resettlement, Rehabilitation, Reparation, and Development". *Working paper.* Cape Town: Secretariat of the World Commission on Dams.

Baumol, W. J., R. Litan and C. Schramm. 2007. *Good Capitalism, Bad Capitalism.* New Haven: Yale University Press.

Bedford, R. 2008. "Migration Policies, Practices and Cooperation Mechanisms in the Pacific". Paper presented at United Nations Expert Group Meeting on International Migration and Development in Asia and the Pacific, 20-21 September 2008, Bangkok, Thailand: Department of Social and Economic Affairs.

Beegle, K., J. De Weerdt and S. Dercon. 2008. "Migration and Economic Mobility in Tanzania: Evidence from a Tracking Survey". *Policy Research Working Paper No. 4798.* Washington DC: World Bank.

Behrman, J. R., J. Hoddinott, J. A. Maluccio, E. Soler-Hampejsek, E. L. Behrman, R. Martorell, Ramírez M. and A. D. Stein. 2008. *What Determines Adult Skills? Impacts of Preschool, School-Years, and Post-School Experiences in Guatemala.* Philadelphia: University of Pennsylvania.

Beine, M., F. Docquier and M. Schiff. 2008. "International Migration, Transfers of Norms and Home Country Fertility". *Discussion Paper No. 3912.* Bonn: Institut zur Zukunft der Arbeit.

Bell, M. and S. Muhidin. 2009. "Cross-National Comparisons of Internal Migration." *Human Development Research Paper No. 30.* New York: United Nations Development Programme, Human Development Report Office.

Bellwood, P. 2005. *First Farmers: The Origins of Agricultural Societies.* Oxford: Blackwell Publishing.

Benach, J., C. Muntaner and V. Santana. 2007. "Employment Conditions and Health Inequalities". *Final Report to the WHO Commission on Social Determinants of Health.* Geneva: Employment Conditions Knowledge Network.

Berriane, M. 1997. "Emigration Internationale du Travail et Micro-Urbanisation dans le Rif Oriental: Cas du Centre de Toauima". *Migration Internationale et Changements Sociaux dans le Maghreb*: 75-97. Tunis: Université de Tunis.

Betcherman, G. and R. Islam (Eds.). 2001. *East Asian Labor Markets and the Economic Crisis: Impacts Responses and Lessons.* Washington DC: World Bank.

Betcherman, G., K. Olivas and A. Dar. 2004. "Impacts of Active Labour Market Programmes: New Evidence from Evaluations with Particular Attention to Developing and Transition Countries". *Social Protection Discussion Paper Series No. 0402.* Washington DC: World Bank.

Betts, A. 2008. *Towards a 'Soft Law' Framework for the Protection of Vulnerable Migrants.* Geneva: UNHCR.

Betts, D. C. and D. J. Slottje. 1994. *Crisis on the Rio-Grande: Poverty, Unemployment, and Economic Development on the Texas-Mexico Border.* Boulder: Westview Press.

Bhabha, J. 2008. "Independent Children, Inconsistent Adults: International Child Migration and the Legal Framework". *Discussion Paper No. 2008-02.* Florence: Innocenti Research Centre, UNICEF.

Bhagwati, J. N. 1979. "International Migration of the Highly Skilled: Economics, Ethics and Taxes." *Third World Quarterly* 1 (3): 17-30.

Black, R., D. Coppard, D. Kniveton, A. Murata, K. Schmidt-Verkerk and R. Skeldon. 2008. "Demographics and Climate Change: Future Trends and their Policy Implications for Migration". *Globalisation and Poverty Working Paper No. T27.* Brighton: Development Research Centre on Migration.

Black, R. and J. Sward. 2009. "Migration, Poverty Reduction Strategies and Human Development." *Human Development Research Paper No. 38.* New York: United Nations Development Programme, Human Development Report Office.

Borjas, G. J. 1995. "The Economic Benefits from Immigration." *The Journal of Economic Perspectives* 9 (2): 3-22.

——. 1999. "Immigration and Welfare Magnets." *Journal of Labor Economics* 17 (4): 607-637.

——. 2003. "The Labor Demand Curve is Downward Sloping: Reexamining the Impact of Immigration on the Labor Market." *The Quarterly Journal of Economics* 118 (4): 1335-1374.

Borjas, G. J., J. T. Grogger and G. H. Hanson. 2008. "Imperfect Substitution Between Immigrants and Natives: A Reappraisal". *Working Paper No. W13887.* Cambridge: National Bureau of Economic Research.

Bovenkerk, F., M. J. I. Gras, D. Ramsoedh, M. Dankoor and A. Havelaar. 1995. "Discrimination Against Migrant Workers and Ethnic Minorities in Access to Employment in the Netherlands". *Labor Market Papers No. 4.* Geneva: International Labour Organization.

Bowlby, J. 1982. *Attachment.* New York: Basic Books.

Branca, M. 2005. *Border Deaths and Arbitrary Detention of Migrant Workers.* Berkeley: Human Rights Advocates.

Brockerhoff, M. 1990. "Rural to Urban Migration and Child Survival in Senegal." *Demography* 27 (4): 601-616.

——. 1995. "Child Survival in Big Cities: The Disadvantages of Migrants." *Social Science and Medicine* 40 (10): 1371-1383.

Brucker, H., G. S. Epstein, B. McCormick, G. Saint-Paul, A. Venturini and K. Zimmermann. 2002. "Managing Migration in the European Welfare State." In T. Boeri, G. Hanson, and B. McCormick (Eds.), *Immigration Policy and the Welfare System*: 1-168. New York: Oxford University Press.

Bryant, J. and P. Rukumnuaykit. 2007. "Labor Migration in the Greater Mekong Sub-region: Does Migration to Thailand Reduce the Wages of Thai Workers?" *Working Paper No. 40889.* Washington DC: World Bank.

Buch, C. M., A. Kuckulenz and M.-H. Le Manchec. 2002. "Worker Remittances and Capital Flows". *Working Paper No. 1130.* Kiel: Kiel Institute for World Economics.

Bueker, C. S. 2005. "Political Incorporation among Immigrants from Ten Areas of Origin: The Persistence of Source Country Effects." *International Migration Review* 39 (1): 103-140.

Burd-Sharps, S., K. Lewis and E. Martins. 2008. *The Measure of America: American Human Development Report, 2008-2009.* New York: Columbia University Press.

Bursell, M. 2007. "What's in a Name? A Field Experiment Test for the Existence of Ethnic Discrimination in the Hiring Process". *Working Paper No. 2007-7.* The Stockholm University Linnaeus Center for Integration Studies.

Business Monitor International. 2009. "Downturn Raises Employment Questions." *Business Monitor International Forecasts.* March.

Butcher, K. F. and A. M. Piehl. 1998. "Recent Immigrants: Unexpected Implications for Crime and Incarceration." *Industrial and Labor Relations Review* 51 (4): 654-679.

Cai, F., Y. Du and M. Wang. 2009. «Migration and Labor Mobility in China.» *Human Development Research Paper No. 9.* New York: United Nations Development Programme, Human Development Report Office.

Carballo, M. 2007. "The Challenge of Migration and Health." *World Hospitals and Health Services: The Official Journal of the International Hospital Federation* 42 (4): 9-18.

Card, D. 1990. "The Impact of the Mariel Boat Lift on the Miami Labor Market." *Industrial and Labor Relation Review* 43 (2): 245-257.

——. 2009. "Immigration and Inequality". *Working Paper No. 14683.* Cambridge: National Bureau of Economic Research, Inc.

Carling, J. 2006. "Migration, Human Smuggling and Trafficking from Nigeria to Europe". Geneva: International Organization for Migration.

Carrasco, R., J. F. Jimeno and A. C. Ortega. 2008. "The Impact of Immigration on the Wage Structure: Spain 1995-2002". *Economics Working Papers No. 080603.* Universidad Carlos III, Departamento de Economía.

Carvajal, L. and I. M. Pereira. 2009. "Evidence on the Link between Migration, Climate Disasters and Adaptive Capacity". *Human Development Report Office Working Paper.* New York: United Nations Development Programme.

Castles, S. and R. Delgado Wise (Eds.). 2008. *Migration* *and Development: Perspectives from the South.* Geneva: International Organization for Migration.

Castles, S. and M. Miller. 1993. *The Age of Migration.* New York: The Guilford Press.

Castles, S. and S. Vezzoli. 2009. "The Global Economic Crisis and Migration: Temporary Interruption or Structural Change?". Unpublished Manuscript for Paradigmes (Spain).

CEPII (Research Center in International Economics). 2006. "Distance Database." http://www.cepii.fr/anglaisgraph/bdd/distances.htm. Accessed July 2009.

Cerrutti, M. 2009. "Gender and Intra-regional Migration in South America." *Human Development Research Paper No. 12.* New York: United Nations Development Programme, Human Development Report Office.

Chami, R., C. Fullenkamp and S. Jahjah. 2005. "Are Immigrant Remittance Flows a Source of Capital for Development?" *IMF Staff Papers* 52 (1): 55-81.

Chan, Liu and Yang. 1999. "Hukou and Non-Hukou Migration in China: Comparisons and Contrasts." *International Journal of Population Geography* 5: 425-448.

Chand, S. and M. A. Clemens. 2008. "Skilled Emigration and Skill Creation: A Quasi-experiment". *International and Development Economics Working Paper No. 08-05.* Canberra: Crawford School of Economics and Government.

Charnovitz, S. 2003. "Trade Law Norms on International Migration." In T. Aleinikoff and V. Chetail (Eds.), *Migration and International Legal Norms*: 241-253. The Hague: TMC Asser Press.

Chauvet, M. and C. Yu. 2006. "International Business Cycles: G7 and OECD Countries". *Economic Review, First Quarter 2006.* Atlanta: Federal Reserve Bank of Atlanta.

Chiswick, B. and Y. L. Lee. 2006. "Immigrant Selection Systems and Immigrant Health". *Discussion Paper No. 2345.* Bonn: Institut zur Zukunft der Arbeit.

Chiswick, B. and P. Miller. 1995. "The Endogenity Between Language and Earnings: An International Analysis." *Journal of Labour Economics* 13: 201-246.

Cho, W. K. T. 1999. "Naturalization, Socialization, Participation: Immigrants and Non-Voting." *The Journal of Politics* 61 (4): 1140-1155.

Christensen, G. and P. Stanat. 2007. "Language Policies and Practices for Helping Immigrants and Second-Generation Students Succeed". Unpublished Report of The Transatlantic Task Force on Immigration and Integration. Migration Policy Institute and Bertelsmann Stiftung.

Christian Aid. 2007. "Human Tide: The Real Migration Crisis". A Christian Aid Report.

CIEL (Center for International and Environmental Law). 2009. "The World Bank's Involuntary Resettlement Policy." http://www.ciel.org/Ifi/wbinvolresettle.html. Accessed June 2009.

Cinel, D. 1991. *The National Integration of the Italian Return Migration, 1870-1929.* Cambridge: Cambridge University Press.

Clark, K. and S. Drinkwater. 2008. "The Labour-Market Performance of Recent Migrants." *Oxford Review of Economic Policy* 24 (3): 495-516.

Clauss, S. and B. Nauck. 2009. "The Situation Among Children of Migrant Origin in Germany". *Working Paper.* Forthcoming. Florence: Innocenti Research Centre, UNICEF.

Clemens, M. 2009a. "Should Skilled Emigrants be Taxed? New Data on African Physicians Abroad". *Working Paper.* Forthcoming. Washington DC: Center for Global Development.

—. 2009b. "Skill Flow: A Fundamental Reconsideration of Skilled-Worker Mobility and Development." *Human Development Research Paper No. 8.* New York: United Nations Development Programme, Human Development Report Office.

Clemens, M., C. Montenegro and L. Pritchett. 2008. "The Place Premium: Wage Differences for Identical Workers Across the U.S. Border". *Policy Research Working Paper No. 4671.* Washington DC: World Bank and Center For Global Development.

Clemens, M. and L. Pritchett. 2008. "Income Per Natural: Measuring Development as if People Mattered More than Places". *Working Paper No. 143.* Washington DC: Center for Global Development.

Clert, C., E. Gomart, I. Aleksic and N. Otel. 2005. "Human Trafficking in South Eastern Europe: Beyond Crime Control, an Agenda for Social Inclusion and Development". *Processed Paper.* Washington DC: World Bank.

Colombo Process. 2008. "Ministerial Consultation on Overseas Employment and Contractual Labour for Countries of Origin and Destination in Asia (Abu Dhabi Dialogue)". Ministerial Consultation on Overseas Employment and Contractual Labour for Countries of Origin and Destination in Asia (Abu Dhabi Dialogue), 21-22 January 2008, Abu Dhabi, UAE.

Comelatto, P. A., A. E. Lattes and C. M. Levit. 2003. "Migración Internacional y Dinámica Demográfica en la Argentina Durante la Segunda Mitad del Siglo XX." *Estudios Migratorios Latinoamericanos* 17 (50): 69-110.

Commander, S., R. Chanda, M. Kangasniemi and L. A. Winters. 2008. "The Consequences of Globalisation: India's Software Industry and Cross-border Labour Mobility." *The World Economy* 31 (2): 187-211.

Consensus Economics. 2009a. "Asia Pacific Consensus Forecasts." *Consensus Economics*: 1-36.

—. 2009b. "Consensus Forecasts." *Consensus Economics*: 1-32.

—. 2009c. "Eastern Europe Consensus Forecasts." *Consensus Economics*: 1-24.

——. **2009d.** "Latin American Consensus Forecasts." *Consensus Economics*: 1-31.

Constant, A. 2005. "Immigrant Adjustment in France and Impacts on the Natives." In K. F. Zimmermann (Ed.), *European Migration: What Do We Know?*: 263-302. New York: Oxford University Press.

Corcoran, S. P., E. N. William and R. M. Schwab. 2004. "Changing Labor-Market Opportunities for Women and the Quality of Teachers, 1957-2000." *American Economic Review* 94 (2): 230-235.

Cordova, A. and J. Hiskey. 2009. "Migrant Networks and Democracy in Latin America". Unpublished Working Paper. Nashville: Vanderbilt University.

Cornelius, W. A., T. Tsuda, P. L. Martin and J. Hollifield (Eds.). 2004. *Controlling immigration: A Global Perspective (Second Edition).* Stanford: Stanford University Press.

Cortes, R. 2008. "Children and Women Left Behind in Labour Sending Countries: An Appraisal of Social Risks". Unpublished Working Paper. New York: UNICEF, Division of Policy and Practice.

Council of Europe. 2006. "Roma Campaign Dosta." http://www.coe.int/t/dg3/romatravellers/documentation/youth/Romaphobia_en.asp. Accessed May 2009.

Council of the European Union. 2009. *Council Directive on the Conditions of Entry and Residence of Third-country Nationals for the Purpose of Highly Qualified Employment 17426/08.* Brussels: Council of the European Union.

Cox Edwards, A. and M. Ureta. 2003. "International Migration Remittances, and Schooling: Evidence from El Salvador." *Journal of Development Economics* 72 (2): 429-461.

Crisp, J. 2006. "Forced Displacement in Africa: Dimensions, Difficulties and Policy Directions". *Research Paper No. 126.* Geneva, Switzerland: United Nations High Commissioner for Refugees.

Crul, M. 2007. "Pathways to Success for the Children of Immigrants". Unpublished Report of The Transatlantic Task Force on Immigration and Integration. Migration Policy Institute and Bertelsmann Stiftung.

Crush, J. and S. Ramachandran. 2009. "Xenophobia, International Migration, and Human Development." *Human Development Research Paper No. 47.* New York: United Nations Development Programme, Human Development Report Office.

Cummins, M., E. Letouzé, M. Purser and F. Rodríguez. 2009. "Revisiting the Migration-Development Nexus: A Gravity Model Approach." *Human Development Research Paper No. 44.* New York: United Nations Development Programme, Human Development Report Office.

Cummins, M. and F. Rodríguez. 2009. "Is There a Numbers Versus Rights Trade-Off in Immigration Policy? What the Data Say." *Human Development Research Paper No. 21.* New York: United Nations Development Programme, Human Development Report Office.

de Bruijn, B. J. 2009. "The Living Conditions and Well-Being of Refugees." *Human Development Research Paper No. 25.* New York: United Nations Development Programme, Human Development Report Office.

de Haas, H. 2007. *The Myth of Invasion: Irregular Migration from West Africa to the Maghreb and the European Union.* Oxford: International Migration Institute (IMI), James Martin 21st Century School, University of Oxford.

——. **2008.** "The Myth of Invasion: The Inconvenient Realities of African Migration to Europe." *Third World Quarterly* 29 (7): 1305-1322.

——. **2009.** "Mobility and Human Development." *Human Development Research Paper No. 1.* New York: United Nations Development Programme, Human Development Report Office.

de Haas, H. and R. Plug. 2006. "Cherishing the Goose with the Golden Eggs: Trends in Migrant Remittances from Europe to Morocco 1970-2004." *International Migration Review* 40 (3): 603-634.

Deb, P. and P. Seck. 2009. "Internal Migration, Selection Bias and Human Development: Evidence from Indonesia and Mexico." *Human Development Research Paper No. 31.* New York: United Nations Development Programme, Human Development Report Office.

December 18 vzw. 2008. *The UN Treaty Monitoring Bodies and Migrant Workers: A Samzidat.* Geneva: December 18 vzw.

Del Popolo, F., A. M. Oyarce, B. Ribotta and J. Rodríguez. 2008. *Indigenous Peoples and Urban Settlements: Spatial Distribution, Internal Migration and Living Conditions.* Santiago: United Nations Economic Commission for Latin America and the Caribbean.

Department of Treasury and Finance. 2002. "Globalisation and the Western Australian Economy". *Economic Research Paper.* Perth: Government of Western Australia.

Deshingkar, P. and S. Akter. 2009. "Migration and Human Development in India." *Human Development Research Paper No. 13.* New York: United Nations Development Programme, Human Development Report Office.

Deshingkar, P. and S. Grimm. 2005. "Internal Migration and Development: A Global Perspective". *Migration Research Series No. 19.* Geneva: International Organization for Migration.

DHS (Department of Homeland Security). 2007. "Yearbook of Immigration Statistics: 2007, Table 1." http://www.dhs.gov/ximgtn/statistics/publications/LPR07.shtm. Accessed June 2009.

Docquier, F. and A. Marfouk. 2004. "International Migration by Educational Attainment (1990-2000) - Release 1.1". Unpublished Working Paper.

Docquier, F., H. Rapoport and I. L. Shen. 2003. "Remittances and Inequality: A Dynamic Migration Model". *Discussion Paper No. 808*. Bonn: Institut zur Zukunft der Arbeit.

Doganis, R. 2002. *Flying Off Course*. London: Routledge.

Drèze, J. and A. Sen. 1999. *The Political Economy of Hunger Volume 1: Entitlement and Well-Being*. Oxford: Clarendon Press.

Dumont, J.-C., J. P. Martin and G. Spielvogel. 2007. "Women on the Move: The Neglected Gender Dimension of the Brain Drain". *Discussion Paper No. 2920*. Bonn: Institut zur Zukunft der Arbeit.

Durand, J., W. Kandel, A. P. Emilio and D. S. Massey. 1996. "International Migration and Development in Mexican Communities." *Demography* 33 (2): 249-264.

Dustmann, C. and F. Fabbri. 2005. "Immigrants in the British Labour Market." *Fiscal Studies* 26 (4): 423-470.

Dustmann, C., T. Frattini and I. Preston. 2008. "The Effect of Immigration Along the Distribution of Wages". *Discussion Paper No. 0803*. London: Centre for Research and Analysis of Migration.

Dustmann, C., A. Glitz and T. Vogel. 2006. "Employment, Wage Structure, and the Economic Cycle: Difference Between Immigrants and Natives in Germany and the UK". *Discussion Paper No. 0906*. London: Centre for Research and Analysis of Migration.

Earnest, D. C. 2008. *Old Nations, New Voters: Nationalism, Transnationalism and Democracy in the Era of Global Migration*. Albany: State University of New York Press.

EC-UN Joint Migration and Development Initiative. 2008. "Migrant Communities." In *Migration for Development: Knowledge Fair Handbook*: 39-53. Brussels: EC-UN Joint Migration and Development Initiative.

Eckstein, S. 2004. "Dollarization and its Discontents: Remittances and the Remaking of Cuba in the Post-Soviet Era." *Comparative Politics* 36 (3): 313-330.

ECLAC (Economic Commission for Latin America and the Caribbean). 2007. "Internal Migration and Development in Latin America and the Caribbean: Continuity, Changes and Policy Challenges." In *Social Panorama of Latin America*: 195-232. Santiago: United Nations.

ECOSOC (Economic and Social Council of the United Nations, Commission on Human Rights). 1998. "Further Promotion and Encouragement of Human Rights and Fundamental Freedoms Including the Question of the Programme and Methods of Work of the Commission: Human Rights, Mass Exoduses, and Displaced Persons". Commission on Human Rights, Fifth-fourth session. UN Doc. No. E/CN.4/1998/53/Add.2.

Ellis, F. and N. Harris. 2004. "Development Patterns, Mobility and Livelihood Diversification". Paper presented at Department for International Development Sustainable Development Retreat, 13 July 2004, Guildford, UK.

EurActiv.com News. 2008. "Divided Parliament Approves EU Blue Card System." http://www.euractiv.com/en/socialeurope/divided-parliament-approves-eu-blue-card-system/article-177380.

European Parliament. 2008. "European Parliament Legislative Resolution of 18 June 2008 on the Proposal for a Directive of the European Parliament and of the Council on Common Standards and Procedures in Member States for Returning Illegally Staying Third-Country Nationals P6_TA(2008)0293." http://www.europarl.europa.eu/sides/getDoc.do?pubRef=-//EP//TEXT+TA+P6-TA-2008-0293+0+DOC+XML+V0//EN&language=EN#BKMD-5. Accessed June 2009.

Ezra, M. and G. E. Kiros. 2001. "Rural Out-Migration in the Drought Prone Areas of Ethiopia: A Multilevel Analysis." *International Migration Review* 35 (3): 749-771.

Facchini, G. and A. M. Mayda. 2008. "From Individual Attitudes Towards Migrants to Migration Policy Outcomes: Theory and Evidence." *Economic Policy* 23 (56): 651-713.

——. 2009. "The Political Economy of Immigration Policy." *Human Development Research Paper No. 3*. New York: United Nations Development Programme, Human Development Report Office.

Fajnzylber, P. and J. H. Lopez. 2007. *Close to Home: The Development Impact of Remittances in Latin America*. Washington DC: World Bank Publications.

Fan, C. C. 2002. "The Elite, the Natives, and the Outsiders: Migration and Labor Market Segmentation in Urban China." *Annals of the Association of American Geographers* 92 (1): 103-124.

Fan, C. S. and O. Stark. 2007. "The Brain Drain, 'Educated Unemployment', Human Capital Formation, and Economic Betterment." *Economics of Transition* 15 (4): 629-660.

Fang, C. and D. Wang. 2008. "Impacts of Internal Migration on Economic Growth and Urban Development in China." In J. DeWind and J. Holdaway (Eds.), *Migration and Development Within and Across Borders: Research and Policy Perspectives on Internal and International Migration*: 245-272. Geneva: International Organization for Migration.

Fang, Z. Z. 2009. "Potential of China in Global Nurse Migration." *Health Services Research* 42 (1): 1419-1428.

Fargues, P. 2006. "The Demographic Benefit of International Migration: Hypothesis and Application to Middle Eastern and North African Contexts". *Policy Research Working Paper No. 4050*. Washington DC: World Bank.

Felbermayr, G. J. and F. Toubal. 2008. "Revisiting the Trade-Migration Nexus: Evidence from New OECD Data". Unpublished Working Paper.

Fennelly, K. 2005. "The 'Healthy Migrant' Effect." *Healthy Generations* 5 (3): 1-4.

Findlay, A. M. and B. L. Lowell. 2001. *Migration of Highly Skilled Persons from Developing Countries: Impact and Policy Responses.* Geneva: International Labour Office.

Foner, N. 2002. *From Ellis Island to JFK.* New Haven: Yale University Press.

Frank, R. and R. A. Hummer. 2002. "The Other Side of the Paradox: The Risk of Low Birth Weight Among Infants of Migrant and Nonmigrant Households within Mexico." *International Migration Review* 36 (3): 746-765.

Freedom House. 2005. *Freedom in the World 2005: The Annual Survey of Political Rights and Civil Liberties.* Boston: Rowman & Littlefield Publishers.

——. 2009. "Freedom in the World Survey". Washington DC: Freedom House.

Friedman, B. M. 2005. *The Moral Consequences of Economic Growth.* New York: Knopf.

Gaige. 2006. *Zhongguo nongmingong wenti yanjiu zongbaogao (Report on the Problems of Chinese Farmer-Turned Workers)* (Rep. No. 5).

Galenson, D. W. 1984. "The Rise and Fall of Indentured Servitude in the Americas: An Economic Analysis." *Journal of Economic History* 44 (1): 1-26.

Gamlen, A. 2006. "Diasporas Engagement Policies: What are They, and What Kinds of States Use Them?". *Working Paper No. 32.* Oxford: Centre on Migration, Policy and Society.

García y Griego, M. 1983. "The Importation of Mexican Contract Laborers to the United States, 1942-1964: Antecedents, Operation and Legacy." In P. Brown and H. Shue (Eds.), *The Border that Joins: Mexican Migrants and US Responsibility*: 49-98. New Jersey: Rowman and Littlefield.

Garcia-Gomez, P. 2007. "Salud y Utilización de Recursos Sanitarios: Un Análisis de las Diferencias y Similitudes Entre Población Inmigrante y Autóctona." *Presupuesto y Gasto Publico* 49: 67-85.

GFMD (Global Forum on Migration and Development). 2008. "Report of the Proceedings". Prepared for the Global Forum on Migration and Development, 29-30 October 2008, Manila, Philippines.

Ghosh, B. 2007. "Restrictions in EU Immigration and Asylum Policies in the Light of International Human Rights Standards." *Essex Human Rights Review* 4 (2).

Ghosh, J. 2009. "Migration and Gender Empowerment: Recent Trends and Emerging Issues." *Human Development Research Paper No. 4.* New York: United Nations Development Programme, Human Development Report Office.

Gibney, M. J. 2009. "Precarious Residents: Migration Control, Membership and the Rights of Non-Citizens." *Human Development Research Paper No. 10.* New York: United Nations Development Programme, Human Development Report Office.

Gibson, J. and S. D. McKenzie. 2009. "The Microeconomic Determinants of Emigration and Return Migration of the Best and Brightest: Evidence from the Pacific". *Discussion Paper Series No. 03/09.* London: Centre for Research and Analysis of Migration.

Gidwani, V. and K. Sivaramakrishnan. 2003. "Circular Migration and the Spaces of Cultural Assertion." *Annals of the Association of American Geographers* 93 (1): 186-213.

Gilbertson, G. A. 1995. "Women's Labor and Enclave Employment: The Case of Dominican and Colombian Women in New York City." *International Migration Review* 29 (3): 657-670.

Glaeser, E. L., H. D. Kallal, J. A. Scheinkman and A. Shleifer. 1992. "Growth in Cities." *Journal of Political Economy* 100 (6): 1126-1152.

Global IDP Project and Norwegian Refugee Council. 2005. *Internal Displacement: Global Overview of Trends and Developments in 2004.* Geneva: Global IDP Project.

Global Legal Information Network. 2009. "Kafala." http://www.glin.gov/subjectTermIndex.action?search=&searchDetails.queryType=BOOLEAN&searchDetails.queryString=mt%3A^%22Kafala%22%24. Accessed June 2009.

Goldring, L. 2004. "Family and Collective Remittances to Mexico: A Multi-Dimensional Typology." *Development and Change* 35: 799-840.

Goncalves, A., S. Dias, M. Luck, M. J. Fernandes and J. Cabral. 2003. "Acesso aos Cuidados de Saúde de Comunidades Migrantes: Problemas e Perspectivas e Intervenção." *Revista Portuguesa de Saude Publica* 21 (1): 55-64.

Gould, J. D. 1980. "European Inter-Continental Emigration. The Road Home: Return Migration from the USA." *Journal of European Economic History* 9: 41-112.

Government of Azad Jammu and Kashmir. 2003. *Between Hope and Despair: Pakistan Participatory Poverty Assessment Azad Jammu and Kashmir Report.* Islamabad: Planning Commission, Government of Pakistan.

Government of Lesotho. 2004. "Kingdom of Lesotho Poverty Reduction Strategy 2004/2005 - 2006/2007." http://www.lesotho.gov.ls/documents/PRSP_Final.pdf. Accessed June 2009.

Government of Sweden. 2008. "Swedish Code of Statutes." http://www.sweden.gov.se/. Accessed June 2009.

Government of Western Australia. 2004. "WA Charter of Multiculturalism." http://www.omi.wa.gov.au/Publications/wa_charter_multiculturalism.pdf. Accessed June 2009.

Gregory, J. N. 1989. *American Exodus: The Dust Bowl Migration and Okie Culture in California.* New York: Oxford University Press.

Ha, W., J. Yi and J. Zhang. 2009a. "Brain Drain, Brain Gain, and Economic Growth in China." *Human Development*

Research Paper No. 37. New York: United Nations Development Programme, Human Development Report Office.

——. **2009b.** "Internal Migration and Inequality in China: Evidence from Village Panel Data." *Human Development Research Paper No. 27.* New York: United Nations Development Programme, Human Development Report Office.

Hagan, J., K. Eschbach and N. Rodriguez. 2008. "US Deportation Policy, Family Separation, and Circular Migration." *International Migration Review* 42 (1): 64-88.

Halliday, T. 2006. "Migration, Risk, and Liquidity Constraints in El Salvador." *Economic Development and Cultural Change* 54 (4): 893-925.

Hamel, J. Y. 2009. "Information and Communication Technologies and Migration." *Human Development Research Paper No. 39.* New York: United Nations Development Programme, Human Development Report Office.

Hampshire, K. 2006. "Flexibility in Domestic Organization and Seasonal Migration Among the Fulani of Northern Burkina Faso." *Africa* 76: 402-426.

Hanson, G. 2007. "The Economic Logic of Illegal Immigration". *Working Paper No. 26.* New York: Council on Foreign Relations.

—— **2009.** "The Governance of Migration Policy." *Human Development Research Paper No. 2.* New York: United Nations Development Programme, Human Development Report Office.

Hanson, G., K. F. Scheve and M. J. Slaughter. 2007. "Public Finance and Individual Preferences Over Globalization Strategies." *Economics and Politics* 19 (1): 1-33.

Hanson, G. and A. Spilimbergo. 2001. "Political Economy, Terms of Trade, and Border Enforcement." *Canadian Journal of Economics* 34 (3): 612-638.

Harris, J. R. and M. P. Todaro. 1970. "Migration, Unemployment, and Development: A Two-Sector Analysis." *The American Economic Review* 60 (1): 126-142.

Harttgen, K. and S. Klasen. 2009. "A Human Development Index by Internal Migration Status." *Human Development Research Paper No. 54.* New York: United Nations Development Programme, Human Development Report Office.

Hashim, I. M. 2006. "The Positives and Negatives of Children's Independent Migration: Assessing the Evidence and the Debates". *Working Paper No. T16.* Brighton: Development Research Centre on Migration.

Hatton, T. J. and J. G. Williamson. 1998. *The Age of Mass Migration: Causes and Economic Impact.* New York: Oxford University Press.

——. **2005.** *Global Migration and the World Economy: Two Centuries of Policy Performance.* Cambridge: MIT Press.

Hausmann, R., F. Rodríguez and R. Wagner. 2008. "Growth Collapses." In C. M. Reinhart, C. A. Végh, and A. Velasco (Eds.), *Money, Crises, and Transition: Essays in Honor of Guillermo A. Calvo*: 377-428. Cambridge: MIT Press.

He, Y. 2004. "Hukou and Non-Hukou Migrations in China: 1995-2000". *Working Paper Series No. C2004016.* China Center for Economic Research.

Heckman, J. J. 2006. "Skill Formation and the Economics of Investing in Disadvantaged Children." *Science* 312 (5782): 1900-1902.

Heleniak, T. 2009. "Migration Trends and Patterns in the Former Soviet Union and Czechoslovakia 1960-1990". *Commissioned by the Human Development Report Office.* New York: United Nations Development Programme.

Henderson, J. V., Z. Shalizi and A. J. Venables. 2001. "Geography and Development." *Journal of Economic Geography* (1): 81-105.

Hernandez, D. 2009. "Children in Immigrant Families in Eight Affluent Societies". Florence: Innocenti Research Centre, UNICEF.

Heston, A., R. Summers and B. Aten. 2006. "Penn World Table Version 6.2". Philadelphia: Center for International Comparisons of Production, Income and Prices at the University of Pennsylvania.

Hildebrandt, N., D. J. McKenzie, G. Esquivel and E. Schargrodsky. 2005. "The Effects of Migration on Child Health in Mexico." *Economia* 6 (1): 257-289.

Horst, H. 2006. "The Blessings and Burdens of Communication: Cell Phones in Jamaican Transnational Social Fields." *Global Networks* 6 (2): 143-159.

Hossain, M. I., I. A. Khan and J. Seeley. 2003. "Surviving on their Feet: Charting the Mobile Livelihoods of the Poor in Rural Bangladesh". Paper presented at Staying Poor: Chronic Poverty and Development Policy, 7-9 April 2003, Manchester, UK.

Huan-Chang, C. 1911. *The Economic Principles of Confucius and his School.* Whitefish: Kessinger Publishing.

Huang, Q. 2006. "Three Government Agencies Emphasize the Need to Pay Close Attention to the Safety and Health of Migrant Workers (Sanbumen Kaizhan Guanai Nongmingong Shenming Anquan Yu Jiankang Tebie Xingdong)." *Xinhua News Agency.*

Hugo, G. 2000. "Migration and Women's Empowerment." In H. B. Presser and G. Sen (Eds.), *Women's Empowerment and Demographic Processes.* Oxford, U.K.: Oxford University Press.

Hugo, G. 1993. "Indonesian Labour Migration to Malaysia: Trends and Policy Implications." *Southeast Asian Journal of Social Science* 21 (1): 36-70.

Human Rights Watch. 2005a. *Families Torn Apart: The High Cost of U.S. and Cuban Travel Restrictions.* New York: Human Rights Watch.

——. **2005b.** "Malaysia: Migrant Workers Fall Prey to Abuse." *Human Rights Watch News Release,* 16 May.

——. **2007a.** "Forced Apart." http://www.hrw.org/en/reports/2007/07/16/forced-apart. Accessed June 2009.

——. **2007b.** "World Report 2007". New York: Human Rights Watch.

Human Security Centre. 2005. *Human Security Report 2005: War and Peace in the 21st Century.* New York: Oxford University Press.

Hunt, J. and M. Gauthier-Loiselle. 2008. "How Much Does Immigration Boost Innovation?" *Working Paper No. 14312.* Cambridge: National Bureau of Economic Research.

IATA (International Air Transport Association). 2006. *Travel Information Manual.* Badhoevedorp: IATA.

Içduygu, A. 2009. "International Migration and Human Development in Turkey." *Human Development Research Paper No. 52.* New York: United Nations Development Programme, Human Development Report Office.

ICFTU (International Confederation of Free Trade Unions). 2009. "International Confederation of Free Trade Unions." http://www.icftu.org/default.asp?Language=EN. Accessed July 2009.

ICMPD (International Centre for Migration Policy Development). 2009. "Regularisations in Europe: Study on Practices in the Area of Regularisation of Illegally Staying Third-Country Nationals in the Member States of the EU". Vienna: ICMPD.

IDB (Inter-American Development Bank). 2009. "Sectoral Operational Policies: Involuntary Resettlement." http://www.iadb.org/aboutus/pi/OP_710.cfm. Accessed June 2009.

IDMC (Internal Displacement Monitoring Centre). 2008. *Internal Displacement: Global Overview of Trends and Developments in 2007.* Geneva: IDMC.

——. **2009a.** "Global Statistics on IDPs." http://www.internal-displacement.org. Accessed February 2009.

——. **2009b.** *Internal Displacement: Global Overview of Trends and Developments in 2008.* Geneva: IDMC.

Ignatiev, N. 1995. *How the Irish Became White.* New York: Routledge.

IIED and WBCSD (International Institute for Environment and Development and World Business Council for Sustainable Development). 2003. *Breaking New Ground: Mining, Minerals and Sustainable Development.* Virginia: Earthscan.

ILO (International Labour Organization). 2004. "Towards a Fair Deal for Migrant Workers in the Global Economy." International Labour Conference, 92nd Session, 1-12 June 2004, Geneva, Switzerland.

——. **2009a.** "Economically Active Population Estimates and Projections." http://laborsta.ilo.org/applv8/data/EAPEP/eapep_E.html. Accessed July 2009.

——. **2009b.** "LABORSTA database." http://laborsta.ilo.org/. Accessed July 2009.

IMF (International Monetary Fund). 2009a. "Global Economic Policies and Prospects". Executive Summary of the Meeting of the Ministers and Central Bank Governors of the Group of Twenty, 13-14 March, London.

——. **2009b.** "Government Finance Statistics Online." http://www.imfstatistics.org/gfs/. Accessed July 2009.

——. **2009c.** *World Economic Outlook Update: Global Economic Slump Challenges Policies.* Washington DC: International Monetary Fund.

IMF (International Monetary Fund) and World Bank. 1999. "Poverty Reduction Strategy Papers--Operational Issues." http://www.imf.org/external/np/pdr/prsp/poverty1.htm.

Immigration and Refugee Board of Canada. 2008. "Responses to Information Requests (CHN102869.E)." http://www2.irb-cisr.gc.ca/en/research/rir/?action=record.viewrec&gotorec=451972. Accessed July 2009.

INE (Instituto Nacional de Estadística). 2009. "Encuesta de Población Activa: Primer Trimestre". Madrid: Government of Spain.

International Labour Office. 1936. *World Statistics of Aliens: A Comparative Study of Census Returns, 1910-1920-1930.* Westminster: P.S. King & Son Ltd.

IOM (International Organization for Migration). 2008a. "The Diversity Initiative: Fostering Cultural Understanding in Ukraine." http://www.iom.int/jahia/Jahia/facilitating-migration/migrant-integration/pid/2026. Accessed June 2009.

——. **2008b.** *World Migration 2008: Managing Labour Mobility in the Evolving Global Economy.* Geneva: International Organization for Migration.

IPC (Immigration Policy Center). 2007. *The Myth of Immigrant Criminality and the Paradox of Assimilation: Incarceration Rates Among Native and Foreign-Born Men.* Washington DC: IPC.

IPCC (Intergovernmental Panel on Climate Change). 2007. "Climate Change 2007: The Physical Science Basis. Contribution of Working Group I to the Fourth Assessment Report of the Intergovernmental Panel on Climate Change." In S. Solomon, D. Qin, M. Manning, Z. Chen, M. Marquis, K. B. Averyt, M. Tignor, and H. L. Miller (Eds.). New York: Cambridge University Press.

IPU (Inter-Parliamentary Union). 2009. Correspondence on year women received the right to vote and to stand for election and year first woman was elected or appointed to parliament. June. Geneva.

Iredale, R. 2001. "The Migration of Professionals: Theories and Typologies." *International Migration* 39 (5, Special Issue 1): 7-26.

Iskander, N. 2009. "The Creative State: Migration, Development and the State in Morocco and Mexico, 1963-2005". New York: New York University. Forthcoming.

Ivakhnyuk, I. 2009. "The Russian Migration Policy and its Impact on Human Development: The Historical Perspective." *Human Development Research Paper No. 14*. New York: United Nations Development Programme, Human Development Report Office.

Jack, B. and T. Suri. 2009. "Mobile Money: The Economics of Kenya's M-PESA". Cambridge: MIT Sloan School of Business, Forthcoming.

Jacobs, J. 1970. *The Economy of Cities*. New York: Vintage Books.

Jasso, G., D. Massey, M. Rosenzweig and J. Smith. 2004. "Immigrant Health - Selectivity and Acculturation." In N. B. Anderson, R. A. Bulatao, and B. Cohen (Eds.), *Critical Perspectives on Racial and Ethnic Differences in Health in Late Life*: 227-266. Washington, D.C.: National Academies Press.

Jasso, G. and M. Rosenzweig. 2009. "Selection Criteria and the Skill Composition of Immigrants: A Comparative Analysis of Australian and US Employment Immigration." In J. N. Bhagwati and G. Hanson (Eds.), *Skilled Immigration Today: Prospects, Problems and Policies*: 153-183. New York: Oxford University Press.

Javorcik, B. S., C. Ozden, M. Spatareanu and C. Neagu. 2006. "Migrant Networks and Foreign Direct Investment". *Working Paper No. 3*. Newark: Rutgers University.

Jayaweera, H. and B. Anderson. 2009. "Migrant Workers and Vulnerable Employment: A Review of Existing Data". *Project Undertaken by Compas for the TUC Comission on Vulnerable Employment*. Oxford: Centre on Migration, Policy, and Society.

Jobbins, M. 2008. "Migration and Development: Poverty Reduction Strategies." Prepared for the Global Forum on Migration and Development, 29-30 October 2008, Manila, Philippines.

Kabeer, N. 2000. *The Power to Choose: Bangladeshi Women and Labour Market Decisions in London and Dhaka*. London: Verso.

Kalita, M. 2009. "U.S. Deters Hiring of Foreigners as Joblessness Grows." *The Wall Street Journal*, 27 March.

Kapur, D. 2004. "Remittances: The New Development Matra?" *G-24 Discussion Paper Series No. 29*. Geneva: United Nations Conference on Trade and Development.

Karsten, S., C. Felix, G. Ledoux, W. Meijnen, J. Roeleveld and E. Van Schooten. 2006. "Choosing Segregation or Integration?: The Extent and Effects of Ethnic Segregation in Dutch Cities." *Education and Urban Society* 38 (2): 228-247.

Kaur, A. 2007. "International Labour Migration in Southeast Asia: Governance of Migration and Women Domestic Workers." *Intersections: Gender, History and Culture in the Asian Context* (15).

Kautsky, K. 1899. *The Agrarian Question*. London: Zwan Publications.

Kelley, N. and M. Trebilcock. 1998. *The Making of the Mosaic: A History of Canadian Immigration Policy*. Toronto: University of Toronto Press.

Khaleej Times. 2009. "Bahrain Commerce Body Denies Abolition of Sponsorship." *Khaleej Times Online*, 15 June.

Khoo, S. E., G. Hugo and P. McDonald. 2008. "Which Skilled Temporary Migrants Become Permanent Residents and Why?" *International Migration Review* 42 (1): 193-226.

King, R., R. Skeldon and J. Vullnetari. 2008. "Internal and International Migration: Bridging the Theoretical Divide". Paper presented at Theories of Migration and Social Change Conference, 1-3 July 2008, Oxford University, Oxford, UK.

King, R. and J. Vullnetari. 2006. "Orphan Pensioners and Migrating Grandparents: The Impact of Mass Migration on Older People in Rural Albania." *Ageing and Society* 26 (5): 783-816.

Kireyev, A. 2006. "The Macroeconomics of Remittances: The Case of Tajikistan". *IMF Working Paper No. 06/2*. Washington D.C.: International Monetary Fund.

Kleemans, M. and J. Klugman. 2009. "Public Opinions towards Migration." *Human Development Research Paper No. 53*. New York: United Nations Development Programme, Human Development Report Office.

Klugman, J. and I. M. Pereira. 2009. "Assessment of National Migration Policies." *Human Development Research Paper No. 48*. New York: United Nations Development Programme, Human Development Report Office.

Koettl, J. 2006. "The Relative Merits of Skilled and Unskilled Migration, Temporary, and Permanent Labor Migration, and Portability of Social Security Benefits". *Working Paper Series No. 38007*. Washington DC: World Bank.

Koser, K. 2008. "Why Migrant Smuggling Pays." *International Migration* 46 (2): 3-26.

Koslowski, R. 2008. "Global Mobility and the Quest for an International Migration Regime." In J. Chamie and L. Dall'Oglio (Eds.), *International migration and development: Continuing the dialogue: Legal and policy perspectives*: 103-144. Geneva: International Organization for Migration.

——. 2009. "Global Mobility Regimes: A Conceptual Reframing". Paper presented at International Studies Association Meeting, 15 February 2009, New York, US.

Kremer, M. and S. Watt. 2006. "The Globalisation of Household Production". *Working Paper No. 2008-0086*. Cambridge: Weatherhead Center for International Affairs, Harvard University.

Kundu, A. 2009. "Urbanisation and Migration: An Analysis of Trends, Patterns and Policies in Asia." *Human Development Research Paper No. 16*. New York: United Nations Development Programme, Human Development Report

Office.

Kutnick, B., P. Belser and G. Danailova-Trainor. 2007. "Methodologies for Global and National Estimation of Human Trafficking Victims: Current and Future Approaches". *Working Paper No. 29.* Geneva: International Labour Organization.

La Rovere, E. L. and F. E. Mendes. 1999. "Tucuruí Hydropower Complex Brazil". *Working Paper.* Cape Town: World Commission on Dams.

Lacroix, T. 2005. "Les Réseaux Marocains du Développement: Géographie du Transnational et Politiques du Territorial". Paris: Presses de Sciences Po.

Laczko, F. and G. Danailova-Trainor. 2009. "Trafficking in Persons and Human Development: Towards a More Integrated Policy Response." *Human Development Research Paper No. 51.* New York: United Nations Development Programme, Human Development Report Office.

Landau, L. B. 2005. "Urbanization, Nativism and the Rule of Law in South Africa's 'Forbidden Cities'." *Third World Quarterly* 26 (7): 1115-1134.

Landau, L. B. and A. Wa Kabwe-Segatti. 2009. "Human Development Impacts of Migration: South Africa Case Study." *Human Development Research Paper No. 5.* New York: United Nations Development Programme, Human Development Report Office.

Lawyers for Human Rights. 2008. "Monitoring Immigration Detention in South Africa". Pretoria: Lawyers for Human Rights.

Leal-Arcas, R. 2007. "Bridging the Gap in the Doha Talks: A Look at Services Trade." *Journal of International Commercial Law and Technology* 2 (4): 241-249.

Lee, R. and T. Miller. 2000. "Immigration, Social Security, and Broader Fiscal Impacts." *American Economic Review: Papers and Proceedings* 90 (2): 350-354.

Leon-Ledesma, M. and M. Piracha. 2004. "International Migration and the Role of Remittances in Eastern Europe." *International Migration* 42 (4): 65-83.

Levitt, P. 1998. "Social Remittances: Migration Driven Local-Level Forms of Cultural Diffusion." *International Migration Review* 32 (4): 926-948.

——. 2006. "Social Remittances - Culture as a Development Tool". Unpublished Working Paper. Santo Domingo: United Nations International Research and Training Institute for the Advancement of Women.

Lewis, W. A. 1954. "Economic Development with Unlimited Supplies of Labor." *Manchester School of Economic and Social Studies* 22 (2): 139-191.

Linz, B., F. Balloux, Y. Moodley, A. Manica, H. Liu, P. Roumagnac, D. Falush, C. Stamer, F. Prugnolle, S. W. van der Merwe, Y. Yamaoka, D. Y. Graham, E. Perez-Trallero, T. Wadstrom, S. Suerbaum and M. Achtman. 2007. "An African Origin for the Intimate Association Between Humans and Helicobacter Pylori." *Nature* 445: 915-918.

Lipton, M. 1980. "Migration from Rural Areas of Poor Countries: The Impact on Rural Productivity and Income Distribution." *World Development* 8 (1): 1-24.

LIS (Luxembourg Income Study). 2009. "Key Figures." http://www.lisproject.org/key-figures/key-figures.htm. Accessed June 2009.

Local Government Association. 2009. "The Impact of the Recession on Migrant Labour". London: Local Government Association.

Longhi, S., P. Nijkamp and J. Poot. 2005. "A Meta-Analytic Assessment of the Effect of Immigration on Wages." *Journal of Economic Surveys* 19 (3): 451-477.

Longva, A. N. 1997. *Walls Built on Sand: Migration, Exclusion and Society in Kuwait.* Boulder: Westview Press.

Lu, X. and Y. Wang. 2006. "'Xiang-Cheng' Renkou Qianyi Guimo De Cesuan Yu Fenxi (1979-2003) (Estimation and Analysis on Chinese Rural-Urban Migration Size)." *Xibei Renkou (Northwest Population)* 1: 14-16.

Lucas, R. E. B. 2004. "Life Earnings and Rural-Urban Migration." *The Journal of Political Economy* 112 (1): S29-S59.

Lucas, R. E. B. and L. Chappell. 2009. "Measuring Migration's Development Impacts: Preliminary Evidence from Jamaica". *Working Paper.* Global Development Network and Institute for Public Policy Research.

Lucassen, L. 2005. *The Immigrant Threat: The Integration of Old and New Migrants in Western Europe since 1890.* Champaign: University of Illinois Press.

Luthria, M. 2009. "The Importance of Migration to Small Fragile Economies." *Human Development Research Paper No. 55.* New York: United Nations Development Programme, Human Development Report Office.

Magee, G. B. and A. S. Thompson. 2006. "Lines of Credit, Debts of Obligation: Migrant Remittances to Britain, C.1875-1913." *Economic History Review* 59 (3): 539-577.

Maksakova, L. P. 2002. "Migratsia I Rinok Truda V Stranakh Srednei Azii [Migration and Labor Market in the Middle Asian Countries]". Proceedings of the Regional Seminar, 11-12 October 2001, Tashkent, Uzbekistan.

Malek, A. 2008. "Training for Overseas Employment". Paper presented at International Labour Organization Symposium on Deployment of Workers Overseas: A Shared Responsibility, 15-16 July 2008, Dhaka, Bangladesh.

Manacorda, M., A. Manning and J. Wadsworth. 2006. "The Impact of Immigration on the Structure of Male Wages: Theory and Evidence from Britain". *Discussion Paper Series No. 0608.* London: Centre for Research and Analysis of Migration.

Mansuri, G. 2006. "Migration, Sex Bias, and Child Growth in Rural Pakistan". *Policy Research Working Paper No. 3946.* Washington, D.C.: World Bank.

Marcelli, E. A. and P. M. Ong. 2002. "2000 Census Coverage of Foreign Born Mexicans in Los Angeles Country: Implications for Demographic Analysis". Paper presented at the 2002 Annual Meeting of the Population Association of America, 9-11 May 2002, Atlanta, US.

Marquette, C. M. 2006. "Nicaraguan Migrants in Costa Rica." *Poblacion y Salud en Mesoamerica 4* (1).

Martin, P. 1993. *Trade and Migration: NAFTA and Agriculture.* Washington DC: Institute for International Economics.

——**. 1994.** "Germany: Reluctant Land of Immigration." In W. Cornelius, P. Martin, and J. Hollifield (Eds.), *Controlling Immigration: A Global Perspective*: 189-225. Stanford: Stanford University Press.

——**. 2003.** *Promise Unfulfilled: Unions, Immigration, and Farm Workers.* Ithaca: Cornell University Press.

——**. 2005.** "Merchant of Labor: Agents of the Evolving Migration Infrastructure". *Discussion Paper No. 158.* Geneva: International Institute for Labour Studies.

——**. 2009a.** "Demographic and Economic Trends: Implications for International Mobility." *Human Development Research Paper No. 17.* New York: United Nations Development Programme, Human Development Report Office.

——**. 2009b.** "Migration in the Asia-Pacific Region: Trends, Factors, Impacts." *Human Development Research Paper No. 32.* New York: United Nations Development Programme, Human Development Report Office.

Martin, P. and J. E. Taylor. 1996. "The Anatomy of a Migration Hump." In J. E. Taylor (Ed.), *Development Strategy, Employment, and Migration: Insights from Models*: 43-62. Paris: Organisation for Economic Co-operation and Development (OECD).

Martin, S. F. 2008. "Policy and Institutional Coherence at the Civil Society Days of the GFMD". Prepared for the Global Forum on Migration and Development, 29-30 October 2008, Manila, Philippines.

Martin, S. F. and R. Abimourchad. 2008. "Promoting the Rights of Migrants". Prepared for the Civil Society Days of the Global Forum on Migration and Development, 27-30 October 2008, Manila, Philippines.

Massey, D. S. 1988. "International Migration and Economic Development in Comparative Perspective." *Population and Development Review* 14: 383-414.

——**. 2003.** "Patterns and Processes of International Migration in the 21st Century". Paper prepared for Conference on African Migration in Comparative Perspective, 4-7 June 2003, Johannesburg, South Africa.

Massey, D. S., J. Arango, G. Hugo, A. Kouaouci, A. Pellegrino and J. E. Taylor. 1998. *Worlds in Motion: Understanding International Mgiration at the End of the Milliennium.* New York: Oxford University Press.

Massey, D. S. and M. Sánchez R. 2009. "Restrictive Immigration Policies and Latino Immigrant Identity in the United States." *Human Development Research Paper No. 43.* New York: United Nations Development Programme, Human Development Report Office.

Matsushita, M., T. J. Schoenbaum and P. C. Mavroidis (Eds.). 2006. *The World Trade Organization: Law, Practice, and Policy.* New York: Oxford University Press.

Mattoo, A. and M. Olarreaga. 2004. "Reciprocity across Modes of Supply in the WTO: A Negotiating Formula." *International Trade Journal* 18: 1-24.

Mazzolari, F. and D. Neumark. 2009. "The Effects of Immigration on the Scale and Composition of Demand: A Study of California Establishments." *Human Development Research Paper No. 33.* New York: United Nations Development Programme, Human Development Report Office.

McKay, L., S. Macintyre and A. Ellaway. 2003. "Migration and Health: A Review of the International Literature". *Occasional Paper No. 12.* Glasgow: Medical Research Council Social and Public Health Sciences Unit.

McKenzie, D. 2007. "Paper Walls are Easier to Tear Down: Passport Costs and Legal Barriers to Emigration." *World Development* 35 (11): 2026-2039.

McKenzie, D., J. Gibson and S. Stillman. 2006. "How Important is Selection? Experimental versus Non-Experimental Measures of the Income Gains from Migration". *Policy Research Working Paper Series No. 3906.* Washington DC: World Bank.

Meng, X. and J. Zhang. 2001. "The Two-Tier Labor Market in Urban China: Occupational Segregation and Wage Differentials Between Urban Residents and Rural Migrants in Shanghai." *Journal of Comparative Economics* 29 (3): 485-504.

Mesnard, A. 2004. "Temporary Migration and Capital Market Imperfections." *Oxford Economic Paper* 56: 242-262.

Meza, L. and C. Pederzini. 2006. "Condiciones Laborales Familiares y la Decision de Migracion: El Caso de México". *Documento de apoyo del Informe sobre Desarrollo Humano México 2006-2007.* Mexico City: Programa de las Naciones Unidas para el Desarrollo.

Migrant Forum in Asia. 2006. "Asylum Seekers and Migrants at Risk of Violent Arrest, Overcrowded Detention Centers and Inhumane Deportation." *Migrant Forum in Asia, Urgent Appeal,* 2 November.

Migration DRC (Development Research Centre). 2007. "Global Migrant Origin Database (Version 4)." Development Research Centre on Migration, Globalisation and Poverty, University of Sussex.

Migration Policy Group and British Council. 2007. "Migrant Integration Policy Index." http://www.integrationindex.eu/. Accessed June 2009.

Miguel, E. and J. Hamory. 2009. "Individual Ability and Selection into Migration in Kenya." *Human Development Research Paper No. 45.* New York: United Nations Development Programme, Human Development Report Office.

Mills, M. B. 1997. "Contesting the Margins of Modernity: Women, Migration, and Consumption in Thailand." *American Ethnologist* 24 (1): 37-61.

Ministry of Social Welfare and Labour, United Nations Population Fund and Mongolian Population and Development Association. 2005. *Status and Consequences of Mongolian Citizens Working Abroad.* Ulaanbaatar: Mongolian Population and Development Association.

Minnesota Population Center. 2008. "Integrated Public Use Microdata Series - International: Version 4.0." University of Minnesota. http://www.ipums.umn.edu/. Accessed July 2009.

Misago, J. P., L. B. Landau and T. Monson. 2009. *Towards Tolerance, Law and Dignity: Addressing Violence Against Foreign Nationals in South Africa.* Arcadia: International Organization for Migration, Regional Office for Southern Africa.

Mitchell, T. 2009. "An Army Marching to Escape Medieval China." *Financial Times,* 15 April.

Mobarak, A. M., C. Shyamal and B. Gharad. 2009. "Migrating away from a Seasonal Famine: A Randomized Intervention in Bangladesh." *Human Development Research Paper No. 41.* New York: United Nations Development Programme, Human Development Report Office.

Molina, G. G. and E. Yañez. 2009. "The Moving Middle: Migration, Place Premiums and Human Development in Bolivia." *Human Development Research Paper No. 46.* New York: United Nations Development Programme, Human Development Report Office.

Montenegro, C. E. and M. L. Hirn. 2008. "A New Set of Disaggregated Labor Market Indicators Using Standardized Household Surveys from Around the World". *World Development Report Background Paper.* Washington DC: World Bank.

MOSWL, PTRC and UNDP (Ministry of Labour and Social Welfare, Population Teaching and Research Center, National University of Mongolia and United Nations Development Programme). 2004. *Urban Poverty and In-Migration Survey Report on Mongolia.* Ulaanbaatar: MOSWL, PRTC and UNDP.

Mundell, R. A. 1968. *International Economics.* New York: Macmillan.

Muñoz de Bustillo, R. and J.-I. Antón. 2009. "Health Care Utilization and Immigration in Spain". *Munich Personal RePEc Archive Paper No. 12382.* Munich: University Library of Munich.

Münz, R., T. Straubhaar, F. Vadean and N. Vadean. 2006. "The Costs and Benefits of European Immigration". *Hamburg Institute of International Economics (HWWI) Policy Report No. 3.* Hamburg: HWWI Research Program.

Murillo C., A. M. and J. Mena. 2009. "Informe de las Migraciones Colombianas". *Special Tabulation for the Human Development Report 2009.* New York: Grupo de Investigación en Movilidad Humana, Red Alma Mater.

Murison, S. 2005. "Evaluation of DFID Development Assistance: Gender Equality and Women's Empowerment: Phase II Thematic Evaluation: Migration and Development". *Working Paper No. 13.* London: British Government's Department for International Development.

Myers, N. 2005. "Environmental Refugees: An Emergent Security Issue". Paper presented at 13th Economic Forum, 23-27 May 2005, Prague, Czech Republic.

Narayan, D., L. Pritchett and S. Kapoor. 2009. *Moving Out of Poverty: Success from the Bottom Up (Volume 2).* New York: Palgrave Macmillan.

National Statistics Office. 2006. *Participatory Poverty Assessment in Mongolia.* Ulaanbaatar: National Statistics Office.

Nava, A. 2006. "Spousal Control and Intra-Household Decision Making: An Experimental Study in the Philippines". *American Economic Review.* Forthcoming.

Nazroo, J. Y. 1997. *Ethnicity and Mental Health: Findings from a National Community Survey.* London: Policy Studies Institute.

Neumayer, E. 2006. "Unequal Access to Foreign Spaces: How States Use Visa Restrictions to Regulate Mobility in a Globalized World." *Transactions of the Institute of British Geographers* 31 (1): 72-84.

Newland, K. 2009. "Circular Migration and Human Development." *Human Development Research Paper No. 42.* New York: United Nations Development Programme, Human Development Report Office.

Newland, K. and E. Patrick. 2004. *Beyond Remittances: The Role of Diaspora in Poverty Reduction in the their Countries of Origin.* Washington D.C.: Migration Policy Institute.

Newman, E. and J. van Selm. 2003. *Refugees and Forced Displacement: International Security, Human Vulnerability and the State.* Tokyo: United Nations University Press.

Nordin, M. 2006. "Ethnic Segregation and Educational Attainment in Sweden". Unpublished Working Paper. Lund: Department of Economics, Lund University.

Nugent, J. B. and V. Saddi. 2002. "When and How Do Land Rights Become Effective? Historical Evidence from Brazil". Unpublished paper. Los Angeles: Department of Economics,

University of Southern California.

Nussbaum, M. 1993. "Non-Relative Virtues: An Aristotelian Approach." In M. Nussbaum and A. Sen (Eds.), *Quality of Life*: 242-269. New York: Oxford University Press.

——. 2000. *Women and Human Development: The Capabilities Approach.* Cambridge: Cambridge University Press.

O'Rourke, K. H. and R. Sinnott. 2003. "Migration Flows: Political Economy of Migration and the Empirical Challenges". *Discussion Paper Series No. 06.* Dublin: Institute for International Integration Studies.

OECD (Organisation for Economic Co-operation and Development). 2007. *PISA 2006: Science Competencies for Tomorrow's World Executive Summary.* Paris: OECD.

——. 2008a. *A Profile of Immigrant Populations in the 21st Century: Data from OECD Countries.* Paris: OECD Publishing.

——. 2008b. *International Migration Outlook.* Paris: OECD Publishing.

——. 2009a. "OECD Database on Immigrants in OECD Countries." http://stats.oecd.org/index.aspx?lang=en. Accessed March 2009.

——. 2009b. "OECD Economic Outlook, Interim Report March 2009". Paris: OECD.

——. 2009c. "OECD.Stat Extracts database." http://stats.oecd.org/index.aspx. Accessed July 2009.

OECD (Organisation for Economic Co-operation and Development) and Statistics Canada. 2000. "Literacy in the Information Age: Final Report of the International Adult Literacy Survey". Paris: OECD Publishing.

——. 2005. *Learning a Living: First Results of the Adult Literacy and Life Skills Survey.* Paris: OECD.

OECD-DAC (Organisation for Economic Co-operation and Development, Development Assistance Committee). 2009. "Creditor Reporting System (CRS) Database." http://www.oecd.org/dataoecd/50/17/5037721.htm. Accessed July 2009.

One World Net. 2008. "South Africans Text No To Xenophobia." http://us.oneworld.net/places/southern-africa/-/article/south-africans-text-no-xenophobia. Accessed July 2009.

Opeskin, B. 2009. "The Influence of International Law on the International Movement of Persons." *Human Development Research Paper No. 18.* New York: United Nations Development Programme, Human Development Report Office.

Orózco, M. and R. Rouse. 2007. "Migrant Hometown Associations and Opportunities for Development: A Global Perspective." *Migration Information Source,* February.

Ortega, D. 2009. "The Human Development of Peoples." *Human Development Research Paper No. 49.* New York: United Nations Development Programme, Human Development Report Office.

Ortega, F. and G. Peri. 2009. "The Causes and Effects of International Labor Mobility: Evidence from OECD Countries 1980-2005." *Human Development Research Paper No. 6.* New York: United Nations Development Programme, Human Development Report Office.

Ottaviano, G. I. P. and G. Peri. 2008. "Immigration and National Wages: Clarifying the Theory and the Empirics". *Working Paper No. 14188.* Cambridge: National Bureau of Economic Research.

Oxford University Press. 2009. "Oxford English Dictionary Online." http://dictionary.oed.com/cgi/entry/00312893?query_type=word&queryword=mobility&first=1&max_to_show=10&sort_type=alpha&result_place=1&search_id=ofqh-nRqx50-11785&hilite=00312893. Accessed June 2006.

Papademetriou, D. 2005. "The 'Regularization' Option in Managing Illegal Migration More Effectively: A Comparative Perspective". *Policy Brief No. 4.* Washington DC: Migration Policy Institute.

Passel, J. S. and D. Cohn. 2008. "Trends in Unauthorized Immigration: Undocumented Inflow Now Trails Legal Inflow". Washington DC: Pew Hispanic Center.

Peri, G., C. Sparber and O. S. Drive. 2008. "Task Specialisation, Immigration and Wages." *American Economic Journal: Applied Economics.* Forthcoming.

Perron, P. 1989. "The Great Crash, the Oil Price Shock, and the Unit Root Hypothesis." *Econometrica* 57 (6): 1361-1401.

Perron, P. and T. Wada. 2005. "Let's Take a Break: Trends and Cycles in US Real GDP". *Working Paper.* Boston: Department of Economics, Boston University.

Petros, K. 2006. "Motherhood, Mobility and the Maquiladora in Mexico: Women's Migration from Veracruz to Reynosa". *Summer Funds Research Report.* Austin: Center for Latin American Social Policy, Lozano Long Institute of Latin America Studies, The University of Texas at Austin.

Pettigrew, T. 1998. "Intergroup Contact Theory." *Annual Review of Psychology* 49: 65-85.

Pettigrew, T. and L. Tropp. 2005. "Allport's Intergroup Contact Hypothesis: Its History and Influence." In J. F. Dovidio, P. Glick, and L. Rudman (Eds.), *On the Nature of Prejudice: Fifty Years after Allport*: 262-277. Oxford: Wiley-Blackwell Publishing.

PICUM (Platform for International Cooperation on Undocumented Migrants). 2008a. "Platform for International Cooperation on Undocumented Migrants." http://www.picum.org/. Accessed July 2009.

——. 2008b. *Undocumented Children in Europe: Invisible Victims of Immigration Restrictions.* Belgium: PICUM.

——. 2009. "Human rights of Undocumented Migrants: Sweden." http://www.picum.org/?pid=51. Accessed July 2009.

Pilon, M. 2003. "Schooling in West Africa". *Background paper prepared for the UNESCO 2003 Education for All Global*

Monitoring Report 2003/2004. Paris: United Nations Educational, Scientific and Cultural Organization.

Piper, N. 2005. "Gender and Migration". *Paper presented for the Policy Analysis and Research Programme of the Global Commission on International Migration*. Switzerland: Global Commission on International Migration.

Plato. 2009. *The Socratic Dialogues*. New York, NY: Kaplan Publishing.

Pomp, R. D. 1989. "The Experience of the Philippines in Taxing its Nonresident Citizens." In J. N. Bahagwati and J. D. Wilson (Eds.), *Income Taxation and International Mobility*: 43-82. Cambridge: MIT Press.

Population Reference Bureau. 2001. "Understanding and Using Population Projections". *Measure Communication Policy Brief*. Washington DC: Population Reference Bureau.

Portes, A. and R. G. Rumbaut. 2001. *Ethnicities: Children of Immigrants in America*. Berkeley: University of California Press and Russell Sage Foundation.

Portes, A. and m. Zhou. 2009. "The New Second Generation: Segmented Assimilation and its Variants." *Annals of the American Academy of Political and Social Science* 530 (1): 74-96.

Poverty Task Force. 2003. "Ninh Thuan Participatory Poverty Assessment". Ha Noi: CRP and World Bank.

Preston, J. 2009. "Mexican Data Say Migration to U.S. has Plummeted." *New York Times*, 15 May.

Pritchett, L. 2006. *Let the People Come: Breaking the Gridlock on International Labor Mobility*. Washington DC: Center for Global Development.

Quirk, M. 2008. "How to Grow a Gang." *The Atlantic Monthly*, May.

Rahaei, S. 2009. "Islam, Human Rights and Displacement." *Forced Migration Review* Supplement: 1-12.

Rajan, S. I. and K. C. Zachariah. 2009. "Annual Migration Survey 2008: Special Tabulation". Trivandrum: Centre for Development Studies.

Ramakrishnan, S. and T. J. Espenshade. 2001. "Immigrant Incorporation and Political Participation in the United States." *International Migration Review* 35 (3): 870-909.

Ramírez, C., M. G. Domínguez and J. M. Morais. 2005. "Crossing Borders: Remittances, Gender and Development". *Working paper*. Santo Domingo: United Nations International Training and Research Institute for the Advancement of Women.

Ranis, G. and F. Stewart. 2000. "Strategies for Success in Human Development." *Journal of Human Development* 1 (1): 49-70.

Ratha, D. and S. Mohapatra. 2009a. "Revised Outlook for Remittance Flows 2009-2011: Remittances Expected to Fall by 5 to 8 Percent in 2009". *Migration and Development Brief 9*. Washington DC: World Bank.

Ratha, D. and S. Mohapatra. 2009b. "Revised Outlook for Remittances Flows 2009-2011."

Ratha, D. and W. Shaw. 2006. "South-South Migration and Remittances (The Bilateral Remittances Matrix Version 4)". Washington DC: World Bank.

Rauch, J. E. 1999. "Networks versus Markets in International Trade." *Journal of International Economics* 48 (1): 7-35.

Ravenstein, E. G. 1885. "The Laws of Migration." *Journal of the Statistical Society of London* 48 (2): 167-235.

Rawls, J. 1971. *A Theory of Justice*. Cambridge: Harvard University Press.

Rayhan, I. and U. Grote. 2007. "1987-94 Dynamics of Rural Poverty in Bangladesh." *Journal of Identity and Migration Studies* 1 (2): 82-98.

Reitz, J. G. 2005. "Tapping Immigrants' Skills: New Directions for Canadian Immigration Policy in the Knowledge Economy." *Law and Business Review of the Americas* 11: 409.

Revkin, A. C. 2008. "Maldives Considers Buying Dry Land if Seas Rise." *New York Times*, 10 November.

Reyneri, E. 1998. "The Role of the Underground Economy in Irregular Migration to Italy: Cause or Effect?" *Journal of Ethnic and Migration Studies* 24 (2): 313-331.

Richmond, A. 1994. *Global Apartheid: Refugees, Racism, and the New World Order*. Toronto: Oxford University Press.

Robinson, C. W. 2003. "Risks and Rights: The Causes, Consequences, and Challenges of Development-Induced Displacement". *Occasional Paper*. Washington DC: The Brookings Institution-SAIS Project on Internal Displacement.

Rodríguez, F. and R. Wagner. 2009. "How Would your Kids Vote if I Open my Doors? Evidence from Venezuela." *Human Development Research Paper No. 40*. New York: United Nations Development Programme, Human Development Report Office.

Rodrik, D. 2009. "Let Developing Nations Rule." http://www.voxeu.org/index.php?q=node/2885. Accessed July 2009.

Rosas, C. 2007. "¿Migras tú, Migro yo o Migramos Juntos? Los Condicionantes de Género en las Decisiones Migratorias de Parejas Peruanas Destinadas en Buenos Aires". Paper presented at IX Jornadas Argentinas de Estudios de Población (AEPA), 31 October-2 November 2007, Córdoba, Spain.

Rosenstone, S. J. and J. M. Hansen. 1993. *Mobilization, Participation, and Democracy in America*. New York: Macmillan.

Rossi, A. 2008. "The Impact of Migration on Children Left Beyond in Developing Countries". Paper presented at Building Migration into Development Strategies Conference, 28-29 April 2008, London, UK.

Rowthorn, R. 2008. "The Fiscal Impact of Immigration on the Advanced Economies." *Oxford Review of Economic Policy* 24 (3): 560-580.

Rubenstein, H. 1992. "Migration, Development and Remittances in Rural Mexico." *International Migration* 30 (2): 127-153.

Ruhs, M. and P. Martin. 2008. "Numbers vs Rights: Trade-offs and Guest Worker Programs." *International Migration Review* 42 (1): 249-265.

Ruhs, M. 2002. "Temporary Foreign Workers Programmes: Policies, Adverse Consequences, and the Need to Make them Work". *Working Paper No. 56*. San Diego: The Center for Comparative Immigration Studies, University of California, San Diego.

——. 2005. "The Potential of Temporary Migration Programmes in Future International Migration Policy". *Paper prepared for the Policy Analysis and Research Programme*. Geneva: Global Commission on International Migration.

——. 2009. "Migrant Rights, Immigration Policy and Human Development." *Human Development Research Paper No. 23*. New York: United Nations Development Programme, Human Development Report Office.

Ruhunage, L. K. 2006. "Institutional Monitoring of Migrant Recruitment in Sri Lanka." In C. Kuptsch (Ed.), *Merchants of Labour*: 53-62. Geneva: International Labour Organization.

Sabates-Wheeler, R. 2009. "The Impact of Irregular Status on Human Development Outcomes for Migrants." *Human Development Research Paper No. 26*. New York: United Nations Development Programme, Human Development Report Office.

Sainath, P. 2004. "The Millions who Cannot Vote." *The Hindu*, 15 March.

Sanjek, R. 2003. "Rethinking Migration, Ancient to Future." *Global Networks* 3 (3): 315-336.

Sarreal, N. 2002. "A Few Degrees." In J. Son (Ed.), *Risk and Rewards: Stories from the Philippine Migration Trail*: 153. Bangkok: Inter Press Service Asia-Pacific.

Savage, K. and P. Harvey. 2007. "Remittance during Crises: Implications for Humanitarian Response". *Briefing Paper No. 26*. London: Overseas Development Institute.

Savona, E. U., A. Di Nicola and G. Da Col. 1996. "Dynamics of Migration and Crime in Europe: New Patterns of an Old Nexus". *Working Paper No. 8*. Trento: School of Law, University of Trento.

Saxenian, A. 2002. "The Silicon Valley Connection: Transnational Networks and Regional Development in Taiwan, China and India." *Science Technology and Society* 7 (1): 117-149.

——. 2006. *International Mobility of Engineers and the Rise of Entrepreneurship in the Periphery*. Helsinki: United Nations University - World Institute for Development Economics Research.

Scheve, K. F. and M. J. Slaughter. 2007. "A New Deal for Globalization." *Foreign Affairs* 86 (4): 34-46.

Schiff, M. 1994. "How Trade, Aid and Remittances Affect International Migration". *Policy Research Working Paper Series No. 1376*. Washington DC: World Bank.

Sciortino, R. and S. Punpuing. 2009. *International Migration in Thailand*. Bangkok: International Organization for Migration.

Seewooruthun, D. C. R. 2008. "Migration and Development: The Mauritian Perspective". Paper presented at the workshop on Enhancing the Role of Return Migration in Fostering Development, 7-8 July 2008, Geneva, International Organization for Migration.

Sen, A. 1992. *Inequality Reexamined*. Oxford: Oxford University Press.

——. 2006. *Identity and Violence: The Illusion of Destiny*. New York: W.W. Norton and Co.

Siddiqui, T. 2006. "Protection of Bangladeshi Migrants through Good Governance." In C. Kuptsch (Ed.), *Merchants of Labour*: 63-90. Geneva: International Labour Organization.

Sides, J. and J. Citrin. 2007. "European Opinion About Immigration: The Role of Identities, Interests and Information." *B.J.Pol.S.* 37: 477-504.

Singapore Government Ministry of Manpower. 2009. "Work Permit." http://www.mom.gov.sg/publish/momportal/en/communities/work_pass/work_permit.html. Accessed July 2009.

Skeldon, R. 1999. "Migration in Asia after the Economic Crisis: Patterns and Issues." *Asia-Pacific Population Journal* 14 (3): 3-24.

——. 2005. "Globalization, Skilled Migration and Poverty Alleviation: Brain Drains in Context". *Working Paper No. T15*. Sussex: Development Research Centre on Migration, Globalisation and Poverty.

——. 2006. "Interlinkages between Internal and International Migration and Development in the Asian Region." *Population Space and Place* 12 (1): 15-30.

Smeeding, T., C. Wing and K. Robson. 2009. "Differences in Social Transfer Support and Poverty for Immigrant Families with Children: Lessons from the LIS". Unpublished tabulation.

Smeeding, T. 1997. "Financial Poverty in Developed Countries: The Evidence from the Luxembourg Income Study". *Background Paper for UNDP, Human Development Report 1997*. United Nations Development Programme.

Smith, A., R. N. Lalaonde and S. Johnson. 2004. "Serial Migration and Its Implications for the Parent-Child Relationship: A Retrospective Analysis of the Experiences of the Children of Caribbean Immigrants." *Cultural Diversity and Ethnic Minority Psychology* 10 (2): 107-122.

Solomon, M. K. 2009. "GATS Mode 4 and the Mobility of Labor." In R. Cholewinski, R. Perruchoud, and E. MacDonald (Eds.), *International migration Law: Developing Paradigms and Key Challenges*: 107-128. The Hague: TMC Asser

Press.

Son, G. Y. 2009. "Where Work is the Only Bonus." *Bangkok Post,* 16 March.

Spilimbergo, A. 2009. "Democracy and Foreign Education." *American Economic Review* 99 (1): 528-543.

Srivastava, R. and S. Sasikumar. 2003. "An Overview of Migration in India, its Impacts and Key Issues". Paper presented at the Regional Conference on Migration Development and Pro-Poor Policy Choices in Asia, 22-24 June 2003, Dhaka, Bangladesh.

Stark, O. 1980. "On the Role of Urban-to-Rural Remittances in Rural Development." *Journal of Development Studies* 16 (3): 369-374.

——. 1991. *The Migration of Labor.* Cambridge: Basil Blackwell.

Stark, O. and D. Bloom. 1985. "The New Economics of Labour Migration." *American Economic Review* 75 (2): 173-178.

Stark, O., C. Helmenstein and A. Prskawetz. 1997. "A Brain Gain with a Brain Drain." *Economics Letters* 55: 227-234.

Stark, O., J. E. Taylor and S. Yitzhaki. 1986. "Remittances and Inequality." *The Economic Journal* 96 (383): 722-740.

STATEC (Central Service for Statistics and Economic Studies). 2008. Correspondence on gross enrolment ratio for Luxembourg. May. Luxembourg.

Steel, Z., D. Silove, T. Chey, A. Bauman and Phan T. 2005. "Mental Disorders, Disability and Health Service Use Amongst Vietnamese Refugees and the Host Australian Population." *Acta Psychiatrica Scandinavica* 111 (4): 300-309.

Steinbeck, J. 1939. *The Grapes of Wrath.* New York: Viking Press-James Lloyd.

Stillman, S., D. McKenzie and J. Gibson. 2006. "Migration and Mental Health: Evidence from a Natural Experiment". *Department of Economics Working Paper in Economics.* University of Waikato.

Suarez-Orozco, C., I. L. G. Todorova and J. Louie. 2002. "Making Up for Lost Time: The Experience of Separation and Reunification Among Immigrant Families." *Family Process* 41 (4): 625-643.

Success for All Foundation. 2008. "About SFAF: Our Approach to Increasing Student Achievement and History." http://www.successforall.net/. Accessed June 2009.

Suen, W. 2002. *Economics: A Mathematical Analysis.* Boston: McGraw-Hill.

Sun, M. and C. C. Fan. 2009. "China's Permanent and Temporary Migrants: Differentials and Changes, 1990-2000". Forthcoming.

Survival International. 2007. "Progress Can Kill: How Imposed Development Destroys the Health of Tribal Peoples". London: Survival International.

Szulkin, R. and J. O. Jonsson. 2007. "Ethnic Segregation and Educational Outcomes in Swedish Comprehensive Schools". *Working Paper No. 2.* Stockholm: The Stockholm University Linnaeus Centre for Integration Studies.

Tabar, P. 2009. "Immigration and Human Development: Evidence from Lebanon." *Human Development Research Paper No. 35.* New York: United Nations Development Programme, Human Development Report Office.

Taylor, A. M. and J. G. Williamson. 1997. "Convergence in the Age of Mass Migration." *European Review of Economic History* 1: 27-63.

Taylor, E. J., J. Arango, G. Hugo, A. Kouaouci, D. S. Massey and A. Pellegrino. 1996. "International Migration and Community Development." *Population Index* 62 (3): 397-418.

Taylor, J. E., J. Mora, R. Adams and A. Lopez-Feldman. 2005. "Remittances, Inequality and Poverty: Evidence from Rural Mexico". *Working paper No. 05-003.* Davis: University of California, Davis.

Taylor, R. 2009. "Australia Slashes Immigration as Recession Looms." *Reuters UK,* 16 March.

Thaindian News. 2009. "New Law in Saudi Arabia to Benefit Two Mn Bangladeshi Workers." *Thaindian News,* 24 April.

The Cities Alliance. 2007. *Liveable Cities: The Benefits of Urban Environmental Planning.* Washington DC: The Cities Alliance.

The Economist Intelligence Unit. 2008. "The Global Migration Barometer." http://www.eiu.com. Accessed July 2009.

——. 2009. "Economist Intelligence Unit." http://www.eiu.com. Accessed July 2009.

The Institute for ECOSOC Rights. 2008. "Kebijakan Ilegal Migrasi Buruh Migran dan Mitos Pembaharuan Kebijakan: Antara Malaysia-Singapura" (Migrant Worker Illegal Policy and the Myth of Policy Reform: Between Malaysia and Singapore)". *Research Draft Report.* Jakarta: Institute of ECOSOC Rights.

The Straits Times. 2009. "No Visas for 55,000 Workers." *The Straits Times,* 11 March.

Thomas-Hope, E. (Ed.). 2009. *Freedom and Constraint in Caribbean: Migration and Diaspora.* Kingston: Ian Randle Publishers.

Timmer, A. and J. G. Williamson. 1998. "Racism, Xenophobia or Markets? The Political Economy of Immigration Policy Prior to the Thirties." *Population and Development Review* 24 (4): 739-771.

Tirtosudarmo, R. 2009. "Mobility and Human Development in Indonesia." *Human Development Research Paper No. 19.* New York: United Nations Development Programme, Human Development Report Office.

Tiwari, R. 2005. "Child Labour in Footwear Industry: Possible Occupational Health Hazards." *Indian Journal of Occupational and Environmental Medicine* 9 (1): 7-9.

Transatlantic Trends. 2008. *Transatlantic Trends 2008: Immigration.* Brussels: Transatlantic Trends.

TWC2 (Transient Workers Count Too). 2006. "Debt, Delays, Deductions: Wage Issues Faced by Foreign Domestic Workers in Singapore". Singapore: TWC2.

U.S. Citizenship and Immigration Services. 2008. "Issuance of a Visa and Authorization for Temporary Admission into the United States for Certain Nonimmigrant Aliens Infected with HIV [73 FR 58023] [FR 79-08]." http://www.uscis.gov/propub/ProPubVAP.jsp?dockey=c56119ee231ea5ba9dac1a0e9b277bc6. Accessed June 2009.

Uhlaner, C., B. Cain and R. Kiewiet. 1989. "Political Participation of the Ethnic Minorities in the 1980s." *Political Behaviour* 11 (3): 195-231.

UN (United Nations). 1998. "Recommendations on Statistics of International Migration". *Statistical Paper Series M No. 58.* New York: Department of Economic and Social Affairs.

——. **2002.** "Trends in Total Migrant Stock: The 2001 Revision." New York: Department of Social and Economic Affairs.

——. **2006a.** "Trends in the Total Migrant Stock: The 2005 Revision." New York: Department of Economic and Social Affairs.

——. **2006b.** "World Economic and Social Survey 2006: Diverging Growth and Development". New York: Department of Economic and Social Affairs.

——. **2008a.** *The Millennium Development Goals Report 2008.* New York: Department of Economic and Social Affairs.

——. **2008b.** "World Population Policies: 2007". New York: Department of Social and Economic Affairs.

——. **2008c.** "World Urbanization Prospects: The 2007 Revision CD-ROM Edition". New York: UN.

——. **2009a.** "Millennium Development Goals Indicators Database." http://mdgs.un.org. Accessed July 2009.

——. **2009b.** "Multilateral Treaties Deposited with the Secretary-General." http://untreaty.un.org. Accessed July 2009.

——. **2009c.** "National Accounts Main Aggregates Database." http://unstats.un.org/unsd/snaama/SelectionCountry.asp. Accessed July 2009.

——.**2009d.** "Trends in Total Migrant Stock: The 2008 Revision." New York: Department of Social and Economic Affairs.

——. **2009e.** "World Population Prospects: The 2008 Revision". New York: Department of Social and Economic Affairs.

UN-HABITAT (United Nations Human Settlements Programme). 2003. *Global Report on Human Settlements 2003: The Challenge of Slums.* London: Earthscan.

UNDP (United Nations Development Programme). 1990. *Human Development Report 1990: Concept and Measurement of Human Development.* New York: Oxford University Press.

——. **1994.** *Human Development Report 1994: New Dimensions of Human Security.* New York: Oxford University Press.

——. **1997.** *Human Development Report 1997: Human Development to Eradicate Poverty.* New York: Oxford University Press.

——. **2000.** *Albania Human Development Report 2000: Economic and Social Insecurity, Emigration and Migration.* Tirana: UNDP.

——. **2004a.** *Côte d'Ivoire Human Development Report 2004: Social Cohesion and National Reconstruction.* Abidjan: UNDP.

——. **2004b.** *Human Development Report 2004: Cultural Liberty in Today's Diverse World.* New York: UNDP.

——. **2005a.** *China Human Development Report 2005: Towards Human Development with Equity.* Beijing: UNDP.

——. **2005b.** *El Salvador Human Development Report 2005: Una Mirada al Nuevo Nosotros, El Impacto de las Migraciones.* San Salvador: UNDP.

——. **2006a.** *Moldova Human Development Report 2006: Quality of Economic Growth and its Impact on Human Development.* Chisinau: UNDP.

——. **2006b.** *Timor-Leste: Human Development Report 2006: The Path Out of Poverty.* Dili: UNDP.

——. **2007a.** *Human Development Report 2007/2008: Fighting Climate Change: Human Solidarity in a Divided World.* New York: Palgrave Macmillan.

——. **2007b.** *Human Trafficking and HIV: Exploring Vulnerabilities and Responses in South Asia.* Colombo: UNDP Regional HIV and Development Programme for Asia Pacific.

——. **2007c.** *Mexico Human Development Report 2006/2007: Migracion y Desarrollo Humano.* Mexico City: UNDP.

——. **2007d.** *National Human Development Report 2007: Social Inclusion in Bosnia and Herzegovina.* Sarajevo: UNDP.

——. **2007e.** *Uganda Human Development Report 2007: Rediscovering Agriculture for Human Development.* Kampala: UNDP.

——. **2008a.** *China Human Development Report 2007/08: Basic Public Services for 1.3 Billion People.* Beijing: UNDP.

——. **2008b.** *Crisis Prevention and Recovery Report 2008: Post-Conflict Economic Recovery, Enabling Local Ingenuity.* New York: UNDP.

——. **2008c.** *Egypt Human Development Report 2008: Egypt's Social Contract; The Role of Civil Society.* Cairo: UNDP.

——. **2008d.** "HIV Vulnerabilities of Migrant Women: From Asia to the Arab States". Colombo: Regional Centre in Colombo.

——. **2008e.** "The Bali Road Map: Key Issues Under Negotiation". New York: Environment and Energy Group.

UNECA (United Nations Economic Commission for Africa). 2005. *Africa's Sustainable Development Bulletin 2005: Assessing Sustainable Development in Africa.* Addis Ababa: SDD (The Sustainable Development Division), UNECA The United Nations Economic Commission for Africa.

UNESCO Institute for Statistics (United Nations Educational, Scientific and Cultural Organization).

1999. *Statistical Yearbook*. Paris: UNESCO.

——. **2003.** Correspondence on adult and youth literacy rates. March. Montreal.

——. **2007.** Correspondence on gross and net enrolment ratios. April. Montreal.

——. **2008a.** "Data Centre Education Module." UNESCO.

——. **2008b.** "Global Education Digest 2008: Comparing Education Statistics Across the World." UNESCO.

——. **2009a.** Correspondence on adult and youth literacy rates. February. Montreal.

——. **2009b.** Correspondence on education indicators. February. Montreal.

——. **2009c.** "Data Centre Education Module." UNESCO.

UNFPA (United Nations Population Fund). 2006. "State of World Population 2006: A Passage to Hope - Women and International Migration". New York: UNFPA.

UNHCR (United Nations High Commission for Refugees). 2001. "The Asylum-Migration Nexus: Refugee Protection and Migration Perspectives from ILO". Paper presented at Global Consultations on International Protection, 28 June 2001, Geneva, Switzerland.

——. **2002.** "Local Integration EC/GC/02/6". Paper presented at Global Consultations on Internal Protection, 25 April, Geneva, Switzerland.

——. **2007.** "1951 Convention Relating to the Status of Refugees, Text of the 1967 Protocol, Relating to the Status of Refugees, Resolution 2198 (XXI) adopted by the United Nations General Assembly." http://www.unhcr.org/protect/PROTECTION/3b66c2aa10.pdf.

——. **2008.** *Statistical yearbook 2007: Trends in Displacement, Protection and Solutions*. Geneva: UNHCR.

——. **2009a.** Correspondence on asylum seekers. Marcha. Geneva.

——. **2009b.** Correspondence on refugees. March. Geneva.

UNICEF (United Nations Children's Fund). 2004. *The State of the World's Children 2005*. New York: UNICEF.

——. **2005a.** "The 'Rights' Start to Life: A Statistical Analysis of Birth Registration". New York: UNICEF.

——. **2005b.** *The State of the World's Children 2006*. New York: UNICEF.

——. **2007.** "Birth Registration Day Helps Ensure Basic Human Rights in Bangladesh." http://www.unicef.org/infobycountry/bangladesh_40265.html. Accessed June 2009.

——. **2008.** "The Child Care Transition: Innocenti Report Card 8. A League Table of Early Childhood Education and Care in Economically Advanced Countries". Florence: Innocenti Research Centre, UNICEF.

United States Bureau of Labor Statistics. 2009. "The Employment Situation: May 2009." http://www.bls.gov/news.release/empsit.nr0.htm. Accessed June 2009.

United States Department of State. 2006. *2005 Human Rights Report: Democratic Republic of the Congo*. Washington: Bureau of Democracy, Human Rights and Labor, United States Department of State.

——. **2009a.** "2008 Country Reports on Human Rights Practices". Washington DC: Bureau of Democracy, Human Rights and Labor, United States Department of State.

——. **2009b.** "2008 Country Reports on Human Rights Practices: Belarus". Washington DC: Bureau of Democracy, Human Rights and Labor, United States Department of State.

——. **2009c.** "2008 Country Reports on Human Rights Practices: Burma". Washington DC: Bureau of Democracy, Human Rights and Labor, United States Department of State.

——. **2009d.** "2008 Country Reports on Human Rights Practices: Côte d'Ivoire". Washington DC: Bureau of Democracy, Human Rights and Labor, United States Department of State.

——. **2009e.** "2008 Country Reports on Human Rights Practices: Gabon". Washington DC: Bureau of Democracy, Human Rights and Labor, United States Department of State.

UNODC (United Nations Office of Drugs and Crime). 2004. "United Nations Convention against Transnational Organized Crime and the Protocols Thereto." http://www.unodc.org/documents/treaties/UNTOC/Publications/TOC%20Convention/TOCebook-e.pdf. Accessed June 2009.

——. **2009.** *Global Report on Trafficking in Persons*. Vienna: UNODC.

UNRWA (United Nations Relief and Works Agency). 2008. "UNRWA in Figures." http://www.un.org/unrwa/publications/pdf/uif-dec08.pdf. Accessed May 2009.

UNRWA-ECOSOC (United Nations Relief and Works Agency - United Nations Economic and Social Council). 2008. "Assistance to the Palestinian People: Report of the Secretary-General". Economic and Social Council Substantive Session of 2008, 30 June - 25 July 2008, New York City.

USAID (United States Agency for International Development). 2007. "Anti-Trafficking in Persons Programs in Africa: A Review". Washington DC: USAID.

van der Mensbrugghe, D. and D. Roland-Holst. 2009. "Global Economic Prospects for Increasing Developing Country Migration into Developed Countries." *Human Development Research Paper No. 50*. New York: United Nations Development Programme, Human Development Report Office.

van Engeland, A. and A. Monsutti. 2005. *War and Migration: Social Networks and Economic Strategies of the Hazaras of Afghanistan*. London: Routledge.

van Hear, N. 2003. "From Durable Solutions to Transnational Relations: Home and Exile Among Refugee Diasporas". *New Issues in Refugee Research Working Paper No. 83*. Geneva:

United Nations High Commissioner for Refugees.

van Hear, N., R. Brubaker and T. Bessa. 2009. "Managing Mobility for Human Development: The Growing Salience of Mixed Migration." *Human Development Research Paper No. 20.* New York: United Nations Development Programme, Human Development Report Office.

van Hear, N., F. Pieke and S. Vertovec. 2004. "The Contribution of UK-Based Diasporas to Development and Poverty Reduction". Oxford: Centre on Migration, Policy, and Society (COMPAS).

van Lerberghe, K. and A. Schoors (Eds.). 1995. *Immigration and Emigration within the Ancient Near East.* Leuven: Peeters Publishers.

van Thanh, T. 2008. "Exportation of Migrants as a Development Strategy in Viet Nam". Paper presented at Workshop on Migrants, Migration and Development in the Greater Mekong Subregion, 15-16 July 2008, Vientiane, Laos.

Vasquez, P., M. Alloza, R. Vegas and S. Bertozzi. 2009. "Impact of the Rise in Immigrant Unemployment on Public Finances". *Working Paper No. 2009-15.* Madrid: Fundación de Estudios De Economía Aplicada.

Vijayani, M. 2008. "No Plans to Disband Rela, Says Syed Hamid." *The Star,* 8 December.

Vogel, D. and V. Kovacheva. 2009. "Calculation Table 2005: A Dynamic Aggregate Country Estimate of Irregular Foreign Residents in the EU in 2005." http://irregular-migration.hwwi.net/Europe.5248.0.html. Accessed June 2009.

Wang, F.-L. 2005. *Organizing Through Division and Exclusion: China's Hukou System.* Stanford: Stanford University Press.

Whitehead, A., I. Hashim and V. Iversen. 2007. "Child Migration, Child Agency and Inter-Generational Relations in Africa and South Asia". *Working Paper No. T24.* Brighton: Development Research Centre on Migration, Globalisation and Poverty.

WHO (World Health Organization). 2009. "World Health Statistics." http://www.who.int/whosis/whostat/2009/en/index.html. Accessed July 2009.

Williamson, J. G. 1990. *Coping with City Growth During the British Industrial Revolution.* New York: Cambridge University Press.

Wilson, M. E. 2003. "The Traveller and Emerging Infections: Sentinel, Courier, Transmitter." *Journal of Applied Microbiology* 94 (Suppl 1): S1-S11.

Winters, L. A. and P. Martin. 2004. "When Comparative Advantage is Not Enough: Business Costs in Small Remote Economies." *World Trade Review* 3 (3): 347-384.

Winters, L. A., T. L. Walmsley, Z. K. Wang and R. Grynberg. 2003. "Liberalising the Temporary Movement of Natural Persons: An Agenda for the Development Round." *The World Economy* 26 (8): 1137-1161.

Wolfinger, R. E. and S. J. Rosenstone. 1980. *Who Votes?* New Haven: Yale University Press.

World Bank. 1998. *Assessing Aid: What Works, What Doesn't, and Why.* New York: Oxford University Press.

——. 2000. "Voices of the Poor." http://go.worldbank.org/H1N8746X10. Accessed June 2009.

——. 2002. "Governance." In J. Klugman (Ed.), *A Sourcebook for Poverty Reduction Strategies. Volume 1: Core Techniques and Cross-Cutting Issues*: 269-300. Washington DC: World Bank.

——. 2003. "Participatory Poverty Assessment Niger". Washington DC: World Bank.

——. 2006a. *At Home and Away: Expanding Job Opportunities for Pacific Islanders Through Labor Mobility.* Washington DC: World Bank.

——. 2006b. *Global Economic Prospects: Economic Implications of Remittances and Migration 2006.* Washington DC: World Bank.

——. 2009a. "Crime and Violence in Central America". Washington DC: Central America Unit and Poverty Reduction and Economic Management Unit, World Bank.

——. 2009b. "Migration and Remittances Factbook 2008: March 2009 Update". Washington DC: World Bank.

——. 2009c. "Remittance Prices Worldwide." http://remittanceprices.worldbank.org/. Accessed June 2009.

——. 2009d. "World Development Indicators". Washington DC: World Bank.

——. 2009e. *World Development Report 2009: Reshaping Economic Geography.* Washington DC: World Bank.

Worster, D. 1979. *Dust Bowl.* New York: Oxford University Press.

WVS (World Values Survey). 2006. "World Values Survey 2005/6." http://www.worldvaluessurvey.org/.

Yang, D. 2006. "Why Do Migrants Return to Poor Countries? Evidence from Philippine Migrants' Responses to Exchange Rate Shocks." *Review of Economics and Statistics* 88 (4): 715-735.

——. 2008a. "Coping with Disaster: The Impact of Hurricanes on International Financial Flows, 1970-2002." *The B.E.Journal of Economic Analysis & Policy* 8 (1 (Advances), Article 13): 1903-1935.

——. 2008b. "International Migration, Remittances, and Household Investment: Evidence from Philippine Migrants' Exchange Rate Shocks." *The Economic Journal* 118 (528): 591-630.

——. 2009. "International Migration and Human Development." *Human Development Research Paper No. 29.* New York: United Nations Development Programme, Human Development Report Office.

Yang, D. and H. Choi. 2007. "Are Remittances Insurance? Evidence from Rainfall Shocks in the Philippines." *World*

Bank Economic Review 21 (2): 219-248.

Yaqub, S. 2009. "Independent Child Migrants in Developing Countries: Unexplored Links in Migration and Development". *Working Paper 1*. Florence: Innocenti Research Centre, UNICEF.

Zamble, F. 2008. "Politics Côte d'Ivoire: Anti-Xenophobia Law Gets Lukewarm Reception." *Inter Press News Service Agency*, 21 August.

Zambrano, G. C. and H. B. Kattya. 2005. "My Life Changed: Female Migration, Perceptions and Impacts". Quito: Centro de Planificación y Estudios Sociales Ecuador and UNIFEM.

Zamora, R. G. 2007. "El Programa Tres por uno de Remesas Colectivas en México: Lecciones y Desafíos." *Migraciones Internacionales* 4 (001): 165-172.

Zhou, M. and J. R. Logan. 1989. "Returns on Human Capital in Ethnic Enclaves: New York City's Chinatown." *American Sociological Review* 54: 809-820.

Zhu, N. and X. Luo. 2008. "The Impact of Remittances on Rural Poverty and Inequality in China". *Policy Research Working Paper Series No. 4637*. World Bank.

Zimmermann, R. 2009. "Children in Immigrant Families in Seven Affluent Societies: Overview, Definitions and Issues". *Working Paper, Special Series on Children in Immigrant Families in Affluent Societies*. Florence: Innocenti Research Center, UNICEF.

Zlotnik, H. 1998. "International Migration 1965-96: An Overview." *Population and Development Review* 24: 429-468.

Zucker, L. G. and M. R. Darby. 2008. "Defacto and Deeded Intellectual Property Rights". *Working Paper No. 14544*. Cambridge: National Bureau of Economic Research.

统计附录

表 A

HDI 位次	国际移民												境内流动人员	
	入境移民										出境移民		终身境内流动[b]	
	入境移民存量（千人）				年增长率（%）	占总人口百分比（%）		女性所占比例（%）			出境移民所占比例（%）	国际间流动比例（%）	流动人员总数（千人）	境内流动人员所占比例（%）
	1960	1990	2005	2010[a]	1960–2005	1960	2005	1960	2005		2000–2002	2000–2002	1990–2005	1990–2005
极高人类发展水平														
1 挪威	61.6	195.2	370.6	485.4	4.0	1.7	8.0	54.3	51.1		3.9	11.0	..	..
2 澳大利亚	1,698.1	3,581.4	4,335.8	4,711.5	2.1	16.5	21.3	44.3	50.9		2.2	22.5	..	..
3 冰岛	3.3	9.6	22.6	37.2	4.3	1.9	7.6	52.3	52.0		10.6	16.4	..	..
4 加拿大	2,766.3	4,497.5	6,304.0	7,202.3	1.8	15.4	19.5	48.1	52.0		4.0	21.5	..	..
5 爱尔兰	73.0	228.0	617.6	898.6	4.7	2.6	14.8	51.7	49.9		20.0	28.1	..	..
6 荷兰	446.6	1,191.6	1,735.4	1,752.9	3.0	3.9	10.6	58.8	51.6		4.7	14.2	..	..
7 瑞典	295.6	777.6	1,112.9	1,306.0	2.9	4.0	12.3	55.1	52.2		3.3	15.0	..	..
8 法国	3,507.2	5,897.3	6,478.6	6,684.8	1.4	7.7	10.6	44.5	51.0		2.9	13.1	..	..
9 瑞士	714.2	1,376.4	1,659.7	1,762.8	1.9	13.4	22.3	53.3	49.7		5.6	26.0	..	..
10 日本	692.7	1,075.6	1,998.9	2,176.2	2.4	0.7	1.6	46.0	54.0		0.7	1.7	..	..
11 卢森堡	46.4	113.8	156.2	173.2	2.7	14.8	33.7	53.8	50.3		9.5	38.3	..	..
12 芬兰	32.1	63.3	171.4	225.6	3.7	0.7	3.3	56.3	50.6		6.6	9.0	..	..
13 美国	10,825.6	23,251.0	39,266.5	42,813.3	2.9	5.8	13.0	51.1	50.1		0.8	12.4	44,400[c]	17.8[c]
14 奥地利	806.6	793.2	1,156.3	1,310.2	0.8	11.5	14.0	56.6	51.2		5.5	17.2	..	..
15 西班牙	210.9	829.7	4,607.9	6,377.5	6.9	0.7	10.7	52.2	47.7		3.2	8.3	8,600[c]	22.4[c]
16 丹麦	94.0	235.2	420.8	483.7	3.3	2.1	7.8	64.3	51.9		4.3	10.7	..	..
17 比利时	441.6	891.5	882.1	974.8	1.5	4.8	8.5	45.1	48.9		4.4	14.6	..	..
18 意大利	459.6	1,428.2	3,067.7	4,463.4	4.2	0.9	5.2	57.3	53.5		5.4	8.1	..	..
19 列支敦士登	4.1	10.9	11.9	12.5	2.4	24.6	34.2	53.8	48.8		12.6	42.0	..	..
20 新西兰	333.9	523.2	857.6	962.1	2.1	14.1	20.9	47.1	51.9		11.8	27.3	..	..
21 英国	1,661.9	3,716.3	5,837.8	6,451.7	2.8	3.2	9.7	48.7	53.2		6.6	14.3	..	..
22 德国	2,002.9[d]	5,936.2	10,597.9	10,758.1	3.7	2.8[d]	12.9	35.1[d]	46.7		4.7	15.3	..	..
23 新加坡	519.2	727.3	1,494.0	1,966.9	2.3	31.8	35.0	44.0	55.8		6.3	19.1	..	..
24 中国香港	1,627.5	2,218.5	2,721.1	2,741.8	1.1	52.9	39.5	48.0	56.5		9.5	45.6	..	..
25 希腊	52.5	412.1	975.0	1,132.8	6.5	0.6	8.8	46.1	45.1		7.8	17.2	..	..
26 韩国	135.6	572.1	551.2	534.8	3.1	0.5	1.2	47.7	51.4		3.1	3.4	..	..
27 以色列	1,185.6	1,632.7	2,661.3	2,940.5	1.8	56.1	39.8	49.5	55.9		13.1	40.3	..	..
28 安道尔	2.5	38.9	50.3	55.8	6.7	18.7	63.1	44.2	47.4		9.7	79.6	..	..
29 斯洛文尼亚	..	178.1	167.3	163.9	..	..	8.4	..	46.8		5.2	7.6	..	..
30 文莱	20.6	73.2	124.2	148.1	4.0	25.1	33.6	42.0	44.8		4.9	33.4	..	..
31 科威特	90.6	1,585.3	1,869.7	2,097.5	6.7	32.6	69.2	25.6	30.0		16.6	54.5	..	..
32 塞浦路斯	29.6	43.8	116.2	154.3	3.0	5.2	13.9	50.3	57.1		18.4	23.4	..	..
33 卡塔尔	14.4	369.8	712.9	1,305.4	8.7	32.0	80.5	25.8	25.8		2.3	60.7	..	..
34 葡萄牙	38.9	435.8	763.7	918.6	6.6	0.4	7.2	58.4	50.6		16.1	21.4	1,200[c]	12.8[c]
35 阿拉伯联合酋长国	2.2	1,330.3	2,863.0	3,293.3	15.9	2.4	70.0	15.0	27.7		3.3	55.1	..	..
36 捷克	60.1[e]	424.5	453.3	453.0	4.5	0.4[e]	4.4	59.5[e]	53.8		3.5	7.7	..	..
37 巴巴多斯	9.8	21.4	26.2	28.1	2.2	4.2	10.4	59.8	60.1		29.8	36.6	90[f]	31.1[f]
38 马耳他	1.7	5.8	11.7	15.5	4.3	0.5	2.9	59.7	51.6		22.3	24.0	..	..
高人类发展水平														
39 巴林	26.7	173.2	278.2	315.4	5.2	17.1	38.2	27.9	31.9		15.9	47.3	..	..
40 爱沙尼亚	..	382.0	201.7	182.5	..	..	15.0	..	59.6		12.2	28.5	..	..
41 波兰	2,424.9	1,127.8	825.4	827.5	-2.4	8.2	2.2	53.9	59.0		5.1	7.1	..	..
42 斯洛伐克	..	41.3	124.4	130.7	..	..	2.3	..	56.0		8.2	10.3	..	..
43 匈牙利	518.1	347.5	333.0	368.1	-1.0	5.2	3.3	53.1	56.1		3.9	6.6	..	..
44 智利	104.8	107.5	231.5	320.4	1.8	1.4	1.4	43.7	52.3		3.3	4.5	3,100[c]	21.3[c]
45 克罗地亚	..	475.4	661.4	699.9	..	..	14.9	..	53.0		12.0	23.8	800[g]	26.6[g]
46 立陶宛	..	349.3	165.3	128.9	..	..	4.8	..	56.6		8.6	13.9	..	..
47 安提瓜和巴布达	4.9	12.0	18.2	20.9	2.9	8.9	21.8	50.2	55.1		45.3	56.1	24,000[f]	28.4[f]
48 拉脱维亚	..	646.0	379.6	335.0	..	..	16.6	..	59.0		9.1	33.0	..	..
49 阿根廷	2,601.2	1,649.9	1,494.1	1,449.3	-1.2	12.6	3.9	45.4	53.4		1.6	5.6	6,700[c]	19.9[c]
50 乌拉圭	192.2	98.2	84.1	79.9	-1.8	7.6	2.5	47.8	54.0		7.0	9.5	800[f]	24.1[f]
51 古巴	143.6	34.6	15.3	15.3	-5.0	2.0	0.1	30.6	29.0		8.9	9.6	1,800[f]	15.2[f]
52 巴哈马	11.3	26.9	31.6	33.4	2.3	10.3	9.7	43.7	48.5		10.8	19.3	..	..
53 墨西哥	223.2	701.1	604.7	725.7	2.2	0.6	0.6	46.2	49.4		9.0	9.5	17,800[c]	18.5[c]
54 哥斯达黎加	32.7	417.6	442.6	489.2	5.8	2.5	10.2	44.2	49.8		2.6	9.7	700[c]	20.0[c]
55 利比亚	48.2	457.5	617.5	682.5	5.7	3.6	10.4	49.0	35.5		1.4	11.5	..	..
56 阿曼	43.7	423.6	666.3	826.1	6.1	7.7	25.5	21.2	20.8		0.7	28.0	..	..
57 塞舌尔	0.8	3.7	8.4	10.8	5.1	1.9	10.2	35.4	42.5		17.0	21.6	..	..
58 委内瑞拉	509.5	1,023.8	1,011.4	1,007.4	1.5	6.7	3.8	37.9	49.9		1.4	5.3	5,200[c]	23.8[c]
59 沙特阿拉伯	63.4	4,743.0	6,336.7	7,288.9	10.2	1.6	26.8	36.4	30.1		1.1	24.8	..	..

	国际移民											境内流动人员	
	入境移民									出境移民		终身境内流动[b]	
	入境移民存量（千人）				年增长率（%）	占总人口百分比（%）		女性所占比例（%）		出境移民所占比例（%）	国际间流动比例（%）	流动人员总数（千人）	境内流动人员所占比例（%）
HDI 位次	1960	1990	2005	2010[a]	1960–2005	1960	2005	1960	2005	2000–2002	2000–2002	1990–2005	1990–2005
60 巴拿马	68.3	61.7	102.2	121.0	0.9	6.1	3.2	42.7	50.2	5.7	8.2	600[c]	20.6[c]
61 保加利亚	20.3	21.5	104.1	107.2	3.6	0.3	1.3	57.9	57.9	10.5	11.6	800[g]	14.3[g]
62 圣基茨和尼维斯	3.5	3.2	4.5	5.0	0.5	6.9	9.2	48.6	46.3	44.3	49.3	..	..
63 罗马尼亚	330.9	142.8	133.5	132.8	-2.0	1.8	0.6	54.8	52.1	4.6	5.0	2,300[g]	15.1[g]
64 特立尼达和多巴哥	81.0	50.5	37.8	34.3	-1.7	9.6	2.9	49.8	53.9	20.2	22.8	..	..
65 黑山	..	..[h]	54.6	42.5	..	..	8.7	..	60.9	..[h]	..[h]	..	..
66 马来西亚	56.9	1,014.2	2,029.2	2,357.6	7.9	0.7	7.9	42.2	45.0	3.1	10.1	4,200[c]	20.7[c]
67 塞尔维亚	155.4[e]	99.3	674.6	525.4	3.3	0.9[e]	6.8	56.9[e]	56.1	13.6	18.7	..	..
68 白俄罗斯	..	1,249.0	1,106.9	1,090.4	..	..	11.3	..	54.2	15.2	26.1	900[c]	10.8[c]
69 圣卢西亚	2.4	5.3	8.7	10.2	2.8	2.7	5.3	50.1	51.3	24.1	27.9	30[f]	18.5[f]
70 阿尔巴尼亚	48.9	66.0	82.7	89.1	1.2	3.0	2.7	53.7	53.1	21.0	21.4	500[g]	24.1[g]
71 俄罗斯联邦	2,941.7[e]	11,524.9	12,079.6	12,270.4	3.1	1.4[e]	8.4	47.9[e]	57.8	7.7	15.3	..	..
72 前南马其顿	..	95.1	120.3	129.7	..	..	5.9	..	58.3	11.3	12.8	..	..
73 多米尼克	2.4	2.5	4.5	5.5	1.4	4.0	6.7	50.9	46.2	38.3	41.6	..	..
74 格林纳达	4.0	4.3	10.8	12.6	2.2	4.5	10.6	51.2	53.3	40.3	45.0	..	..
75 巴西	1,397.1	798.5	686.3	688.0	-1.6	1.9	0.4	44.4	46.4	0.5	0.8	17,000[c]	10.1[c]
76 波斯尼亚和黑塞哥维那	..	56.0	35.1	27.8	..	..	0.9	..	49.8	25.1	27.0	1,400[g]	52.5[g]
77 哥伦比亚	58.7	104.3	110.0	110.3	1.4	0.4	0.3	43.9	48.3	3.9	4.1	8,100[c]	20.3[c]
78 秘鲁	66.5	56.0	41.6	37.6	-1.0	0.7	0.1	44.3	52.4	2.7	2.9	6,300[f]	22.4[f]
79 土耳其	947.6	1,150.5	1,333.9	1,410.9	0.8	3.4	1.9	48.1	52.0	4.2	6.0	..	..
80 厄瓜多尔	24.1	78.7	123.6	393.6	3.6	0.5	0.9	45.5	49.1	5.3	5.9	2,400[c]	20.2[c]
81 毛里求斯	10.2	8.7	40.8	42.9	3.1	1.6	3.3	39.3	63.3	12.5	13.1	..	..
82 哈萨克斯坦	..	3,619.2	2,973.6	3,079.5	..	..	19.6	..	54.0	19.4	35.8	1,000[g]	9.3[g]
83 黎巴嫩	151.4	523.7	721.2	758.2	3.5	8.0	17.7	49.2	49.1	12.9	27.1	..	..
中等人类发展水平													
84 亚美尼亚	..	658.8	492.6	324.2	..	..	16.1	..	58.9	20.3	28.1	500[g]	24.5[g]
85 乌克兰	..	6,892.9	5,390.6	5,257.5	..	..	11.5	..	57.2	10.9	23.8	..	..
86 阿塞拜疆	..	360.6	254.5	263.9	..	..	3.0	..	57.0	14.3	15.8	1,900[g]	33.2[g]
87 泰国	484.8	387.5	982.0	1,157.3	1.6	1.8	1.5	36.5	48.4	1.3	2.0	..	..
88 伊朗	48.4	4,291.6	2,062.2	2,128.7	8.3	0.2	2.9	50.6	39.7	1.3	4.7	..	..
89 格鲁吉亚	..	338.3	191.2	167.3	..	..	4.3	..	57.0	18.3	22.1	..	..
90 多米尼加共和国	144.6	291.2	393.0	434.3	2.2	4.3	4.1	25.9	40.1	9.1	10.4	1,700[f]	17.7[f]
91 圣文森特和格林纳斯丁	2.5	4.0	7.4	8.6	2.4	3.1	6.8	50.6	51.8	34.4	39.0	..	..
92 中国	245.7	376.4	590.3	685.8	1.9	0.0	0.0	47.3	50.0	0.5	0.5	73,100[c]	6.2[c]
93 伯利兹	7.6	30.4	40.6	46.8	3.7	8.2	14.4	46.1	50.5	16.5	27.4	40[f]	14.2[f]
94 萨摩亚	3.4	3.2	7.2	9.0	1.6	3.1	4.0	45.9	44.9	37.2	39.4	..	..
95 马尔代夫	1.7	2.7	3.2	3.3	1.4	1.7	1.1	46.3	44.8	0.4	1.5	..	..
96 约旦	385.8	1,146.3	2,345.2	2,973.0	4.0	43.1	42.1	49.2	49.1	11.6	45.3	..	..
97 苏里南	22.5	18.0	34.0	39.5	0.9	7.7	6.8	47.4	45.6	36.0	36.9	..	..
98 突尼斯	169.2	38.0	34.9	33.6	-3.5	4.0	0.4	51.0	49.5	5.9	6.3	..	..
99 汤加	0.1	3.0	1.2	0.8	5.0	0.2	1.1	45.5	48.7	33.7	34.7	..	..
100 牙买加	21.9	20.8	27.2	30.0	0.5	1.3	1.0	48.4	49.4	26.7	27.0	..	..
101 巴拉圭	50.0	183.3	168.2	161.3	2.7	2.6	2.8	47.4	48.1	6.9	9.8	1,600[f]	26.4[f]
102 斯里兰卡	1,005.3	458.8	366.4	339.9	-2.2	10.0	1.9	46.6	49.8	4.7	6.6	..	..
103 加蓬	20.9	127.7	244.6	284.1	5.5	4.3	17.9	42.9	42.9	4.3	22.8	..	..
104 阿尔及利亚	430.4	274.0	242.4	242.3	-1.3	4.0	0.7	50.1	45.2	6.2	6.9	..	..
105 菲律宾	219.7	159.4	374.8	435.4	1.2	0.8	0.4	43.9	50.1	4.0	5.6	6,900[c]	11.7[c]
106 萨尔瓦多	34.4	47.4	35.9	40.3	0.1	1.2	0.6	72.8	52.8	14.3	14.6	1,200[f]	16.7[f]
107 叙利亚	276.1	690.3	1,326.4	2,205.8	3.5	6.0	6.9	48.7	48.9	2.4	7.4	..	..
108 斐济	20.1	13.7	17.2	18.5	-0.3	5.1	2.1	37.6	47.9	15.0	16.6	..	..
109 土库曼斯坦	..	306.5	223.7	207.7	..	..	4.6	..	57.0	5.3	9.8	..	..
110 巴勒斯坦被占领土	490.3	910.6	1,660.6	1,923.8	2.7	44.5	44.1	49.2	49.1	23.9	61.3	..	..
111 印度尼西亚	1,859.5	465.6	135.6	122.9	-5.8	2.0	0.1	48.0	46.0	0.9	1.0	8,100[c]	4.1[c]
112 洪都拉斯	60.0	270.4	26.3	24.3	-1.8	3.0	0.4	45.4	48.6	5.3	5.9	1,200[f]	17.2[f]
113 玻利维亚	42.7	59.6	114.0	145.8	2.2	1.3	1.2	43.4	48.1	4.3	5.3	1,500[f]	15.2[f]
114 圭亚那	14.0	4.1	10.0	11.6	-0.8	2.5	1.3	42.2	46.5	33.5	33.6	..	..
115 蒙古	3.7	6.7	9.1	10.0	2.0	0.4	0.4	47.4	54.0	0.3	0.6	200[g]	9.7[g]
116 越南	4.0	29.4	54.5	69.3	5.8	0.0	0.1	46.4	36.6	2.4	2.4	12,700[g]	21.9[g]
117 摩尔多瓦	..	578.5	440.1	408.3	..	..	11.7	..	56.0	14.3	24.6	..	..
118 赤道几内亚	19.4	2.7	5.8	7.4	-2.7	7.7	1.0	30.2	47.0	14.5	14.7	..	..

	国际移民											境内流动人员	
	入境移民									出境移民		终身境内流动[b]	
	入境移民存量（千人）				年增长率（%）	占总人口百分比（%）		女性所占比例（%）		出境移民所占比例（%）	国际间流动比例（%）	流动人员总数（千人）	境内流动人员所占比例（%）
HDI 位次	1960	1990	2005	2010[a]	1960–2005	1960	2005	1960	2005	2000–2002	2000–2002	1990–2005	1990–2005
119 乌兹别克斯坦	..	1,653.0	1,267.8	1,175.9	..	..	4.8	..	57.0	8.5	13.4	..	..
120 吉尔吉斯斯坦	..	623.1	288.1	222.7	..	..	5.5	..	58.2	10.5	20.6	600[g]	16.2[g]
121 佛得角	6.6	8.9	11.2	12.1	1.2	3.4	2.3	50.4	50.4	30.5	32.1	..	..
122 危地马拉	43.3	264.3	53.4	59.5	0.5	1.0	0.4	48.3	54.4	4.9	5.2	1,500[f]	11.1[f]
123 埃及	212.4	175.6	246.7	244.7	0.3	0.8	0.3	47.8	46.7	2.9	3.1	..	..
124 尼加拉瓜	12.4	40.8	35.0	40.1	2.3	0.7	0.6	46.6	48.8	9.1	9.6	800[f]	13.3[f]
125 博茨瓦纳	7.2	27.5	80.1	114.8	5.4	1.4	4.4	43.8	44.3	0.9	3.8	..	..
126 瓦努阿图	2.8	2.2	1.0	0.8	-2.2	4.4	0.5	39.0	46.5	2.0	2.7	..	..
127 塔吉克斯坦	..	425.9	306.4	284.3	..	..	4.7	..	57.0	11.4	16.1	400[g]	9.9[g]
128 纳米比亚	27.2	112.1	131.6	138.9	3.5	4.5	6.6	36.9	47.3	1.3	8.7	..	..
129 南非	927.7	1,224.4	1,248.7	1,862.9	0.7	5.3	2.6	29.0	41.4	1.7	3.9	6,700[c]	15.4[c]
130 摩洛哥	394.3	57.6	51.0	49.1	-4.5	3.4	0.2	51.5	49.9	8.1	8.5	6,800[g]	33.4[g]
131 圣多美和普林西比	7.4	5.8	5.4	5.3	-0.7	11.6	3.5	46.4	47.9	13.5	17.9	..	..
132 不丹	9.7	23.8	37.3	40.2	3.0	4.3	5.7	18.5	18.5	2.2	3.8	..	..
133 老挝	19.6	22.9	20.3	18.9	0.1	0.9	0.3	48.9	48.1	5.9	6.2	..	..
134 印度	9,410.5	7,493.2	5,886.9	5,436.0	-1.0	2.1	0.5	46.0	48.6	0.8	1.4	42,300[c]	4.1[c]
135 所罗门群岛	3.7	4.7	6.5	7.0	1.2	3.1	1.4	45.6	44.0	1.0	1.7	..	..
136 刚果共和国	26.3	129.6	128.8	143.2	3.5	2.6	3.8	51.6	49.6	14.7	20.0	..	..
137 柬埔寨	381.3	38.4	303.9	335.8	-0.5	7.0	2.2	48.3	51.3	2.3	3.9	1,300[c]	11.7[c]
138 缅甸	286.6	133.5	93.2	88.7	-2.5	1.4	0.2	44.9	47.7	0.7	0.9	..	..
139 科摩罗	1.5	14.1	13.7	13.5	4.9	0.8	2.2	46.6	53.1	7.7	10.7	..	..
140 也门	159.1	343.5	455.2	517.9	2.3	3.0	2.2	38.3	38.3	3.0	4.3	..	..
141 巴基斯坦	6,350.3	6,555.8	3,554.0	4,233.6	-1.3	13.0	2.1	46.4	44.8	2.2	4.8	..	..
142 斯威士兰	16.9	71.4	38.6	40.4	1.8	4.9	3.4	48.5	47.4	1.1	4.8	..	..
143 安哥拉	122.1	33.5	56.1	65.4	-1.7	2.4	0.3	41.7	51.1	5.5	5.8	..	..
144 尼泊尔	337.6	430.7	818.7	945.9	2.0	3.5	3.0	64.1	69.1	3.9	6.2	..	..
145 马达加斯加	126.3	46.1	39.7	37.8	-2.6	2.5	0.2	49.2	46.1	0.9	1.3	1,000[g]	9.3[g]
146 孟加拉国	661.4	881.6	1,031.9	1,085.3	1.0	1.2	0.7	46.4	13.9	4.5	5.1	..	..
147 肯尼亚	59.3	163.0	790.1	817.7	5.8	0.7	2.2	37.1	50.8	1.4	2.3	3,500[c]	12.6[c]
148 巴布亚新几内亚	20.2	33.1	25.5	24.5	0.5	1.0	0.4	43.3	37.6	0.9	1.3	..	..
149 海地	14.5	19.1	30.1	35.0	1.6	0.4	0.3	50.5	43.2	7.7	8.0	1,000[g]	17.5[g]
150 苏丹	242.0	1,273.1	639.7	753.4	2.2	2.1	1.7	47.2	48.3	1.7	3.8	..	..
151 坦桑尼亚	477.0	576.0	797.7	659.2	1.1	4.7	2.0	45.0	50.2	0.8	3.3	..	..
152 加纳	529.7	716.5	1,669.3	1,851.8	2.6	7.8	7.6	36.4	41.8	4.5	7.3	3,300[c]	17.8[c]
153 喀麦隆	175.4	265.3	211.9	196.6	0.4	3.2	1.2	44.3	45.6	1.0	1.9	..	..
154 毛里塔尼亚	12.1	93.9	66.1	99.2	3.8	1.4	2.2	41.1	42.1	4.1	6.3	400[g]	24.2[g]
155 吉布提	11.8	122.2	110.3	114.1	5.0	13.9	13.7	41.8	46.5	2.2	5.8	..	..
156 莱索托	3.2	8.2	6.2	6.3	1.5	0.4	0.3	50.5	45.7	2.6	2.8	..	..
157 乌干达	771.7	550.4	652.4	646.5	-0.4	11.4	2.3	41.3	49.9	0.7	2.7	1,300[c]	5.2[c]
158 尼日利亚	94.1	447.4	972.1	1,127.7	5.2	0.2	0.7	36.2	46.5	0.8	1.4	..	..
低人类发展水平													
159 多哥	101.3	162.6	182.8	185.4	1.3	6.5	3.1	51.8	50.4	3.7	6.8	..	..
160 马拉维	297.7	1,156.9	278.8	275.9	-0.1	8.4	2.0	51.2	51.6	1.2	3.4	200[g]	2.7[g]
161 贝宁	34.0	76.2	187.6	232.0	3.8	1.5	2.4	48.5	46.0	7.5	8.8	..	..
162 东帝汶	7.1	9.0	11.9	13.8	1.1	1.4	1.2	46.0	52.6	2.6	3.2	..	..
163 科特迪瓦	767.0	1,816.4	2,371.3	2,406.7	2.5	22.3	12.3	40.8	45.1	1.0	13.8	..	..
164 赞比亚	360.8	280.0	287.3	233.1	-0.5	11.9	2.4	47.0	49.4	2.2	5.6	..	..
165 厄立特里亚	7.7	11.8	14.6	16.5	1.4	0.5	0.3	41.9	46.5	12.5	12.8	..	..
166 塞内加尔	168.0	268.6	220.2	210.1	0.6	5.5	2.0	41.7	51.0	4.4	7.0	..	..
167 卢旺达	28.5	72.9	435.7	465.5	6.1	1.0	4.8	53.9	53.9	2.7	3.7	800[c]	10.4[c]
168 冈比亚	31.6	118.1	231.7	290.1	4.4	9.9	15.2	42.7	48.7	3.6	16.4	..	..
169 利比里亚	28.8	80.8	96.8	96.3	2.7	2.7	2.9	37.8	45.1	2.7	7.8	..	..
170 几内亚	11.3	241.1	401.2	394.6	7.9	0.4	4.4	48.0	52.8	6.3	14.3	..	..
171 埃塞俄比亚	393.3	1,155.4	554.0	548.0	0.8	1.7	0.7	41.9	47.1	0.4	1.4	..	..
172 莫桑比克	8.9	121.9	406.1	450.0	8.5	0.1	1.9	43.6	52.1	4.2	6.0	900[g]	8.1[g]
173 几内亚比绍	11.6	13.9	19.2	19.2	1.1	2.0	1.3	50.0	50.0	8.6	9.9	..	..
174 布隆迪	126.3	333.1	81.6	60.8	-1.0	4.3	1.1	46.0	53.7	5.4	6.5	..	..
175 乍得	55.1	74.3	358.4	388.3	4.2	1.9	3.6	44.0	48.0	3.2	3.7	..	..
176 刚果民主共和国	1,006.9	754.2	480.1	444.7	-1.6	6.5	0.8	49.8	52.9	1.5	2.9	8,500[g]	27.1[g]
177 布基纳法索	62.9	344.7	772.8	1,043.0	5.6	1.3	5.6	52.3	51.1	9.8	17.9	..	..

HDI 位次	国际移民：入境移民：入境移民存量（千人） 1960	1990	2005	2010[a]	年增长率（%） 1960–2005	占总人口百分比（%） 1960	2005	女性所占比例（%） 1960	2005	出境移民：出境移民所占比例（%） 2000–2002	国际间流动比例（%） 2000–2002	境内流动人员：终身境内流动[b]：流动人员总数（千人） 1990–2005	境内流动人员所占比例（%） 1990–2005
178 马里	167.6	165.3	165.4	162.7	0.0	3.3	1.4	50.0	47.8	12.5	12.9	..	..
179 中非共和国	43.1	62.7	75.6	80.5	1.2	2.9	1.8	49.6	46.6	2.7	4.2	..	..
180 塞拉利昂	45.9	154.5	152.1	106.8	2.7	2.0	3.0	35.6	45.7	2.0	3.0	600[g]	19.0[g]
181 阿富汗	46.5	57.7	86.5	90.9	1.4	0.5	0.4	43.6	43.6	10.6	10.8	..	..
182 尼日尔	55.0	135.7	183.0	202.2	2.7	1.7	1.4	50.0	53.6	4.0	5.0	..	..
联合国其他成员国													
伊拉克	87.8	83.6	128.1	83.4	0.8	1.2	0.5	40.9	31.1	4.1	4.6	..	..
基里巴斯	0.6	2.2	2.0	2.0	2.6	1.8	2.2	38.2	48.8	4.0	6.7	..	..
朝鲜	25.1	34.1	36.8	37.1	0.9	0.2	0.2	47.3	52.0	2.0	2.2	..	..
马绍尔群岛	0.8	1.5	1.7	1.7	1.5	5.8	2.9	41.0	41.0	17.7	20.1	..	..
密克罗尼西亚联邦	5.8	3.7	2.9	2.7	-1.6	13.1	2.6	40.9	46.4	18.6	21.0	1[g]	1.2[g]
摩纳哥	15.4	20.1	22.6	23.6	0.9	69.5	69.8	57.5	51.3	39.3	82.6	..	..
瑙鲁	0.4	3.9	4.9	5.3	5.5	9.3	48.7	5.1	45.0	9.3	50.4	..	..
帕劳	0.3	2.9	6.0	5.8	6.5	3.3	30.0	34.9	40.2	39.3	58.7	..	..
圣马力诺	7.5	8.7	11.4	11.7	0.9	48.9	37.7	53.5	53.5	18.1	45.0	..	..
索马里	11.4	633.1	21.3	22.8	1.4	0.4	0.3	41.9	46.5	6.5	6.7	..	..
图瓦卢	0.4	0.3	0.2	0.2	-1.6	6.1	1.9	42.2	45.4	15.4	18.2	..	..
津巴布韦	387.2	627.1	391.3	372.3	0.0	10.3	3.1	24.1	37.8	2.3	7.4	..	..
非洲	9,175.9[T]	15,957.6[T]	17,678.6[T]	19,191.4[T]	1.7	3.2	1.9	43.1	47.8	2.9	..	..	..
亚洲	28,494.9[T]	50,875.7[T]	55,128.5[T]	61,324.0[T]	0.7	1.7	1.4	46.6	47.1	1.7	..	..	..
欧洲	17,511.7[T]	49,360.5[T]	64,330.1[T]	69,744.5[T]	2.9	3.0	8.8	49.0	52.9	7.3	..	..	..
拉丁美洲和加勒比地区	6,151.4[T]	7,130.3[T]	6,869.4[T]	7,480.3[T]	0.2	2.8	1.2	44.6	48.4	5.0	..	..	..
北美洲	13,603.5[T]	27,773.9[T]	45,597.1[T]	50,042.4[T]	2.8	6.7	13.6	50.8	50.3	1.1	..	..	..
大洋洲	2,142.6[T]	4,365.0[T]	5,516.3[T]	6,014.7[T]	1.7	13.5	16.4	44.3	48.2	4.9	..	..	..
经合组织	31,574.9[T]	61,824.3[T]	97,622.8[T]	108,513.7[T]	2.6	4.1	8.4	48.7	51.1	3.9	..	..	..
欧盟（EU27）	13,555.3[T]	26,660.0[T]	41,596.8[T]	46,911.3[T]	2.8	3.5	8.5	49.1	51.4	5.7	..	..	..
海湾合作委员会	241.0[T]	8,625.2[T]	12,726.6[T]	15,126.6[T]	10.2	4.9	37.1	33.5	29.1	3.2	..	..	..
极高人类发展水平	31,114.9[T]	66,994.9[T]	107,625.9[T]	120,395.2[T]	3.1	4.6	11.1	48.6	50.9	3.4	..	..	..
极高人类发展水平：OECD国家	27,461.0[T]	58,456.2[T]	94,401.4[T]	105,050.9[T]	3.1	4.1	10.0	48.6	50.9	3.2	..	..	..
极高人类发展水平：非OECD国家	3,653.8[T]	8,538.7[T]	13,224.6[T]	15,344.3[T]	4.7	41.5	46.5	47.4	50.3	11.6	..	..	..
高人类发展水平	13,495.1[T]	34,670.2[T]	38,078.0[T]	40,383.6[T]	1.1	2.8	3.8	47.2	50.5	6.0	..	..	..
中等人类发展水平	28,204.2[T]	44,870.0[T]	40,948.6[T]	44,206.5[T]	0.6	1.7	0.8	46.1	46.8	1.9	..	..	..
低人类发展水平	4,265.7[T]	8,928.0[T]	8,467.5[T]	8,812.0[T]	1.6	3.9	2.3	45.0	48.9	3.9	..	..	..
世界（除前苏联和捷克斯洛伐克）	74,078.1[T]	125,389.2[T]	168,780.5[T]	187,815.1[T]	1.1	2.7	2.7	46.8	47.8	2.4	..	..	..
世界	77,114.7[Ti]	155,518.1[Ti]	195,245.4[Ti]	213,943.8[Ti]	1.1	2.6 i	3.0 i	47.0 i	49.2 i	3.0 i	..	..	..

注

a 2010 年的预测值是基于长期趋势得出的，该估计值也许不能准确预测突发性短期经济波动如 2009 年经济危机的影响。见 UN（2009d）更详细的阐述。

b 由于基础数据在定义上的差异，做跨国比较时应谨慎。数据来自不同的人口普查和调查数据，而且涉及不同时间段，所以不具有严格意义上的可比性。

c 基于 Bell 和 Muhidin（2009 年）人口普查所作的估计数。国内流动人口表示为总人口的百分比。

d 1960 年德国估计数包括德意志联邦共和国和德意志民主共和国。

e 1960 年捷克共和国、俄罗斯联邦、塞尔维亚的估计数分别是指前捷克斯洛伐克国家、前苏联和南斯拉夫。

f 基于 ECLAC（2007）人口普查所作的估计数。国内流动人口表示为总人口的百分比。

g 基于世界银行（2009e）家庭调查所作的估计数。国内流动人口仅表示为适龄工作人数的百分比。

h 黑山数据包括塞尔维亚。

i 原始资料的合计数。

资料来源

第 1—4、6—9 列：UN（2009d）。

第 5 列：根据 UN（2009d）数据计算。

第 10 列：根据 2007 年 Migration DRC 数据计算，人口数据来自 UN（2009e）。

第 11 列：根据 2007 年 Migration DRC 数据计算。

第 12—13 列：多种来源（见标注）。

按居住区域分类的国际移民

B

	居住区域															
	居住大陆任何 2000–2002年 (占总移民存量的百分比 %)						居住国人类发展指数类别[a] 2000–2002年 (占总移民存量的百分比 %)				来自各国的入境移民在各大洲所占比例 2000–2002年 (占各大洲总入境移民存量的百分比 %)					
HDI 位次	非洲	亚洲	欧洲	拉丁美洲和加勒比地区	北美洲	大洋洲	极高	高	中等	低	非洲	亚洲	欧洲	拉丁美洲和加勒比地区	北美洲	大洋洲
极高人类发展水平																
1 挪威	1.7	9.3	62.1	1.0	23.3	2.6	87.0	5.1	7.1	0.8	0.02	0.03	0.19	0.03	0.11	0.10
2 澳大利亚	2.5	10.9	46.9	0.9	21.9	17.1	83.4	3.6	12.1	0.9	0.07	0.10	0.35	0.06	0.24	1.47
3 冰岛	1.7	4.3	61.4	0.7	30.3	1.6	92.4	2.7	4.1	0.8	0.00	0.00	0.04	0.00	0.03	0.01
4 加拿大	1.3	5.8	15.2	2.2	72.7	2.7	91.6	3.0	4.8	0.7	0.11	0.15	0.34	0.48	2.35	0.70
5 爱尔兰	1.6	3.4	69.2	0.6	19.4	5.8	93.4	2.6	3.3	0.8	0.10	0.07	1.16	0.10	0.47	1.13
6 荷兰	2.0	7.1	46.5	2.3	28.6	13.5	88.0	7.0	4.2	0.9	0.10	0.11	0.62	0.30	0.56	2.10
7 瑞典	3.3	6.3	65.5	1.7	20.6	2.6	87.2	6.3	4.7	1.9	0.06	0.04	0.34	0.09	0.15	0.16
8 法国	16.0	6.5	54.5	4.6	15.9	2.4	70.4	13.0	9.7	6.9	1.79	0.24	1.67	1.37	0.71	0.85
9 瑞士	2.5	6.9	68.4	2.7	16.4	3.2	86.8	7.1	5.3	0.9	0.07	0.06	0.50	0.19	0.18	0.27
10 日本	1.3	12.9	13.4	8.6	59.5	4.3	78.8	10.9	9.7	0.6	0.07	0.23	0.20	1.26	1.30	0.76
11 卢森堡	1.6	3.2	87.2	0.7	6.9	0.4	92.9	3.3	3.1	0.7	0.00	0.00	0.07	0.01	0.01	0.00
12 芬兰	1.8	4.4	80.5	0.7	10.2	2.4	91.2	4.1	4.0	0.8	0.04	0.03	0.50	0.04	0.09	0.17
13 美国	2.7	20.1	28.3	32.2	12.6	4.2	45.7	35.7	17.3	1.4	0.38	0.91	1.08	11.97	0.70	1.89
14 奥地利	1.9	9.1	63.0	1.8	19.8	4.4	84.7	8.8	5.7	0.8	0.06	0.09	0.50	0.14	0.23	0.41
15 西班牙	1.8	3.4	61.2	23.5	9.1	1.0	70.4	24.8	3.9	0.8	0.15	0.09	1.43	5.34	0.31	0.27
16 丹麦	2.1	6.9	63.8	1.1	21.7	4.4	88.3	5.2	5.8	0.8	0.03	0.03	0.26	0.05	0.13	0.21
17 比利时	2.0	6.3	75.6	1.6	13.3	1.2	88.4	6.1	4.6	0.9	0.06	0.06	0.61	0.12	0.16	0.11
18 意大利	2.0	3.5	51.1	10.7	26.0	6.7	82.9	12.4	3.9	0.8	0.42	0.23	2.86	5.81	2.12	4.38
19 列支敦士登	1.5	3.1	92.0	0.6	2.5	0.2	93.1	3.2	3.0	0.7	0.00	0.00	0.01	0.00	0.00	0.00
20 新西兰	1.1	6.6	16.6	0.3	6.9	68.6	92.1	1.6	5.7	0.5	0.03	0.07	0.15	0.03	0.09	7.17
21 英国	2.2	9.9	22.1	1.2	34.6	30.0	87.2	3.7	8.1	1.0	0.57	0.84	1.58	0.87	3.60	24.92
22 德国	2.3	17.0	41.0	1.6	35.2	2.9	75.6	17.2	6.4	0.9	0.59	1.40	2.85	1.07	3.55	2.35
23 新加坡	0.9	51.2	21.9	0.2	12.3	13.5	49.1	34.4	16.0	0.5	0.02	0.29	0.10	0.01	0.09	0.74
24 中国香港	1.0	3.9	20.5	0.4	63.2	11.0	94.8	1.5	3.2	0.5	0.04	0.06	0.25	0.05	1.12	1.55
25 希腊	1.9	14.4	42.6	1.0	27.4	12.7	83.4	10.5	5.3	0.8	0.11	0.27	0.68	0.15	0.63	2.33
26 韩国	0.9	35.7	7.4	1.6	50.3	4.2	86.5	2.4	10.6	0.5	0.09	1.08	0.19	0.38	1.86	1.23
27 以色列	1.0	76.1	6.8	0.7	14.6	0.8	24.8	4.3	70.4	0.4	0.06	1.47	0.11	0.12	0.35	0.14
28 安道尔	10.2	3.2	84.4	0.8	1.2	0.2	84.5	3.1	11.3	1.1	0.00	0.00	0.01	0.00	0.00	0.00
29 斯洛文尼亚	1.7	3.4	68.6	0.8	19.1	6.3	72.1	23.9	3.2	0.8	0.01	0.01	0.13	0.01	0.05	0.14
30 文莱	1.4	25.3	31.9	0.2	28.3	12.9	73.3	1.5	24.7	0.4	0.00	0.01	0.01	0.00	0.01	0.05
31 科威特	5.0	84.1	3.6	0.2	6.5	0.6	13.4	28.1	58.2	0.3	0.15	0.83	0.03	0.01	0.08	0.06
32 塞浦路斯	1.0	10.8	68.1	0.2	9.0	10.9	87.6	8.2	3.8	0.5	0.01	0.04	0.21	0.01	0.04	0.39
33 卡塔尔	7.6	59.3	12.6	0.2	18.4	1.9	35.2	7.3	57.2	0.4	0.01	0.02	0.00	0.00	0.01	0.01
34 葡萄牙	5.6	3.2	59.6	12.1	18.7	0.8	78.3	13.8	3.3	4.5	0.70	0.13	2.01	3.97	0.92	0.32
35 阿拉伯联合酋长国	6.6	71.9	8.3	0.2	11.5	1.5	21.6	6.2	71.6	0.5	0.05	0.18	0.02	0.00	0.04	0.04
36 捷克	2.0	7.1	66.9	0.8	21.0	2.1	69.2	26.0	4.0	0.8	0.05	0.05	0.42	0.05	0.19	0.15
37 巴巴多斯	1.1	3.4	25.6	4.7	64.9	0.4	90.7	5.0	3.7	0.5	0.01	0.01	0.05	0.08	0.17	0.01
38 马耳他	1.8	3.4	35.9	0.5	16.5	42.0	93.9	1.9	3.4	0.8	0.01	0.01	0.07	0.01	0.05	0.94
高人类发展水平																
39 巴林	4.7	86.1	5.3	0.2	3.1	0.7	11.4	5.4	82.8	0.4	0.04	0.22	0.01	0.00	0.01	0.02
40 爱沙尼亚	1.6	6.7	81.1	0.2	9.1	1.4	47.2	42.0	10.1	0.7	0.02	0.03	0.26	0.01	0.04	0.05
41 波兰	1.7	8.9	53.3	1.4	31.8	2.9	74.8	18.0	6.4	0.8	0.22	0.37	1.88	0.46	1.63	1.20
42 斯洛伐克	1.7	4.7	83.1	0.6	9.2	0.7	84.9	10.7	3.5	0.8	0.05	0.05	0.68	0.05	0.11	0.07
43 匈牙利	1.7	6.7	48.6	1.5	35.6	5.9	86.6	8.8	3.8	0.8	0.04	0.05	0.34	0.10	0.36	0.47
44 智利	1.1	3.6	20.2	50.1	20.6	4.5	45.3	49.5	4.7	0.5	0.04	0.04	0.19	4.49	0.28	0.48
45 克罗地亚	1.6	3.2	72.2	0.5	13.4	9.0	87.0	9.1	3.2	0.8	0.06	0.04	0.75	0.05	0.20	1.08
46 立陶宛	1.7	8.7	76.4	0.4	11.6	1.2	28.2	62.0	9.0	0.8	0.03	0.06	0.42	0.02	0.09	0.08
47 安提瓜和巴布达	1.0	46.6	8.4	11.4	32.5	0.0	41.1	11.7	46.7	0.5	0.00	0.06	0.01	0.13	0.05	0.00
48 拉脱维亚	1.6	7.8	71.6	0.3	15.7	3.0	35.3	52.2	11.8	0.8	0.02	0.04	0.29	0.01	0.09	0.14
49 阿根廷	1.1	10.6	28.6	34.6	23.3	1.8	59.1	21.2	19.1	0.5	0.04	0.13	0.30	3.58	0.36	0.22
50 乌拉圭	1.1	3.5	17.2	61.4	13.0	3.8	34.0	60.4	5.1	0.5	0.02	0.02	0.07	2.55	0.08	0.19
51 古巴	1.1	3.5	9.0	4.2	82.2	0.0	91.3	3.8	4.3	0.5	0.07	0.08	0.17	0.75	2.21	0.01
52 巴哈马	1.1	3.5	8.2	1.9	84.7	0.6	93.7	2.5	3.2	0.5	0.00	0.00	0.01	0.01	0.08	0.00
53 墨西哥	1.1	3.9	1.6	0.8	92.5	0.0	94.8	1.2	3.4	0.5	0.68	0.80	0.28	1.39	23.24	0.07
54 哥斯达黎加	1.1	3.8	6.2	16.7	71.9	0.3	78.8	10.0	10.8	0.5	0.01	0.01	0.01	0.31	0.20	0.01
55 利比亚	16.3	39.8	26.7	0.4	14.7	2.0	68.1	7.7	18.9	5.3	0.08	0.06	0.04	0.01	0.03	0.03
56 阿曼	8.6	60.4	17.6	0.2	10.7	2.5	33.1	8.6	57.9	0.3	0.01	0.02	0.01	0.00	0.00	0.01
57 塞舌尔	39.7	2.7	32.1	0.2	10.4	14.9	57.0	1.6	30.7	10.7	0.04	0.00	0.01	0.00	0.00	0.05
58 委内瑞拉	1.0	3.4	37.1	22.5	35.6	0.4	72.7	21.6	5.2	0.5	0.02	0.02	0.22	1.32	0.31	0.02
59 沙特阿拉伯	8.3	66.5	8.0	0.8	15.5	0.8	26.8	10.4	62.3	0.4	0.13	0.33	0.03	0.03	0.09	0.04

按居住区域分类的国际移民

HDI 位次	居住区域：居住大陆 2000–2002年 (占总移民存量的百分比 %)						居住国人类发展指数类别[a] 2000–2002年 (占总移民存量的百分比 %)				来自各国的入境移民在各大州所占比例 2000–2002年 (占各大洲总入境移民存量的百分比 %)					
	非洲	亚洲	欧洲	拉丁美洲和加勒比地区	北美洲	大洋洲	极高	高	中等	低	非洲	亚洲	欧洲	拉丁美洲和加勒比地区	北美洲	大洋洲
60 巴拿马	1.1	3.5	4.5	10.2	80.6	0.1	85.5	10.0	4.0	0.5	0.01	0.01	0.01	0.31	0.37	0.00
61 保加利亚	1.5	68.3	24.3	0.6	4.9	0.4	24.2	57.8	17.2	0.7	0.09	1.28	0.38	0.09	0.11	0.07
62 圣基茨和尼维斯	1.0	3.1	29.1	29.4	37.3	0.1	66.2	30.0	3.3	0.5	0.00	0.00	0.02	0.18	0.03	0.00
63 罗马尼亚	1.7	19.7	57.4	1.0	19.0	1.3	74.9	19.2	5.1	0.8	0.11	0.42	1.03	0.17	0.50	0.28
64 特立尼达和多巴哥	1.1	3.4	9.7	4.0	81.4	0.4	91.6	3.9	3.9	0.6	0.02	0.02	0.05	0.22	0.67	0.03
65 黑山	1.6[b]	11.3[b]	72.3[b]	0.4[b]	10.8[b]	3.5[b]	76.2[b]	19.0[b]	4.0[b]	0.8[b]	0.17[b]	0.38[b]	2.07[b]	0.12[b]	0.45[b]	1.16
66 马来西亚	1.4	66.8	10.7	0.2	9.4	11.6	78.8	1.0	19.6	0.5	0.07	1.06	0.14	0.03	0.18	1.79
67 塞尔维亚	1.6[b]	11.3[b]	72.3[b]	0.4[b]	10.8[b]	3.5[b]	76.2[b]	19.0[b]	4.0[b]	0.8[b]	0.17[b]	0.38[b]	2.07[b]	0.12[b]	0.45[b]	1.16
68 白俄罗斯	1.8	8.6	86.8	0.2	2.6	0.1	7.7	67.4	24.1	0.8	0.20	0.31	2.64	0.05	0.11	0.04
69 圣卢西亚	1.1	3.3	21.3	40.4	33.8	0.1	55.1	38.5	5.8	0.5	0.00	0.00	0.02	0.34	0.04	0.00
70 阿尔巴尼亚	1.6	3.9	88.2	0.5	5.6	0.2	89.6	6.2	3.4	0.7	0.08	0.06	1.23	0.06	0.11	0.04
71 俄罗斯联邦	1.9	35.3	58.9	0.3	3.4	0.2	13.0	31.7	54.5	0.8	1.44	8.63	12.14	0.51	1.03	0.45
72 前南马其顿	1.6	17.9	52.8	0.4	10.2	17.1	75.7	18.8	4.8	0.8	0.03	0.09	0.23	0.02	0.07	0.87
73 多米尼克	1.0	3.6	25.9	23.9	45.5	0.0	71.5	24.3	3.7	0.5	0.00	0.00	0.02	0.17	0.05	0.00
74 格林纳达	1.1	3.4	18.4	20.1	56.9	0.2	75.4	20.0	4.0	0.5	0.00	0.00	0.02	0.23	0.10	0.00
75 巴西	1.0	30.4	23.8	18.9	25.3	0.6	69.3	8.8	21.4	0.5	0.06	0.59	0.39	3.00	0.60	0.11
76 波斯尼亚和黑塞哥维那	1.7	3.5	82.7	0.3	10.0	2.0	57.1	38.9	3.2	0.8	0.13	0.09	1.78	0.05	0.31	0.49
77 哥伦比亚	1.1	3.5	18.9	43.3	33.0	0.3	52.2	43.8	3.5	0.5	0.11	0.12	0.53	11.80	1.35	0.09
78 秘鲁	1.0	9.4	20.0	27.4	41.3	0.8	66.6	26.7	6.2	0.5	0.05	0.14	0.25	3.36	0.76	0.12
79 土耳其	0.9	10.2	84.0	0.2	3.7	1.0	85.4	9.8	4.4	0.5	0.17	0.62	4.32	0.11	0.27	0.61
80 厄瓜多尔	1.0	3.3	41.7	8.5	45.3	0.2	86.7	9.6	3.2	0.5	0.04	0.05	0.50	0.99	0.79	0.03
81 毛里求斯	32.8	2.6	49.7	0.2	4.9	9.8	63.7	1.7	24.4	10.2	0.36	0.01	0.15	0.01	0.02	0.34
82 哈萨克斯坦	1.0	13.6	84.8	0.2	0.4	0.0	6.2	73.6	19.7	0.5	0.22	0.99	5.19	0.11	0.04	0.03
83 黎巴嫩	10.3	18.6	22.7	4.8	31.2	12.5	67.2	16.7	11.6	4.4	0.37	0.22	0.22	0.46	0.45	1.42
中等人类发展水平																
84 亚美尼亚	1.0	11.3	78.2	0.2	9.2	0.1	17.7	65.4	16.4	0.5	0.05	0.18	1.04	0.03	0.18	0.02
85 乌克兰	1.8	12.1	79.7	0.2	5.9	0.3	14.5	76.6	8.1	0.8	0.65	1.44	7.98	0.21	0.86	0.34
86 阿塞拜疆	1.0	23.3	74.3	0.2	1.2	0.0	6.9	67.6	24.9	0.5	0.08	0.65	1.73	0.04	0.04	0.01
87 泰国	1.0	60.1	13.0	0.2	22.3	3.4	43.7	30.3	25.5	0.5	0.06	1.04	0.19	0.03	0.47	0.57
88 伊朗	5.1	17.9	34.9	0.3	39.6	2.3	82.8	6.6	10.1	0.5	0.30	0.33	0.55	0.04	0.91	0.41
89 格鲁吉亚	1.0	15.7	81.8	0.2	1.2	0.1	15.5	63.5	20.5	0.5	0.06	0.33	1.44	0.03	0.03	0.01
90 多米尼加共和国	1.1	3.8	10.7	6.4	77.9	0.0	88.8	6.3	4.3	0.5	0.06	0.07	0.17	0.97	1.75	0.00
91 圣文森特和格林纳斯丁	1.1	3.4	16.5	27.1	51.9	0.1	68.5	27.5	3.4	0.5	0.00	0.00	0.02	0.25	0.07	0.00
92 中国	1.1	64.0	7.2	0.9	23.3	3.5	79.5	6.5	13.5	0.5	0.41	7.53	0.71	0.89	3.35	3.99
93 伯利兹	1.1	3.5	4.4	7.6	83.3	0.1	88.1	4.0	7.3	0.5	0.00	0.00	0.00	0.07	0.11	0.00
94 萨摩亚	0.8	5.4	1.5	0.3	16.6	75.3	76.5	1.1	21.9	0.5	0.01	0.01	0.00	0.00	0.04	1.57
95 马尔代夫	1.4	38.9	34.5	0.7	4.8	19.8	60.6	3.1	35.8	0.5	0.00	0.00	0.00	0.00	0.00	0.00
96 约旦	5.9	81.3	3.7	0.3	8.2	0.6	15.8	27.5	56.3	0.5	0.25	1.10	0.04	0.03	0.14	0.07
97 苏里南	1.0	3.1	82.2	11.0	2.7	0.0	83.7	3.9	12.0	0.5	0.02	0.02	0.38	0.49	0.02	0.00
98 突尼斯	9.3	9.9	78.3	0.2	2.3	0.1	81.1	6.8	8.7	3.4	0.35	0.12	0.81	0.02	0.03	0.01
99 汤加	0.8	5.5	2.2	0.9	35.8	54.8	90.2	1.6	7.7	0.5	0.00	0.01	0.00	0.01	0.04	0.55
100 牙买加	1.1	3.4	19.8	2.6	73.0	0.1	92.9	3.5	3.1	0.5	0.06	0.07	0.32	0.41	1.72	0.02
101 巴拉圭	1.1	3.9	2.9	87.4	4.6	0.1	8.2	87.1	4.2	0.5	0.03	0.03	0.02	5.99	0.05	0.01
102 斯里兰卡	0.9	54.1	25.7	0.2	12.7	6.5	46.4	18.0	35.1	0.5	0.05	1.02	0.41	0.03	0.29	1.18
103 加蓬	69.9	2.1	26.1	0.2	1.7	0.0	27.6	1.2	59.8	11.4	0.25	0.00	0.03	0.00	0.00	0.00
104 阿尔及利亚	9.5	6.8	81.6	0.2	1.8	0.1	83.7	5.2	7.6	3.5	1.23	0.28	2.88	0.06	0.09	0.02
105 菲律宾	0.9	35.4	8.7	0.2	49.9	4.9	66.5	25.4	7.6	0.5	0.20	2.43	0.50	0.14	4.20	3.30
106 萨尔瓦多	1.1	3.5	2.4	5.1	86.8	1.0	90.5	2.9	6.1	0.5	0.07	0.07	0.04	0.84	2.15	0.19
107 叙利亚	7.7	49.5	19.5	4.6	17.0	1.7	40.9	38.3	19.8	1.0	0.20	0.42	0.14	0.32	0.18	0.14
108 斐济	0.8	5.0	4.4	0.3	38.0	51.6	92.5	1.1	5.9	0.5	0.01	0.01	0.01	0.01	0.13	1.46
109 土库曼斯坦	1.0	12.1	86.2	0.2	0.5	0.0	10.2	71.7	17.6	0.5	0.02	0.06	0.38	0.01	0.00	0.00
110 巴勒斯坦被占领土	11.1	85.4	2.3	0.3	0.6	0.3	6.4	14.9	78.3	0.4	0.74	1.84	0.04	0.06	0.02	0.06
111 印度尼西亚	1.0	77.5	13.7	0.2	4.8	2.9	25.5	60.3	13.7	0.5	0.11	2.87	0.43	0.07	0.22	1.04
112 洪都拉斯	1.1	3.6	3.4	10.8	81.1	0.1	84.9	3.7	10.9	0.5	0.02	0.03	0.02	0.65	0.73	0.00
113 玻利维亚	1.1	4.9	8.2	70.5	15.1	0.2	24.4	70.7	4.4	0.5	0.03	0.04	0.05	4.56	0.15	0.02
114 圭亚那	1.1	3.4	8.8	8.0	78.6	0.2	87.6	7.7	4.2	0.6	0.03	0.03	0.06	0.51	0.74	0.01
115 蒙古	0.9	21.0	40.7	0.4	35.1	1.8	75.8	17.4	6.3	0.4	0.00	0.00	0.01	0.00	0.01	0.00
116 越南	0.9	15.1	18.3	0.2	57.4	8.0	85.0	2.7	11.8	0.5	0.12	0.61	0.63	0.07	2.86	3.16
117 摩尔多瓦	1.8	7.7	86.7	0.2	3.5	0.1	12.0	50.1	37.1	0.8	0.07	0.10	0.98	0.02	0.06	0.02
118 赤道几内亚	77.9	3.0	18.3	0.2	0.6	0.0	18.7	1.1	72.0	8.2	0.46	0.01	0.03	0.00	0.00	0.00

	居住区域															
	居住大陆 2000–2002年 (占总移民存量的百分比 %)						"居住国人类发展指数类别[a] 2000–2002年 (占总移民存量的百分比 %)"				来自各国的人境移民在各大洲所占比例 2000–2002年 (占各大洲总人境移民存量的百分比 %)					
HDI 位次	非洲	亚洲	欧洲	拉丁美洲和加勒比地区	北美洲	大洋洲	极高	高	中等	低	非洲	亚洲	欧洲	拉丁美洲和加勒比地区	北美洲	大洋洲
119 乌兹别克斯坦	1.0	39.7	57.9	0.2	1.2	0.0	8.5	49.9	41.1	0.5	0.14	1.88	2.31	0.08	0.07	0.02
120 吉尔吉斯斯坦	1.0	10.4	87.8	0.2	0.6	0.0	6.9	80.7	11.9	0.5	0.04	0.13	0.89	0.02	0.01	0.00
121 佛得角	33.8	3.0	49.1	0.2	14.0	0.0	62.3	1.7	10.8	25.2	0.42	0.01	0.17	0.01	0.07	0.00
122 危地马拉	1.1	3.7	3.0	9.1	83.0	0.1	86.4	5.6	7.5	0.5	0.04	0.05	0.03	0.91	1.25	0.01
123 埃及	10.5	70.5	9.7	0.3	7.4	1.6	21.8	54.5	20.3	3.5	1.43	3.10	0.36	0.11	0.40	0.69
124 尼加拉瓜	1.1	3.5	2.5	48.4	44.4	0.1	47.3	46.0	6.2	0.5	0.04	0.04	0.02	4.23	0.58	0.02
125 博茨瓦纳	60.3	2.7	21.3	0.2	10.8	4.7	36.6	1.3	43.2	18.9	0.06	0.00	0.01	0.00	0.00	0.02
126 瓦努阿图	0.8	5.3	25.4	0.3	2.8	65.4	57.2	1.6	40.8	0.4	0.00	0.00	0.00	0.00	0.00	0.05
127 塔吉克斯坦	1.0	42.8	55.6	0.2	0.4	0.0	6.3	50.3	42.9	0.5	0.05	0.70	0.77	0.03	0.01	0.00
128 纳米比亚	77.8	2.5	11.3	0.2	5.4	2.7	19.5	1.1	36.6	42.8	0.12	0.00	0.00	0.00	0.00	0.01
129 南非	38.6	3.3	30.5	0.3	13.8	13.5	57.5	1.6	12.5	28.4	1.89	0.05	0.41	0.04	0.27	2.09
130 摩洛哥	9.1	13.2	74.5	0.2	2.8	0.1	82.8	5.8	7.8	3.5	1.48	0.69	3.29	0.09	0.18	0.03
131 圣多美和普林西比	27.2	3.0	69.0	0.2	0.6	0.0	68.5	2.0	20.1	9.4	0.04	0.00	0.03	0.00	0.00	0.00
132 不丹	0.7	89.3	6.4	0.2	2.8	0.5	10.5	0.9	87.9	0.6	0.00	0.02	0.00	0.00	0.00	0.00
133 老挝	0.9	15.6	17.4	0.2	62.9	3.0	84.2	1.3	14.0	0.5	0.02	0.11	0.10	0.01	0.55	0.21
134 印度	1.7	72.0	9.7	0.2	15.0	1.3	47.9	20.4	30.7	1.0	0.97	13.18	1.49	0.35	3.37	2.41
135 所罗门群岛	0.9	5.6	11.4	0.3	4.5	77.3	60.4	1.3	37.9	0.4	0.00	0.00	0.00	0.00	0.00	0.06
136 刚果共和国	80.1	2.1	16.5	0.2	1.1	0.0	17.5	1.1	73.8	7.6	2.74	0.02	0.15	0.02	0.01	0.00
137 柬埔寨	0.9	13.1	26.3	0.2	50.5	8.9	86.5	1.5	11.5	0.5	0.02	0.08	0.14	0.01	0.39	0.55
138 缅甸	0.8	77.6	5.9	0.2	11.8	3.7	23.1	0.9	75.4	0.5	0.02	0.49	0.03	0.01	0.09	0.23
139 科摩罗	42.0	4.8	52.4	0.2	0.6	0.0	52.2	4.5	37.8	5.5	0.13	0.00	0.04	0.00	0.00	0.00
140 也门	6.1	85.4	4.6	0.2	3.6	0.1	17.5	65.9	16.2	0.4	0.23	1.04	0.05	0.02	0.05	0.01
141 巴基斯坦	1.4	72.5	16.4	0.2	9.1	0.4	27.7	24.1	47.4	0.9	0.30	5.02	0.96	0.11	0.78	0.28
142 斯威士兰	72.5	3.2	14.9	0.2	7.1	2.1	24.0	1.9	25.8	48.4	0.05	0.00	0.00	0.00	0.00	0.00
143 安哥拉	65.8	3.8	28.6	0.8	1.0	0.0	29.2	2.0	33.7	35.2	3.62	0.07	0.43	0.11	0.02	0.01
144 尼泊尔	0.7	95.0	2.4	0.2	1.3	0.3	5.6	2.2	91.6	0.6	0.05	1.99	0.04	0.03	0.03	0.07
145 马达加斯加	28.2	3.0	65.8	0.5	2.4	0.1	67.2	15.3	8.7	8.9	0.27	0.01	0.17	0.01	0.01	0.00
146 孟加拉国	0.7	92.4	4.7	0.2	1.8	0.2	7.7	8.4	83.2	0.6	0.31	12.76	0.55	0.17	0.30	0.25
147 肯尼亚	41.5	4.2	37.9	0.2	14.4	1.8	53.6	1.6	39.8	5.0	1.18	0.04	0.29	0.02	0.16	0.16
148 巴布亚新几内亚	0.8	8.9	4.9	0.3	4.4	80.7	59.1	1.1	39.3	0.5	0.00	0.01	0.00	0.00	0.01	0.81
149 海地	1.1	3.4	5.5	25.7	64.3	0.0	70.0	12.1	17.3	0.5	0.05	0.05	0.07	3.19	1.20	0.00
150 苏丹	42.9	45.9	5.7	0.2	4.6	0.8	12.5	38.8	42.0	6.7	1.72	0.60	0.06	0.02	0.07	0.10
151 坦桑尼亚	67.5	2.8	17.4	0.2	11.4	0.7	29.4	1.3	45.7	23.7	1.21	0.02	0.09	0.01	0.08	0.04
152 加纳	74.8	3.4	12.2	0.2	9.1	0.2	21.6	1.0	16.5	60.8	4.48	0.07	0.20	0.03	0.22	0.05
153 喀麦隆	48.9	3.2	38.8	0.2	8.9	0.1	47.2	1.5	36.7	14.6	0.52	0.01	0.11	0.01	0.04	0.00
154 毛里塔尼亚	75.9	4.5	17.1	0.2	2.3	0.0	19.3	3.6	18.9	58.2	0.55	0.01	0.03	0.00	0.01	0.00
155 吉布提	41.7	5.0	48.0	0.2	4.7	0.5	52.4	4.5	11.5	31.5	0.04	0.00	0.01	0.00	0.00	0.00
156 莱索托	93.5	2.3	2.8	0.1	1.1	0.2	4.2	0.9	23.6	71.3	0.30	0.00	0.00	0.00	0.00	0.00
157 乌干达	37.5	3.7	43.9	0.2	13.9	0.9	58.1	1.6	31.8	8.5	0.40	0.01	0.13	0.01	0.06	0.03
158 尼日利亚	62.3	4.4	18.1	0.2	14.8	0.2	33.0	2.3	44.5	20.2	4.06	0.09	0.32	0.04	0.38	0.04
低人类发展水平																
159 多哥	83.8	2.7	11.3	0.2	2.0	0.0	13.2	0.9	51.4	34.5	1.12	0.01	0.04	0.01	0.01	0.00
160 马拉维	83.7	2.5	11.6	0.2	1.7	0.4	13.6	1.1	43.4	41.9	0.79	0.01	0.03	0.00	0.01	0.01
161 贝宁	91.6	3.1	4.6	0.2	0.5	0.0	5.2	0.8	43.5	50.4	3.30	0.04	0.05	0.02	0.01	0.00
162 东帝汶	0.8	39.5	18.2	0.2	0.2	41.0	59.8	1.2	38.5	0.4	0.00	0.02	0.01	0.00	0.00	0.19
163 科特迪瓦	47.7	3.1	43.4	0.2	5.6	0.1	48.4	1.6	10.4	39.6	0.53	0.01	0.13	0.01	0.02	0.00
164 赞比亚	78.3	2.9	13.2	0.2	3.8	1.6	18.5	1.1	53.8	26.5	1.21	0.01	0.06	0.01	0.02	0.08
165 厄立特里亚	78.2	11.5	5.6	0.2	4.3	0.3	10.4	9.4	13.1	67.1	2.78	0.13	0.05	0.02	0.06	0.03
166 塞内加尔	55.7	3.0	38.1	0.2	2.9	0.0	40.6	1.5	24.7	33.2	1.67	0.03	0.31	0.02	0.03	0.00
167 卢旺达	85.2	3.2	9.1	0.2	2.3	0.0	11.4	1.0	79.7	8.0	1.28	0.02	0.04	0.01	0.01	0.00
168 冈比亚	44.7	2.9	39.7	0.2	12.4	0.1	51.6	1.5	16.5	30.4	0.14	0.00	0.03	0.00	0.02	0.00
169 利比里亚	34.9	4.4	11.5	0.2	48.8	0.2	60.4	1.1	24.9	13.6	0.19	0.01	0.02	0.00	0.10	0.00
170 几内亚	90.3	3.0	5.1	0.2	1.4	0.0	6.6	0.8	10.2	82.4	3.29	0.04	0.05	0.02	0.02	0.00
171 埃塞俄比亚	8.6	37.5	21.4	0.2	30.7	1.5	75.1	10.0	10.5	4.4	0.15	0.22	0.10	0.01	0.22	0.08
172 莫桑比克	83.8	2.5	12.8	0.3	0.6	0.1	13.3	1.2	50.1	35.4	4.44	0.04	0.18	0.04	0.01	0.01
173 几内亚比绍	65.0	2.8	31.3	0.2	0.6	0.0	31.5	1.3	13.1	54.1	0.52	0.01	0.07	0.00	0.00	0.00
174 布隆迪	90.8	3.2	4.6	0.2	1.1	0.0	5.8	0.9	84.2	9.1	2.21	0.03	0.03	0.01	0.01	0.00
175 乍得	90.7	5.5	3.1	0.2	0.5	0.0	3.8	3.7	74.3	18.1	1.72	0.03	0.02	0.01	0.00	0.00
176 刚果民主共和国	79.7	2.6	15.3	0.2	2.2	0.0	17.4	1.1	48.6	32.8	4.09	0.04	0.21	0.02	0.04	0.01
177 布基纳法索	94.0	3.0	2.4	0.2	0.3	0.0	2.9	0.8	8.9	87.5	7.93	0.08	0.06	0.04	0.01	0.00

按居住区域分类的国际移民

HDI 位次	居住区域：居住大陆 2000–2002年（占总移民存量的百分比 %）						居住国人类发展指数类别[a] 2000–2002年（占总移民存量的百分比 %）				来自各国的入境移民在各大洲所占比例 2000–2002年（占各大洲总入境移民存量的百分比 %）					
	非洲	亚洲	欧洲	拉丁美洲和加勒比地区	北美洲	大洋洲	极高	高	中等	低	非洲	亚洲	欧洲	拉丁美洲和加勒比地区	北美洲	大洋洲
178 马里	91.1	3.1	5.1	0.2	0.5	0.0	5.7	0.9	17.5	76.0	8.99	0.10	0.14	0.05	0.02	0.00
179 中非共和国	84.1	2.1	13.0	0.2	0.6	0.1	13.5	1.0	70.9	14.6	0.58	0.00	0.02	0.00	0.00	0.00
180 塞拉利昂	40.9	3.0	31.5	0.2	24.0	0.5	55.4	1.4	11.1	32.1	0.24	0.01	0.05	0.00	0.06	0.01
181 阿富汗	0.8	91.4	4.4	0.2	2.7	0.5	11.0	4.6	84.0	0.4	0.14	4.82	0.20	0.08	0.17	0.25
182 尼日尔	93.3	3.0	3.0	0.2	0.5	0.0	3.6	0.8	20.6	75.0	2.90	0.03	0.02	0.02	0.01	0.00
联合国其他成员国																
伊拉克	5.1	59.2	22.1	0.2	10.7	2.7	44.2	6.6	48.7	0.4	0.35	1.33	0.42	0.03	0.29	0.59
基里巴斯	0.8	5.5	7.9	0.3	28.6	57.0	62.6	1.2	35.8	0.4	0.00	0.00	0.00	0.00	0.00	0.04
朝鲜	0.9	47.5	2.0	0.9	48.6	0.0	85.9	1.5	12.2	0.5	0.03	0.46	0.02	0.07	0.58	0.00
马绍尔群岛	0.8	25.1	3.5	1.0	64.2	5.4	69.1	4.0	26.4	0.5	0.00	0.01	0.00	0.00	0.02	0.01
密克罗尼西亚联邦	0.8	23.1	3.9	1.1	30.4	40.7	35.7	30.2	33.6	0.5	0.00	0.01	0.00	0.00	0.02	0.20
摩纳哥	2.0	5.9	87.9	0.6	3.4	0.2	90.1	2.9	6.3	0.7	0.00	0.00	0.03	0.00	0.00	0.00
瑙鲁	0.7	5.6	6.9	4.2	11.1	71.5	86.3	4.7	8.7	0.4	0.00	0.00	0.00	0.00	0.00	0.01
帕劳	0.7	55.3	3.3	1.6	17.6	21.6	22.3	12.7	64.5	0.5	0.00	0.01	0.00	0.00	0.01	0.05
圣马力诺	1.5	3.1	86.2	1.1	8.0	0.1	92.9	3.4	3.0	0.7	0.00	0.00	0.01	0.00	0.00	0.00
索马里	50.8	9.6	27.5	0.2	10.8	1.0	39.2	8.2	11.7	41.0	1.71	0.10	0.25	0.02	0.14	0.11
图瓦卢	0.7	5.1	17.0	0.3	1.6	75.3	83.0	4.3	12.3	0.3	0.00	0.00	0.00	0.00	0.00	0.03
津巴布韦	61.8	3.0	24.1	0.2	5.7	5.1	34.7	1 5	28.2	35.7	1.12	0.02	0.12	0.01	0.04	0.29
非洲	52.6	12.5	28.9	0.2	4.9	0.9	35.9	8.3	25.7	30.0	82.39[T]	6.31[T]	12.34[T]	0.97[T]	3.07[T]	4.41
亚洲	1.7	54.7	24.5	0.5	16.4	2.2	41.7	23.2	34.5	0.6	6.83[T]	72.37[T]	27.34[T]	5.62[T]	26.57[T]	28.68
欧洲	2.5	16.0	59.0	2.5	15.4	4.6	52.6	28.1	18.1	1.2	8.39[T]	17.25[T]	53.66[T]	21.75[T]	20.39[T]	48.18
拉丁美洲和加勒比地区	1.1	5.1	10.3	13.4	69.8	0.3	81.7	12.1	5.6	0.5	1.77[T]	2.73[T]	4.69[T]	59.05[T]	46.01[T]	1.70
北美洲	2.2	14.7	23.6	21.0	34.9	3.7	62.8	23.5	12.6	1.1	0.49[T]	1.07[T]	1.44[T]	12.46[T]	3.09[T]	2.60
大洋洲	1.4	8.7	20.1	0.6	22.5	46.7	84.3	2.8	12.3	0.6	0.13[T]	0.28[T]	0.54[T]	0.16[T]	0.87[T]	14.44
经合组织	2.4	9.0	36.4	4.8	41.2	6.2	83.1	9.7	6.0	1.2	6.84[T]	8.22[T]	28.10[T]	35.99[T]	46.29[T]	55.89
欧盟(EU27)	3.1	10.7	49.1	4.4	24.6	8.0	77.4	14.9	6.2	1.5	5.47[T]	6.04[T]	23.25[T]	20.41[T]	16.91[T]	43.70
海湾合作委员会	6.1	77.9	5.9	0.3	9.1	0.8	18.0	17.6	63.9	0.4	0.39[T]	1.60[T]	0.10[T]	0.05[T]	0.23[T]	0.17
极高人类发展水平	3.0	14.3	39.2	6.3	28.2	9.0	76.7	11.9	9.9	1.4	6.08[T]	9.43[T]	21.71[T]	34.20[T]	22.75[T]	57.60
极高人类发展水平：OECD国家	3.1	10.7	41.4	7.0	28.5	9.3	79.4	12.1	7.0	1.5	5.68[T]	6.32[T]	20.60[T]	33.87[T]	20.67[T]	53.47
极高人类发展水平：非OECD国家	1.9	46.4	19.6	0.6	25.3	6.3	53.8	10.4	35.3	0.5	0.39[T]	3.11[T]	1.11[T]	0.33[T]	2.08[T]	4.14
高人类发展水平	1.7	16.5	43.8	4.4	32.4	1.3	56.4	23.9	18.9	0.7	5.53[T]	17.75[T]	39.74[T]	38.67[T]	42.85[T]	13.42
中等人类发展水平	7.4	43.3	27.8	2.1	17.6	1.8	42.6	25.3	28.9	3.2	35.37[T]	66.96[T]	36.26[T]	26.71[T]	33.33[T]	27.88
低人类发展水平	64.1	21.9	10.2	0.2	3.2	0.4	15.0	2.6	40.8	41.6	53.02[T]	5.85[T]	2.29[T]	0.42[T]	1.07[T]	1.10
世界(除前苏联和捷克斯洛伐克)	10.8	29.2	24.8	4.2	27.4	3.5	59.6	13.3	21.1	6.0	96.81[T]	84.39[T]	60.44[T]	98.72[T]	97.03[T]	98.57
世界	9.1	28.2	33.4	3.4	23.0	2.9	51.1	20.7	23.3	5.0	100.00[T]	100.00[T]	100.00[T]	100.00[T]	100.00[T]	100.00

注

a 该百分比加总不等于 100%，主要是由于人员流动地区不是按照人类发展类别来分类。

b 该数据是指塞尔维亚和黑山在 2006 年 6 月独立为两个国家前的数据。

资料来源

所有列：根据 2007 年 Migration DRC 数据计算。

国际移民在 OECD 国家的教育和就业情况（年龄 15 岁及以上）

C

HDI 位次	OECD国家国际移民存量（千人）	国际移民受教育程度[a] 低：高中以下（占所有移民的百分比 %）	国际移民受教育程度[a] 中等：高中或大专但非大学教育（占所有移民的百分比 %）	国际移民受教育程度[a] 高：大学（占所有移民的百分比 %）	大学程度移民所占比例（%）	国际移民的经济活动状态：劳动力参与率[b]（男女总计）（占所有移民的百分比 %）	国际移民的失业率：总失业率[b]（男女）（占劳动力百分比 %）	根据受教育程度分类[a] 低：高中以下（占劳动力百分比 %）	根据受教育程度分类[a] 中等：高中或大专但非大学教育（占劳动力百分比 %）	根据受教育程度分类[a] 高：大学（占劳动力百分比 %）
极高人类发展水平										
1 挪威	123.3	21.7	38.1	31.7	4.5	45.1	5.7	8.5	6.8	3.8
2 澳大利亚	291.9	16.6	36.1	42.3	2.5	73.4	6.1	10.7	7.5	3.7
3 冰岛	22.7	15.3	39.0	33.5	18.0	65.2	4.8	9.0	4.4	3.9
4 加拿大	1,064.1	18.3	40.7	39.4	3.0	58.3	4.1	7.9	5.1	2.5
5 爱尔兰	788.1	37.8	25.3	22.4	22.1	55.2	5.1	7.7	4.8	3.0
6 荷兰	583.4	25.9	36.6	31.8	6.2	55.7	4.5	6.8	4.5	3.4
7 瑞典	201.5	18.0	37.5	36.8	4.6	62.4	7.2	15.4	8.8	3.9
8 法国	1,135.6	32.0	30.7	32.2	4.2	60.2	7.7	13.2	7.6	4.6
9 瑞士	427.2	34.6	40.0	24.0	9.8	60.3	10.4	14.8	9.9	6.3
10 日本	565.4	10.4	38.9	49.0	1.1	57.7	4.4	8.5	5.3	3.2
11 卢森堡	31.3	39.0	32.4	23.7	..	50.4	8.8	13.2	8.9	4.8
12 芬兰	257.2	30.4	42.5	23.5	6.1	53.6	4.7	5.8	5.0	3.3
13 美国	840.6	19.6	29.3	46.6	0.4	60.3	5.7	9.6	7.8	3.9
14 奥地利	383.1	23.4	45.0	27.3	9.8	55.3	3.2	5.1	3.0	2.3
15 西班牙	757.6	51.7	26.8	17.6	2.4	52.7	7.5	9.4	7.6	4.7
16 丹麦	159.5	20.3	38.3	33.3	6.3	54.2	5.0	7.8	5.5	3.7
17 比利时	350.8	34.5	32.4	30.8	5.8	54.7	8.7	14.4	9.8	4.6
18 意大利	2,357.1	57.5	26.3	11.5	3.8	48.4	8.0	11.0	6.5	3.6
19 列支敦士登	3.5	27.5	46.9	19.5	..	59.6	3.7	5.1	3.4	2.8
20 新西兰	413.1	30.6	34.7	26.5	8.2	76.4	6.9	10.4	6.5	3.7
21 英国	3,241.3	25.7	36.7	33.1	10.3	59.7	5.4	9.5	5.6	3.3
22 德国	3,122.5	26.6	43.0	27.4	7.1	57.2	7.9	14.2	7.9	4.6
23 新加坡	106.6	19.7	32.2	43.5	12.9	63.9	5.9	7.0	7.4	4.4
24 中国香港	388.4	27.9	31.4	37.9	16.8	61.7	6.8	7.1	9.0	5.4
25 希腊	685.8	55.3	26.0	15.1	7.9	49.6	6.3	8.8	3.9	4.6
26 韩国	975.3	16.4	39.3	43.6	..	58.8	5.5	8.8	6.1	4.3
27 以色列	162.7	18.3	37.0	42.7	5.4	65.6	6.2	11.2	7.4	4.0
28 安道尔	3.4	46.3	27.2	25.6	..	47.7	11.9	12.8	11.9	10.8
29 斯洛文尼亚	78.4	47.3	39.1	11.4	..	39.1	6.3	7.4	6.2	4.5
30 文莱	8.9	19.1	41.1	37.7	..	63.3	6.3	5.8	9.2	4.3
31 科威特	37.1	16.7	36.9	44.2	6.5	53.8	9.6	18.9	12.3	6.3
32 塞浦路斯	140.5	41.0	28.4	23.0	24.8	54.4	6.8	8.9	7.0	4.7
33 卡塔尔	3.3	16.1	37.0	43.9	..	45.7	10.7	14.5	15.8	6.9
34 葡萄牙	1,260.2	67.2	23.4	6.2	6.3	71.0	7.7	8.5	6.7	5.3
35 阿拉伯联合酋长国	14.4	21.0	50.2	24.2	..	40.8	14.9	18.8	17.1	10.6
36 捷克	242.5	22.6	51.6	23.7	..	55.9	11.0	30.5	10.9	3.6
37 巴巴多斯	88.4	30.0	40.2	26.3	47.3	66.0	6.3	9.2	6.5	4.0
38 马耳他	98.0	53.2	24.5	13.5	..	54.0	4.9	5.8	4.6	3.2
高人类发展水平										
39 巴林	7.2	15.8	40.6	40.2	5.3	61.7	7.9	6.1	10.1	6.7
40 爱沙尼亚	36.0	26.6	36.6	30.6	..	37.2	11.4	15.4	13.8	7.5
41 波兰	2,112.6	30.6	46.2	21.1	12.3	59.5	10.7	15.8	11.1	6.1
42 斯洛伐克	361.5	40.7	45.5	12.9	..	48.8	15.7	34.8	10.8	3.9
43 匈牙利	331.5	25.6	44.1	27.4	8.4	46.6	6.5	11.1	6.2	5.0
44 智利	207.9	25.1	41.8	29.9	3.8	65.8	8.8	12.6	9.2	6.1
45 克罗地亚	488.9	45.7	39.4	12.4	..	56.7	8.4	15.9	3.6	3.6
46 立陶宛	134.4	35.8	39.6	21.8	..	28.9	11.6	19.3	13.6	6.1
47 安提瓜和巴布达	24.3	29.7	41.4	26.6	..	68.0	8.1	12.8	8.9	3.9
48 拉脱维亚	54.8	19.5	36.1	35.8	..	39.7	6.5	11.0	7.3	5.2
49 阿根廷	322.3	31.1	34.8	32.6	2.0	62.8	9.9	13.6	9.8	7.6
50 乌拉圭	74.4	34.7	37.0	26.3	5.1	67.3	9.5	12.5	9.4	6.6
51 古巴	924.6	40.8	35.1	23.9	..	52.5	8.0	12.0	7.5	5.2
52 巴哈马	30.1	23.3	46.9	29.4	..	63.8	9.7	16.8	11.2	4.6
53 墨西哥	8,327.9	69.6	24.7	5.7	6.5	60.1	9.4	10.6	7.7	5.2
54 哥斯达黎加	75.7	31.5	43.7	24.4	3.9	64.8	6.6	10.4	6.1	3.8
55 利比亚	64.8	44.3	30.6	23.6	..	51.2	7.6	8.0	6.9	7.4
56 阿曼	2.6	13.6	44.6	37.5	..	34.4	7.7	7.5	10.4	6.1
57 塞舌尔	8.1	42.6	31.5	17.3	..	60.3	9.7	12.6	8.4	7.4
58 委内瑞拉	233.3	27.0	35.8	36.7	3.8	64.3	11.3	15.0	12.7	8.1
59 沙特阿拉伯	34.1	22.8	38.8	35.8	..	43.5	11.8	18.4	13.2	8.2

国际移民在 OECD 国家的教育和就业情况（年龄 15 岁及以上）

HDI 位次	OECD国家国际移民存量（千人）	国际移民受教育程度[a]（占所有移民的百分比 %）：低 高中以下	中等 高中或大专但非大学教育	高 大学	大学程度移民所占比例（%）	国际移民的经济活动状态：劳动力参与率[b]（男女总计）（占所有移民的百分比 %）	国际移民的失业率：总失业率[b]（男女）（占劳动力百分比 %）	根据受教育程度分类[a]：低 高中以下	中等 高中或大专但非大学教育	高 大学
60 巴拿马	139.8	16.9	50.0	32.9	11.1	65.5	6.1	13.3	6.8	3.3
61 保加利亚	604.4	51.0	31.3	13.0	..	59.2	9.3	8.9	10.1	8.7
62 圣基茨和尼维斯	20.0	33.0	35.5	26.6	..	66.8	6.6	10.5	6.1	4.2
63 罗马尼亚	1,004.6	32.7	43.9	22.3	..	59.8	8.8	12.1	8.8	5.9
64 特立尼达和多巴哥	274.2	23.3	46.2	29.7	66.4	70.2	7.1	11.5	7.6	4.1
65 黑山	..[c]	52.1[d]	30.2[d]	10.6[d]	..	55.9[d]	13.6[d]	16.3[d]	12.2[d]	7.8[d]
66 马来西亚	214.3	18.4	28.8	47.6	11.3	65.7	6.2	8.3	9.0	4.3
67 塞尔维亚	1,044.4	52.1[d]	30.2[d]	10.6[d]	..	55.9[d]	13.6[d]	16.3[d]	12.2[d]	7.8[d]
68 白俄罗斯	151.1	37.1	37.3	25.0	..	29.1	10.4	14.7	13.9	6.4
69 圣卢西亚	24.5	37.9	37.0	20.3	..	65.6	9.0	12.6	8.4	5.5
70 阿尔巴尼亚	524.1	54.0	34.6	8.7	..	68.8	10.0	10.3	9.3	10.6
71 俄罗斯联邦	1,524.4	33.9	37.9	27.1	..	58.0	15.7	19.6	15.7	13.0
72 前南马其顿	175.7	57.1	24.4	7.4	..	59.6	10.0	11.0	8.1	8.0
73 多米尼克	25.7	40.4	34.0	21.7	..	64.3	9.9	13.1	9.9	6.4
74 格林纳达	46.4	34.2	39.6	23.3	..	69.0	8.3	12.3	7.9	4.7
75 巴西	544.1	30.6	38.8	25.9	1.6	70.9	6.8	9.0	6.2	5.7
76 波斯尼亚和黑塞哥维那	569.9	44.3	42.0	9.6	..	68.3	11.0	14.2	9.0	7.8
77 哥伦比亚	691.7	33.9	40.5	24.8	5.8	63.9	11.5	16.3	10.2	8.3
78 秘鲁	415.1	24.7	44.8	28.6	3.0	67.7	8.4	12.0	8.0	6.8
79 土耳其	2,085.5	69.0	21.6	6.7	3.2	58.1	19.6	23.2	15.9	5.2
80 厄瓜多尔	503.7	48.8	35.8	15.0	5.8	69.8	10.9	12.6	9.9	8.1
81 毛里求斯	91.4	42.9	27.9	24.4	48.5	69.3	11.7	16.2	12.6	4.8
82 哈萨克斯坦	415.7	35.1	48.0	16.6	..	60.0	13.0	17.9	12.4	8.9
83 黎巴嫩	335.5	33.8	31.6	30.9	..	56.9	10.4	15.3	11.0	6.9
中等人类发展水平										
84 亚美尼亚	79.4	27.3	41.5	30.3	..	56.6	14.4	21.4	13.8	11.4
85 乌克兰	773.0	36.8	34.8	27.0	..	36.1	9.8	12.3	10.9	7.9
86 阿塞拜疆	30.1	25.2	33.0	39.8	..	57.1	16.9	21.2	16.8	14.8
87 泰国	269.7	34.8	31.9	27.6	1.5	58.7	9.0	13.5	8.5	5.3
88 伊朗	616.0	17.2	34.4	45.9	8.3	62.5	8.6	19.4	9.5	6.2
89 格鲁吉亚	84.7	35.8	35.4	24.8	..	58.6	16.9	19.6	16.1	15.1
90 多米尼加共和国	695.3	53.2	34.2	12.3	9.8	56.7	13.3	17.1	11.3	7.2
91 圣文森特和格林纳斯丁	34.8	34.4	38.6	24.5	..	68.1	8.9	11.8	9.5	5.5
92 中国	2,068.2	31.0	25.1	39.4	3.0	58.5	6.1	7.8	6.9	4.9
93 伯利兹	42.6	30.5	48.7	20.4	..	66.0	8.4	11.2	8.5	5.7
94 萨摩亚	71.5	31.1	44.1	8.7	..	62.0	13.5	15.9	12.6	7.8
95 马尔代夫	0.4	25.8	40.5	30.0	..	30.0	13.1	18.2	4.7	14.5
96 约旦	63.9	20.0	37.8	41.0	4.6	61.9	7.9	12.0	8.5	6.2
97 苏里南	7.1	23.9	43.2	30.9	..	61.0	6.9	15.6	6.2	3.5
98 突尼斯	427.5	55.5	27.8	15.9	14.3	57.0	20.6	26.4	18.8	10.3
99 汤加	40.9	34.6	44.8	9.5	..	62.0	11.3	14.1	9.9	6.5
100 牙买加	789.7	33.1	39.6	24.2	72.6	68.9	7.9	11.9	7.9	4.3
101 巴拉圭	20.1	37.1	37.5	23.9	1.9	69.3	6.9	7.5	6.9	6.3
102 斯里兰卡	316.9	32.7	34.4	26.4	19.4	67.8	10.5	13.5	10.9	7.0
103 加蓬	10.8	29.9	33.1	35.9	..	49.7	23.1	32.6	24.3	17.2
104 阿尔及利亚	1,313.3	55.4	27.8	16.4	15.4	53.0	21.9	29.0	20.3	11.7
105 菲律宾	1,930.3	17.4	35.1	45.9	7.4	68.7	4.9	8.9	5.6	3.5
106 萨尔瓦多	835.6	62.9	29.2	7.7	14.1	64.7	8.4	9.6	6.9	5.7
107 叙利亚	130.2	33.0	30.3	33.3	3.8	55.3	10.5	13.7	10.5	8.6
108 斐济	119.0	30.8	41.5	21.4	38.3	69.9	7.5	9.6	7.4	5.3
109 土库曼斯坦	4.9	25.4	48.4	24.8	..	45.8	16.3	17.3	17.0	14.6
110 巴勒斯坦被占领土	15.5	23.5	28.2	40.5	..	46.7	12.1	13.9	13.6	10.9
111 印度尼西亚	339.4	24.8	38.3	34.5	1.8	48.8	4.4	3.4	4.4	4.5
112 洪都拉斯	275.6	57.2	32.2	10.6	12.0	63.7	10.0	12.0	8.5	5.5
113 玻利维亚	76.8	24.9	44.1	29.4	3.3	66.6	8.5	11.0	8.9	6.3
114 圭亚那	303.6	31.0	42.9	25.0	76.9	68.6	6.6	10.2	6.4	4.0
115 蒙古	4.3	16.5	35.1	45.7	..	58.6	9.7	9.2	7.6	11.3
116 越南	1,518.1	40.7	34.8	22.9	..	64.6	7.7	10.5	7.2	4.7
117 摩尔多瓦	41.4	26.8	37.4	34.6	..	63.7	12.3	16.9	11.4	10.3
118 赤道几内亚	12.1	52.0	25.5	22.4	..	63.3	22.3	26.9	20.9	15.0

HDI 位次	OECD国家国际移民存量 (千人)	国际移民受教育程度[a] 低 高中以下 (占所有移民的百分比 %)	国际移民受教育程度[a] 中等 高中或大专但非大学教育 (占所有移民的百分比 %)	国际移民受教育程度[a] 高 大学 (占所有移民的百分比 %)	大学程度移民所占比例 (%)	国际移民的经济活动状态 劳动力参与率[b] (男女总计) (占所有移民的百分比 %)	国际移民的失业率 总失业率[b] (男女) (占劳动力百分比 %)	根据受教育程度分类[a] 低 高中以下 (占劳动力百分比 %)	根据受教育程度分类[a] 中等 高中或大专但非大学教育 (占劳动力百分比 %)	根据受教育程度分类[a] 高 大学 (占劳动力百分比 %)
119 乌兹别克斯坦	45.2	25.0	40.0	33.9	..	59.0	12.5	16.0	12.7	10.5
120 吉尔吉斯斯坦	34.1	33.5	47.9	18.4	..	58.8	12.8	17.3	12.3	9.7
121 佛得角	87.9	73.7	19.1	5.9	..	70.5	9.4	9.7	9.7	5.1
122 危地马拉	485.3	63.6	27.9	8.4	11.2	63.5	8.2	9.1	7.4	5.4
123 埃及	308.7	18.8	30.7	47.3	3.7	59.9	8.3	12.9	9.7	6.5
124 尼加拉瓜	221.0	40.7	41.1	18.1	14.3	61.6	8.7	12.0	8.0	5.2
125 博茨瓦纳	4.1	12.3	46.3	37.1	4.2	45.3	14.3	10.6	17.6	10.6
126 瓦努阿图	1.7	27.8	39.1	27.2	..	63.4	12.6	16.6	10.1	12.1
127 塔吉克斯坦	8.9	30.4	45.1	24.1	..	57.5	12.4	18.0	12.3	8.5
128 纳米比亚	3.1	15.3	34.8	45.9	..	70.3	6.0	10.6	6.1	4.8
129 南非	351.7	14.6	34.6	44.8	6.8	74.2	5.5	10.1	6.6	3.7
130 摩洛哥	1,505.0	61.1	23.1	13.9	..	60.9	19.8	22.6	19.0	12.2
131 圣多美和普林西比	11.6	72.2	16.9	10.7	..	73.7	9.3	9.8	9.9	5.8
132 不丹	0.7	39.1	30.6	23.7	..	57.4	14.1	13.4	12.7	14.1
133 老挝	264.2	49.5	35.7	14.2	..	63.0	9.6	12.4	8.4	6.0
134 印度	1,952.0	25.5	19.5	51.2	3.5	66.6	5.9	9.8	7.0	4.3
135 所罗门群岛	1.8	25.3	29.5	36.8	..	63.5	10.8	18.3	15.0	5.7
136 刚果共和国	68.7	27.1	34.2	34.9	25.7	72.4	26.4	37.4	28.3	18.5
137 柬埔寨	239.1	52.4	30.8	15.2	..	62.2	11.2	14.6	9.5	6.4
138 缅甸	61.2	25.0	26.2	40.9	2.5	61.7	5.8	8.2	6.5	4.5
139 科摩罗	17.6	63.6	25.6	10.7	..	66.8	40.8	45.4	36.1	25.7
140 也门	31.9	47.0	30.2	19.3	..	56.3	9.1	8.8	10.6	6.8
141 巴基斯坦	669.0	43.6	21.4	30.3	9.8	55.2	10.9	15.1	10.6	7.3
142 斯威士兰	1.8	19.8	32.9	42.9	3.2	69.6	7.4	12.2	6.6	6.1
143 安哥拉	196.2	52.9	26.5	19.5	..	77.0	9.7	11.4	10.2	4.9
144 尼泊尔	23.9	21.3	33.0	39.2	3.0	72.0	6.3	6.2	7.2	5.8
145 马达加斯加	76.6	33.3	34.6	31.7	..	67.2	17.7	25.0	18.3	11.9
146 孟加拉国	285.7	46.2	22.3	27.2	3.2	54.8	12.5	17.9	12.0	7.5
147 肯尼亚	198.1	26.0	32.7	36.9	27.2	73.6	6.1	8.2	7.0	4.1
148 巴布亚新几内亚	25.9	28.0	33.8	31.2	15.1	70.3	8.7	13.2	9.5	4.9
149 海地	462.9	39.3	40.6	20.0	67.5	66.2	11.3	15.2	10.8	6.6
150 苏丹	42.1	23.4	32.9	39.7	4.6	59.4	16.2	25.1	14.8	13.9
151 坦桑尼亚	70.2	25.1	30.4	40.7	15.6	69.9	5.9	8.1	7.4	4.2
152 加纳	165.6	26.5	38.4	31.3	33.7	75.7	9.6	14.2	9.7	6.4
153 喀麦隆	58.5	23.3	32.3	41.9	12.5	68.9	21.8	32.6	24.5	15.9
154 毛里塔尼亚	15.2	63.1	19.1	17.2	..	72.0	22.2	23.1	24.8	15.8
155 吉布提	5.4	34.1	34.7	29.7	..	56.5	24.9	37.4	23.2	16.8
156 莱索托	0.9	18.3	31.6	45.8	3.8	62.5	6.0	..	9.9	3.8
157 乌干达	82.1	27.4	29.0	39.0	24.2	72.9	6.9	9.0	8.1	5.0
158 尼日利亚	261.0	15.5	28.4	53.1	..	75.4	11.2	20.7	13.9	7.9
低人类发展水平										
159 多哥	18.4	27.9	34.1	35.8	11.8	71.9	21.3	28.0	22.2	16.2
160 马拉维	14.9	32.5	28.5	34.8	15.5	70.4	7.2	10.2	7.7	4.7
161 贝宁	14.4	25.8	30.5	42.2	11.3	70.9	19.7	26.9	22.8	14.3
162 东帝汶	11.1	57.1	23.4	12.4	..	62.6	12.1	14.8	11.6	4.5
163 科特迪瓦	62.6	38.1	34.2	26.4	..	70.7	22.7	28.0	22.9	16.1
164 赞比亚	34.9	14.2	34.4	47.9	15.5	77.1	6.3	11.9	7.7	4.1
165 厄立特里亚	48.0	36.0	39.3	20.7	..	65.2	11.3	14.8	10.3	7.8
166 塞内加尔	133.2	56.6	23.6	19.1	18.6	74.8	18.5	20.4	19.2	12.3
167 卢旺达	14.8	25.4	32.6	34.9	20.8	59.0	26.4	37.4	27.3	21.5
168 冈比亚	20.9	47.9	30.9	16.5	44.6	67.9	15.0	20.3	12.1	7.5
169 利比里亚	41.0	20.6	44.8	33.5	24.7	73.7	9.3	20.8	9.2	5.0
170 几内亚	21.3	49.6	25.4	22.4	..	68.2	24.6	31.6	20.2	15.7
171 埃塞俄比亚	124.4	24.3	43.6	29.2	..	68.4	9.5	14.9	8.9	7.0
172 莫桑比克	85.7	44.2	28.8	26.4	53.6	77.9	6.7	8.9	7.0	3.5
173 几内亚比绍	30.0	66.3	20.5	12.8	71.5	76.5	16.7	18.0	16.3	11.2
174 布隆迪	10.6	24.3	28.7	38.0	..	60.5	24.5	37.0	26.5	18.1
175 乍得	5.8	22.7	33.1	42.2	..	73.5	20.5	30.6	20.6	16.5
176 刚果民主共和国	100.7	25.0	32.5	35.5	9.6	66.5	21.8	31.9	24.4	15.1
177 布基纳法索	8.3	46.9	22.6	28.5	..	72.3	15.3	16.8	13.9	13.8

国际移民在OECD国家的教育和就业情况（年龄15岁及以上）

HDI位次	OECD国家国际移民存量（千人）	国际移民受教育程度[a]：低 高中以下（占所有移民的百分比%）	国际移民受教育程度[a]：中等 高中或大专但非大学教育（占所有移民的百分比%）	国际移民受教育程度[a]：高 大学（占所有移民的百分比%）	大学程度移民所占比例（%）	国际移民的经济活动状态：劳动力参与率[b]（男女总计）（占所有移民的百分比%）	国际移民的失业率：总失业率[b]（男女）（占劳动力百分比%）	根据受教育程度分类[a]：低 高中以下（占劳动力百分比%）	根据受教育程度分类[a]：中等 高中或大专但非大学教育（占劳动力百分比%）	根据受教育程度分类[a]：高 大学（占劳动力百分比%）
178 马里	45.2	68.3	18.7	12.6	14.6	74.9	24.9	27.1	24.4	14.4
179 中非共和国	9.8	33.4	33.1	32.7	9.1	69.1	24.2	35.6	23.6	17.8
180 塞拉利昂	40.2	23.5	37.4	33.7	34.5	71.8	10.7	19.1	10.5	6.5
181 阿富汗	141.2	44.7	28.9	19.4	6.4	47.3	13.6	13.9	13.1	12.5
182 尼日尔	4.8	26.6	34.3	37.5	5.8	68.1	18.5	27.8	17.8	14.1
联合国其他成员国										
伊拉克	335.5	38.9	26.9	26.6	8.4	49.5	17.8	27.4	12.5	12.6
基里巴斯	1.7	38.3	33.9	20.2	..	57.5	8.4	7.7	11.6	4.8
朝鲜	1.2	21.7	32.1	38.6	..	58.3	6.5	8.3	4.7	6.7
马绍尔群岛	5.3	34.9	54.1	10.9	..	58.1	19.9	27.9	20.5	4.8
密克罗尼西亚联邦	6.5	26.9	59.7	13.3	..	68.9	11.5	17.9	11.1	4.6
摩纳哥	12.3	41.4	35.1	23.0	..	50.8	11.1	16.4	12.3	5.7
瑙鲁	0.5	35.3	34.7	21.6	..	62.4	8.2	22.2	6.0	2.4
帕劳	2.1	12.7	58.9	28.3	..	71.5	8.1	12.1	9.2	5.1
圣马力诺	2.8	61.6	25.7	12.4	..	44.3	4.3	6.2	2.7	3.6
索马里	125.1	44.0	30.6	12.5	..	42.0	28.2	37.0	24.0	18.9
图瓦卢	0.9	38.9	27.2	6.2	..	57.2	16.1	19.2	13.0	6.8
津巴布韦	77.4	14.9	39.9	40.6	9.4	73.4	7.0	11.0	8.6	4.4
非洲	6,555.3[T]	44.6	28.6	24.5	9.3	63.4	16.5	22.8	15.7	9.0
亚洲	17,522.0[T]	33.0	29.8	34.3	3.6	60.9	9.0	14.6	8.6	5.0
欧洲	27,318.1[T]	38.6	35.7	21.6	7.0	56.5	8.8	12.6	8.5	5.3
拉丁美洲和加勒比地区	18,623.0[T]	53.8	31.9	13.8	6.0	61.4	9.4	11.6	8.3	5.7
北美洲	1,923.8[T]	18.8	35.8	42.5	0.7	59.3	4.8	8.6	6.1	3.2
大洋洲	1,098.2[T]	26.6	38.7	27.4	4.0	71.4	7.8	11.8	7.9	4.2
经合组织	33,500.2[T]	44.5	32.3	20.3	2.9	58.3	8.5	12.2	7.7	4.1
欧盟（EU27）	20,514.2[T]	37.1	35.9	23.0	7.0	56.7	7.6	11.5	7.6	4.3
海湾合作委员会	98.6[T]	19.2	40.0	37.9	6.3	48.1	11.0	17.6	13.4	7.3
极高人类发展水平	21,480.5[T]	33.4	34.5	27.9	2.7	57.9	6.6	10.4	6.7	3.9
极高人类发展水平：OECD国家	20,281.1[T]	33.5	34.6	27.6	2.6	57.8	6.6	10.5	6.6	3.8
极高人类发展水平：非OECD国家	1,199.3[T]	30.6	33.2	32.2	12.2	59.3	6.6	8.2	7.9	4.8
高人类发展水平	28,213.0[T]	49.4	33.2	15.7	5.1	59.3	10.9	14.0	9.8	6.6
中等人类发展水平	22,102.2[T]	37.8	30.4	29.2	5.2	61.8	10.3	15.2	9.9	6.0
低人类发展水平	1,244.8[T]	37.7	32.1	25.8	12.8	65.9	16.1	21.5	15.2	10.4
世界(除前苏联和捷克斯洛伐克)	69,018.3[T]	41.4	32.3	23.5	3.7	60.3	9.3	13.3	8.7	5.2
世界	75,715.9[T,e]	41.0	32.7	23.5	3.7	59.7	9.5	13.6	9.0	5.5

注

a 该百分比加总不等于100%，不包括那些受教育程度不详的情况。

b 不包括那些经济活动状况不详的情况。

c 黑山的数据包括在塞尔维亚的数据中。

d 该数据是指塞尔维亚和黑山在2006年6月独立为两个国家前的数据。

e 是原始数据的合计数。

资料来源

第1—4、8—10列：OECD（2009a）。

第5列：OECD（2008a）。

第6—7列：根据OECD（2009a）数据计算。

由冲突和不安全引发的迁移

D

HDI 位次		按来源国划分						按庇护国划分				
		国际					国内	国际				
		难民存量			准难民	寻求庇护者存量 (尚未准许庇护)	境内流离失所人数[d]	难民存量			准难民	寻求庇护者存量 (尚未准许庇护)
		总数 (千人) 2007	占国际出境移民存量的百分比 (%)	占世界难民总数的百分比 (%) 2007	总数 (千人) 2007	总数 (千人) 2007	总数 (千人) 2008	总数 (千人) 2008	占国际入境移民存量的百分比 (%)	占世界难民总数的百分比 (%) 2007	总数 (千人) 2007	总数 (千人) 2007
极高人类发展水平												
1	挪威	0.0	0.0	0.0	0.0	0.0	..	34.5	9.3	0.2	0.0	6.7
2	澳大利亚	0.1	0.0	0.0	0.0	0.0	..	22.2	0.5	0.2	0.0	1.5
3	冰岛	0.0	0.0	0.0	0.0	..	..	0.0	0.2	0.0	0.0	0.0
4	加拿大	0.5	0.0	0.0	0.0	0.1	..	175.7	2.8	1.2	0.0	37.5
5	爱尔兰	0.0	0.0	0.0	0.0	0.0	..	9.3	1.5	0.1	0.0	4.4
6	荷兰	0.0	0.0	0.0	0.0	0.0	..	86.6	5.0	0.6	0.0	5.8
7	瑞典	0.0	0.0	0.0	0.0	0.0	..	75.1	6.7	0.5	0.0	27.7
8	法国	0.1	0.0	0.0	0.0	0.1	..	151.8	2.3	1.1	0.0	31.1
9	瑞士	0.0	0.0	0.0	0.0	0.0	..	45.7	2.8	0.3	0.0	10.7
10	日本	0.5	0.1	0.0	0.0	0.0	..	1.8	0.1	0.0	0.0	1.5
11	卢森堡	0.0	0.0	0.0	0.0	..	..	2.7	1.8	0.0	0.0	0.0
12	芬兰	0.0	0.0	0.0	0.0	..	..	6.2	3.6	0.0	0.0	0.7
13	美国	2.2	0.1	0.0	0.0	1.1	..	281.2	0.7	2.0	0.0	83.9
14	奥地利	0.0	0.0	0.0	0.0	0.0	..	30.8	2.7	0.2	0.0	38.4
15	西班牙	0.0	0.0	0.0	0.0	0.0	..	5.1	0.1	0.0	0.0	0.0
16	丹麦	0.0	0.0	0.0	0.0	0.0	..	26.8	6.4	0.2	0.0	0.6
17	比利时	0.1	0.0	0.0	0.0	0.0	..	17.6	2.0	0.1	0.0	15.2
18	意大利	0.1	0.0	0.0	0.0	0.0	..	38.1	1.2	0.3	0.0	1.5
19	列支敦士登	0.0	0.0	0.0	0.0	..	..	0.3	2.4	0.0	0.0	0.0
20	新西兰	0.0	0.0	0.0	0.0	0.0	..	2.7	0.3	0.0	0.0	0.2
21	英国	0.2	0.0	0.0	0.0	0.0	..	299.7	5.1	2.1	0.0	10.9
22	德国	0.1	0.0	0.0	0.0	0.1	..	578.9	5.5	4.0	0.0	34.1
23	新加坡	0.1	0.0	0.0	0.0	0.0	..	0.0	0.0	0.0	0.0	0.0
24	中国香港	0.0	0.0	0.0	0.0	0.0	..	0.1	0.0	0.0	0.0	1.9
25	希腊	0.1	0.0	0.0	0.0	0.0	..	2.2	0.2	0.0	0.0	28.5
26	韩国	1.2	0.1	0.0	0.0	0.4	..	0.1	0.0	0.0	0.0	1.2
27	以色列	1.5	0.2	0.0	0.0	0.9	150–420[b]	1.2	0.0	0.0	0.0	5.8
28	安道尔	0.0	0.1	0.0	0.0	0.0	..	..	..	..	..	..
29	斯洛文尼亚	0.1	0.0	0.0	0.0	0.0	..	0.3	0.2	0.0	0.0	0.1
30	文莱	0.0	0.0	0.0	0.0	..	..	..	..	..	..	..
31	科威特	0.7	0.2	0.0	0.0	0.1	..	0.2	0.0	0.0	38.0	0.7
32	塞浦路斯	0.0	0.0	0.0	0.0	0.0	..	1.2	1.0	0.0	0.0	11.9
33	卡塔尔	0.1	0.4	0.0	0.0	0.0	..	0.0	0.0	0.0	0.0	0.0
34	葡萄牙	0.0	0.0	0.0	0.0	0.0	..	0.4	0.0	0.0	0.0	0.0
35	阿拉伯联合酋长国	0.3	0.2	0.0	0.0	0.0	..	0.2	0.0	0.0	0.0	0.1
36	捷克	1.4	0.4	0.0	0.0	0.1	..	2.0	0.4	0.0	0.0	2.2
37	巴巴多斯	0.0	0.0	0.0	0.0	0.0	..	..	..	..	..	..
38	马耳他	0.0	0.0	0.0	0.0	0.0	..	3.0	25.7	0.0	0.0	0.9
高人类发展水平												
39	巴林	0.1	0.1	0.0	0.0	0.0	..	0.0	0.0	0.0	0.0	0.0
40	爱沙尼亚	0.3	0.1	0.0	0.0	0.1	..	0.0	0.0	0.0	0.0	0.0
41	波兰	2.9	0.1	0.0	0.0	0.2	..	9.8	1.2	0.1	0.0	5.9
42	斯洛伐克	0.3	0.1	0.0	0.0	0.1	..	0.3	0.2	0.0	0.0	0.6
43	匈牙利	3.4	0.8	0.0	0.0	0.1	..	8.1	2.4	0.1	0.0	1.6
44	智利	1.0	0.2	0.0	0.0	0.1	..	1.4	0.6	0.0	0.0	0.5
45	克罗地亚	100.4	16.5	0.7	0.0	0.1	3[c]	1.6	0.2	0.0	0.0	0.1
46	立陶宛	0.5	0.1	0.0	0.0	0.1	..	0.7	0.4	0.0	0.0	0.0
47	安提瓜和巴布达	0.0	0.0	0.0	0.0	..	..	..	..	..	..	..
48	拉脱维亚	0.7	0.3	0.0	0.0	0.0	..	0.0	0.0	0.0	0.0	0.0
49	阿根廷	1.2	0.2	0.0	0.0	0.1	..	3.3	0.2	0.0	0.0	1.1
50	乌拉圭	0.2	0.1	0.0	0.0	0.0	..	0.1	0.2	0.0	0.0	0.0
51	古巴	7.1	0.7	0.0	0.4	1.1	..	0.6	4.0	0.0	0.0	0.0
52	巴哈马	0.0	0.0	0.0	0.0	0.0	..	..	..	..	..	..
53	墨西哥	5.6	0.1	0.0	0.0	14.8	6	1.6	0.3	0.0	0.0	0.0
54	哥斯达黎加	0.4	0.3	0.0	0.0	0.1	..	11.6	2.6	0.1	5.6	0.5
55	利比亚	2.0	2.5	0.0	0.0	0.6	..	4.1	0.7	0.0	0.0	2.8
56	阿曼	0.0	0.2	0.0	0.0	0.0	..	0.0	0.0	0.0	0.0	0.0
57	塞舌尔	0.1	0.3	0.0	0.0	0.0	..	..	..	..	..	..
58	委内瑞拉	5.1	1.4	0.0	0.0	1.8	..	0.9	0.1	0.0	200.0	9.6
59	沙特阿拉伯	0.8	0.3	0.0	0.0	0.0	..	240.7	3.8	1.7	0.0	0.3

由冲突和不安全引发的迁移

HDI 位次	按来源国划分 国际 难民存量 总数(千人) 2007	占国际出境移民存量的百分比(%)	占世界难民总数的百分比(%) 2007	准难民 总数(千人) 2007	寻求庇护者存量(尚未准许庇护) 总数(千人) 2007	国内 境内流离失所人数[d] 总数(千人) 2008	按庇护国划分 国际 难民存量 总数(千人) 2008	占国际入境移民存量的百分比(%)	占世界难民总数的百分比(%) 2007	准难民 总数(千人) 2007	寻求庇护者存量(尚未准许庇护) 总数(千人) 2007
60 巴拿马	0.1	0.1	0.0	0.0	0.0	..	1.9	1.8	0.0	15.0	0.5
61 保加利亚	3.3	0.4	0.0	0.0	0.4	..	4.8	4.6	0.0	0.0	1.0
62 圣基茨和尼维斯	0.0	0.0	0.0	0.0	0.0	..	..	..	..	..	..
63 罗马尼亚	5.3	0.5	0.0	0.0	0.6	..	1.8	1.3	0.0	0.0	0.2
64 特立尼达和多巴哥	0.2	0.1	0.0	0.0	0.2	..	0.0	0.1	0.0	0.0	0.1
65 黑山	0.6	..	0.0	0.0	0.3	..	8.5	15.6	0.1	0.0	0.0
66 马来西亚	0.6	0.1	0.0	0.0	0.1	..	32.2	1.6	0.2	0.4	6.9
67 塞尔维亚	165.6	9.8	1.2	0.1	14.2	248[d]	98.0	14.5	0.7	0.0	0.0
68 白俄罗斯	5.0	0.3	0.0	0.0	1.2	..	0.6	0.1	0.0	0.0	0.0
69 圣卢西亚	0.2	0.4	0.0	0.0	0.2	..	0.0	0.0	0.0	0.0	0.0
70 阿尔巴尼亚	15.3	1.9	0.1	0.0	1.6	..	0.1	0.1	0.0	0.0	0.0
71 俄罗斯联邦	92.9	0.8	0.6	0.0	17.6	18–137[e]	1.7	0.0	0.0	0.0	3.1
72 前南马其顿	8.1	3.1	0.1	0.0	1.1	1	1.2	1.0	0.0	0.1	0.2
73 多米尼克	0.1	0.1	0.0	0.0	0.0	..	..	..	..	..	..
74 格林纳达	0.3	0.4	0.0	0.0	0.1	..	..	..	..	..	..
75 巴西	1.6	0.2	0.0	0.0	0.3	..	3.8	0.6	0.0	17.0	0.4
76 波斯尼亚和黑塞哥维那	78.3	6.2	0.5	0.0	1.1	125	7.4	21.0	0.1	0.0	0.6
77 哥伦比亚	70.1	4.3	0.5	481.6	43.1	2,650-4,360[c]	0.2	0.2	0.0	0.0	0.1
78 秘鲁	7.7	1.0	0.1	0.0	3.1	150[c]	1.0	2.4	0.0	0.0	0.5
79 土耳其	221.9	7.4	1.6	0.0	9.2	954-1,200	7.0	0.5	0.0	0.0	5.2
80 厄瓜多尔	1.3	0.2	0.0	0.0	0.3	..	14.9	12.1	0.1	250.0	27.4
81 毛里求斯	0.1	0.0	0.0	0.0	0.0	..	0.0	0.0	0.0	0.0	0.0
82 哈萨克斯坦	5.2	0.1	0.0	0.0	0.5	..	4.3	0.1	0.0	0.0	0.1
83 黎巴嫩	13.1	2.3	0.1	0.0	2.6	90–390[f]	466.9[g]	64.7[g]	3.3[g]	0.1	0.6
中等人类发展水平											
84 亚美尼亚	15.4	2.0	0.1	0.0	4.0	8[c]	4.6	0.9	0.0	0.0	0.1
85 乌克兰	26.0	0.4	0.2	0.0	2.4	..	2.3	0.0	0.0	5.0	1.3
86 阿塞拜疆	15.9	1.2	0.1	0.0	1.9	573[h]	2.4	0.9	0.0	0.0	0.1
87 泰国	2.3	0.3	0.0	0.0	0.4	..	125.6	12.8	0.9	0.0	13.5
88 伊朗	68.4	7.4	0.5	0.0	10.4	..	963.5	46.7	6.7	0.0	1.2
89 格鲁吉亚	6.8	0.7	0.0	5.0	4.1	0[i]	1.0	0.5	0.0	0.0	0.0
90 多米尼加共和国	0.4	0.0	0.0	0.0	0.1	..	..	..	..	..	..
91 圣文森特和格林纳斯丁	0.6	1.1	0.0	0.0	0.5	..	..	..	..	..	..
92 中国	149.1	2.6	1.0	0.0	15.5	..	301.1	51.0	2.1	0.0	0.1
93 伯利兹	0.0	0.0	0.0	0.0	0.0	..	0.4	0.9	0.0	0.0	0.0
94 萨摩亚	0.0	0.0	0.0	0.0	0.0	..	..	..	..	..	..
95 马尔代夫	0.0	1.6	0.0	0.0	0.0	..	..	..	..	..	..
96 约旦	1.8	0.3	0.0	0.0	0.7	..	2,431.0[g]	..	17.0[g]	0.0	0.4
97 苏里南	0.1	0.0	0.0	0.0	0.0	..	0.0	0.0	0.0	0.0	0.0
98 突尼斯	2.5	0.4	0.0	0.0	0.3	..	0.1	0.3	0.0	0.0	0.1
99 汤加	0.0	0.0	0.0	0.0	0.0	..	..	..	..	..	..
100 牙买加	0.8	0.1	0.0	0.0	0.2	..	..	..	..	..	..
101 巴拉圭	0.1	0.0	0.0	0.0	0.0	..	0.1	0.0	0.0	0.0	0.0
102 斯里兰卡	134.9	14.5	0.9	0.0	6.0	500	0.2	0.0	0.0	0.0	0.2
103 加蓬	0.1	0.2	0.0	0.0	0.0	..	8.8	3.6	0.1	0.0	4.3
104 阿尔及利亚	10.6	0.5	0.1	0.0	1.4	..[j]	94.1	38.8	0.7	0.0	1.6
105 菲律宾	1.5	0.0	0.0	0.0	0.8	314[k]	0.1	0.0	0.0	0.0	0.0
106 萨尔瓦多	6.0	0.6	0.0	0.0	18.6	..	0.0	0.1	0.0	0.0	0.0
107 叙利亚	13.7	3.2	0.1	0.0	6.9	433	1,960.8[g]	..	13.7[g]	0.0	5.9
108 斐济	1.8	1.3	0.0	0.0	0.2	..	0.0	0.0	0.0	0.0	0.0
109 土库曼斯坦	0.7	0.3	0.0	0.0	0.1	..	0.1	0.1	0.0	0.0	0.0
110 巴勒斯坦被占领土	4,953.4[g]	..	34.6[g]	6.0	2.4	25–115[c,l]	1,813.8[g]	..	12.7[g]	0.0	0.0
111 印度尼西亚	20.2	1.1	0.1	0.3	2.4	150–250[c]	0.3	0.2	0.0	0.0	0.2
112 洪都拉斯	1.2	0.3	0.0	0.0	0.7	..	0.0	0.1	0.0	0.0	0.0
113 玻利维亚	0.4	0.1	0.0	0.0	0.4	..	0.6	0.6	0.0	0.0	0.2
114 圭亚那	0.7	0.2	0.0	0.0	0.2	..	..	..	..	..	..
115 蒙古	1.1	14.5	0.0	0.0	2.0	..	0.0	0.1	0.0	0.0	0.0
116 越南	327.8	16.3	2.3	0.0	1.8	..	2.4	4.3	0.0	0.0	0.0
117 摩尔多瓦	4.9	0.7	0.0	0.0	0.9	..	0.2	0.0	0.0	0.0	0.1
118 赤道几内亚	0.4	0.4	0.0	0.0	0.0	..	0.0	0.0	0.0	0.0	0.0

HDI 位次	按来源国划分 国际 难民存量 总数 (千人) 2007	占国际出境移民存量的百分比 (%)	占世界难民总数的百分比 (%) 2007	准难民 总数 (千人) 2007	寻求庇护者存量 (尚未准许庇护) 总数 (千人) 2007	国内 境内流离失所人数[d] 总数 (千人) 2008	按庇护国划分 国际 难民存量 总数 (千人) 2008	占国际入境移民存量的百分比 (%)	占世界难民总数的百分比 (%) 2007	准难民 总数 (千人) 2007	寻求庇护者存量 (尚未准许庇护) 总数 (千人) 2007
119 乌兹别克斯坦	5.7	0.2	0.0	0.0	1.8	3	1.1	0.1	0.0	0.0	0.0
120 吉尔吉斯斯坦	2.3	0.4	0.0	0.0	0.4	..	0.4	0.1	0.0	0.4	0.7
121 佛得角	0.0	0.0	0.0	0.0	0.0	..	..	..	..	..	..
122 危地马拉	6.2	1.0	0.0	0.0	15.0	..	0.4	0.7	0.0	0.0	0.0
123 埃及	6.8	0.3	0.0	0.0	1.6	..	97.6	39.5	0.7	0.0	14.9
124 尼加拉瓜	1.9	0.4	0.0	0.0	0.8	..	0.2	0.5	0.0	0.0	0.0
125 博茨瓦纳	0.0	0.1	0.0	0.0	0.1	..	2.5	3.1	0.0	0.0	0.0
126 瓦努阿图	0.0	0.0	0.0	0.0	..	..	0.0	0.1	0.0	0.0	0.0
127 塔吉克斯坦	0.5	0.1	0.0	0.4	0.1	..	1.1	0.4	0.0	0.0	0.1
128 纳米比亚	1.1	4.6	0.0	0.0	0.0	..	6.5	5.0	0.0	0.0	1.2
129 南非	0.5	0.1	0.0	0.0	0.1	..	36.7	2.9	0.3	0.0	170.9
130 摩洛哥	4.0	0.2	0.0	0.0	0.5	..	0.8	1.5	0.0	0.0	0.7
131 圣多美和普林西比	0.0	0.1	0.0	0.0	..	..	0.0	0.0	0.0	0.0	0.0
132 不丹	108.1	..	0.8	2.5	1.6	..	..	..	..	..	..
133 老挝	10.0	2.8	0.1	0.0	0.2	..	0.0	0.0	0.0	0.0	0.0
134 印度	20.5	0.2	0.1	0.0	7.1	500 [k]	161.5	2.7	1.1	0.0	2.4
135 所罗门群岛	0.0	1.1	0.0	0.0	0.0	..	..	..	..	..	..
136 刚果共和国	19.7	3.6	0.1	0.0	6.1	8 [c]	38.5	29.9	0.3	0.0	4.8
137 柬埔寨	17.7	5.7	0.1	0.0	0.4	..	0.2	0.1	0.0	0.0	0.2
138 缅甸	191.3	60.8	1.3	0.1	19.0	503 [m]	0.0	0.0	0.0	0.0	0.0
139 科摩罗	0.1	0.2	0.0	0.0	0.0	..	0.0	0.0	0.0	0.0	0.0
140 也门	1.6	0.3	0.0	0.0	0.3	25–35	117.4	25.8	0.8	0.0	0.7
141 巴基斯坦	31.9	0.9	0.2	0.0	8.6	.. [n]	887.3	25.0	6.2	1,147.8	3.1
142 斯威士兰	0.0	0.2	0.0	0.0	0.1	..	0.8	2.0	0.0	0.0	0.3
143 安哥拉	186.2	21.2	1.3	0.0	0.8	20 [c,o]	12.1	21.5	0.1	0.0	2.9
144 尼泊尔	3.4	0.3	0.0	0.0	2.1	50–70	128.2	15.7	0.9	2.5	1.6
145 马达加斯加	0.3	0.2	0.0	0.0	0.0	..	0.0	0.0	0.0	0.0	0.0
146 孟加拉国	10.2	0.1	0.1	0.0	7.3	500 [c]	27.6	2.7	0.2	0.0	0.1
147 肯尼亚	7.5	1.7	0.1	0.0	1.7	400 [p]	265.7	33.6	1.9	0.0	5.8
148 巴布亚新几内亚	0.0	0.1	0.0	0.0	0.0	..	10.0	39.2	0.1	0.0	0.0
149 海地	22.3	3.0	0.2	0.0	10.3	..	0.0	0.0	0.0	0.0	0.0
150 苏丹	523.0	81.4	3.7	0.0	19.4	6,000 [q]	222.7	34.8	1.6	0.0	7.3
151 坦桑尼亚	1.3	0.4	0.0	0.0	2.9	..	435.6	54.6	3.0	0.0	0.3
152 加纳	5.1	0.5	0.0	0.0	1.7	..	35.0	2.1	0.2	0.0	0.4
153 喀麦隆	11.5	6.8	0.1	0.0	3.0	..	60.1	28.4	0.4	0.0	2.2
154 毛里塔尼亚	33.1	28.3	0.2	0.0	1.0	..	1.0	1.5	0.0	29.5	0.0
155 吉布提	0.6	3.8	0.0	0.0	0.0	..	6.7	6.0	0.0	0.0	0.5
156 莱索托	0.0	0.0	0.0	0.0	0.0	..	0.0	0.0	0.0	0.0	0.0
157 乌干达	21.3	12.5	0.1	0.0	3.2	869 [r]	229.0	35.1	1.6	0.0	5.8
158 尼日利亚	13.9	1.3	0.1	0.0	9.7	..	8.5	0.9	0.1	0.0	0.7
低人类发展水平											
159 多哥	22.5	10.5	0.2	0.0	1.3	2 [c]	1.3	0.7	0.0	0.0	0.1
160 马拉维	0.1	0.1	0.0	0.0	8.2	..	2.9	1.1	0.0	0.0	6.8
161 贝宁	0.3	0.0	0.0	0.0	0.2	..	7.6	4.1	0.1	0.0	0.5
162 东帝汶	0.0	0.0	0.0	0.0	0.0	30	0.0	0.0	0.0	0.0	0.0
163 科特迪瓦	22.2	12.6	0.2	0.0	7.4	621	24.6	1.0	0.2	0.0	1.8
164 赞比亚	0.2	0.1	0.0	0.0	0.5	..	112.9	39.3	0.8	0.0	0.0
165 厄立特里亚	208.7	36.7	1.5	0.0	12.2	32 [c]	5.0	34.4	0.0	0.0	2.0
166 塞内加尔	15.9	3.3	0.1	0.0	0.9	10–70	20.4	9.3	0.1	0.0	2.5
167 卢旺达	81.0	33.7	0.6	0.0	8.2	..	53.6	12.3	0.4	0.0	0.7
168 冈比亚	1.3	2.5	0.0	0.0	1.0	..	14.9	6.4	0.1	0.0	0.0
169 利比里亚	91.5	..	0.6	0.0	3.5	..	10.5	10.8	0.1	0.0	0.1
170 几内亚	8.3	1.4	0.1	0.0	1.9	..	25.2	6.3	0.2	0.0	4.0
171 埃塞俄比亚	59.8	21.0	0.4	0.0	29.5	200 [c]	85.2	15.4	0.6	0.0	0.2
172 莫桑比克	0.2	0.0	0.0	0.0	0.7	..	2.8	0.7	0.0	0.0	4.2
173 几内亚比绍	1.0	0.8	0.0	0.0	0.3	..	7.9	40.9	0.1	0.0	0.3
174 布隆迪	375.7	96.7	2.6	0.0	7.1	100	24.5	30.0	0.2	0.0	7.5
175 乍得	55.7	18.4	0.4	0.0	2.7	186	294.0	82.0	2.1	0.0	0.0
176 刚果民主共和国	370.4	45.1	2.6	0.0	36.3	1,400 [s]	177.4	36.9	1.2	0.0	0.1
177 布基纳法索	0.6	0.0	0.0	0.0	0.3	..	0.5	0.1	0.0	0.0	0.6

由冲突和不安全引发的迁移

HDI 位次	按来源国划分						按庇护国划分				
	国际					国内	国际				
	难民存量			准难民	寻求庇护者存量 (尚未准许庇护)	境内流离失所人数[d]	难民存量			准难民	寻求庇护者存量 (尚未准许庇护)
	总数 (千人) 2007	占国际出境移民存量的百分比 (%)	占世界难民总数的百分比 (%) 2007	总数 (千人) 2007	总数 (千人) 2007	总数 (千人) 2008	总数 (千人) 2008	占国际入境移民存量的百分比 (%)	占世界难民总数的百分比 (%) 2007	总数 (千人) 2007	总数 (千人) 2007
178 马里	1.0	0.1	0.0	3.5	0.6	..	9.2	5.6	0.1	0.0	1.9
179 中非共和国	98.1	89.5	0.7	0.0	1.3	108	7.5	10.0	0.1	0.0	2.0
180 塞拉利昂	32.1	34.0	0.2	0.0	4.7	..	8.8	5.8	0.1	0.0	0.2
181 阿富汗	1,909.9	73.2	13.4	1,147.8	16.1	200[t]	0.0	0.0	0.0	0.0	0.0
182 尼日尔	0.8	0.2	0.0	0.0	0.3	..	0.3	0.2	0.0	0.0	0.0
联合国其他成员国											
伊拉克	2,279.2	..	15.9	30.0	27.7	2,842[v]	42.4	33.1	0.3	0.0	2.4
基里巴斯	0.0	1.0	0.0	0.0	..	..	..	..	..	..	..
朝鲜	0.6	0.1	0.0	0.0	0.2	..	..	..	..	..	..
马绍尔群岛	0.0	0.0	0.0	0.0	..	..	..	..	..	..	..
密克罗尼西亚联邦	0.0	0.0	0.0	0.0	..	..	0.0	0.1	0.0	0.0	0.0
摩纳哥	0.0	0.0	0.0	0.0	..	..	..	..	..	..	..
瑙鲁	0.0	0.3	0.0	0.0	0.0	..	..	..	..	..	..
帕劳	0.0	0.0	0.0	0.0	0.0	..	..	..	..	..	..
圣马力诺	0.0	0.0	0.0	0.0	0.0	..	..	..	..	..	..
索马里	455.4	84.5	3.2	2.0	16.4	1,100	0.9	4.2	0.0	0.0	8.7
图瓦卢	0.0	0.1	0.0	0.0	..	..	..	..	..	..	..
津巴布韦	14.4	5.0	0.1	0.0	34.3	880–960	4.0	1.0	0.0	0.0	0.5
非洲	2,859.7[T]	11.4	20.0[T]	31.6[T]	234.2[T]	..	2,468.8[T]	14.0	17.3[T]	29.5[T]	272.3[T]
亚洲	10,552.2[T]	16.1	73.8[T]	1,192.1[T]	166.4[T]	..	9,729.8[T]	17.6	68.1[T]	1,189.1[T]	69.3[T]
欧洲	516.0[T]	0.9	3.6[T]	0.1[T]	42.7[T]	..	1,564.1[T]	2.4	10.9[T]	5.1[T]	234.2[T]
拉丁美洲和加勒比地区	142.9[T]	0.5	1.0[T]	482.0[T]	112.2[T]	..	43.0[T]	0.6	0.3[T]	487.6[T]	41.2[T]
北美洲	2.7[T]	0.1	0.0[T]	0.0[T]	1.2[T]	..	457.0[T]	1.0	3.2[T]	0.0[T]	121.4[T]
大洋洲	2.0[T]	0.1	0.0[T]	0.0[T]	0.3[T]	..	34.9[T]	0.6	0.2[T]	0.0[T]	1.7[T]
经合组织	240.9[T]	0.5	1.7[T]	0.0[T]	26.4[T]	..	1,924.1[T]	2.0	13.5[T]	0.0[T]	357.7[T]
欧盟 (EU27)	19.0[T]	0.1	0.1[T]	0.0[T]	2.0[T]	..	1,363.3[T]	3.3	9.5[T]	0.0[T]	223.3[T]
海湾合作委员会	2.0[T]	0.2	0.0[T]	0.0[T]	0.2[T]	..	241.1[T]	1.9	1.7[T]	38.0[T]	1.2[T]
极高人类发展水平	9.7[T]	0.0	0.1[T]	0.0[T]	3.2[T]	..	1,903.7[T]	1.8	13.3[T]	38.0[T]	365.7[T]
极高人类发展水平：OECD国家	6.8[T]	0.0	0.0[T]	0.0[T]	2.0[T]	..	1,897.3[T]	2.0	13.3[T]	0.0[T]	344.4[T]
极高人类发展水平：非OECD国家	2.9[T]	0.1	0.0[T]	0.0[T]	1.2[T]	..	6.4[T]	0.0	0.0[T]	38.0[T]	21.3[T]
高人类发展水平	828.8[T]	1.5	5.8[T]	482.1[T]	117.2[T]	..	941.1[T]	2.5	6.6[T]	488.1[T]	70.1[T]
中等人类发展水平	9,410.0[T]	12.3	65.8[T]	70.3[T]	240.6[T]	..	10,550.7[T]	25.8	73.8[T]	1,185.1[T]	259.2[T]
低人类发展水平	3,827.1[T]	28.9	26.8[T]	1,153.3[T]	195.9[T]	..	902.1[T]	10.7	6.3[T]	0.0[T]	45.0[T]
世界(除前苏联和捷克斯洛伐克)	13,891.2[T]	9.6	97.2[T]	1,700.3[T]	521.4[T]	..	14,274.8[T]	8.5	99.8[T]	1,705.9[T]	731.6[T]
世界	14,297.5[T]	7.3	100.0[T]	1,711.3[Tu]	740.0[Tu]	26,000[Tu]	14,297.5[T]	7.3	100.0[T]	1,711.3[Tu]	740.0[Tu]

注

a 由 IDMC 提供的估计数基于各种原始资料，其存在很大的不确定性。

b 较高的数字包含对国内流离失所的贝多因人的估计值。

c 除特别注明外，是指一年或一定时间段的数据。

d 包括 20.6 万已登记的塞尔维亚境内流离失所者，未登记的约 2 万在塞尔维亚境内流离失所的罗马人，以及 2.1 万在科索沃境内流离失所者。

e 包括被迫在英古什和车臣注册的移民。

f 包括由于 2007 年 5—8 月黎巴嫩军队和伊斯兰法塔赫战斗造成的 3.2 万流离失所的巴勒斯坦难民。

g 包括 UNRWA（2008）职责内的巴勒斯坦难民。

h 指来自卡拉巴赫和 7 个被占领土的流离失所者。

i 2008 年 8 月以来的金融危机中有 5.9 万流离失所者没有返回原住国。基于由 UNRWA 和政府所做的一项调查结果，有 221597 国内流离失所者，但这些人尚未被批准。

j 除了 2002 年之外，其他年份还没有可信赖的估计数，欧盟的估计数为 10 万人。

k 该数据被怀疑存在低估。

l 较低的数字涉及 2000—2004 年在加沙地带拆毁房屋被驱逐的国内流离失所者，而较高的数字是自 1967 年以来国内流离失所者的累积数。

m 该数字仅包括东部边境地区。

n 精确的国内流离失所者人数不详，但是由冲突导致的流离失所者已经在西北边境省俾路支和瓦济里斯坦存在。

o 该数字仅指卡宾达地区的流离失所者。

p 该数字考虑了政府返乡计划，该计划认为有 17.2 万由于选取后的暴力而产生的流离失所者在 2008 年 5 月由于选取后的暴力被遣返。

q 基于对达尔富尔、喀土穆和苏丹南部的分开的估计。

r 不包括城市地区的流离失所者

s 包括在国家军队和 CNDP 反政府武装战斗中在北部 Kiva 地区逃离家园的 25 万贫民。

t 被认为有超过 20 万的国内流离失所者。

u 数据为合计数，来自原始数据资料。

v 自 2001 年来的累计数，包括自 2006 年 2 月以来由于社区间暴力而造成的 150 万流离失所者。

资料来源

第 1、3、4、7、9、10 列：UNRWA（2009b）。

第 2 列：根据 UNRWA（2009b）和 Migration DRC（2007）数据计算。

第 5、11 列：UNRWA（2009a）。

第 6 列：IDMC（2009a）。

第 8 列：根据 UNRWA（2009b）和 UN（2009d）数据计算。

国际资金流动：汇款、官方发展援助和外国直接投资

E

HDI 位次	汇款			收到的人均官方发展援助(净支出)(美元)	汇款流入相对量				根据来源州分类的汇款流入					
	汇入总量(百万美元) 2007	汇出总量(百万美元) 2007	每位移民汇出量(美元)		人均(美元)	占收到净官方发展援助的百分比	占GDP百分比	汇款与外国直接投资百分比	非洲	亚洲	欧洲	拉丁美洲和加勒比地区	北美洲	大洋洲
			2007						(占总汇款流入的 %)					
极高人类发展水平														
1 挪威	613	3,642	10,588	..	130	..	0.2	0.2	0.0	4.2	66.2	0.7	26.3	2.7
2 澳大利亚	3,862	3,559	869	..	186	..	0.4	0.1	0.7	6.7	49.3	0.8	25.7	16.8
3 冰岛	41	100	4,333	..	137	..	0.2	0.0	0.0	0.5	63.4	0.3	34.1	1.6
4 加拿大	..	..	..	..	..	..	..	..	..	..	..	..	..	..
5 爱尔兰	580	2,554	4,363	..	135	..	0.2	0.0	0.0	0.2	70.6	0.1	22.9	6.1
6 荷兰	2,548	7,830	4,780	..	155	..	0.3	0.0	0.0	3.4	51.5	1.8	30.4	12.9
7 瑞典	775	1,142	1,022	..	85	..	0.2	0.1	0.6	3.2	69.4	1.4	22.9	2.6
8 法国	13,746	4,380	677	..	223	..	0.5	0.1	13.5	3.8	58.8	4.7	16.8	2.3
9 瑞士	2,035	16,273	9,805	..	272	..	0.4	0.0	0.1	3.2	75.4	2.3	16.2	2.8
10 日本	1,577	4,037	1,971	..	12	..	0.0	0.1	0.1	8.8	15.8	9.0	62.3	4.0
11 卢森堡	1,565	9,281	53,446	..	3,355	..	3.3	0.0	0.0	0.2	90.7	0.2	8.5	0.4
12 芬兰	772	391	2,506	..	146	..	0.3	0.1	0.2	1.0	83.7	0.2	12.3	2.6
13 美国	2,972	45,643	1,190	..	10	..	0.0	0.0	0.7	12.0	31.2	38.2	13.4	4.5
14 奥地利	2,945	2,985	2,420	..	352	..	0.8	0.1	0.0	3.7	73.6	1.2	17.9	3.5
15 西班牙	10,687	14,728	3,075	..	241	..	0.7	0.2	0.1	0.3	63.8	24.2	10.8	1.0
16 丹麦	989	2,958	7,612	..	182	..	0.3	0.1	0.3	2.6	67.4	0.7	24.6	4.5
17 比利时	8,562	3,192	4,438	..	819	..	1.9	0.1	0.2	2.4	79.7	1.3	15.3	1.2
18 意大利	3,165	11,287	4,481	..	54	..	0.2	0.1	0.1	0.2	56.2	9.8	27.4	6.3
19 列支敦士登	..	..	..	..	..	..	..	..	..	..	..	..	..	..
20 新西兰	650	1,207	1,880	..	155	..	0.5	0.2	0.1	2.1	16.5	0.1	8.2	73.0
21 英国	8,234	5,048	933	..	135	..	0.3	0.0	0.3	4.4	26.2	0.7	38.4	29.9
22 德国	8,570	13,860	1,366	..	104	..	0.3	0.2	0.2	12.1	44.3	1.5	39.1	2.8
23 新加坡	..	..	..	..	..	..	..	..	..	..	..	..	..	..
24 中国香港	348	380	127	..	48	..	0.2	0.0	0.0	2.5	17.7	0.2	68.9	10.8
25 希腊	2,484	1,460	1,499	..	223	..	0.7	1.3	0.0	8.2	58.1	0.4	23.6	9.7
26 韩国	1,128	4,070	7,384	..	23	..	0.1	0.7	0.0	36.1	6.9	1.3	52.0	3.7
27 以色列	1,041	2,770	1,041	..	150	..	0.6	0.1	0.0	70.0	7.8	0.8	20.5	0.9
28 安道尔	..	..	..	..	..	..	..	..	..	..	..	..	..	..
29 斯洛文尼亚	284	207	1,236	..	142	..	0.7	0.2	0.0	0.1	77.0	0.5	17.1	5.2
30 文莱	..	405	3,263	..	..	..	..	..	..	..	..	..	..	..
31 科威特	..	3,824	2,291	..	..	..	..	..	..	..	..	..	..	..
32 塞浦路斯	172	371	3,195	..	201	..	..	0.1	0.0	6.3	69.8	0.0	11.5	12.4
33 卡塔尔	..	..	..	..	..	..	..	..	..	..	..	..	..	..
34 葡萄牙	3,945	1,311	1,717	..	371	..	1.8	0.7	3.1	0.3	62.4	12.1	21.2	0.8
35 阿拉伯联合酋长国	..	..	..	..	..	..	..	..	..	..	..	..	..	..
36 捷克	1,332	2,625	5,790	..	131	..	0.8	0.1	0.0	4.1	70.2	0.4	23.3	2.0
37 巴巴多斯	140	40	1,534	46	476	1,025.6	..	..	..	..	..	..	..	..
38 马耳他	40	54	5,011	..	99	..	..	0.0	0.0	0.1	36.1	0.0	19.3	44.5
高人类发展水平														
39 巴林	..	1,483	5,018	..	..	..	..	..	..	..	..	..	..	..
40 爱沙尼亚	426	96	474	..	319	..	2.3	0.2	0.0	4.5	81.5	0.1	12.3	1.6
41 波兰	10,496	1,278	1,818	..	276	..	2.6	0.5	0.0	5.5	54.2	1.0	36.4	2.9
42 斯洛伐克	1,483	73	588	..	275	..	2.0	0.4	0.0	1.8	85.4	0.1	12.0	0.7
43 匈牙利	413	235	742	..	41	..	0.3	0.0	0.0	3.4	52.4	0.9	37.8	5.5
44 智利	3	6	25	7	0	2.1	0.0	0.0	0.0	0.0	25.7	42.0	27.2	5.1
45 克罗地亚	1,394	86	129	36	306	850.8	2.9	0.3	0.0	0.0	77.8	0.3	13.7	8.1
46 立陶宛	1,427	566	3,424	..	421	..	3.8	0.7	0.0	6.8	74.2	0.3	17.2	1.5
47 安提瓜和巴布达	24	2	113	49	276	560.9	2.0	0.1	0.0	14.2	11.7	10.6	63.3	0.1
48 拉脱维亚	552	45	100	..	242	..	2.1	0.2	0.0	5.9	67.4	0.2	22.7	3.7
49 阿根廷	604	472	315	2	15	737.0	0.2	0.1	0.0	6.5	41.1	24.5	26.2	1.7
50 乌拉圭	97	4	42	10	29	285.6	0.4	0.1	0.0	0.1	29.2	48.4	17.9	4.5
51 古巴	..	..	..	8	..	..	..	..	..	..	..	..	..	..
52 巴哈马	..	171	5,397	..	..	..	..	..	..	..	..	..	..	..
53 墨西哥	27,144	..	..	1	255	22,416.0	3.0	1.1	0.0	0.0	0.8	0.3	98.9	0.0
54 哥斯达黎加	635	271	616	12	142	1,205.1	2.3	0.3	0.0	0.2	6.5	11.8	81.2	0.3
55 利比亚	16	762	1,234	3	3	84.1	..	0.0	14.3	34.0	32.1	0.1	17.4	2.0
56 阿曼	39	3,670	5,847	..	15	..	0.1	0.0	..	..	..	..	..	..
57 塞舌尔	11	21	4,309	32	129	402.5	1.9	0.0	7.6	0.2	51.2	0.0	17.7	23.3
58 委内瑞拉	136	598	592	3	5	191.0	0.1	0.2	0.0	0.1	47.1	14.7	37.8	0.3
59 沙特阿拉伯	..	16,068	2,526	..	..	..	..	..	..	..	..	..	..	..

国际资金流动：汇款、官方发展援助和外国直接投资

HDI 位次	汇款				汇款流入相对量				根据来源州分类的汇款流入					
	汇入总量(百万美元) 2007	汇出总量(百万美元) 2007	每位移民汇出量(美元)	收到的人均官方发展援助(净支出)(美元)	人均(美元)	占收到净官方发展援助的百分比	占GDP百分比	汇款与外国直接投资百分比	非洲	亚洲	欧洲	拉丁美洲和加勒比地区	北美洲	大洋洲
			2007						(占总汇款流入的 %)					
60 巴拿马	180	151	1,476	..	54	..	0.8	0.1	0.0	0.1	3.9	8.1	87.8	0.1
61 保加利亚	2,086	86	822	..	273	..	5.7	0.2	0.0	53.8	37.2	0.1	8.5	0.5
62 圣基茨和尼维斯	37	6	1,352	57	739	1,289.0	..		..	..	..	..	..	..
63 罗马尼亚	8,533	351	2,630	..	398	..	5.6	0.9	0.0	15.0	61.3	0.4	22.0	1.3
64 特立尼达和多巴哥	92	..	..	14	69	503.0	0.4	..	0.0	0.0	8.0	2.0	89.6	0.4
65 黑山	..	..	..	177	..	..	..	..	..	..	..	..	..	..
66 马来西亚	1,700	6,385	3,895	8	64	851.4	1.0	0.2	0.0	80.3	6.0	0.0	6.7	7.0
67 塞尔维亚	..	..	..	85	..	..	..	..	..	..	..	..	..	..
68 白俄罗斯	354	109	92	9	37	425.4	0.8	0.2	0.0	6.1	88.4	0.0	5.4	0.1
69 圣卢西亚	31	4	488	143	188	131.5	3.5	0.1	..	..	..	..	..	..
70 阿尔巴尼亚	1,071	7	85	96	336	350.9	10.1	2.2	0.0	0.4	91.2	0.0	8.2	0.2
71 俄罗斯联邦	4,100	17,716	1,467	..	29	..	0.3	0.1	0.0	31.3	61.8	0.1	6.5	0.2
72 前南马其顿	267	18	147	105	131	124.9	3.6	0.8	0.0	6.1	71.0	0.1	9.5	13.3
73 多米尼克	26	0	37	288	385	133.8	8.0	0.6	0.0	0.3	27.5	13.3	58.9	0.0
74 格林纳达	55	4	329	215	524	244.3	..	0.4	0.0	0.0	17.6	12.6	69.6	0.2
75 巴西	4,382	896	1,396	2	23	1,475.0	0.3	0.1	0.0	31.9	27.3	11.2	29.1	0.5
76 波斯尼亚和黑塞哥维那	2,520	65	1,601	113	640	568.6	..	1.2	0.0	0.1	85.1	0.1	12.7	2.0
77 哥伦比亚	4,523	95	775	16	98	618.9	3.0	0.5	0.0	0.2	29.1	26.7	43.7	0.3
78 秘鲁	2,131	137	3,294	9	76	810.2	1.9	0.4	0.0	7.5	26.7	16.4	48.7	0.8
79 土耳其	1,209	106	80	11	16	151.7	0.2	0.1	0.0	3.7	92.4	0.0	3.2	0.7
80 厄瓜多尔	3,094	83	726	16	232	1,436.6	6.9	16.9	0.0	0.0	52.7	3.9	43.3	0.2
81 毛里求斯	215	12	557	59	170	288.3	2.9	0.6	1.0	0.2	75.1	0.0	8.2	15.5
82 哈萨克斯坦	223	4,303	1,720	13	14	110.1	0.2	0.0	0.0	9.6	89.6	0.0	0.8	0.0
83 黎巴嫩	5,769	2,845	4,332	229	1,407	614.1	24.4	2.0	2.1	11.0	33.1	4.0	36.9	12.9
中等人类发展水平														
84 亚美尼亚	846	176	749	117	282	240.6	9.0	1.2	0.0	6.2	72.7	0.0	20.9	0.2
85 乌克兰	4,503	42	6	9	97	1,111.1	3.9	0.5	0.0	9.1	77.0	0.1	13.4	0.5
86 阿塞拜疆	1,287	435	2,395	27	152	571.4	4.4	..	0.0	16.3	80.1	0.0	3.5	0.0
87 泰国	1,635	..	..	..	26	..	0.7	0.2	0.0	32.4	25.3	0.0	37.8	4.5
88 伊朗	1,115	..	..	1	16	1,094.5	0.5	1.5	0.0	9.5	40.1	0.1	48.1	2.2
89 格鲁吉亚	696	28	148	87	158	182.0	6.8	0.4	0.0	10.4	86.3	0.0	3.2	0.1
90 多米尼加共和国	3,414	28	180	13	350	2,674.2	9.3	2.0	0.0	0.1	12.7	2.9	84.4	0.0
91 圣文森特和格林纳斯丁	31	7	702	545	254	46.6	6.7	0.3	..	..	..	..	..	..
92 中国	32,833	4,372	7,340	1	25	2,282.3	1.1	0.2	0.1	61.9	7.4	0.4	27.3	3.0
93 伯利兹	75	22	555	81	260	319.4	5.3	0.7	0.0	0.0	2.8	4.9	92.2	0.1
94 萨摩亚	120	13	1,422	197	640	324.3	..	48.1	0.0	0.0	0.0	0.0	26.9	73.1
95 马尔代夫	3	103	30,601	122	10	8.0	..	0.2	0.0	37.5	38.5	0.4	5.3	18.4
96 约旦	3,434	479	215	85	580	680.8	22.7	1.9	0.0	74.2	7.6	0.1	17.1	0.9
97 苏里南	140	65	12,233	329	305	92.7	..	..	0.0	0.0	89.0	7.3	3.8	0.0
98 突尼斯	1,716	15	402	30	166	553.2	5.0	1.1	8.9	4.3	84.0	0.0	2.6	0.1
99 汤加	100	12	10,525	304	992	326.8	..	3.6	0.0	0.2	1.3	0.5	48.0	50.0
100 牙买加	2,144	454	25,724	10	790	8,231.9	19.4	2.5	0.0	0.0	17.3	1.3	81.3	0.1
101 巴拉圭	469	..	..	18	77	434.1	3.2	2.4	0.0	1.1	4.6	82.9	11.3	0.2
102 斯里兰卡	2,527	314	853	31	131	429.1	8.1	4.2	0.0	26.2	45.7	0.0	19.4	8.6
103 加蓬	11	110	451	36	8	22.8	0.1	0.0	33.5	0.0	61.5	0.0	4.8	0.2
104 阿尔及利亚	2,120	..	..	12	63	543.9	1.6	1.3	0.7	2.3	94.7	0.0	2.2	0.1
105 菲律宾	16,291	35	93	7	185	2,567.7	11.6	5.6	0.0	20.1	9.6	0.0	66.2	4.1
106 萨尔瓦多	3,711	29	1,213	13	541	4,211.6	18.4	2.4	0.0	0.0	1.1	2.7	95.3	0.9
107 叙利亚	824	235	239	4	41	1,099.7	2.2	..	4.7	33.0	31.9	2.7	25.7	2.0
108 斐济	165	32	1,836	69	197	287.9	5.0	0.6	0.0	0.3	3.5	0.0	46.2	50.0
109 土库曼斯坦	..	..	..	6	..	..	..	..	..	..	..	..	..	..
110 巴勒斯坦被占领土	598	16	9	465	149	32.0	..	..	..	..	..	..	..	..
111 印度尼西亚	6,174	1,654	10,356	3	27	776.1	1.5	0.9	0.0	65.1	20.3	0.0	9.9	4.6
112 洪都拉斯	2,625	2	94	65	369	565.4	24.5	3.2	0.0	0.1	2.6	4.3	93.0	0.0
113 玻利维亚	927	72	621	50	97	194.4	6.6	4.5	0.0	2.0	16.7	49.3	31.7	0.3
114 圭亚那	278	61	54,887	168	377	224.6	23.5	1.8	0.0	0.0	7.0	2.9	90.0	0.1
115 蒙古	194	77	8,443	87	74	85.1	..	0.6	0.0	11.0	63.2	0.1	24.8	1.0
116 越南	5,500	..	..	29	63	220.3	7.9	0.8	0.0	4.1	17.9	0.0	70.6	7.5
117 摩尔多瓦	1,498	87	197	71	395	556.6	38.3	3.0	0.0	6.4	83.2	0.0	10.2	0.2
118 赤道几内亚	..	..	..	62	..	..	..	..	..	..	..	..	..	..

HDI 位次	汇款：汇入总量(百万美元) 2007	汇款：汇出总量(百万美元) 2007	汇款：每位移民汇出量(美元)	收到的人均官方发展援助(净支出)(美元)	汇款流入相对量：人均(美元)	汇款流入相对量：占收到净官方发展援助的百分比	汇款流入相对量：占GDP百分比	汇款流入相对量：汇款与外国直接投资百分比	根据来源州分类的汇款流入：非洲	亚洲	欧洲	拉丁美洲和加勒比地区	北美洲	大洋洲
			2007						(占总汇款流入的 %)					
119 乌兹别克斯坦	..	..	..	6	..	..	..	..	..	..	..	..	..	..
120 吉尔吉斯斯坦	715	220	763	51	134	261.1	19.0	3.4	0.0	8.6	89.2	0.0	2.0	0.1
121 佛得角	139	6	537	308	262	85.0	9.2	1.1	12.7	0.0	62.0	0.0	25.2	0.0
122 危地马拉	4,254	18	347	34	319	945.6	10.6	5.9	0.0	0.0	1.9	5.1	92.9	0.0
123 埃及	7,656	180	1,082	14	101	706.6	6.0	0.7	12.5	58.6	13.3	0.1	13.1	2.3
124 尼加拉瓜	740	..	..	149	132	88.7	12.1	1.9	0.0	0.0	1.7	32.5	65.6	0.2
125 博茨瓦纳	141	120	1,495	56	75	135.2	1.2	..	76.2	0.1	12.9	0.0	7.8	2.9
126 瓦努阿图	5	18	17,274	251	22	8.8	1.2	0.1	0.0	0.2	39.6	0.0	5.6	54.6
127 塔吉克斯坦	1,691	184	600	33	251	764.0	45.5	4.7	0.0	28.6	69.2	0.0	2.1	0.0
128 纳米比亚	17	16	112	99	8	8.2	0.2	0.1	48.9	0.0	29.9	0.1	14.9	6.2
129 南非	834	1,186	1,072	16	17	105.0	0.3	0.1	23.6	0.6	38.3	0.1	20.4	17.0
130 摩洛哥	6,730	52	394	35	216	617.8	9.0	2.4	0.2	8.0	88.4	0.0	3.3	0.1
131 圣多美和普林西比	2	1	92	228	13	5.6	..	0.1	8.4	0.0	90.5	0.0	1.1	0.0
132 不丹	..	..	..	135	..	..	..	..	..	..	..	..	..	..
133 老挝	1	1	20	68	0	0.3	0.0	0.0	0.0	6.3	12.5	0.0	79.2	2.1
134 印度	35,262	1,580	277	1	30	2,716.2	3.1	1.5	0.3	58.2	12.8	0.0	26.9	1.8
135 所罗门群岛	20	3	854	500	41	8.2	..	0.5	0.0	0.5	16.2	0.0	8.9	74.3
136 刚果共和国	15	102	355	34	4	11.7	0.2	0.0	25.8	0.4	67.7	0.0	6.1	0.1
137 柬埔寨	353	157	517	46	24	52.5	4.2	0.4	0.0	4.6	22.7	0.0	64.4	8.3
138 缅甸	125	32	270	4	3	65.9	..	0.3	..	..	..	..	..	..
139 科摩罗	12	..	..	53	14	27.0	2.6	15.0	10.8	0.1	88.1	0.0	0.9	0.1
140 也门	1,283	120	455	10	57	569.1	6.1	1.4	0.2	84.7	6.5	0.0	8.5	0.1
141 巴基斯坦	5,998	3	1	13	37	271.1	4.2	1.1	0.2	45.2	32.2	0.0	21.6	0.7
142 斯威士兰	99	8	180	55	86	156.9	3.5	2.6	94.3	0.1	3.2	0.0	1.9	0.5
143 安哥拉	..	603	10,695	14	..	..	..	..	..	..	..	..	..	..
144 尼泊尔	1,734	4	5	21	61	289.8	15.5	302.1	0.0	75.3	10.2	0.0	12.4	2.1
145 马达加斯加	11	21	338	45	1	1.2	0.1	0.0	5.8	0.1	90.3	0.1	3.7	0.1
146 孟加拉国	6,562	3	3	9	41	436.9	9.5	10.1	0.0	69.7	18.4	0.0	11.2	0.7
147 肯尼亚	1,588	16	47	34	42	124.5	5.4	2.2	8.8	0.4	61.0	0.0	27.2	2.6
148 巴布亚新几内亚	13	135	5,301	50	2	4.2	0.2	0.1	0.0	0.7	6.1	0.0	8.5	84.7
149 海地	1,222	96	3,208	73	127	174.3	20.0	16.4	0.0	0.0	4.1	6.1	89.7	0.0
150 苏丹	1,769	2	3	55	46	84.1	3.7	0.7	16.7	55.5	12.5	0.0	13.3	2.0
151 坦桑尼亚	14	46	59	69	0	0.5	0.1	0.0	11.0	0.5	49.3	0.0	37.3	1.9
152 加纳	117	6	4	49	5	10.2	0.8	0.1	29.7	0.7	38.8	0.0	30.2	0.6
153 喀麦隆	167	103	750	104	9	8.7	0.8	0.4	30.0	0.1	56.1	0.0	13.8	0.0
154 毛里塔尼亚	2	..	..	116	1	0.5	0.1	0.0	37.1	0.5	54.3	0.0	8.1	0.0
155 吉布提	28	5	233	135	34	25.3	..	0.1	..	..	..	..	..	..
156 莱索托	443	21	3,567	65	221	342.3	28.7	3.4	98.3	0.0	1.0	0.0	0.6	0.1
157 乌干达	849	364	702	56	27	49.1	7.2	1.8	4.3	0.5	69.0	0.0	25.0	1.3
158 尼日利亚	9,221	103	106	14	62	451.5	6.7	1.5	15.2	2.0	42.9	0.0	39.5	0.4
低人类发展水平														
159 多哥	229	35	193	18	35	189.4	8.4	3.3	38.1	0.0	54.8	0.0	7.0	0.0
160 马拉维	1	1	4	53	0	0.1	0.0	0.0	28.0	0.0	59.1	0.0	10.8	2.2
161 贝宁	224	67	383	52	25	47.7	4.1	4.7	81.2	0.0	17.0	0.0	1.8	0.0
162 东帝汶	..	..	..	241	..	..	..	..	..	..	..	..	..	..
163 科特迪瓦	179	19	8	9	9	108.7	0.9	0.4	13.9	0.1	74.1	0.0	11.7	0.1
164 赞比亚	59	124	451	88	5	5.7	0.5	0.1	..	..	..	..	..	..
165 厄立特里亚	..	..	..	32	..	..	..	..	..	..	..	..	..	..
166 塞内加尔	925	96	296	68	75	109.8	8.5	11.9	20.0	0.1	73.5	0.0	6.2	0.1
167 卢旺达	51	68	562	73	5	7.2	1.9	0.8	40.6	0.1	43.8	0.0	15.2	0.2
168 冈比亚	47	12	52	42	28	65.4	6.9	0.7	5.4	0.0	73.1	0.0	21.4	0.1
169 利比里亚	65	0	5	186	17	9.3	..	0.5	..	..	..	..	..	..
170 几内亚	151	119	294	24	16	67.2	3.0	1.4	65.8	0.2	25.8	0.0	8.2	0.0
171 埃塞俄比亚	359	15	26	29	4	14.8	2.0	1.6	4.7	24.1	28.7	0.0	41.0	1.5
172 莫桑比克	99	45	111	83	5	5.6	1.3	0.2	63.7	0.0	34.0	0.2	1.8	0.3
173 几内亚比绍	29	5	280	73	17	23.5	8.3	4.1	17.7	0.0	80.5	0.0	1.8	0.0
174 布隆迪	0	0	2	55	0	0.0	0.0	0.0	100.0	0.0	0.0	0.0	0.0	0.0
175 乍得	..	..	..	33	..	..	..	..	..	..	..	..	..	..
176 刚果民主共和国	..	..	..	19	..	..	..	..	..	..	..	..	..	..
177 布基纳法索	50	44	57	63	3	5.4	0.7	0.1	91.6	0.0	7.8	0.0	0.7	0.0

国际资金流动：汇款、官方发展援助和外国直接投资

HDI 位次	汇款				汇款流入相对量				根据来源州分类的汇款流入					
	汇入总量(百万美元) 2007	汇出总量(百万美元) 2007	每位移民汇出量(美元)	收到的人均官方发展援助(净支出)(美元)	人均(美元)	占收到净官方发展援助的百分比	占GDP百分比	汇款与外国直接投资百分比	非洲	亚洲	欧洲	拉丁美洲和加勒比地区	北美洲	大洋洲
			2007						(占总汇款流入的 %)					
178 马里	212	57	1,234	82	17	20.8	3.3	0.6	74.1	0.0	23.8	0.0	2.0	0.0
179 中非共和国	..	..	..	41	..	..	..	..	..	..	..	..	..	..
180 塞拉利昂	148	136	1,140	91	25	27.7	9.4	1.6	1.5	0.0	55.1	0.0	42.9	0.5
181 阿富汗	..	..	..	146	..	..	..	..	..	..	..	..	..	..
182 尼日尔	78	29	237	38	5	14.4	1.9	2.9	82.7	0.0	14.3	0.0	3.0	0.0
联合国其他成员国														
伊拉克	..	781	27,538	314	..	..	..	..	..	..	..	..	..	..
基里巴斯	7	..	..	285	74	25.9	..	..	0.0	0.3	34.0	0.0	34.0	31.6
朝鲜	..	..	..	4	..	..	..	..	..	..	..	..	..	..
马绍尔群岛	..	..	..	879	..	..	..	..	..	..	..	..	..	..
密克罗尼西亚联邦	..	..	..	1,034	..	..	..	..	..	..	..	..	..	..
摩纳哥	..	..	..	..	..	..	..	..	..	..	..	..	..	..
瑙鲁	..	..	..	2,518	..	..	..	..	..	..	..	..	..	..
帕劳	..	..	..	1,100	..	..	..	..	..	..	..	..	..	..
圣马力诺	..	..	..	..	..	..	..	..	..	..	..	..	..	..
索马里	..	..	..	44	..	..	..	..	..	..	..	..	..	..
图瓦卢	..	..	..	1,115	..	..	..	..	..	..	..	..	..	..
津巴布韦	..	..	..	35	..	..	..	..	..	..	..	..	..	..
非洲	36,850[T]	4,754[T]	324	36	44	..	..	..	12.2	16.4	57.4	0.0	12.5	1.5
亚洲	141,398[T]	62,220[T]	1,448	9	36	..	..	..	0.3	45.8	17.3	0.5	32.8	3.4
欧洲	119,945[T]	126,169[T]	1,990	..	160	..	..	..	2.2	6.3	62.0	4.2	20.4	4.8
拉丁美洲和加勒比地区	63,408[T]	3,947[T]	798	10	114	..	..	..	0.0	2.7	9.7	6.2	81.2	0.2
北美洲	2,972[T]	45,643[T]	..	..	..	..	..	..	..	..	..	..	..	..
大洋洲	6,193[T]	5,090[T]	..	..	..	..	..	..	..	..	..	..	..	..
经合组织	124,520[T]	165,254[T]	1,884	..	108	..	..	..	2.0	3.6	44.1	5.2	39.5	5.6
欧盟 (EU27)	96,811[T]	88,391[T]	2,208	..	196	..	..	..	2.7	5.9	58.5	5.1	22.5	5.4
海湾合作委员会	39[T]	25,044[T]	2,797	..	..	..	..	..	..	..	..	..	..	..
极高人类发展水平	86,313[T]	172,112[T]	1,845	..	92	..	..	..	2.7	5.0	55.3	6.8	22.8	7.5
极高人类发展水平：OECD国家	83,776[T]	163,562[T]	1,919	..	91	..	..	..	2.8	4.6	55.5	6.9	22.7	7.5
极高人类发展水平：非OECD国家	2,537[T]	8,550[T]	..	..	..	..	..	..	..	..	..	..	..	..
高人类发展水平	92,453[T]	59,434[T]	1,705	9	101	..	..	..	0.2	9.1	35.8	3.4	49.4	2.2
中等人类发展水平	189,093[T]	15,403[T]	446	12	44	..	..	..	1.6	37.8	21.3	1.0	35.9	2.3
低人类发展水平	2,907[T]	874[T]	133	51	11	..	..	..	34.7	2.5	53.0	0.0	9.6	0.2
世界(除前苏联和捷克斯洛伐克)	349,632[T]	221,119[T]	1,540	14	57	..	..	..	1.8	21.4	33.2	3.4	36.4	3.8
世界	370,765[Ta]	248,283[Ta]	1,464	14	58	..	..	..	1.8	21.1	34.7	3.2	35.4	3.7

注

a 数据为合计数，来自原始数据资料。

资料来源

第 1、2、7 列：世界银行（2009b）。

第 3 列：根据世界银行（2009b）移民存量和汇款数计算。

第 4 列：根据 OECD－DAC（2009）的官方发展援助数据和 UN（2009e）人口数据计算。

第 5 列：根据世界银行（2009b）的汇款数据和 UN（2009e）的人口数据计算。

第 6 列：根据 世界银行（2009b）的汇款收据和 OECD－DAC（2009）的官方发展援助数据计算。

第 8 列：根据世界银行（2009b）的汇款数据和 FDI 数据计算。

第 9—14 列：根据 Ratha 和 Shaw（2006）数据计算。

表

部分与人权和迁移有关的文书（批准年份）

HDI 位次	《保护所有移徙工人及其家庭成员权利国际公约》1990	《联合国打击跨国有组织犯罪公约关于预防、禁止和惩治贩运人口特别是妇女和儿童行为的补充议定书》2000	《关于难民地位的公约》1951	《消除一切形式种族歧视的国际公约》1966	《公民权利和政治权利国际公约》1966	《经济、社会、文化权利国际公约》1966	《消除对妇女一切形式歧视公约》1979	《禁止酷刑和其他残忍、不人道或有辱人格的待遇或处罚公约》1984	《儿童权利公约》1989
极高人类发展水平									
1 挪威	..	2003	1953	1970	1972	1972	1981	1986	1991
2 澳大利亚	..	2005	1954	1975	1980	1975	1983	1989	1990
3 冰岛	..	2000	1955	1967	1979	1979	1985	1996	1992
4 加拿大	..	2002	1969	1970	1976	1976	1981	1987	1991
5 爱尔兰	..	2000	1956	2000	1989	1989	1985	2002	1992
6 荷兰	..	2005	1956	1971	1978	1978	1991	1988	1995
7 瑞典	..	2004	1954	1971	1971	1971	1980	1986	1990
8 法国	..	2002	1954	1971	1980	1980	1983	1986	1990
9 瑞士	..	2006	1955	1994	1992	1992	1997	1986	1997
10 日本	..	2002	1981	1995	1979	1979	1985	1999	1994
11 卢森堡	..	2009	1953	1978	1983	1983	1989	1987	1994
12 芬兰	..	2006	1968	1970	1975	1975	1986	1989	1991
13 美国	..	2005	..	1994	1992	1977	1980	1994	1995
14 奥地利	..	2005	1954	1972	1978	1978	1982	1987	1992
15 西班牙	..	2002	1978	1968	1977	1977	1984	1987	1990
16 丹麦	..	2003	1952	1971	1972	1972	1983	1987	1991
17 比利时	..	2004	1953	1975	1983	1983	1985	1999	1991
18 意大利	..	2006	1954	1976	1978	1978	1985	1989	1991
19 列支敦士登	..	2008	1957	2000	1998	1998	1995	1990	1995
20 新西兰	..	2002	1960	1972	1978	1978	1985	1989	1993
21 英国	..	2006	1954	1969	1976	1976	1986	1988	1991
22 德国	..	2006	1953	1969	1973	1973	1985	1990	1992
23 新加坡	..	..	..	..	..	..	1995	..	1995
24 中国香港	..	..	..	..	..	..	..	..	..
25 希腊	..	2000	1960	1970	1997	1985	1983	1988	1993
26 韩国	..	2000	1992	1978	1990	1990	1984	1995	1991
27 以色列	..	2008	1954	1979	1991	1991	1991	1991	1991
28 安道尔	..	..	..	2006	2006	..	1997	2006	1996
29 斯洛文尼亚	..	2004	1992	1992	1992	1992	1992	1993	1992
30 文莱	..	..	..	..	..	..	2006	..	1995
31 科威特	..	2006	..	1968	1996	1996	1994	1996	1991
32 塞浦路斯	..	2003	1963	1967	1969	1969	1985	1991	1991
33 卡塔尔	..	2009	..	1976	..	..	2009	2000	1995
34 葡萄牙	..	2004	1960	1982	1978	1978	1980	1989	1990
35 阿拉伯联合酋长国	..	2009	..	1974	..	..	2004	..	1997
36 捷克	..	2002	1993	1993	1993	1993	1993	1993	1993
37 巴巴多斯	..	2001	..	1972	1973	1973	1980	..	1990
38 马耳他	..	2003	1971	1971	1990	1990	1991	1990	1990
高人类发展水平									
39 巴林	..	2004	..	1990	2006	2007	2002	1998	1992
40 爱沙尼亚	..	2004	1997	1991	1991	1991	1991	1991	1991
41 波兰	..	2003	1991	1968	1977	1977	1980	1989	1991
42 斯洛伐克	..	2004	1993	1993	1993	1993	1993	1993	1993
43 匈牙利	..	2006	1989	1967	1974	1974	1980	1987	1991
44 智利	2005	2004	1972	1971	1972	1972	1989	1988	1990
45 克罗地亚	..	2003	1992	1992	1992	1992	1992	1992	1992
46 立陶宛	..	2003	1997	1998	1991	1991	1994	1996	1992
47 安提瓜和巴布达	..	..	1995	1988	..	..	1989	1993	1993
48 拉脱维亚	..	2004	1997	1992	1992	1992	1992	1992	1992
49 阿根廷	2007	2002	1961	1968	1986	1986	1985	1986	1990
50 乌拉圭	2001	2005	1970	1968	1970	1970	1981	1986	1990
51 古巴	..	..	..	1972	2008	2008	1980	1995	1991
52 巴哈马	..	2008	1993	1975	2008	2008	1993	2008	1991
53 墨西哥	1999	2003	2000	1975	1981	1981	1981	1986	1990
54 哥斯达黎加	..	2003	1978	1967	1968	1968	1986	1993	1990
55 利比亚	2004	2004	..	1968	1970	1970	1989	1989	1993
56 阿曼	..	2005	..	2003	..	..	2006	..	1996
57 塞舌尔	1994	2004	1980	1978	1992	1992	1992	1992	1990
58 委内瑞拉	..	2002	..	1967	1978	1978	1983	1991	1990
59 沙特阿拉伯	..	2007	..	1997	..	..	2000	1997	1996

部分与人权和迁移有关的文书（批准年份）

HDI 位次	《保护所有移徙工人及其家庭成员权利国际公约》1990	《联合国打击跨国有组织犯罪公约关于预防、禁止和惩治贩运人口特别是妇女和儿童行为的补充议定书》2000	《关于难民地位的公约》1951	《消除一切形式种族歧视的国际公约》1966	《公民权利和政治权利国际公约》1966	《经济、社会、文化权利国际公约》1966	《消除对妇女一切形式歧视公约》1979	《禁止酷刑和其他残忍、不人道或有辱人格的待遇或处罚公约》1984	《儿童权利公约》1989
60 巴拿马	..	2004	1978	1967	1977	1977	1981	1987	1990
61 保加利亚	..	2001	1993	1966	1970	1970	1982	1986	1991
62 圣基茨和尼维斯	..	2004	2002	2006	..	..	1985	..	1990
63 罗马尼亚	..	2002	1991	1970	1974	1974	1982	1990	1990
64 特立尼达和多巴哥	..	2007	2000	1973	1978	1978	1990	..	1991
65 黑山	2006	2006	2006	2006	2006	2006	2006	2006	2006
66 马来西亚	..	2009	..	..	..	..	1995	..	1995
67 塞尔维亚	2004	2001	2001	..	..	..	2001	..	2001
68 白俄罗斯	..	2003	2001	1969	1973	1973	1981	1987	1990
69 圣卢西亚	..	..	..	1990	..	..	1982	..	1993
70 阿尔巴尼亚	2007	2002	1992	1994	1991	1991	1994	1994	1992
71 俄罗斯联邦	..	2004	1993	1969	1973	1973	1981	1987	1990
72 前南马其顿	..	2005	1994	1994	1994	1994	1994	1994	1993
73 多米尼克	..	..	1994	..	1993	1993	1980	..	1991
74 格林纳达	..	2004	..	1981	1991	1991	1990	..	1990
75 巴西	..	2004	1960	1968	1992	1992	1984	1989	1990
76 波斯尼亚和黑塞哥维那	1996	2002	1993	1993	1993	1993	1993	1993	1993
77 哥伦比亚	1995	2004	1961	1981	1969	1969	1982	1987	1991
78 秘鲁	2005	2002	1964	1971	1978	1978	1982	1988	1990
79 土耳其	2004	2003	1962	2002	2003	2003	1985	1988	1995
80 厄瓜多尔	2002	2002	1955	1966	1969	1969	1981	1988	1990
81 毛里求斯	..	2003	..	1972	1973	1973	1984	1992	1990
82 哈萨克斯坦	..	2008	1999	1998	2006	2006	1998	1998	1994
83 黎巴嫩	..	2005	..	1971	1972	1972	1997	2000	1991
中等人类发展水平									
84 亚美尼亚	..	2003	1993	1993	1993	1993	1993	1993	1993
85 乌克兰	..	2004	2002	1969	1973	1973	1981	1987	1991
86 阿塞拜疆	1999	2003	1993	1996	1992	1992	1995	1996	1992
87 泰国	..	2001	..	2003	1996	1999	1985	2007	1992
88 伊朗	..	..	1976	1968	1975	1975	..	..	1994
89 格鲁吉亚	..	2006	1999	1999	1994	1994	1994	1994	1994
90 多米尼加共和国	..	2008	1978	1983	1978	1978	1982	1985	1991
91 圣文森特和格林纳斯丁	..	2002	1993	1981	1981	1981	1981	2001	1993
92 中国	..	..	1982	1981	1998	2001	1980	1988	1992
93 伯利兹	2001	2003	1990	2001	1996	2000	1990	1986	1990
94 萨摩亚	..	..	1988	..	2008	..	1992	..	1994
95 马尔代夫	..	..	..	1984	2006	2006	1993	2004	1991
96 约旦	..	..	..	1974	1975	1975	1992	1991	1991
97 苏里南	..	2007	1978	1984	1976	1976	1993	..	1993
98 突尼斯	..	2003	1957	1967	1969	1969	1985	1988	1992
99 汤加	..	..	..	1972	..	..	..	..	1995
100 牙买加	2008	2003	1964	1971	1975	1975	1984	..	1991
101 巴拉圭	2008	2004	1970	2003	1992	1992	1987	1990	1990
102 斯里兰卡	1996	2000	..	1982	1980	1980	1981	1994	1991
103 加蓬	2004	..	1964	1980	1983	1983	1983	2000	1994
104 阿尔及利亚	2005	2004	1963	1972	1989	1989	1996	1989	1993
105 菲律宾	1995	2002	1981	1967	1986	1974	1981	1986	1990
106 萨尔瓦多	2003	2004	1983	1979	1979	1979	1981	1996	1990
107 叙利亚	2005	2000	..	1969	1969	1969	2003	2004	1993
108 斐济	..	..	1972	1973	..	..	1995	..	1993
109 土库曼斯坦	..	2005	1998	1994	1997	1997	1997	1999	1993
110 巴勒斯坦被占领土	..	..	..	..	..	..	..	..	..
111 印度尼西亚	2004	2000	..	1999	2006	2006	1984	1998	1990
112 洪都拉斯	2005	2008	1992	2002	1997	1981	1983	1996	1990
113 玻利维亚	2000	2006	1982	1970	1982	1982	1990	1999	1990
114 圭亚那	2005	2004	..	1977	1977	1977	1980	1988	1991
115 蒙古	..	2008	..	1969	1974	1974	1981	2002	1990
116 越南	..	..	..	1982	1982	1982	1982	..	1990
117 摩尔多瓦	..	2005	2002	1993	1993	1993	1994	1995	1993
118 赤道几内亚	..	2003	1986	2002	1987	1987	1984	2002	1992

HDI 位次	《保护所有移徙工人及其家庭成员权利国际公约》1990	《联合国打击跨国有组织犯罪公约关于预防、禁止和惩治贩运人口特别是妇女和儿童行为的补充议定书》2000	《关于难民地位的公约》1951	《消除一切形式种族歧视的国际公约》1966	《公民权利和政治权利国际公约》1966	《经济、社会、文化权利国际公约》1966	《消除对妇女一切形式歧视公约》1979	《禁止酷刑和其他残忍、不人道或有辱人格的待遇或处罚公约》1984	《儿童权利公约》1989
119 乌兹别克斯坦	..	2008	..	1995	1995	1995	1995	1995	1994
120 吉尔吉斯斯坦	2003	2003	1996	1997	1994	1994	1997	1997	1994
121 佛得角	1997	2004	..	1979	1993	1993	1980	1992	1992
122 危地马拉	2003	2004	1983	1983	1992	1988	1982	1990	1990
123 埃及	1993	2004	1981	1967	1982	1982	1981	1986	1990
124 尼加拉瓜	2005	2004	1980	1978	1980	1980	1981	2005	1990
125 博茨瓦纳	..	2002	1969	1974	2000	..	1996	2000	1995
126 瓦努阿图	..	..	..	..	2008	..	1995	..	1993
127 塔吉克斯坦	2002	2002	1993	1995	1999	1999	1993	1995	1993
128 纳米比亚	..	2002	1995	1982	1994	1994	1992	1994	1990
129 南非	..	2004	1996	1998	1998	1994	1995	1998	1995
130 摩洛哥	1993	..	1956	1970	1979	1979	1993	1993	1993
131 圣多美和普林西比	2000	2006	1978	2000	1995	1995	2003	2000	1991
132 不丹	..	..	..	1973	..	..	1981	..	1990
133 老挝	..	2003	..	1974	2000	2007	1981	..	1991
134 印度	..	2002	..	1968	1979	1979	1993	1997	1992
135 所罗门群岛	..	..	1995	1982	..	1982	2002	..	1995
136 刚果共和国	2008	2000	1962	1988	1983	1983	1982	2003	1993
137 柬埔寨	2004	2007	1992	1983	1992	1992	1992	1992	1992
138 缅甸	..	2004	..	..	..	..	1997	..	1991
139 科摩罗	2000	..	..	2004	2008	2008	1994	2000	1993
140 也门	..	..	1980	1972	1987	1987	1984	1991	1991
141 巴基斯坦	..	..	..	1966	2008	2008	1996	2008	1990
142 斯威士兰	..	2001	2000	1969	2004	2004	2004	2004	1995
143 安哥拉	..	..	1981	..	1992	1992	1986	..	1990
144 尼泊尔	..	..	..	1971	1991	1991	1991	1991	1990
145 马达加斯加	..	2005	1967	1969	1971	1971	1989	2005	1991
146 孟加拉国	1998	..	..	1979	2000	1998	1984	1998	1990
147 肯尼亚	..	2005	1966	2001	1972	1972	1984	1997	1990
148 巴布亚新几内亚	..	..	1986	1982	2008	2008	1995	..	1993
149 海地	..	2000	1984	1972	1991	..	1981	..	1995
150 苏丹	..	..	1974	1977	1986	1986	..	1986	1990
151 坦桑尼亚	..	2006	1964	1972	1976	1976	1985	..	1991
152 加纳	2000	..	1963	1966	2000	2000	1986	2000	1990
153 喀麦隆	..	2006	1961	1971	1984	1984	1994	1986	1993
154 毛里塔尼亚	2007	2005	1987	1988	2004	2004	2001	2004	1991
155 吉布提	..	2005	1977	2006	2002	2002	1998	2002	1990
156 莱索托	2005	2003	1981	1971	1992	1992	1995	2001	1992
157 乌干达	1995	2000	1976	1980	1995	1987	1985	1986	1990
158 尼日利亚	..	2001	1967	1967	1993	1993	1985	2001	1991
低人类发展水平									
159 多哥	2001	2009	1962	1972	1984	1984	1983	1987	1990
160 马拉维	..	2005	1987	1996	1993	1993	1987	1996	1991
161 贝宁	2005	2004	1962	2001	1992	1992	1992	1992	1990
162 东帝汶	2004	..	2003	2003	2003	2003	2003	2003	2003
163 科特迪瓦	..	..	1961	1973	1992	1992	1995	1995	1991
164 赞比亚	..	2005	1969	1972	1984	1984	1985	1998	1991
165 厄立特里亚	..	..	..	2001	2002	2001	1995	..	1994
166 塞内加尔	1999	2003	1963	1972	1978	1978	1985	1986	1990
167 卢旺达	2008	2003	1980	1975	1975	1975	1981	2008	1991
168 冈比亚	..	2003	1966	1978	1979	1978	1993	1985	1990
169 利比里亚	2004	2004	1964	1976	2004	2004	1984	2004	1993
170 几内亚	2000	2004	1965	1977	1978	1978	1982	1989	1990
171 埃塞俄比亚	..	..	1969	1976	1993	1993	1981	1994	1991
172 莫桑比克	..	2006	1983	1983	1993	..	1997	1999	1994
173 几内亚比绍	2000	2007	1976	2000	2000	1992	1985	2000	1990
174 布隆迪	..	2000	1963	1977	1990	1990	1992	1993	1990
175 乍得	..	..	1981	1977	1995	1995	1995	1995	1990
176 刚果民主共和国	..	2005	1965	1976	1976	1976	1986	1996	1990
177 布基纳法索	2003	2002	1980	1974	1999	1999	1987	1999	1990

部分与人权和迁移有关的文书（批准年份）

HDI 位次	《保护所有移徙工人及其家庭成员权利国际公约》1990	《联合国打击跨国有组织犯罪公约关于预防、禁止和惩治贩运人口特别是妇女和儿童行为的补充议定书》2000	《关于难民地位的公约》1951	《消除一切形式种族歧视的国际公约》1966	《公民权利和政治权利国际公约》1966	《经济、社会、文化权利国际公约》1966	《消除对妇女一切形式歧视公约》1979	《禁止酷刑和其他残忍、不人道或有辱人格的待遇或处罚公约》1984	《儿童权利公约》1989
178 马里	2003	2002	1973	1974	1974	1974	1985	1999	1990
179 中非共和国	..	2006	1962	1971	1981	1981	1991	..	1992
180 塞拉利昂	2000	2001	1981	1967	1996	1996	1988	2001	1990
181 阿富汗	..	..	2005	1983	1983	1983	2003	1987	1994
182 尼日尔	2009	2004	1961	1967	1986	1986	1999	1998	1990
联合国其他成员国									
伊拉克	..	2009	..	1970	1971	1971	1986	..	1994
基里巴斯	..	2005	..	..	..	..	2004	..	1995
朝鲜	..	..	..	..	1981	1981	2001	..	1990
马绍尔群岛	..	..	..	..	..	..	2006	..	1993
密克罗尼西亚联邦	..	..	..	..	..	..	2004	..	1993
摩纳哥	..	2001	1954	1995	1997	1997	2005	1991	1993
瑙鲁	..	2001	..	2001	2001	..	..	2001	1994
帕劳	..	..	..	..	..	..	..	..	1995
圣马力诺	..	2000	..	2002	1985	1985	2003	2006	1991
索马里	..	..	1978	1975	1990	1990	..	1990	2002
图瓦卢	..	..	1986	..	..	..	1999	..	1995
津巴布韦	..	..	1981	1991	1991	1991	1991	..	1990
条约已签署但尚未批准的所有国家 ●	41	129	144	173	164	160	186	146	193
○	15	21	0	6	8	6	1	10	2
非洲 ●	16	36	48	49	50	48	51	43	52
○	9	5	0	3	3	3	0	5	1
亚洲 ●	8	25	19	41	35	38	45	33	47
○	3	6	0	1	3	0	0	2	0
欧洲 ●	2	37	42	44	43	42	43	44	44
○	2	5	0	0	0	0	0	0	0
拉丁美洲和加勒比地区 ●	15	26	27	31	29	27	33	22	33
○	1	3	0	1	1	2	0	2	0
北美洲 ●	0	2	1	2	2	1	1	2	1
○	0	0	0	0	0	1	1	0	1
大洋洲 ●	0	3	7	6	5	4	12	2	16
○	0	1	0	1	1	0	0	1	0
极高人类发展水平 ●	0	26	31	37	34	32	36	36	38
○	0	8	0	0	0	1	1	0	1
高人类发展水平 ●	12	41	34	43	39	39	47	37	47
○	2	1	0	1	1	1	0	1	0
中等人类发展水平 ●	22	44	54	68	66	64	77	52	83
○	8	11	0	4	6	4	0	7	0
低人类发展水平 ●	7	15	25	25	25	25	25	21	25
○	5	3	0	1	1	0	0	2	1

注

除非另有说明，数据是指批准、加入或续约的年份。这些阶段具有相同的法律效应。粗体字标注的是指尚未批准，数据截止2009年6月。

● 总缔约国

○ 已签署但尚未批准

资料来源

所有列：UN（2009b）。

人类发展指数趋势

G

HDI 位次	1980	1985	1990	1995	2000	2005	2006	2007	排名 2006	排名变化 2006–2007	平均年增长率 (%) 长期 1980–2007	中期 1990–2007	短期 2000–2007
极高人类发展水平													
1 挪威	0.900	0.912	0.924	0.948	0.961	0.968	0.970	0.971	1	0	0.28	0.29	0.16
2 澳大利亚	0.871	0.883	0.902	0.938	0.954	0.967	0.968	0.970	2	0	0.40	0.43	0.24
3 冰岛	0.886	0.894	0.913	0.918	0.943	0.965	0.967	0.969	3	0	0.33	0.35	0.39
4 加拿大	0.890	0.913	0.933	0.938	0.948	0.963	0.965	0.966	4	0	0.31	0.21	0.27
5 爱尔兰	0.840	0.855	0.879	0.903	0.936	0.961	0.964	0.965	5	0	0.52	0.55	0.44
6 荷兰	0.889	0.903	0.917	0.938	0.950	0.958	0.961	0.964	7	1	0.30	0.30	0.21
7 瑞典	0.885	0.895	0.906	0.937	0.954	0.960	0.961	0.963	6	-1	0.32	0.36	0.14
8 法国	0.876	0.888	0.909	0.927	0.941	0.956	0.958	0.961	11	3	0.34	0.32	0.30
9 瑞士	0.899	0.906	0.920	0.931	0.948	0.957	0.959	0.960	9	0	0.25	0.25	0.19
10 日本	0.887	0.902	0.918	0.931	0.943	0.956	0.958	0.960	10	0	0.29	0.26	0.25
11 卢森堡	..	..	..	..	..	0.956	0.959	0.960	8	-3	..	..	..
12 芬兰	0.865	0.882	0.904	0.916	0.938	0.952	0.955	0.959	13	1	0.38	0.35	0.32
13 美国	0.894	0.909	0.923	0.939	0.949	0.955	0.955	0.956	12	-1	0.25	0.21	0.11
14 奥地利	0.865	0.878	0.899	0.920	0.940	0.949	0.952	0.955	16	2	0.37	0.35	0.23
15 西班牙	0.855	0.869	0.896	0.914	0.931	0.949	0.952	0.955	15	0	0.41	0.37	0.36
16 丹麦	0.882	0.891	0.899	0.917	0.936	0.950	0.953	0.955	14	-2	0.29	0.36	0.28
17 比利时	0.871	0.885	0.904	0.933	0.945	0.947	0.951	0.953	17	0	0.34	0.31	0.13
18 意大利	0.857	0.866	0.889	0.906	0.927	0.947	0.950	0.951	19	1	0.39	0.40	0.36
19 列支敦士登	..	..	..	..	..	..	0.950	0.951	18	-1	..	..	..
20 新西兰	0.863	0.874	0.884	0.911	0.930	0.946	0.948	0.950	20	0	0.36	0.42	0.30
21 英国	0.861	0.870	0.891	0.929	0.932	0.947	0.945	0.947	21	0	0.35	0.36	0.24
22 德国	0.869	0.877	0.896	0.919	..	0.942	0.945	0.947	22	0	0.32	0.33	..
23 新加坡	0.785	0.805	0.851	0.884	..	..	0.942	0.944	24	1	0.68	0.61	..
24 中国香港	..	..	..	..	..	0.939	0.943	0.944	23	-1	..	..	..
25 希腊	0.844	0.857	0.872	0.874	0.895	0.935	0.938	0.942	25	0	0.41	0.45	0.73
26 韩国	0.722	0.760	0.802	0.837	0.869	0.927	0.933	0.937	26	0	0.97	0.92	1.08
27 以色列	0.829	0.853	0.868	0.883	0.908	0.929	0.932	0.935	28	1	0.44	0.44	0.42
28 安道尔	..	..	..	..	..	..	0.933	0.934	27	-1	..	..	..
29 斯洛文尼亚	..	..	0.853	0.861	0.892	0.918	0.924	0.929	29	0	..	0.51	0.58
30 文莱	0.827	0.843	0.876	0.889	0.905	0.917	0.919	0.920	30	0	0.39	0.29	0.22
31 科威特	0.812	0.826	..	0.851	0.874	0.915	0.912	0.916	31	0	0.44	..	0.67
32 塞浦路斯	..	..	0.849	0.866	0.897	0.908	0.911	0.914	32	0	..	0.43	0.26
33 卡塔尔	..	..	..	..	0.870	0.903	0.905	0.910	34	1	..	..	0.64
34 葡萄牙	0.768	0.789	0.833	0.870	0.895	0.904	0.907	0.909	33	-1	0.63	0.52	0.23
35 阿拉伯联合酋长国	0.743	0.806	0.834	0.845	0.848	0.896	0.896	0.903	37	2	0.72	0.47	0.91
36 捷克	..	..	0.847	0.857	0.868	0.894	0.899	0.903	36	0	..	0.38	0.56
37 巴巴多斯	..	..	..	..	..	0.890	0.891	0.903	39	2	..	..	..
38 马耳他	..	0.809	0.836	0.856	0.874	0.897	0.899	0.902	35	-3	0.50[a]	0.45	0.45
高人类发展水平													
39 巴林	0.761	0.784	0.829	0.850	0.864	0.888	0.894	0.895	38	-1	0.60	0.45	0.50
40 爱沙尼亚	..	..	0.817	0.796	0.835	0.872	0.878	0.883	40	0	..	0.46	0.80
41 波兰	..	..	0.806	0.823	0.853	0.871	0.876	0.880	42	1	..	0.52	0.45
42 斯洛伐克	..	..	..	0.827	0.840	0.867	0.873	0.880	44	2	..	..	0.66
43 匈牙利	0.802	0.813	0.812	0.816	0.844	0.874	0.878	0.879	41	-2	0.34	0.47	0.58
44 智利	0.748	0.762	0.795	0.822	0.849	0.872	0.874	0.878	43	-1	0.59	0.58	0.48
45 克罗地亚	..	..	0.817	0.811	0.837	0.862	0.867	0.871	45	0	..	0.38	0.58
46 立陶宛	..	..	0.828	0.791	0.830	0.862	0.865	0.870	46	0	..	0.29	0.68
47 安提瓜和巴布达	..	..	..	..	..	..	0.860	0.868	48	1	..	..	..
48 拉脱维亚	..	..	0.803	0.765	0.810	0.852	0.859	0.866	50	2	..	0.44	0.96
49 阿根廷	0.793	0.797	0.804	0.824	..	0.855	0.861	0.866	47	-2	0.33	0.44	..
50 乌拉圭	0.776	0.783	0.802	0.817	0.837	0.855	0.860	0.865	49	-1	0.40	0.45	0.47
51 古巴	..	..	..	..	..	0.839	0.856	0.863	51	0	..	..	..
52 巴哈马	..	..	..	..	..	0.852	0.854	0.856	52	0	..	..	..
53 墨西哥	0.756	0.768	0.782	0.794	0.825	0.844	0.849	0.854	54	1	0.45	0.52	0.50
54 哥斯达黎加	0.763	0.770	0.791	0.807	0.825	0.844	0.849	0.854	53	-1	0.42	0.45	0.48
55 利比亚	..	..	..	..	0.821	0.837	0.842	0.847	56	1	..	..	0.44
56 阿曼	..	..	..	..	..	0.836	0.843	0.846	55	-1	..	..	..
57 塞舌尔	..	..	..	..	0.841	0.838	0.841	0.845	57	0	..	..	0.06
58 委内瑞拉	0.765	0.765	0.790	0.793	0.802	0.822	0.833	0.844	62	4	0.37	0.39	0.74
59 沙特阿拉伯	..	..	0.744	0.765	..	0.837	0.840	0.843	58	-1	..	0.74	..

人类发展指数趋势

HDI 位次	1980	1985	1990	1995	2000	2005	2006	2007	排名	排名变化	平均年增长率 (%) 长期	中期	短期
									2006	2006–2007	1980–2007	1990–2007	2000–2007
60 巴拿马	0.759	0.769	0.765	0.784	0.811	0.829	0.834	0.840	61	1	0.38	0.55	0.50
61 保加利亚	..	..	..	..	0.803	0.829	0.835	0.840	59	-2	..	..	0.65
62 圣基茨和尼维斯	..	..	..	..	..	0.831	0.835	0.838	60	-2	..	..	..
63 罗马尼亚	..	..	0.786	0.780	0.788	0.824	0.832	0.837	64	1	..	0.37	0.87
64 特立尼达和多巴哥	0.794	0.791	0.796	0.797	0.806	0.825	0.832	0.837	63	-1	0.19	0.30	0.53
65 黑山	..	..	..	..	0.815	0.823	0.828	0.834	65	0	..	..	0.34
66 马来西亚	0.666	0.689	0.737	0.767	0.797	0.821	0.825	0.829	66	0	0.81	0.69	0.56
67 塞尔维亚	..	..	..	..	0.797	0.817	0.821	0.826	67	0	..	..	0.51
68 白俄罗斯	..	..	0.795	0.760	0.786	0.812	0.819	0.826	69	1	..	0.22	0.70
69 圣卢西亚	..	..	..	..	..	0.817	0.821	0.821	68	-1	..	..	..
70 阿尔巴尼亚	..	..	..	..	0.784	0.811	0.814	0.818	70	0	..	..	0.61
71 俄罗斯联邦	..	..	0.821	0.777	..	0.804	0.811	0.817	73	2	..	-0.03	..
72 前南马其顿	..	..	..	0.782	0.800	0.810	0.813	0.817	72	0	..	..	0.30
73 多米尼克	..	..	..	..	..	0.814	0.814	0.814	71	-2	..	..	..
74 格林纳达	..	..	..	..	..	0.812	0.810	0.813	74	0	..	..	..
75 巴西	0.685	0.694	0.710	0.734	0.790	0.805	0.808	0.813	75	0	0.63	0.79	0.41
76 波斯尼亚和黑塞哥维那	..	..	..	..	..	0.803	0.807	0.812	76	0	..	..	..
77 哥伦比亚	0.688	0.698	0.715	0.757	0.772	0.795	0.800	0.807	82	5	0.59	0.71	0.63
78 秘鲁	0.687	0.703	0.708	0.744	0.771	0.791	0.799	0.806	83	5	0.59	0.76	0.63
79 土耳其	0.628	0.674	0.705	0.730	0.758	0.796	0.802	0.806	78	-1	0.93	0.79	0.87
80 厄瓜多尔	0.709	0.723	0.744	0.758	..	..	0.805	0.806	77	-3	0.48	0.47	..
81 毛里求斯	..	..	0.718	0.735	0.770	0.797	0.801	0.804	79	-2	..	0.67	0.63
82 哈萨克斯坦	..	..	0.778	0.730	0.747	0.794	0.800	0.804	81	-1	..	0.20	1.05
83 黎巴嫩	..	..	..	..	..	0.800	0.800	0.803	80	-3	..	..	..
中等人类发展水平													
84 亚美尼亚	..	..	0.731	0.693	0.738	0.777	0.787	0.798	85	1	..	0.51	1.12
85 乌克兰	..	..	..	..	0.754	0.783	0.789	0.796	84	-1	..	..	0.76
86 阿塞拜疆	..	..	..	..	..	0.755	0.773	0.787	88	2	..	..	..
87 泰国	0.658	0.684	0.706	0.727	0.753	0.777	0.780	0.783	86	-1	0.64	0.61	0.57
88 伊朗	0.561	0.620	0.672	0.712	0.738	0.773	0.777	0.782	87	-1	1.23	0.89	0.83
89 格鲁吉亚	..	..	..	..	0.739	0.765	0.768	0.778	91	2	..	..	0.73
90 多米尼加共和国	0.640	0.659	0.667	0.686	0.748	0.765	0.771	0.777	89	-1	0.72	0.90	0.54
91 圣文森特和格林纳斯丁	..	..	..	..	..	0.763	0.767	0.772	93	2	..	..	..
92 中国	0.533	0.556	0.608	0.657	0.719	0.756	0.763	0.772	99	7	1.37	1.40	1.00
93 伯利兹	..	..	0.705	0.723	0.735	0.770	0.770	0.772	90	-3	..	0.54	0.70
94 萨摩亚	..	0.686	0.697	0.716	0.742	0.764	0.766	0.771	96	2	0.53[a]	0.59	0.55
95 马尔代夫	..	..	..	0.683	0.730	0.755	0.765	0.771	97	2	..	..	0.78
96 约旦	0.631	0.638	0.666	0.656	0.691	0.764	0.767	0.770	95	-1	0.73	0.85	1.55
97 苏里南	..	..	..	..	..	0.759	0.765	0.769	98	1	..	..	..
98 突尼斯	..	0.605	0.627	0.654	0.678	0.758	0.763	0.769	100	2	1.09[a]	1.20	1.79
99 汤加	..	..	..	..	0.759	0.765	0.767	0.768	94	-5	..	..	0.16
100 牙买加	..	..	..	..	0.750	0.765	0.768	0.766	92	-8	..	..	0.29
101 巴拉圭	0.677	0.677	0.711	0.726	0.737	0.754	0.757	0.761	101	0	0.43	0.40	0.45
102 斯里兰卡	0.649	0.670	0.683	0.696	0.729	0.752	0.755	0.759	102	0	0.58	0.62	0.57
103 加蓬	..	..	..	0.748	0.735	0.747	0.750	0.755	103	0	..	..	0.39
104 阿尔及利亚	..	0.628	0.647	0.653	0.713	0.746	0.749	0.754	104	0	0.83[a]	0.90	0.79
105 菲律宾	0.652	0.651	0.697	0.713	0.726	0.744	0.747	0.751	105	0	0.53	0.44	0.49
106 萨尔瓦多	0.573	0.585	0.660	0.691	0.704	0.743	0.746	0.747	106	0	0.99	0.73	0.85
107 叙利亚	0.603	0.625	0.626	0.649	0.715	0.733	0.738	0.742	109	2	0.77	1.00	0.53
108 斐济	..	..	..	..	..	0.744	0.744	0.741	107	-1	..	..	..
109 土库曼斯坦	..	..	..	..	..	..	0.739	0.739	108	-1	..	..	..
110 巴勒斯坦被占领土	..	..	..	..	..	0.736	0.737	0.737	110	0	..	..	..
111 印度尼西亚	0.522	0.562	0.624	0.658	0.673	0.723	0.729	0.734	111	0	1.26	0.95	1.25
112 洪都拉斯	0.567	0.593	0.608	0.623	0.690	0.725	0.729	0.732	112	0	0.94	1.09	0.84
113 玻利维亚	0.560	0.577	0.629	0.653	0.699	0.723	0.726	0.729	113	0	0.98	0.87	0.62
114 圭亚那	..	..	..	..	..	0.722	0.721	0.729	114	0	..	..	..
115 蒙古	..	..	..	..	0.676	0.713	0.720	0.727	116	1	..	..	1.02
116 越南	..	0.561	0.599	0.647	0.690	0.715	0.720	0.725	115	-1	1.16[a]	1.13	0.71
117 摩尔多瓦	..	..	0.735	0.682	0.683	0.712	0.718	0.720	117	0	..	-0.12	0.77
118 赤道几内亚	..	..	..	..	0.655	0.715	0.712	0.719	118	0	..	..	1.33

HDI 位次									排名	排名变化	平均年增长率 (%)		
											长期	中期	短期
	1980	1985	1990	1995	2000	2005	2006	2007	2006	2006–2007	1980–2007	1990–2007	2000–2007
119 乌兹别克斯坦	..	..	..	..	0.687	0.703	0.706	0.710	119	0	..	..	0.48
120 吉尔吉斯斯坦	..	..	..	..	0.687	0.702	0.705	0.710	120	0	..	..	0.46
121 佛得角	..	..	0.589	0.641	0.674	0.692	0.704	0.708	121	0	..	1.08	0.71
122 危地马拉	0.531	0.538	0.555	0.621	0.664	0.691	0.696	0.704	123	1	1.05	1.40	0.85
123 埃及	0.496	0.552	0.580	0.631	0.665	0.696	0.700	0.703	122	-1	1.30	1.13	0.81
124 尼加拉瓜	0.565	0.569	0.573	0.597	0.667	0.691	0.696	0.699	124	0	0.79	1.17	0.67
125 博茨瓦纳	0.539	0.579	0.682	0.665	0.632	0.673	0.683	0.694	126	1	0.94	0.10	1.34
126 瓦努阿图	..	..	..	..	0.663	0.681	0.688	0.693	125	-1	..	..	0.62
127 塔吉克斯坦	..	..	0.707	0.636	0.641	0.677	0.683	0.688	127	0	..	-0.16	1.03
128 纳米比亚	..	..	0.657	0.675	0.661	0.672	0.678	0.686	129	1	..	0.26	0.53
129 南非	0.658	0.680	0.698	..	0.688	0.678	0.680	0.683	128	-1	0.14	-0.13	-0.10
130 摩洛哥	0.473	0.499	0.518	0.562	0.583	0.640	0.648	0.654	130	0	1.20	1.37	1.63
131 圣多美和普林西比	..	..	..	..	..	0.639	0.645	0.651	131	0	..	..	..
132 不丹	..	..	..	..	..	0.602	0.608	0.619	133	1	..	..	..
133 老挝	..	..	..	0.518	0.566	0.607	0.613	0.619	132	-1	..	..	1.26
134 印度	0.427	0.453	0.489	0.511	0.556	0.596	0.604	0.612	134	0	1.33	1.32	1.36
135 所罗门群岛	..	..	..	..	..	0.599	0.604	0.610	135	0	..	..	..
136 刚果共和国	..	..	0.597	0.575	0.536	0.600	0.603	0.601	136	0	..	0.04	1.65
137 柬埔寨	..	..	..	..	0.515	0.575	0.584	0.593	137	0	..	..	2.01
138 缅甸	..	0.492	0.487	0.506	..	0.583	0.584	0.586	138	0	0.79[a]	1.08	..
139 科摩罗	0.447	0.461	0.489	0.513	0.540	0.570	0.573	0.576	139	0	0.94	0.96	0.92
140 也门	..	..	..	0.486	0.522	0.562	0.568	0.575	141	1	..	..	1.36
141 巴基斯坦	0.402	0.423	0.449	0.469	..	0.555	0.568	0.572	142	1	1.30	1.42	..
142 斯威士兰	0.535	0.587	0.619	0.626	0.598	0.567	0.569	0.572	140	-2	0.24	-0.47	-0.63
143 安哥拉	..	..	..	..	..	0.541	0.552	0.564	143	0	..	..	..
144 尼泊尔	0.309	0.342	0.407	0.436	0.500	0.537	0.547	0.553	144	0	2.16	1.81	1.46
145 马达加斯加	..	..	..	..	0.501	0.532	0.537	0.543	145	0	..	..	1.14
146 孟加拉国	0.328	0.351	0.389	0.415	0.493	0.527	0.535	0.543	148	2	1.86	1.96	1.39
147 肯尼亚	..	..	..	..	0.522	0.530	0.535	0.541	147	0	..	..	0.51
148 巴布亚新几内亚	0.418	0.427	0.432	0.461	..	0.532	0.536	0.541	146	-2	0.95	1.32	..
149 海地	0.433	0.442	0.462	0.483	..	..	0.526	0.532	149	0	0.77	0.83	..
150 苏丹	..	..	..	..	0.491	0.515	0.526	0.531	150	0	..	..	1.12
151 坦桑尼亚	..	..	0.436	0.425	0.458	0.510	0.519	0.530	151	0	..	1.15	2.09
152 加纳	..	..	..	..	0.495	0.512	0.518	0.526	154	2	..	..	0.88
153 喀麦隆	0.460	0.498	0.485	0.457	0.513	0.520	0.519	0.523	152	-1	0.48	0.44	0.26
154 毛里塔尼亚	..	..	..	..	0.495	0.511	0.519	0.520	153	-1	..	..	0.71
155 吉布提	..	..	..	..	..	0.513	0.517	0.520	155	0	..	..	..
156 莱索托	..	..	..	..	0.533	0.508	0.511	0.514	156	0	..	..	-0.52
157 乌干达	..	..	0.392	0.389	0.460	0.494	0.505	0.514	158	1	..	1.59	1.57
158 尼日利亚	..	..	0.438	0.450	0.466	0.499	0.506	0.511	157	-1	..	0.91	1.31
低人类发展水平													
159 多哥	0.404	0.387	0.391	0.404	..	0.495	0.498	0.499	159	0	0.78	1.44	..
160 马拉维	..	0.379	0.390	0.453	0.478	0.476	0.484	0.493	161	1	1.20[a]	1.38	0.44
161 贝宁	0.351	0.364	0.384	0.411	0.447	0.481	0.487	0.492	160	-1	1.25	1.46	1.37
162 东帝汶	..	..	..	..	..	0.488	0.484	0.489	162	0	..	..	..
163 科特迪瓦	..	..	0.463	0.456	0.481	0.480	0.482	0.484	163	0	..	0.26	0.08
164 赞比亚	..	..	0.495	0.454	0.431	0.466	0.473	0.481	164	0	..	-0.17	1.57
165 厄立特里亚	..	..	..	..	0.431	0.466	0.467	0.472	165	0	..	..	1.29
166 塞内加尔	..	..	0.390	0.399	0.436	0.460	0.462	0.464	166	0	..	1.02	0.88
167 卢旺达	0.357	0.361	0.325	0.306	0.402	0.449	0.455	0.460	167	0	0.94	2.04	1.90
168 冈比亚	..	..	..	..	..	0.450	0.453	0.456	168	0	..	..	..
169 利比里亚	0.365	0.370	0.325	0.280	0.419	0.427	0.434	0.442	169	0	0.71	1.81	0.77
170 几内亚	..	..	..	..	..	0.426	0.433	0.435	170	0	..	..	..
171 埃塞俄比亚	..	..	..	0.308	0.332	0.391	0.402	0.414	171	0	..	..	3.13
172 莫桑比克	0.280	0.258	0.273	0.310	0.350	0.390	0.397	0.402	172	0	1.34	2.28	1.97
173 几内亚比绍	0.256	0.278	0.320	0.349	0.370	0.386	0.391	0.396	174	1	1.62	1.25	0.99
174 布隆迪	0.268	0.292	0.327	0.299	0.358	0.375	0.387	0.394	175	1	1.43	1.10	1.38
175 乍得	..	..	..	0.324	0.350	0.394	0.393	0.392	173	-2	..	..	1.61
176 刚果民主共和国	..	..	..	..	0.353	0.370	0.371	0.389	177	1	..	..	1.41
177 布基纳法索	0.248	0.264	0.285	0.297	0.319	0.367	0.384	0.389	176	-1	1.67	1.82	2.85

HDI 位次	1980	1985	1990	1995	2000	2005	2006	2007	排名 2006	排名变化 2006–2007	平均年增长率 (%) 长期 1980–2007	中期 1990–2007	短期 2000–2007
178 马里	0.245	0.239	0.254	0.267	0.316	0.361	0.366	0.371	179	1	1.53	2.23	2.30
179 中非共和国	0.335	0.344	0.362	0.347	0.378	0.364	0.367	0.369	178	-1	0.36	0.12	-0.33
180 塞拉利昂	..	..	..	..	..	0.350	0.357	0.365	180	0	..	..	..
181 阿富汗	..	..	..	..	..	0.347	0.350	0.352	181	0	..	..	..
182 尼日尔	..	..	..	..	0.258	0.330	0.335	0.340	182	0	..	..	3.92

注

本表中的人类发展指数数值使用不变的计算方法和持续的数据序列计算。它们不能与前些年《人类发展报告》相应的指数值直接比较。有关数据的详情，见《读者指南》。

a 1985—2007 年间的年平均增长率。

资料来源

第 1—8 列：计算依据为：预期寿命数据来自 UN（2009e）；成年识字率数据来自 UNESCO Institute for Statistics（2003）和（2009a）；综合毛入学率数据来自 UNESCO Institute for Statistics（1999）和（2009b），人均 GDP（按 2007 PPP 美元计算）来自世界银行（2009d）。

第 9 列：根据对第 7 列 2006 年 HDI 值修订后计算。

第 10 列：根据修订后的 2006 年 HDI 排名以及 2007 年的 HDI 新排名计算。

第 11 列：根据 1980 年、2007 年 HDI 值计算。

第 12 列：根据 1990 年、2007 年 HDI 值计算。

第 13 列：根据 2000 年、2007 年 HDI 值计算。

2007 年人类发展指数及其构成

HDI 位次	人类发展指数 指数值 2007	出生时 预期寿命 (岁) 2007	成人识字率 (占15岁及以上人口百分比 %) 1999–2007[a]	综合 毛入学率 (%) 2007	人均GDP (PPP美元) 2007	预期寿命 指数 2007	教育指数 2007	GDP指数 2007	人均GDP 位次减去 HDI位次[b] 2007
极高人类发展水平									
1 挪威	0.971	80.5	..[c]	98.6[d]	53,433[e]	0.925	0.989	1.000	4
2 澳大利亚	0.970	81.4	..[c]	114.2[d,f]	34,923	0.940	0.993	0.977	20
3 冰岛	0.969	81.7	..[c]	96.0[d]	35,742	0.946	0.980	0.981	16
4 加拿大	0.966	80.6	..[c]	99.3[d,g]	35,812	0.927	0.991	0.982	14
5 爱尔兰	0.965	79.7	..[c]	97.6[d]	44,613[e]	0.911	0.985	1.000	5
6 荷兰	0.964	79.8	..[c]	97.5[d]	38,694	0.914	0.985	0.994	8
7 瑞典	0.963	80.8	..[c]	94.3[d]	36,712	0.930	0.974	0.986	9
8 法国	0.961	81.0	..[c]	95.4[d]	33,674	0.933	0.978	0.971	17
9 瑞士	0.960	81.7	..[c]	82.7[d]	40,658	0.945	0.936	1.000	4
10 日本	0.960	82.7	..[c]	86.6[d]	33,632	0.961	0.949	0.971	16
11 卢森堡	0.960	79.4	..[c]	94.4[h]	79,485[e]	0.906	0.975	1.000	-9
12 芬兰	0.959	79.5	..[c]	101.4[d,f]	34,526	0.908	0.993	0.975	11
13 美国	0.956	79.1	..[c]	92.4[d]	45,592[e]	0.902	0.968	1.000	-4
14 奥地利	0.955	79.9	..[c]	90.5[d]	37,370	0.915	0.962	0.989	1
15 西班牙	0.955	80.7	97.9[i]	96.5[d]	31,560	0.929	0.975	0.960	12
16 丹麦	0.955	78.2	..[c]	101.3[d,f]	36,130	0.887	0.993	0.983	1
17 比利时	0.953	79.5	..[c]	94.3[d]	34,935	0.908	0.974	0.977	4
18 意大利	0.951	81.1	98.9[j]	91.8[d]	30,353	0.935	0.965	0.954	11
19 列支敦士登	0.951	..[k]	..[c]	86.8[d,l]	85,382[e,m]	0.903	0.949	1.000	-18
20 新西兰	0.950	80.1	..[c]	107.5[d,f]	27,336	0.919	0.993	0.936	12
21 英国	0.947	79.3	..[c]	89.2[d,g]	35,130	0.906	0.957	0.978	-1
22 德国	0.947	79.8	..[c]	88.1[d,g]	34,401	0.913	0.954	0.975	2
23 新加坡	0.944	80.2	94.4[j]	..[n]	49,704[e]	0.920	0.913	1.000	-16
24 中国香港	0.944	82.2	..[o]	74.4[d]	42,306	0.953	0.879	1.000	-13
25 希腊	0.942	79.1	97.1[j]	101.6[d,f]	28,517	0.902	0.981	0.944	6
26 韩国	0.937	79.2	..[c]	98.5[d]	24,801	0.904	0.988	0.920	9
27 以色列	0.935	80.7	97.1[l]	89.9[d]	26,315	0.928	0.947	0.930	7
28 安道尔	0.934	..[k]	..[c]	65.1[d,l]	41,235[e,p]	0.925	0.877	1.000	-16
29 斯洛文尼亚	0.929	78.2	99.7[c,j]	92.8[d]	26,753	0.886	0.969	0.933	4
30 文莱	0.920	77.0	94.9[j]	77.7	50,200[e]	0.867	0.891	1.000	-24
31 科威特	0.916	77.5	94.5[i]	72.6[d]	47,812[d,e]	0.875	0.872	1.000	-23
32 塞浦路斯	0.914	79.6	97.7[j]	77.6[d,l]	24,789	0.910	0.910	0.920	4
33 卡塔尔	0.910	75.5	93.1[i]	80.4	74,882[d,e]	0.841	0.888	1.000	-30
34 葡萄牙	0.909	78.6	94.9[j]	88.8[d]	22,765	0.893	0.929	0.906	8
35 阿拉伯联合酋长国	0.903	77.3	90.0[i]	71.4	54,626[d,e,q]	0.872	0.838	1.000	-31
36 捷克	0.903	76.4	..[c]	83.4[d]	24,144	0.856	0.938	0.916	1
37 巴巴多斯	0.903	77.0	..[c,o]	92.9	17,956[d,q]	0.867	0.975	0.866	11
38 马耳他	0.902	79.6	92.4[r]	81.3[d]	23,080	0.910	0.887	0.908	1
高人类发展水平									
39 巴林	0.895	75.6	88.8[j]	90.4[d,g]	29,723[d]	0.843	0.893	0.950	-9
40 爱沙尼亚	0.883	72.9	99.8[c,j]	91.2[d]	20,361	0.799	0.964	0.887	3
41 波兰	0.880	75.5	99.3[c,j]	87.7[d]	15,987	0.842	0.952	0.847	12
42 斯洛伐克	0.880	74.6	..[c]	80.5[d]	20,076	0.827	0.928	0.885	3
43 匈牙利	0.879	73.3	98.9[j]	90.2[d]	18,755	0.805	0.960	0.874	3
44 智利	0.878	78.5	96.5[j]	82.5[d]	13,880	0.891	0.919	0.823	15
45 克罗地亚	0.871	76.0	98.7[j]	77.2[d]	16,027	0.850	0.916	0.847	7
46 立陶宛	0.870	71.8	99.7[c,j]	92.3[d]	17,575	0.780	0.968	0.863	3
47 安提瓜和巴布达	0.868	..[k]	99.0[r]	..[n]	18,691[q]	0.786	0.945	0.873	0
48 拉脱维亚	0.866	72.3	99.8[c,j]	90.2[d]	16,377	0.788	0.961	0.851	3
49 阿根廷	0.866	75.2	97.6[j]	88.6[d]	13,238	0.836	0.946	0.815	13
50 乌拉圭	0.865	76.1	97.9[i]	90.9[d]	11,216	0.852	0.955	0.788	20
51 古巴	0.863	78.5	99.8[c,j]	100.8	6,876[d,s]	0.891	0.993	0.706	44
52 巴哈马	0.856	73.2	..[o]	71.8[d,g]	20,253[d,s]	0.804	0.878	0.886	-8
53 墨西哥	0.854	76.0	92.8[i]	80.2[d]	14,104	0.850	0.886	0.826	5
54 哥斯达黎加	0.854	78.7	95.9[j]	73.0[d,g]	10,842[q]	0.896	0.883	0.782	19
55 利比亚	0.847	73.8	86.8[j]	95.8[d,g]	14,364[q]	0.814	0.898	0.829	2
56 阿曼	0.846	75.5	84.4[j]	68.2	22,816[d]	0.841	0.790	0.906	-15
57 塞舌尔	0.845	..[k]	91.8[r]	82.2[d,l]	16,394[q]	0.797	0.886	0.851	-7
58 委内瑞拉	0.844	73.6	95.2[i]	85.9[l]	12,156	0.811	0.921	0.801	7
59 沙特阿拉伯	0.843	72.7	85.0[j]	78.5[d,l]	22,935	0.794	0.828	0.907	-19

2007 年人类发展指数及其构成

HDI 位次	人类发展指数指数值 2007	出生时预期寿命(岁) 2007	成人识字率(占15岁及以上人口百分比 %) 1999–2007[a]	综合毛入学率(%) 2007	人均GDP (PPP美元) 2007	预期寿命指数 2007	教育指数 2007	GDP指数 2007	人均GDP位次减去HDI位次[b] 2007
60 巴拿马	0.840	75.5	93.4 [j]	79.7 [d]	11,391 [q]	0.842	0.888	0.790	7
61 保加利亚	0.840	73.1	98.3 [j]	82.4 [d]	11,222	0.802	0.930	0.788	8
62 圣基茨和尼维斯	0.838	.. [k]	97.8 [t]	73.1 [d,g]	14,481 [q]	0.787	0.896	0.830	-6
63 罗马尼亚	0.837	72.5	97.6 [j]	79.2 [d]	12,369	0.792	0.915	0.804	1
64 特立尼达和多巴哥	0.837	69.2	98.7 j	61.1 [d,g]	23,507 [q]	0.737	0.861	0.911	-26
65 黑山	0.834	74.0	96.4 [r,u]	74.5 [d,u,v]	11,699	0.817	0.891	0.795	1
66 马来西亚	0.829	74.1	91.9 [j]	71.5 [d]	13,518	0.819	0.851	0.819	-5
67 塞尔维亚	0.826	73.9	96.4 [r,u]	74.5 [d,u,v]	10,248 [w]	0.816	0.891	0.773	8
68 白俄罗斯	0.826	69.0	99.7 [c,j]	90.4	10,841	0.733	0.961	0.782	6
69 圣卢西亚	0.821	73.6	94.8 [x]	77.2	9,786 [q]	0.810	0.889	0.765	8
70 阿尔巴尼亚	0.818	76.5	99.0 [c,j]	67.8 [d]	7,041	0.858	0.886	0.710	23
71 俄罗斯联邦	0.817	66.2	99.5 [c,j]	81.9 [d]	14,690	0.686	0.933	0.833	-16
72 前南马其顿	0.817	74.1	97.0 [j]	70.1 [d]	9,096	0.819	0.880	0.753	8
73 多米尼克	0.814	.. [k]	88.0 [x]	78.5 [d,g]	7,893 [q]	0.865	0.848	0.729	10
74 格林纳达	0.813	75.3	96.0 [x]	73.1 [d,g]	7,344 [q]	0.838	0.884	0.717	18
75 巴西	0.813	72.2	90.0 [i]	87.2 [d]	9,567	0.787	0.891	0.761	4
76 波斯尼亚和黑塞哥维那	0.812	75.1	96.7 [y]	69.0 [d,z]	7,764	0.834	0.874	0.726	11
77 哥伦比亚	0.807	72.7	92.7 [i]	79.0	8,587	0.795	0.881	0.743	4
78 秘鲁	0.806	73.0	89.6 [i]	88.1 [d,g]	7,836	0.800	0.891	0.728	7
79 土耳其	0.806	71.7	88.7 [i]	71.1 [d,g]	12,955	0.779	0.828	0.812	-16
80 厄瓜多尔	0.806	75.0	91.0 [r]	.. [n]	7,449	0.833	0.866	0.719	11
81 毛里求斯	0.804	72.1	87.4 [j]	76.9 [d,g]	11,296	0.785	0.839	0.789	-13
82 哈萨克斯坦	0.804	64.9	99.6 [c,j]	91.4	10,863	0.666	0.965	0.782	-10
83 黎巴嫩	0.803	71.9	89.6 [i]	78.0	10,109	0.781	0.857	0.770	-7
中等人类发展水平									
84 亚美尼亚	0.798	73.6	99.5 [c,j]	74.6	5,693	0.810	0.909	0.675	16
85 乌克兰	0.796	68.2	99.7 [c,j]	90.0	6,914	0.720	0.960	0.707	9
86 阿塞拜疆	0.787	70.0	99.5 [c,i]	66.2 [d,aa]	7,851	0.751	0.881	0.728	-2
87 泰国	0.783	68.7	94.1 [j]	78.0 [d,g]	8,135	0.728	0.888	0.734	-5
88 伊朗	0.782	71.2	82.3 [i]	73.2 [d,g]	10,955	0.769	0.793	0.784	-17
89 格鲁吉亚	0.778	71.6	100.0 [c,ab]	76.7	4,662	0.777	0.916	0.641	21
90 多米尼加共和国	0.777	72.4	89.1 [j]	73.5 [d,g]	6,706 [q]	0.790	0.839	0.702	7
91 圣文森特和格林纳斯丁	0.772	71.4	88.1 [x]	68.9 [d]	7,691 [q]	0.774	0.817	0.725	-2
92 中国	0.772	72.9	93.3 [j]	68.7 [d]	5,383	0.799	0.851	0.665	10
93 伯利兹	0.772	76.0	75.1 [x]	78.3 [d,g]	6,734 [q]	0.851	0.762	0.703	3
94 萨摩亚	0.771	71.4	98.7 [j]	74.1 [d,g]	4,467 [q]	0.773	0.905	0.634	19
95 马尔代夫	0.771	71.1	97.0 [j]	71.3 [d,g]	5,196	0.768	0.885	0.659	9
96 约旦	0.770	72.4	91.1 [i]	78.7 [d]	4,901	0.790	0.870	0.650	11
97 苏里南	0.769	68.8	90.4 [j]	74.3 [d,g]	7,813 [q]	0.729	0.850	0.727	-11
98 突尼斯	0.769	73.8	77.7 [j]	76.2 [d]	7,520	0.813	0.772	0.721	-8
99 汤加	0.768	71.7	99.2 [c,j]	78.0 [d,g]	3,748 [q]	0.778	0.920	0.605	21
100 牙买加	0.766	71.7	86.0 [j]	78.1 [d,g]	6,079 [q]	0.778	0.834	0.686	-2
101 巴拉圭	0.761	71.7	94.6 [i]	72.1 [d,g]	4,433	0.778	0.871	0.633	13
102 斯里兰卡	0.759	74.0	90.8 [i]	68.7 [d,g]	4,243	0.816	0.834	0.626	14
103 加蓬	0.755	60.1	86.2 [j]	80.7 [d,g]	15,167	0.584	0.843	0.838	-49
104 阿尔及利亚	0.754	72.2	75.4 [j]	73.6 [d,g]	7,740 [q]	0.787	0.748	0.726	-16
105 菲律宾	0.751	71.6	93.4 [j]	79.6 [d]	3,406	0.777	0.888	0.589	19
106 萨尔瓦多	0.747	71.3	82.0 [r]	74.0	5,804 [q]	0.771	0.794	0.678	-7
107 叙利亚	0.742	74.1	83.1 [j]	65.7 [d,g]	4,511	0.818	0.773	0.636	5
108 斐济	0.741	68.7	.. [o]	71.5 [d,g]	4,304	0.728	0.868	0.628	7
109 土库曼斯坦	0.739	64.6	99.5 [c,j]	.. [n]	4,953 [d,q]	0.661	0.906	0.651	-3
110 巴勒斯坦被占领土	0.737	73.3	93.8 [i]	78.3	.. [d,ac]	0.806	0.886	0.519	
111 印度尼西亚	0.734	70.5	92.0 [i]	68.2 [d]	3,712	0.758	0.840	0.603	10
112 洪都拉斯	0.732	72.0	83.6 [i]	74.8 [d,g]	3,796 [q]	0.783	0.806	0.607	7
113 玻利维亚	0.729	65.4	90.7 [i]	86.0 [d,g]	4,206	0.673	0.892	0.624	4
114 圭亚那	0.729	66.5	.. [o]	83.9	2,782 [q]	0.691	0.939	0.555	13
115 蒙古	0.727	66.2	97.3 [j]	79.2	3,236	0.687	0.913	0.580	10
116 越南	0.725	74.3	90.3 [r]	62.3 [d,g]	2,600	0.821	0.810	0.544	13
117 摩尔多瓦	0.720	68.3	99.2 [c,j]	71.6	2,551	0.722	0.899	0.541	14
118 赤道几内亚	0.719	49.9	87.0 [y]	62.0 [d,g]	30,627	0.415	0.787	0.955	-90

HDI 位次	人类发展指数指数值 2007	出生时预期寿命(岁) 2007	成人识字率(占15岁及以上人口百分比 %) 1999–2007[a]	综合毛入学率(%) 2007	人均GDP(PPP美元) 2007	预期寿命指数 2007	教育指数 2007	GDP指数 2007	人均GDP位次减去HDI位次[b] 2007
119 乌兹别克斯坦	0.710	67.6	96.9 [y]	72.7	2,425 [q]	0.711	0.888	0.532	14
120 吉尔吉斯斯坦	0.710	67.6	99.3 [c,j]	77.3	2,006	0.710	0.918	0.500	20
121 佛得角	0.708	71.1	83.8 [j]	68.1	3,041	0.769	0.786	0.570	5
122 危地马拉	0.704	70.1	73.2 [j]	70.5	4,562	0.752	0.723	0.638	-11
123 埃及	0.703	69.9	66.4 [r]	76.4 [d,g]	5,349	0.749	0.697	0.664	-20
124 尼加拉瓜	0.699	72.7	78.0 [r]	72.1 [d,g]	2,570 [q]	0.795	0.760	0.542	6
125 博茨瓦纳	0.694	53.4	82.9 [j]	70.6 [d,g]	13,604	0.473	0.788	0.820	-65
126 瓦努阿图	0.693	69.9	78.1 [j]	62.3 [d,g]	3,666 [q]	0.748	0.728	0.601	-4
127 塔吉克斯坦	0.688	66.4	99.6 [c,j]	70.9	1,753	0.691	0.896	0.478	17
128 纳米比亚	0.686	60.4	88.0 [j]	67.2 [d]	5,155	0.590	0.811	0.658	-23
129 南非	0.683	51.5	88.0 [j]	76.8 [d]	9,757	0.442	0.843	0.765	-51
130 摩洛哥	0.654	71.0	55.6 [j]	61.0	4,108	0.767	0.574	0.620	-12
131 圣多美和普林西比	0.651	65.4	87.9 [j]	68.1	1,638	0.673	0.813	0.467	17
132 不丹	0.619	65.7	52.8 [r]	54.1 [d,g]	4,837	0.678	0.533	0.647	-24
133 老挝	0.619	64.6	72.7 [r]	59.6 [d]	2,165	0.659	0.683	0.513	2
134 印度	0.612	63.4	66.0 [j]	61.0 [d]	2,753	0.639	0.643	0.553	-6
135 所罗门群岛	0.610	65.8	76.6 [l]	49.7 [d]	1,725 [q]	0.680	0.676	0.475	10
136 刚果共和国	0.601	53.5	81.1 [j]	58.6 [d,g]	3,511	0.474	0.736	0.594	-13
137 柬埔寨	0.593	60.6	76.3 [j]	58.5	1,802	0.593	0.704	0.483	6
138 缅甸	0.586	61.2	89.9 [y]	56.3 [d,g,aa]	904 [d,q]	0.603	0.787	0.368	29
139 科摩罗	0.576	64.9	75.1 [j]	46.4 [d,g]	1,143	0.666	0.655	0.407	20
140 也门	0.575	62.5	58.9 [j]	54.4 [d]	2,335	0.624	0.574	0.526	-6
141 巴基斯坦	0.572	66.2	54.2 [i]	39.3 [d]	2,496	0.687	0.492	0.537	-9
142 斯威士兰	0.572	45.3	79.6 [y]	60.1 [d]	4,789	0.339	0.731	0.646	-33
143 安哥拉	0.564	46.5	67.4 [y]	65.3 [d]	5,385	0.359	0.667	0.665	-42
144 尼泊尔	0.553	66.3	56.5 [j]	60.8 [d,g]	1,049	0.688	0.579	0.392	21
145 马达加斯加	0.543	59.9	70.7 [y]	61.3	932	0.582	0.676	0.373	21
146 孟加拉国	0.543	65.7	53.5 [j]	52.1 [d]	1,241	0.678	0.530	0.420	9
147 肯尼亚	0.541	53.6	73.6 [y]	59.6 [d,g]	1,542	0.477	0.690	0.457	2
148 巴布亚新几内亚	0.541	60.7	57.8 [j]	40.7 [d,v]	2,084 [q]	0.594	0.521	0.507	-10
149 海地	0.532	61.0	62.1 [j]	.. [n]	1,155 [q]	0.600	0.588	0.408	9
150 苏丹	0.531	57.9	60.9 [y,ad]	39.9 [d,g]	2,086	0.548	0.539	0.507	-13
151 坦桑尼亚	0.530	55.0	72.3 [j]	57.3	1,208	0.500	0.673	0.416	6
152 加纳	0.526	56.5	65.0 [j]	56.5	1,334	0.525	0.622	0.432	1
153 喀麦隆	0.523	50.9	67.9 [i]	52.3	2,128	0.431	0.627	0.510	-17
154 毛里塔尼亚	0.520	56.6	55.8 [j]	50.6 [d,l]	1,927	0.526	0.541	0.494	-12
155 吉布提	0.520	55.1	.. [o]	25.5 [d]	2,061	0.501	0.554	0.505	-16
156 莱索托	0.514	44.9	82.2 [i]	61.5 [d,g]	1,541	0.332	0.753	0.457	-6
157 乌干达	0.514	51.9	73.6 [j]	62.3 [d,g]	1,059	0.449	0.698	0.394	6
158 尼日利亚	0.511	47.7	72.0 [j]	53.0 [d,g]	1,969	0.378	0.657	0.497	-17
低人类发展水平									
159 多哥	0.499	62.2	53.2 [y]	53.9	788	0.620	0.534	0.345	11
160 马拉维	0.493	52.4	71.8 [j]	61.9 [d,g]	761	0.456	0.685	0.339	12
161 贝宁	0.492	61.0	40.5 [j]	52.4 [d,g]	1,312	0.601	0.445	0.430	-7
162 东帝汶	0.489	60.7	50.1 [ae]	63.2 [d,g]	717 [q]	0.595	0.545	0.329	11
163 科特迪瓦	0.484	56.8	48.7 [y]	37.5 [d,g]	1,690	0.531	0.450	0.472	-17
164 赞比亚	0.481	44.5	70.6 [j]	63.3 [d,g]	1,358	0.326	0.682	0.435	-12
165 厄立特里亚	0.472	59.2	64.2 [j]	33.3 [d,g]	626 [q]	0.570	0.539	0.306	12
166 塞内加尔	0.464	55.4	41.9 [i]	41.2 [d,g]	1,666	0.506	0.417	0.469	-19
167 卢旺达	0.460	49.7	64.9 [y]	52.2 [d,g]	866	0.412	0.607	0.360	1
168 冈比亚	0.456	55.7	.. [o]	46.8 [d,g]	1,225	0.511	0.439	0.418	-12
169 利比里亚	0.442	57.9	55.5 [j]	57.6 [d]	362	0.548	0.562	0.215	10
170 几内亚	0.435	57.3	29.5 [y]	49.3 [d]	1,140	0.538	0.361	0.406	-10
171 埃塞俄比亚	0.414	54.7	35.9 [i]	49.0	779	0.496	0.403	0.343	0
172 莫桑比克	0.402	47.8	44.4 [j]	54.8 [d,g]	802	0.380	0.478	0.348	-3
173 几内亚比绍	0.396	47.5	64.6 [j]	36.6 [d,g]	477	0.375	0.552	0.261	5
174 布隆迪	0.394	50.1	59.3 [y]	49.0	341	0.418	0.559	0.205	6
175 乍得	0.392	48.6	31.8 [j]	36.5 [d,g]	1,477	0.393	0.334	0.449	-24
176 刚果民主共和国	0.389	47.6	67.2 [y]	48.2	298	0.377	0.608	0.182	5
177 布基纳法索	0.389	52.7	28.7 [i]	32.8	1,124	0.462	0.301	0.404	-16

2007 年人类发展指数及其构成

HDI 位次	人类发展指数指数值 2007	出生时预期寿命 (岁) 2007	成人识字率 (占15岁及以上人口百分比 %) 1999–2007[a]	综合毛入学率 (%) 2007	人均GDP (PPP美元) 2007	预期寿命指数 2007	教育指数 2007	GDP指数 2007	人均GDP位次减去HDI位次[b] 2007
178 马里	0.371	48.1	26.2 [i]	46.9	1,083	0.385	0.331	0.398	-16
179 中非共和国	0.369	46.7	48.6 [y]	28.6 [d,g]	713	0.361	0.419	0.328	-5
180 塞拉利昂	0.365	47.3	38.1 [j]	44.6 [d]	679	0.371	0.403	0.320	-5
181 阿富汗	0.352	43.6	28.0 [y]	50.1 [d,g]	1,054 [d,ag]	0.310	0.354	0.393	-17
182 尼日尔	0.340	50.8	28.7 [i]	27.2	627	0.431	0.282	0.307	-6
联合国其他成员国									
伊拉克	..	67.8	74.1 [y]	60.5 [d,g]	..	0.714	0.695	..	..
基里巴斯	..	.. [k]	..	75.8 [d,g]	1,295 [q]	0.699	..	0.427	..
朝鲜	..	67.1	..	..	..	0.702	..	..	..
马绍尔群岛	..	.. [k]	..	71.1 [d,g]	..	0.758	..	..	..
密克罗尼西亚联邦	..	68.4	..	..	2,802 [q]	0.724	..	0.556	..
摩纳哥	..	.. [k]	.. [c]	..	..	0.948	..	..	..
瑙鲁	..	.. [k]	..	55.0 [d,g]	..	0.906	..	..	..
帕劳	..	.. [k]	91.9 [d,r]	96.9 [d,g]	..	0.758	0.936	..	..
圣马力诺	..	.. [k]	.. [c]	..	..	0.940	..	..	..
索马里	..	49.7	..	..	..	0.412	..	..	..
图瓦卢	..	.. [k]	..	69.2 [d,g]	..	0.683	..	..	..
津巴布韦	..	43.4	91.2 [j]	54.4 [d,g]	..	0.306	0.789	..	..
阿拉伯国家	0.719	68.5	71.2	66.2	8,202	0.726	0.695	0.736	..
中东欧和独联体	IS 0.821	69.7	97.6	79.5	12,185	0.745	0.916	0.802	..
东亚和太平洋地区	0.770	72.2	92.7	69.3	5,733	0.786	0.849	0.676	..
拉丁美洲和加勒比地区	0.821	73.4	91.2	83.4	10,077	0.806	0.886	0.770	..
南亚	0.612	64.1	64.2	58.0	2,905	0.651	0.621	0.562	..
撒哈拉以南非洲	0.514	51.5	62.9	53.5	2,031	0.441	0.597	0.503	..
经合组织	0.932	79.0	..	89.1	32,647	0.900	..	0.966	..
欧盟 (EU27)	0.937	79.0	..	91.0	29,956	0.899	..	0.952	..
海湾合作委员会	0.868	74.0	86.8	77.0	30,415	0.816	0.835	0.954	..
极高人类发展水平	0.955	80.1	..	92.5	37,272	0.918	..	0.988	..
极高人类发展水平：OECD国家	..	80.1	..	92.9	37,122	0.919	..	0.988	..
极高人类发展水平：非OECD国家	..	79.7	..	..	41,887	0.912	..	1.000	..
高人类发展水平	0.833	72.4	94.1	82.4	12,569	0.790	0.902	0.807	..
中等人类发展水平	0.686	66.9	80.0	63.3	3,963	0.698	0.744	0.614	..
低人类发展水平	0.423	51.0	47.7	47.6	862	0.434	0.477	0.359	..
世界	0.753	67.5 [af]	83.9 [af]	67.5	9,972	0.708	0.784	0.768	..

注

a 数据为 1999 到 2007 年间人口普查或调查得出的国家识字率估计数，另有说明除外。由于基础数据在计算方法和时效性上存在差异，进行跨国和跨时间比较时应谨慎。详情请查询：http：//www. uis. unesco. org/。

b 正值表示该国 HDI 排名位次高于人均 GDP（PPP 美元）排名位次；负值则相反。

c 为计算 HDI，使用了 99.0% 这一数值。

d 如无特别说明，均为一年数值。

e 为计算 HDI，使用了 40000（PPP 美元）这一数值。

f 为计算 HDI，使用了 100% 这一数值。

g UNESCO Institute for Statistics 得出的估计数。

h Statec（2008）。数据为国内和国外人学的本国居民，因此不同于标准定义。

i 引自全国家庭调查数据。

j 根据 UNESCO Institute for Statistics 2009 年 4 月的全球特别年龄组识字率预测模型得出的估计数。

k 为计算 HDI 使用了 UN（2009e）未发表的估计数：安道尔 80.5，安提瓜和巴布达 72.2，多米尼克 76.9，列支敦士登 79.2，圣基茨和尼维斯 72.2，塞舌尔 72.8。

l 国家估计。

m 基于 UN（2009c）的 GDP 和世界银行（2009d）瑞士 PPP 汇率估计。

n 由于综合毛入学率无法获得，因此使用了以下 HDRO 的估计数：安提瓜和巴布达 85.6%，厄瓜多尔 77.8%，海地 52.1%，新加坡 85.0% 和土库曼斯坦 73.9%。

o 由于缺少近期数据，计算使用了以下估计数。2005 年估计数来自 UNESCO Institute for Statistics 2003，是基于已过时的人口普查或调查数据，解释时需谨慎：巴哈马 95.8%，巴巴多斯 99.7%，吉布提 70.3%，斐济 94.4%，冈比亚 42.5%，圭亚那 99.0%，中国香港 94.6%。

p 基于 HDRO 对 UN（2009c）GDP 的估计数。

q 世界银行根据回归法得出的估计数。

r 数据来自全国人口普查。

s Heston、Summers 和 Aten（2006）。数据不同于标准定义。

t 数据引自 Secretariat of the Organization of Eastern Caribbean States，基于各国来源。

u 是指 2006 年 6 月塞尔维亚和黑山分离为两个独立国家前的数据。不包括科索沃。

v UNESCO Institute for Statistics（2007）。

w 不包括科索沃。

x 数据引自 Secretariat of the Organization of Eastern Caribbean States，基于各国来源。

y 数据引自 UNICEF 多指标类集调查。

z UNDP（2007d）。

aa UNESCO Institute for Statistics（2008a）。

ab UNICEF（2004）。

ac 由于缺少人均 GDP（PPP 美元）估计数，使用了 HDRO 按美元计算的 GDP 数值得出的 2243 美元（PPP 美元）这一估计数，根据 2005 年用美元表示的 GDP 值，而对阿拉伯国家使用了 PPP 美元对美元的加权平均比率，该值用 2007 年的价格表示。

ad 仅为北部苏丹的数据。

ae UNDP（2006b）。

af 数据为合计数，来自原始数据资料。

ag 根据世界银行（2009d）2006 年按 PPP 美元计算的 GDP 估计，总人口数据根据 UN（2009e）相同年份的数据估计。

资料来源

第 1 列：根据 6—8 列计算。

第 2 列：UN（2009e）。

第 3 列：UNESCO Institute for Statistics（2009a）。

第 4 列：UNESCO Institute for Statistics（2009b）。

第 5 列：世界银行（2009d）。

第 6 列：根据第 2 列计算。

第 7 列：根据第 3、第 4 列计算。

第 8 列：根据第 5 列计算。

第 9 列：根据第 1、第 5 列计算。

I1

HDI 位次	人类贫困指数 (HPI-1) 位次	人类贫困指数 (HPI-1) 指数值 (%)	出生后不能活到40岁的概率[a,†] (占同期组群人口的百分比%) 2005–2010	成人文盲率[b,†] (占15岁及以上人口的百分比%) 1999–2007	未使用改良水源的人口[†] (%) 2006	同等年龄体重偏低的儿童 (5岁以下儿童所占百分比%) 2000–2006[c]	低于收入贫困线的人数 (%) 每天1.25美元 2000–2007[c]	低于收入贫困线的人数 (%) 每天2美元 2000–2007[c]	低于收入贫困线的人数 (%) 国家贫困线 2000–2006[c]	HPI-1位次减去收入贫困排名位次[d]
极高人类发展水平										
23 新加坡	14	3.9	1.6	5.6[i]	0[f]	3	..	..	..	..
24 中国香港	..	..	1.4	..[k]	..	..	..	..	..	..
26 韩国	..	..	1.9	..[e]	8[j]	..	<2[f,g]	<2[f,g]	..	..
27 以色列	..	..	1.9	2.9[l]	0	..	..	..	..	..
29 斯洛文尼亚	..	..	1.9	0.3[e,i]	..	..	<2	<2	..	..
30 文莱	..	..	2.6	5.1[i]	..	..	..	..	..	..
31 科威特	..	..	2.5	5.5[h]	..	10[g]	..	..	..	..
32 塞浦路斯	..	..	2.1	2.3[i]	0	..	..	..	..	..
33 卡塔尔	19	5.0	3.0	6.9h	0	6[g]	..	..	..	..
35 阿拉伯联合酋长国	35	7.7	2.3	10.0[h]	0	14[g]	..	..	..	..
36 捷克	1	1.5	2.0	..[e]	0	1[g]	<2[g]	<2[g]	..	0
37 巴巴多斯	4	2.6	3.0	..[e,k]	0	6[g,m]	..	..	..	..
38 马耳他	..	..	1.9	7.6[n]	0	..	..	..	..	..
高人类发展水平										
39 巴林	39	8.0	2.9	11.2[i]	0[f]	9[g]	..	..	..	..
40 爱沙尼亚	..	..	5.2	0.2[e,i]	0	..	<2	<2	8.9[g]	..
41 波兰	..	..	2.9	0.7[e,i]	0[f]	..	<2	<2	14.8	..
42 斯洛伐克	..	..	2.7	..[e]	0	..	<2[g]	<2[g]	..	..
43 匈牙利	3	2.2	3.1	1.1[i]	0	2[g,m]	<2	<2	17.3[g]	2
44 智利	10	3.2	3.1	3.5[i]	5	1	<2	2.4	17.0[g]	6
45 克罗地亚	2	1.9	2.6	1.3[i]	1	1[g]	<2	<2	..	1
46 立陶宛	..	..	5.7	0.3[e,i]	..	..	<2	<2	..	..
47 安提瓜和巴布达	..	..	..	1.1[n]	9[j]	10[g,m]	..	..	..	..
48 拉脱维亚	..	..	4.8	0.2[e,i]	1	..	<2	<2	5.9	..
49 阿根廷	13	3.7	4.4	2.4[i]	4	4	4.5[f]	11.3[f]	..	-18
50 乌拉圭	6	3.0	3.8	2.1[h]	0	5	<2[f]	4.2[f]	..	4
51 古巴	17	4.6	2.6	0.2[e,i]	9	4	..	..	..	..
52 巴哈马	..	..	7.3	..[k]	3[j]	..	..	..	..	..
53 墨西哥	23	5.9	5.0	7.2[h]	5	5	<2	4.8	17.6	16
54 哥斯达黎加	11	3.7	3.3	4.1[i]	2	5[g]	2.4	8.6	23.9	-13
55 利比亚	60	13.4	4.0	13.2[i]	29[j]	5[g]	..	..	..	..
56 阿曼	64	14.7	3.0	15.6[i]	18[j]	18[g]	..	..	..	..
57 塞舌尔	..	..	..	8.2[n]	13[j]	6[g,m]	..	..	..	..
58 委内瑞拉	28	6.6	6.7	4.8[h]	10[j]	5	3.5	10.2	..	-5
59 沙特阿拉伯	53	12.1	4.7	15.0[i]	10[j]	14[g]	..	..	..	..
60 巴拿马	30	6.7	5.9	6.6[i]	8	7[g]	9.5	17.8	37.3[g]	-15
61 保加利亚	..	..	3.8	1.7[i]	1	..	<2	2.4	12.8	..
62 圣基茨和尼维斯	..	..	..	2.2[o]	1	..	..	..	..	..
63 罗马尼亚	20	5.6	4.3	2.4[i]	12	3	<2	3.4	28.9	13
64 特立尼达和多巴哥	27	6.4	8.4	1.3[i]	6	6	4.2[g]	13.5[g]	21.0[g]	-7
65 黑山	8	3.1	3.0	3.6[n,p]	2	3	..	..	..	..
66 马来西亚	25	6.1	3.7	8.1[i]	1	8	<2	7.8	..	17
67 塞尔维亚	7	3.1	3.3	3.6[n,p]	1	2	..	..	..	..
68 白俄罗斯	16	4.3	6.2	0.3[e,i]	0	1	<2	<2	18.5	11
69 圣卢西亚	26	6.3	4.6	5.2q	2	14[g,m]	20.9[g]	40.6[g]	..	-35
70 阿尔巴尼亚	15	4.0	3.6	1.0[e,i]	3	8	<2	7.8	25.4	10
71 俄罗斯联邦	32	7.4	10.6	0.5[e,i]	3	3[g]	<2	<2	19.6	24
72 前南马其顿	9	3.2	3.4	3.0[i]	0	6[g]	<2	3.2	21.7	5
73 多米尼克	..	..	..	12.0[q]	3[j]	5[g,m]	..	..	..	..
74 格林纳达	..	..	3.2	4.0[q]	6[j]	..	..	..	..	..
75 巴西	43	8.6	8.2	10.0[h]	9	6[g]	5.2	12.7	21.5	1
76 波斯尼亚和黑塞哥维那	5	2.8	3.0	3.3[r]	1	2	<2	<2	19.5	3
77 哥伦比亚	34	7.6	8.3	7.3[h]	7	7	16.0	27.9	64.0[g]	-21
78 秘鲁	47	10.2	7.4	10.4[h]	16	8	7.9	18.5	53.1	0
79 土耳其	40	8.3	5.7	11.3[h]	3	4	2.7	9.0	27.0	6
80 厄瓜多尔	38	7.9	7.3	9.0[n]	5	9	4.7	12.8	46.0[g]	0
81 毛里求斯	45	9.5	5.8	12.6[i]	0	15[g]	..	..	..	..
82 哈萨克斯坦	37	7.9	11.2	0.4[e,i]	4	4	3.1	17.2	15.4	3
83 黎巴嫩	33	7.6	5.5	10.4[h]	0	4	..	..	..	..

HDI 位次	人类贫困指数 (HPI-1) 位次	人类贫困指数 (HPI-1) 指数值 (%)	出生后不能活到40岁的概率[a,†] (占同期组群人口的百分比 %) 2005–2010	成人文盲率[b,†] (占15岁及以上人口的百分比 %) 1999–2007	未使用改良水源的人口[†] (%) 2006	同等年龄体重偏低的儿童 (5岁以下儿童所占百分比 %) 2000–2006[c]	低于收入贫困线的人数 (%) 每天1.25美元 2000–2007[c]	低于收入贫困线的人数 (%) 每天2美元 2000–2007[c]	低于收入贫困线的人数 (%) 国家贫困线 2000–2006[c]	HPI-1位次减去收入贫困排名位次[d]
中等人类发展水平										
84 亚美尼亚	12	3.7	5.0	0.5[e,i]	2	4	10.6	43.4	50.9	-30
85 乌克兰	21	5.8	8.4	0.3[e,i]	3	1	<2	<2	19.5	14
86 阿塞拜疆	50	10.7	8.6	0.5[e,h]	22	7	<2	<2	49.6	38
87 泰国	41	8.5	11.3	5.9[i]	2	9	<2	11.5	13.6[g]	30
88 伊朗	59	12.8	6.1	17.7[h]	6[j]	11[g]	<2	8.0	..	44
89 格鲁吉亚	18	4.7	6.7	0.0[e,s]	1	3[g]	13.4	30.4	54.5	-29
90 多米尼加共和国	44	9.1	9.4	10.9[i]	5	5	5.0	15.1	42.2	3
91 圣文森特和格林纳斯丁	..	..	5.8	11.9[q]	..	..	..	..	..	..
92 中国	36	7.7	6.2	6.7[i]	12	7	15.9[t]	36.3[t]	2.8	-19
93 伯利兹	73	17.5	5.6	24.9[q]	9[j]	7	..	..	..	..
94 萨摩亚	..	..	5.6	1.3[i]	12	..	..	..	..	..
95 马尔代夫	66	16.5	6.0	3.0[i]	17	30	..	..	..	..
96 约旦	29	6.6	5.3	8.9[h]	2	4	<2	3.5	14.2	21
97 苏里南	46	10.1	10.0	9.6[i]	8	13	15.5[g]	27.2[g]	..	-9
98 突尼斯	65	15.6	4.1	22.3[i]	6	4	2.6	12.8	7.6[g]	26
99 汤加	..	..	5.4	0.8[e,i]	0	..	..	..	..	..
100 牙买加	51	10.9	9.9	14.0[i]	7	4	<2	5.8	18.7	39
101 巴拉圭	49	10.5	8.9	5.4[h]	23	5	6.5	14.2	..	5
102 斯里兰卡	67	16.8	5.5	9.2[h]	18	29	14.0	39.7	22.7	7
103 加蓬	72	17.5	22.6	13.8[i]	13	12	4.8	19.6	..	24
104 阿尔及利亚	71	17.5	6.4	24.6[i]	15	4	6.8[g]	23.6[g]	22.6[g]	19
105 菲律宾	54	12.4	5.7	6.6[i]	7	28	22.6	45.0	25.1[g]	-19
106 萨尔瓦多	63	14.6	10.7	18.0[n]	16	10	11.0	20.5	37.2	8
107 叙利亚	56	12.6	3.9	16.9[i]	11	10	..	..	..	..
108 斐济	79	21.2	6.2	..[k]	53	8[g]	..	..	..	..
109 土库曼斯坦	..	..	13.0	0.5[e,i]	..	11	24.8[g]	49.6[g]	..	..
110 巴勒斯坦被占领土	24	6.0	4.3	6.2[h]	11	3	..	..	..	..
111 印度尼西亚	69	17.0	6.7	8.0[h]	20	28	..	..	16.7	..
112 洪都拉斯	61	13.7	9.3	16.4[h]	16	11	18.2	29.7	50.7	-3
113 玻利维亚	52	11.6	13.9	9.3[h]	14	8	19.6	30.3	65.2	-10
114 圭亚那	48	10.2	12.8	..[k]	7	14	7.7[g]	16.8[g]	35.0[g]	2
115 蒙古	58	12.7	10.3	2.7[i]	28	6	22.4	49.0	36.1	-15
116 越南	55	12.4	5.8	9.7[n]	8	25	21.5	48.4	28.9	-13
117 摩尔多瓦	22	5.9	6.2	0.8[e,i]	10	4	8.1	28.9	48.5	-21
118 赤道几内亚	98	31.9	34.5	13.0[r]	57	19	..	..	..	..
119 乌兹别克斯坦	42	8.5	10.7	3.1[r]	12	5	46.3	76.7	27.5	-46
120 吉尔吉斯斯坦	31	7.3	9.2	0.7[e,i]	11	3	21.8	51.9	43.1	-34
121 佛得角	62	14.5	6.4	16.2[i]	20[j]	14[g]	20.6	40.2	..	-6
122 危地马拉	76	19.7	11.2	26.8[i]	4	23	11.7	24.3	56.2	15
123 埃及	82	23.4	7.2	33.6[n]	2	6	<2	18.4	16.7	58
124 尼加拉瓜	68	17.0	7.9	22.0[n]	21	10	15.8	31.8	47.9[g]	6
125 博茨瓦纳	81	22.9	31.2	17.1[i]	4	13	31.2[g]	49.4[g]	..	-8
126 瓦努阿图	83	23.6	7.1	21.9[i]	41[j]	20[g,m]	..	..	..	..
127 塔吉克斯坦	74	18.2	12.5	0.4[e,i]	33	17	21.5	50.8	44.4	-2
128 纳米比亚	70	17.1	21.2	12.0[i]	7	24	49.1[g]	62.2[g]	..	-29
129 南非	85	25.4	36.1	12.0[i]	7	12[g]	26.2	42.9	..	-2
130 摩洛哥	96	31.1	6.6	44.4[i]	17	10	2.5	14.0	..	50
131 圣多美和普林西比	57	12.6	13.9	12.1[i]	14	9	..	..	..	..
132 不丹	102	33.7	14.2	47.2[n]	19	19[g]	26.2	49.5	..	13
133 老挝	94	30.7	13.1	27.3[n]	40	40	44.0	76.8	33.0	-6
134 印度	88	28.0	15.5	34.0[i]	11	46	41.6[t]	75.6[t]	28.6	-10
135 所罗门群岛	80	21.8	11.6	23.4[l]	30	21[g,m]	..	..	..	..
136 刚果共和国	84	24.3	29.7	18.9[i]	29	14	54.1	74.4	..	-27
137 柬埔寨	87	27.7	18.5	23.7[i]	35	36	40.2	68.2	35.0	-10
138 缅甸	77	20.4	19.1	10.1[r]	20	32	..	..	..	..
139 科摩罗	78	20.4	12.6	24.9[i]	15	25	46.1	65.0	..	-20
140 也门	111	35.7	15.6	41.1[i]	34	46	17.5	46.6	41.8[g]	35
141 巴基斯坦	101	33.4	12.6	45.8[h]	10	38	22.6	60.3	32.6[g]	16
142 斯威士兰	108	35.1	47.2	20.4[r]	40	10	62.9	81.0	69.2	-15
143 安哥拉	118	37.2	38.5	32.6[r]	49	31	54.3	70.2	..	2

2009 年人类发展报告
人类和收入贫困

HDI 位次	人类贫困指数 (HPI-1)		出生后不能活到40岁的概率[a,†]	成人文盲率[b,†]	未使用改良水源的人口[†]	同等年龄体重偏低的儿童	低于收入贫困线的人数 (%)			HPI-1位次减去收入贫困排名位次[d]
	位次	指数值 (%)	(占同期组群人口的百分比 %) 2005–2010	(占15岁及以上人口的百分比 %) 1999–2007	(%) 2006	(5岁以下儿童所占百分比 %) 2000–2006[c]	每天1.25美元 2000–2007[c]	每天2美元 2000–2007[c]	国家贫困线 2000–2006[c]	
144 尼泊尔	99	32.1	11.0	43.5[i]	11	39	55.1[t]	77.6[t]	30.9	-16
145 马达加斯加	113	36.1	20.8	29.3[r]	53	42	67.8	89.6	71.3[g]	-14
146 孟加拉国	112	36.1	11.6	46.5[i]	20[u]	48	49.6[v]	81.3[v]	40.0	2
147 肯尼亚	92	29.5	30.3	26.4[r]	43	20	19.7	39.9	52.0[g]	16
148 巴布亚新几内亚	121	39.6	15.9	42.2[i]	60	35[g,m]	35.8[g]	57.4[g]	37.5[g]	23
149 海地	97	31.5	18.5	37.9[j,n]	42	22	54.9	72.1	..	-16
150 苏丹	104	34.0	23.9	39.1[r,w]	30	41	..	..	..	..
151 坦桑尼亚	93	30.0	28.2	27.7[i]	45	22	88.5	96.6	35.7	-37
152 加纳	89	28.1	25.8	35.0[i]	20	18	30.0	53.6	28.5	0
153 喀麦隆	95	30.8	34.2	32.1[h]	30	19	32.8	57.7	40.2	4
154 毛里塔尼亚	115	36.2	21.6	44.2[i]	40	32	21.2	44.1	46.3	32
155 吉布提	86	25.6	26.2	..[k]	8	29	18.8	41.2	..	12
156 莱索托	106	34.3	47.4	17.8[h]	22	20	43.4	62.2	68.0[g]	3
157 乌干达	91	28.8	31.4	26.4[i]	36	20	51.5	75.6	37.7	-17
158 尼日利亚	114	36.2	37.4	28.0[i]	53	29	64.4	83.9	34.1[g]	-11
低人类发展水平										
159 多哥	117	36.6	18.6	46.8[r]	41	26	38.7	69.3	..	18
160 马拉维	90	28.2	32.6	28.2[i]	24	19	73.9	90.4	65.3[g]	-35
161 贝宁	126	43.2	19.2	59.5[i]	35	23	47.3	75.3	29.0[g]	19
162 东帝汶	122	40.8	18.0	49.9[x]	38	46	52.9	77.5	..	9
163 科特迪瓦	119	37.4	24.6	51.3[r]	19	20	23.3	46.8	..	29
164 赞比亚	110	35.5	42.9	29.4[i]	42	20	64.3	81.5	68.0	-14
165 厄立特里亚	103	33.7	18.2	35.8[i]	40	40	..	..	53.0[g]	..
166 塞内加尔	124	41.6	22.4	58.1[h]	23	17	33.5	60.3	33.4[g]	28
167 卢旺达	100	32.9	34.2	35.1[r]	35	23	76.6	90.3	60.3	-28
168 冈比亚	123	40.9	21.8	..[k]	14	20	34.3	56.7	61.3	26
169 利比里亚	109	35.2	23.2	44.5[i]	36	26[g]	83.7	94.8	..	-24
170 几内亚	129	50.5	23.7	70.5[r]	30	26	70.1	87.2	40.0[g]	1
171 埃塞俄比亚	130	50.9	27.7	64.1[h]	58	38	39.0	77.5	44.2	30
172 莫桑比克	127	46.8	40.6	55.6[i]	58	24	74.7	90.0	54.1	-3
173 几内亚比绍	107	34.9	37.4	35.4[i]	43	19	48.8	77.9	65.7	-1
174 布隆迪	116	36.4	33.7	40.7[r]	29	39	81.3	93.4	68.0[g]	-16
175 乍得	132	53.1	35.7	68.2[i]	52	37	61.9	83.3	64.0[g]	11
176 刚果民主共和国	120	38.0	37.3	32.8[r]	54	31	59.2	79.5	..	0
177 布基纳法索	131	51.8	26.9	71.3[h]	28	37	56.5	81.2	46.4	12
178 马里	133	54.5	32.5	73.8[h]	40	33	51.4	77.1	63.8[g]	22
179 中非共和国	125	42.4	39.6	51.4[r]	34	29	62.4	81.9	..	3
180 塞拉利昂	128	47.7	31.0	61.9[i]	47	30	53.4	76.1	70.2	14
181 阿富汗	135	59.8	40.7	72.0[r]	78	39	..	..	..	..
182 尼日尔	134	55.8	29.0	71.3[h]	58	44	65.9	85.6	63.0[g]	8
联合国其他成员国										
伊拉克	75	19.4	10.0	25.9[r]	23	8	..	..	..	..
基里巴斯	..	..	..	..	35	13[g]	..	..	..	..
朝鲜	..	..	10.0	..	0	23	..	..	..	..
马绍尔群岛	..	..	..	..	12[j]	..	..	..	..	..
密克罗尼西亚联邦	..	..	8.8	..	6	15[g]	..	..	..	..
瑙鲁	..	..	..	..	..	..	..	..	..	..
帕劳	..	..	..	8.1[j,n]	11	..	..	..	..	..
索马里	..	..	34.1	..	71	36	..	..	..	..
图瓦卢	..	..	..	..	7	..	..	..	..	..
津巴布韦	105	34.0	48.1	8.8i	19	17	..	..	34.9[g]	..

注

† 这些指标被用来计算人类贫困指数（HPI－1）。详情请见技术注释1：www.hdr.undp.org/en/statistics/tn1。

a 数据为出生后不能活到40岁的概率乘以100。

b 数据为1999—2007年间进行人口普查和调查所作的国家文盲估计数，另有说明除外。由于基础数据在计算方法和时效性上的差异，进行跨国和跨时间比较时应谨慎。详情见 http：//www.uis.unesco.org/。

c 为所指时期内可以获得的最近年份的数据。

d 收入贫困是指每天生活费不足1美元的人口所占的百分比。收入贫困率不到2%的所有国家排名相同。排名是以两个指标的数据均可获得的国家为依据进行的。正值表明该国收入贫困状况好于人类贫困状况，负值则相反。

e 为了计算的目的，HPI－1被假定为1%。

f 仅为城市地区估计数。

g 为所列时期前某一年的数据。

h 数据来自全国人口普查数据。

i UNESCO Institute for Statistics 根据其2009年4月全球特定年龄组识字率预测模型所作的估计数。

j 是指比指定年份还要早的年份的数据。

k 由于缺少近期数据，2005年估计数来自 UNESCO Institute for Statistics（2003），由于其基于已过时的人口普查或调查数据，在使用和解释时需谨慎：巴哈马4.2，巴巴多斯0.3，吉布提29.7，斐济5.6，冈比亚57.5，圭亚那1.0，中国香港特别行政区5.4。

l 国家估计。

m UNICEF（2005b）。

n 来自全国人口普查数据。

o 数据引自 Secretariat of the Organization of Eastern Caribbean States，基于各国来源。

p 是指2006年6月塞尔维亚和黑山分离为两个独立国家前的数据。不包括科索沃。

q 数据引自 Secretariat of the Organization of Eastern Caribbean States，基于各国来源。

r 数据引自 UNICEF 多指标类集调查。

s UNICEF（2004）。

t 估计数是城市和农村的加权平均数。

u 估计数基于全国性调查并且被政府批准的砷污染水平做了调整。

v 用空间消费者价格指数做了调整。

w 仅为北部苏丹数据。

x UNDP（2006b）。

资料来源

第1列：由 HPI－1 数值决定。

第2列：根据第3—6列的数据计算。

第3列：UN（2009e）。

第4列：UNESCO Institute for Statistics（2009a）。

第5、6列：UN（2009a）是基于 UNICEF 和 WHO 的共同努力。

第7—9列：World Bank（2009d）。

第10列：根据 HPI－1 的值和收入贫困测量计算。

135个国家和地区 HPI－1 位次

1 捷克
2 克罗地亚
3 匈牙利
4 巴巴多斯
5 波斯尼亚和黑塞哥维那
6 乌拉圭
7 塞尔维亚
8 黑山
9 前南马其顿
10 智利
11 哥斯达黎加
12 亚美尼亚
13 阿根廷
14 新加坡
15 阿尔巴尼亚
16 白俄罗斯
17 古巴
18 格鲁吉亚
19 卡塔尔
20 罗马尼亚
21 乌克兰
22 摩尔多瓦
23 墨西哥
24 巴勒斯坦被占领土
25 马来西亚
26 圣卢西亚
27 特立尼达和多巴哥
28 委内瑞拉
29 约旦
30 巴拿马
31 吉尔吉斯斯坦
32 俄罗斯联邦
33 黎巴嫩
34 哥伦比亚
35 阿拉伯联合酋长国
36 中国
37 哈萨克斯坦
38 厄瓜多尔
39 巴林
40 土耳其
41 泰国
42 乌兹别克斯坦
43 巴西
44 多米尼加共和国
45 毛里求斯
46 苏里南
47 秘鲁
48 圭亚那
49 巴拉圭
50 阿塞拜疆
51 牙买加
52 玻利维亚
53 沙特阿拉伯
54 菲律宾
55 越南
56 阿拉伯叙利亚共和国
57 圣多美和普林西比
58 蒙古
59 伊朗
60 利比亚
61 洪都拉斯
62 佛得角
63 萨尔瓦多
64 阿曼
65 突尼斯
66 马尔代夫
67 斯里兰卡
68 尼加拉瓜
69 印度尼西亚
70 纳米比亚
71 阿尔及利亚
72 加蓬
73 伯利兹
74 塔吉克斯坦
75 伊拉克
76 危地马拉
77 缅甸
78 科摩罗
79 斐济
80 所罗门群岛
81 博茨瓦纳
82 埃及
83 瓦努阿图
84 刚果
85 南非
86 吉布提
87 柬埔寨
88 印度
89 加纳
90 马拉维
91 乌干达
92 肯尼亚
93 坦桑尼亚
94 老挝
95 喀麦隆
96 摩洛哥
97 海地
98 赤道几内亚
99 尼泊尔
100 卢旺达
101 巴基斯坦
102 不丹
103 厄立特里亚
104 苏丹
105 津巴布韦
106 莱索托
107 几内亚比绍
108 斯威士兰
109 利比里亚
110 赞比亚
111 也门
112 孟加拉国
113 马达加斯加
114 尼日利亚
115 毛里塔尼亚
116 布隆迪
117 多哥
118 安哥拉
119 科特迪瓦
120 刚果民主共和国
121 巴布亚新几内亚
122 东帝汶
123 冈比亚
124 塞内加尔
125 中非共和国
126 贝宁
127 莫桑比克
128 塞拉利昂
129 几内亚
130 埃塞俄比亚
131 布基纳法索
132 乍得
133 马里
134 尼日尔
135 阿富汗

人类和收入贫困：OECD 国家

I2

HDI 位次	人类贫困指数 (HPI-2) 位次	人类贫困指数 (HPI-2) 指数值 (%)	出生后不能活到60岁的概率[a†] (占同期组群人口的百分比 %) 2005–2010	缺乏功能性读写技能的人数[b†] (占16-65岁人口的百分比 %) 1994–2003	长期失业率[†] (占劳动力的百分比 %) 2007	低于收入中位数 50% 的人口百分比[†] 2000–2005[c]	HPI-2位次减去收入贫困排名位次[d]
极高人类发展水平							
1 挪威	2	6.6	6.6	7.9	0.2	7.1	-6
2 澳大利亚	14	12.0	6.4	17.0[e]	0.7	12.2	-4
3 冰岛	..	..	5.4	..	0.1	..	..
4 加拿大	12	11.2	7.3	14.6	0.4	13.0	-8
5 爱尔兰	23	15.9	6.9	22.6[e]	1.4	16.2	0
6 荷兰	3	7.4	7.1	10.5[e]	1.3	4.9[f]	1
7 瑞典	1	6.0	6.3	7.5[e]	0.7	5.6	-3
8 法国	8	11.0	7.7	..[g]	3.1	7.3	-1
9 瑞士	7	10.6	6.4	15.9	1.5	7.6	-3
10 日本	13	11.6	6.2	..[g]	1.2	11.8[f,h]	-4
11 卢森堡	10	11.2	7.8	..[g]	1.3	8.8	-4
12 芬兰	5	7.9	8.2	10.4[e]	1.5	6.5	-1
13 美国	22	15.2	9.7	20.0	0.5	17.3	-2
14 奥地利	9	11.0	7.6	..[g]	1.2	7.7	-2
15 西班牙	17	12.4	7.1	..[g]	2.0	14.2	-4
16 丹麦	4	7.7	9.2	9.6[e]	0.7	5.6	1
17 比利时	15	12.2	8.0	18.4[e,i]	3.8	8.1	3
18 意大利	25	29.8	6.8	47.0	2.8	12.8	6
20 新西兰	..	..	7.6	18.4[e]	0.2	..	..
21 英国	21	14.6	7.8	21.8[e]	1.3	11.6	5
22 德国	6	10.1	7.6	14.4[e]	4.8	8.4	-7
25 希腊	18	12.5	7.0	..[g]	4.1	14.3	-4
26 韩国	..	..	8.1	..	0.0	..	..
34 葡萄牙	..	..	8.7	..	3.7	..	..
36 捷克	11	11.2	10.2	..[g]	2.8	4.9[f]	10
高人类发展水平							
41 波兰	19	12.8	13.2	..[g]	4.4	11.5	4
42 斯洛伐克	16	12.4	13.3	..[g]	7.8	7.0[f]	9
43 匈牙利	20	13.2	16.4	..[g]	3.5	6.4[f]	15
53 墨西哥	24	28.1	13.0	43.2[j]	0.1	18.4	-1
79 土耳其	..	..	14.9	..	3.1	..	..

注

† 这些指标被用于计算人类贫穷指数（HPI－2），详情请见技术注释1。

a 为出生后不能活到60岁的概率乘以100。

b 依据为国际成人识字调查散文识字量表一级水平得分。为所指时期内可获得的最近年份的数据。

c 为所指时期内可获得的最近年份的数据。

d 收入贫穷是指生活来源低于调整后的家庭可支配收入平均数的50%以下的人口所占百分比。正值表明该国收入贫穷状况好于人类贫穷状况，负值则相反。

e OECD 和 Statistics Canada（2000）。

f 为所列时期前某一年的数据。

g 为计算 HPI－2，使用了估计值16.4%，这是可获得数据国家的未加权平均数。

h Smeeding（1997）。

i 仅包括弗兰德。

j 仅包括新莱昂州。

资料来源

第 1 列：由第 2 列的 HPI－2 数值决定。

第 2 列：根据第 3—6 列的数据计算。

第 3 列：来自 UN（2009e）。

第 4 列：数据来自 OECD 和 Statistics Canada（2005），另有说明除外。

第 5 列：根据 OECD（2009c）的长期失业率和劳动力数据计算。

第 6 列：LIS（2009）2007。

第 7 列：根据第 1 列和第 6 列的数据计算。

HDI 位次	性别相关发展指数 (GDI) 2007 排名	指数值	占HDI的百分比	出生时预期寿命 (岁) 2007 女性	男性	成人识字率[a] (占15岁及以上人口的百分比 %) 1999–2007 女性	男性	综合毛入学率[b] (%) 2007 女性	男性	所得收入估计数 (PPP 美元) 2007 女性	男性	HDI 位次减GDI 排名[d]
极高人类发展水平												
1 挪威	2	0.961	98.9	82.7	78.2	..[e]	..[e]	102.7[f,g]	94.7[f,g]	46,576[g]	60,394[g]	-1
2 澳大利亚	1	0.966	99.6	83.7	79.1	..[e]	..[e]	115.7[f,g]	112.8[f,g]	28,759[g]	41,153[g]	1
3 冰岛	3	0.959	99.0	83.3	80.2	..[e]	..[e]	102.1[f,g]	90.1[f,g]	27,460[g]	43,959[g]	0
4 加拿大	4	0.959	99.2	82.9	78.2	..[e]	..[e]	101.0[f,g,h]	97.6[f,g,h]	28,315[g,i]	43,456[g,i]	0
5 爱尔兰	10	0.948	98.2	82.0	77.3	..[e]	..[e]	99.1[f]	96.2[f]	31,978[g,i]	57,320[g,i]	-5
6 荷兰	7	0.954	98.9	81.9	77.6	..[e]	..[e]	97.1[f]	97.9[f]	31,048	46,509	-1
7 瑞典	5	0.956	99.3	83.0	78.6	..[e]	..[e]	99.0[f]	89.8[f]	29,476[g,i]	44,071[g,i]	2
8 法国	6	0.956	99.4	84.5	77.4	..[e]	..[e]	97.4[f]	93.5[f]	25,677[g]	42,091[g]	2
9 瑞士	13	0.946	98.5	84.1	79.2	..[e]	..[e]	81.4[f]	84.0[f]	31,442[g]	50,346[g]	-4
10 日本	14	0.945	98.4	86.2	79.0	..[e]	..[e]	85.4[f]	87.7[f]	21,143[g]	46,706[g]	-4
11 卢森堡	16	0.943	98.2	82.0	76.5	..[e]	..[e]	94.7[j]	94.0[j]	57,676[g,i]	101,855[g,i]	-5
12 芬兰	8	0.954	99.5	82.8	76.0	..[e]	..[e]	105.1[f,g]	97.9[f,g]	29,160[g]	40,126[g]	4
13 美国	19	0.942	98.5	81.3	76.7	..[e]	..[e]	96.9[f]	88.1[f]	34,996[g,i]	56,536[g,i]	-6
14 奥地利	23	0.930	97.4	82.5	77.0	..[e]	..[e]	92.1[f]	89.0[f]	21,380[g]	54,037[g]	-9
15 西班牙	9	0.949	99.4	84.0	77.5	97.3	98.6	99.9[f]	93.3[f]	21,817[g,i]	41,597[g,i]	6
16 丹麦	12	0.947	99.2	80.5	75.9	..[e]	..[e]	105.3[f,g]	97.6[f,g]	30,745[g]	41,630[g]	4
17 比利时	11	0.948	99.4	82.4	76.5	..[e]	..[e]	95.9[f]	92.8[f]	27,333[g]	42,866[g]	6
18 意大利	15	0.945	99.3	84.0	78.1	98.6	99.1	94.7[f]	89.1[f]	20,152[g,i]	41,158[g,i]	3
19 列支敦士登	..	..	..	..[k]	..[k]	..[e]	..[e]	79.6[f,l]	94.0[f,l]	..	..	..
20 新西兰	18	0.943	99.3	82.1	78.1	..[e]	..[e]	113.4[f,g]	102.0[f,g]	22,456	32,375	1
21 英国	17	0.943	99.5	81.5	77.1	..[e]	..[e]	92.8[f,h]	85.9[f,h]	28,421[g]	42,133[g]	3
22 德国	20	0.939	99.2	82.3	77.0	..[e]	..[e]	87.5	88.6	25,691[g,i]	43,515[g,i]	1
23 新加坡	..	..	..	82.6	77.8	91.6	97.3	..	..	34,554[g,i]	64,656[g,i]	..
24 中国香港	22	0.934	98.9	85.1	79.3	..[m]	..[m]	73.4[f]	75.4[f]	35,827[g]	49,324[g]	0
25 希腊	21	0.936	99.4	81.3	76.9	96.0	98.2	103.2[f,g]	100.1[f,g]	19,218[i]	38,002[i]	2
26 韩国	25	0.926	98.8	82.4	75.8	..[e]	..[e]	90.6[f,g]	105.8[f,g]	16,931[i]	32,668[i]	-1
27 以色列	26	0.921	98.5	82.7	78.5	88.7[f]	95.0[f]	92.1[f]	87.8[f]	20,599[i]	32,148[i]	-1
28 安道尔	..	..	..	..[k]	..[k]	..[e]	..[e]	66.3[f,h]	64.0[f,g]	..	..	..
29 斯洛文尼亚	24	0.927	99.7	81.7	74.4	99.6	99.7	98.1[f]	87.7[f]	20,427[i]	33,398[i]	2
30 文莱	29	0.906	98.5	79.6	74.9	93.1	96.5	79.1	76.5	36,838[g,i]	62,631[g,i]	-2
31 科威特	34	0.892	97.4	79.8	76.0	93.1	95.2	77.8[f]	67.8[f]	24,722[f,g,i]	68,673[f,g,i]	-6
32 塞浦路斯	27	0.911	99.7	81.9	77.3	96.6	99.0	77.8[f,l]	77.3[f,l]	18,307	31,625	2
33 卡塔尔	35	0.891	97.9	76.8	74.8	90.4	93.8	87.7	74.2	24,584[g,i]	88,264[g,i]	-5
34 葡萄牙	28	0.907	99.7	81.8	75.3	93.3	96.6	91.6[f]	86.2[f]	17,154	28,762	3
35 阿拉伯联合酋长国	38	0.878	97.2	78.7	76.6	91.5	89.5	78.7[h]	65.4[h]	18,361[g,i]	67,556[g,i]	-6
36 捷克	31	0.900	99.7	79.4	73.2	..[e]	..[e]	85.1[f]	81.9[f]	17,706i	30,909[i]	2
37 巴巴多斯	30	0.900	99.7	79.7	74.0	..[g,m]	..[g,m]	100.2[g]	85.8[g]	14,735[f,i]	22,830[f,i]	4
38 马耳他	32	0.895	99.3	81.3	77.7	93.5[f]	91.2[f]	81.7[f]	81.0[f]	14,458	31,812	3
高人类发展水平												
39 巴林	33	0.895	99.9	77.4	74.2	86.4	90.4	95.3[f,h]	85.8[f,h]	19,873[f]	39,060[f]	3
40 爱沙尼亚	36	0.882	99.8	78.3	67.3	99.8g	99.8[g]	98.2[f]	84.6[f]	16,256[i]	25,169[i]	1
41 波兰	39	0.877	99.6	79.7	71.3	99.0	99.6	91.4[f]	84.2[f]	11,957[i]	20,292[i]	-1
42 斯洛伐克	40	0.877	99.7	78.5	70.7	..[e]	..[e]	83.1[f]	77.9[f]	14,790[i]	25,684[i]	-1
43 匈牙利	37	0.879	99.9	77.3	69.2	98.8	99.0	94.0[f]	86.6[f]	16,143	21,625	3
44 智利	41	0.871	99.2	81.6	75.5	96.5	96.6	82.0[f,h]	83.0[f,h]	8,188[i]	19,694[i]	0
45 克罗地亚	43	0.869	99.7	79.4	72.6	98.0	99.5	79.4[f]	75.2[f]	12,934	19,360	-1
46 立陶宛	42	0.869	99.9	77.7	65.9	99.7	99.7	97.6[f]	87.2[f]	14,633	20,944	1
47 安提瓜和巴布达	..	..	..	..[k]	..[k]	99.4	98.4	..	..	..	..	..
48 拉脱维亚	44	0.865	99.8	77.1	67.1	99.8[g]	99.8[g]	97.5[f]	83.2[f]	13,403	19,860	0
49 阿根廷	46	0.862	99.5	79.0	71.5	97.7	97.6	93.3[f]	84.0[f]	8,958[i]	17,710[i]	-1
50 乌拉圭	45	0.862	99.7	79.8	72.6	98.2	97.4	96.3[f]	85.6[f]	7,994[i]	14,668[i]	1
51 古巴	49	0.844	97.7	80.6	76.5	99.8	99.8	110.7[g]	91.5[g]	4,132[f,i,n]	8,442[f,i,n]	-2
52 巴哈马	..	..	..	76.0	70.4	..[m]	..[m]	72.2[f,h]	71.4[f,h]	..	..	..
53 墨西哥	48	0.847	99.2	78.5	73.6	91.4	94.4	79.0[f]	81.5[f]	8,375[i]	20,107[i]	0
54 哥斯达黎加	47	0.848	99.4	81.3	76.4	96.2	95.7	74.4[f,h]	71.6[f,h]	6,788	14,763	2
55 利比亚	54	0.830	98.0	76.8	71.6	78.4	94.5	98.5[f,h]	93.1[f,h]	5,590[i]	22,505[i]	-4
56 阿曼	56	0.826	97.7	77.3	74.1	77.5	89.4	68.3	68.1	7,697[i]	32,797[i]	-5
57 塞舌尔	..	..	..	..[k]	..[k]	92.3	91.4	83.6[f,l]	80.9[f,l]	..	..	..
58 委内瑞拉	55	0.827	97.9	76.7	70.7	94.9	95.4	75.7[f]	72.7[f]	7,924[i]	16,344[i]	-3
59 沙特阿拉伯	60	0.816	96.7	75.1	70.8	79.4	89.1	78.0[f]	79.1[f]	5,987[i]	36,662[i]	-7

性别相关发展指数及构成

HDI 位次	性别相关发展指数 (GDI) 2007			出生时预期寿命 (岁) 2007		成人识字率[a] (占15岁及以上人口的百分比 %) 1999–2007		综合毛入学率[b] (%) 2007		所得收入估计数 (PPP 美元) 2007		HDI 位次减GDI 排名[d]
	排名	指数值	占HDI的百分比	女性	男性	女性	男性	女性	男性	女性	男性	
60 巴拿马	51	0.838	99.7	78.2	73.0	92.8	94.0	83.5[f]	76.1[f]	8,331	14,397	3
61 保加利亚	50	0.839	99.9	76.7	69.6	97.9	98.6	82.9[f]	81.8[f]	9,132	13,439	5
62 圣基茨和尼维斯	..	..	..	..[k]	..[k]	..	..	74.1[f]	72.1[f]	..	..	..
63 罗马尼亚	52	0.836	99.9	76.1	69.0	96.9	98.3	81.7f	76.7[f]	10,053	14,808	4
64 特立尼达和多巴哥	53	0.833	99.5	72.8	65.6	98.3	99.1	62.2[f,h]	59.9[f,h]	16,686[i]	30,554[i]	4
65 黑山	..	..	..	76.5	71.6	94.1[f,o]	98.9[f,o]	..	..	8,611[i,p]	14,951[i,p]	..
66 马来西亚	58	0.823	99.2	76.6	71.9	89.6	94.2	73.1[f]	69.8[f]	7,972[i]	18,886[i]	0
67 塞尔维亚	..	..	..	76.3	71.6	94.1[f,o]	98.9[f,o]	..	..	7,654[i,p]	12,900[i,p]	..
68 白俄罗斯	57	0.824	99.8	75.2	63.1	99.7[g]	99.8[g]	93.8	87.1	8,482	13,543	2
69 圣卢西亚	..	..	..	75.5	71.7	..	..	80.6	73.8	6,599[i]	13,084[i]	..
70 阿尔巴尼亚	61	0.814	99.5	79.8	73.4	98.8[g]	99.3[g]	67.6[f]	68.0[f]	4,954[i]	9,143[i]	-1
71 俄罗斯联邦	59	0.816	99.9	72.9	59.9	99.4	99.7	86.1[f]	78.0[f]	11,675[i]	18,171[i]	2
72 前南马其顿	62	0.812	99.4	76.5	71.7	95.4	98.6	71.1[f]	69.1[f]	5,956[i]	12,247[i]	0
73 多米尼克	..	..	..	..[k]	..[k]	..	..	82.7[f,h]	74.5[f,h]	..	..	..
74 格林纳达	..	..	..	76.7	73.7	..	..	73.8[f,h]	72.4[f,h]	..	..	..
75 巴西	63	0.810	99.7	75.9	68.6	90.2	89.8	89.4[f]	85.1[f]	7,190	12,006	0
76 波斯尼亚和黑塞哥维那	..	..	..	77.7	72.4	94.4	99.0	..	..	5,910[i]	9,721[i]	..
77 哥伦比亚	64	0.806	99.9	76.5	69.1	92.8	92.4	80.9	77.2	7,138	10,080	0
78 秘鲁	65	0.804	99.7	75.8	70.4	84.6	94.9	89.9[f,h]	86.4[f,h]	5,828[i]	9,835[i]	0
79 土耳其	70	0.788	97.7	74.2	69.4	81.3	96.2	66.3[f,h]	75.7[f,h]	5,352[i]	20,441[i]	-4
80 厄瓜多尔	..	..	..	78.0	72.1	89.7	92.3	..	..	4,996[i]	9,888[i]	..
81 毛里求斯	67	0.797	99.1	75.7	68.5	84.7	90.2	75.7[f,h]	78.0[f,h]	6,686[i]	15,972[i]	0
82 哈萨克斯坦	66	0.803	99.8	71.2	59.1	99.5	99.8	95.1	87.8	8,831[i]	13,080[i]	2
83 黎巴嫩	71	0.784	97.7	74.1	69.8	86.0	93.4	80.3	75.7	4,062[i]	16,404[i]	-2
中等人类发展水平												
84 亚美尼亚	68	0.794	99.5	76.7	70.1	99.3	99.7	77.8	71.6	4,215	7,386	2
85 乌克兰	69	0.793	99.7	73.8	62.7	99.6	99.8	93.2[l]	87.0[l]	5,249	8,854	2
86 阿塞拜疆	73	0.779	99.0	72.3	67.6	99.2[g]	99.8[g]	..	..	4,836	11,037	-1
87 泰国	72	0.782	99.8	72.1	65.4	92.6	95.9	79.6[f,h]	76.6[f,h]	6,341[i]	10,018[i]	1
88 伊朗	76	0.770	98.4	72.5	69.9	77.2	87.3	73.0[f,h]	73.4[f,h]	5,304[i]	16,449[i]	-2
89 格鲁吉亚	..	..	..	75.0	68.1	..	..	77.7[h]	75.8[h]	2,639	6,921	..
90 多米尼加共和国	74	0.775	99.7	75.2	69.8	89.5	88.8	76.7[f]	70.4[f]	4,985[i]	8,416[i]	1
91 圣文森特和格林纳斯丁	..	..	..	73.6	69.4	..	..	70.3[f]	67.6[f]	5,180[i]	10,219[i]	..
92 中国	75	0.770	99.8	74.7	71.3	90.0	96.5	68.5[f]	68.9[f]	4,323[i]	6,375[i]	1
93 伯利兹	..	..	..	78.0	74.2	..	..	79.2[f,h]	77.4[f,h]	4,021	9,398	..
94 萨摩亚	80	0.763	99.0	74.7	68.4	98.4	98.9	76.3[f,h]	72.0[f,h]	2,525[i]	6,258[i]	-3
95 马尔代夫	77	0.767	99.5	72.7	69.7	97.1	97.0	71.4[f,h]	71.3[f,h]	3,597[i]	6,714[i]	1
96 约旦	87	0.743	96.5	74.3	70.7	87.0	95.2	79.9[f]	77.5[f]	1,543	8,065	-8
97 苏里南	79	0.763	99.3	72.5	65.3	88.1	92.7	79.3[f,h]	69.4[f,h]	4,794[i]	10,825[i]	1
98 突尼斯	84	0.752	97.8	76.0	71.8	69.0	86.4	78.9[f,h]	73.6[f,h]	3,249[i]	11,731[i]	-3
99 汤加	78	0.765	99.6	74.6	69.0	99.3	99.2	78.8[f,h]	77.2[f,h]	2,705[i]	4,752[i]	4
100 牙买加	81	0.762	99.5	75.1	68.3	91.1	80.5	82.0[f,h]	74.3[f,h]	4,469[i]	7,734[i]	2
101 巴拉圭	82	0.759	99.8	73.8	69.6	93.5	95.7	72.2[f,h]	72.1[f,h]	3,439[i]	5,405[i]	2
102 斯里兰卡	83	0.756	99.6	77.9	70.3	89.1	92.7	69.9[f,h]	67.5[f,h]	3,064	5,450	2
103 加蓬	85	0.748	99.1	61.5	58.7	82.2	90.2	75.0[f]	79.8[f]	11,221[i]	19,124[i]	1
104 阿尔及利亚	88	0.742	98.4	73.6	70.8	66.4	84.3	74.5[f,h]	72.8[f,h]	4,081[i]	11,331[i]	-1
105 菲律宾	86	0.748	99.6	73.9	69.4	93.7	93.1	81.6[f]	77.8[f]	2,506[i]	4,293[i]	2
106 萨尔瓦多	89	0.740	99.0	75.9	66.4	79.7	84.9	74.8	73.3	3,675[i]	8,016[i]	0
107 叙利亚	98	0.715	96.4	76.0	72.2	76.5	89.7	63.9[f,h]	67.5[f,h]	1,512[i]	7,452[i]	-8
108 斐济	90	0.732	98.7	71.0	66.5	..[m]	..[m]	73.2[f,h]	70.0[f,h]	2,349[i]	6,200[i]	1
109 土库曼斯坦	..	..	..	68.8	60.6	99.3	99.7	..	..	3,594[i]	5,545[i]	..
110 巴勒斯坦被占领土	..	..	..	74.9	71.7	90.3	97.2	80.8	75.9	..	..	..
111 印度尼西亚	93	0.726	99.0	72.5	68.5	88.8	95.2	66.8[f,h]	69.5[f,h]	2,263[i]	5,163[i]	-1
112 洪都拉斯	95	0.721	98.4	74.4	69.6	83.5	83.7	78.3[f,h]	71.3[f,h]	1,951[i]	5,668[i]	-2
113 玻利维亚	91	0.728	99.8	67.5	63.3	86.0	96.0	83.6[f]	89.7[f]	3,198[i]	5,222[i]	3
114 圭亚那	96	0.721	98.9	69.6	63.7	..[g,m]	..[g,m]	83.0	84.7	1,607[i]	3,919[i]	-1
115 蒙古	92	0.727	100.0	69.6	63.0	97.7	96.8	84.9	73.7	3,019	3,454	4
116 越南	94	0.723	99.7	76.1	72.3	86.9	93.9	60.7[f,h]	63.9[f,h]	2,131[i]	3,069[i]	3
117 摩尔多瓦	97	0.719	99.8	72.1	64.5	98.9	99.6	74.6[l]	68.6[l]	2,173[i]	2,964[i]	1
118 赤道几内亚	102	0.700	97.3	51.1	48.7	80.5	93.4	55.8[f]	68.2[f]	16,161[i]	45,418[i]	-3

HDI 位次	性别相关发展指数 (GDI) 2007			出生时预期寿命 (岁) 2007		成人识字率[a] (占15岁及以上人口的百分比 %) 1999–2007		综合毛入学率[b] (%) 2007		所得收入估计数 (PPP 美元) 2007		HDI 位次减GDI 排名[d]
	排名	指数值	占HDI的百分比	女性	男性	女性	男性	女性	男性	女性	男性	
119 乌兹别克斯坦	99	0.708	99.7	70.9	64.5	95.8	98.0	71.4	74.0	1,891[i]	2,964[i]	1
120 吉尔吉斯斯坦	100	0.705	99.4	71.4	63.9	99.1	99.5	79.7	74.9	1,428[i]	2,600[i]	1
121 佛得角	101	0.701	98.9	73.5	68.2	78.8	89.4	69.7	66.6	2,015[i]	4,152[i]	1
122 危地马拉	103	0.696	98.9	73.7	66.7	68.0	79.0	67.8	73.2	2,735[i]	6,479[i]	0
123 埃及	..	..	..	71.7	68.2	57.8	74.6	..	..	2,286	8,401	..
124 尼加拉瓜	106	0.686	98.2	75.9	69.8	77.9	78.1	72.7[f,h]	71.5[f,h]	1,293[i]	3,854[i]	-2
125 博茨瓦纳	105	0.689	99.3	53.3	53.2	82.9	82.8	71.3[f,h]	70.0[f,h]	9,961[i]	17,307[i]	0
126 瓦努阿图	104	0.692	99.9	72.0	68.1	76.1	80.0	60.3[f,h]	64.2[f,h]	2,970[i]	4,332[i]	2
127 塔吉克斯坦	107	0.686	99.6	69.3	63.7	99.5	99.8	64.6	77.2	1,385[i]	2,126[i]	0
128 纳米比亚	108	0.683	99.5	61.2	59.3	87.4	88.6	68.2[f]	66.3[f]	4,006[i]	6,339[i]	0
129 南非	109	0.680	99.6	53.2	49.8	87.2	88.9	77.3[f]	76.3[f]	7,328[i]	12,273[i]	0
130 摩洛哥	111	0.625	95.7	73.3	68.8	43.2	68.7	55.1[f,h]	64.0[f,h]	1,603[i]	6,694[i]	-1
131 圣多美和普林西比	110	0.643	98.8	67.3	63.5	82.7	93.4	68.6	67.7	1,044[i]	2,243[i]	1
132 不丹	113	0.605	97.7	67.6	64.0	38.7	65.0	53.7[f,h]	54.6[f,h]	2,636[i]	6,817[i]	-1
133 老挝	112	0.614	99.3	65.9	63.2	63.2	82.5	54.3[f]	64.8[f]	1,877[i]	2,455[i]	1
134 印度	114	0.594	97.1	64.9	62.0	54.5	76.9	57.4[f]	64.3f	1,304[i]	4,102[i]	0
135 所罗门群岛	..	..	..	66.7	64.9	..	..	47.8[f]	51.4[f]	1,146[i]	2,264[i]	..
136 刚果共和国	115	0.594	98.8	54.4	52.5	71.8[f]	90.6[f]	55.2[f,h]	62.0[f,h]	2,385[i]	4,658[i]	0
137 柬埔寨	116	0.588	99.2	62.3	58.6	67.7	85.8	54.8[h]	62.1[h]	1,465[i]	2,158[i]	0
138 缅甸	..	..	..	63.4	59.0	86.4	93.9	..	..	640[i]	1,043[i]	..
139 科摩罗	117	0.571	99.2	67.2	62.8	69.8	80.3	42.3[f,h]	50.4[f,h]	839[i]	1,446[i]	0
140 也门	122	0.538	93.6	64.1	60.9	40.5	77.0	42.3[f]	65.9[f]	921[i]	3,715[i]	-4
141 巴基斯坦	124	0.532	93.0	66.5	65.9	39.6	67.7	34.4[f]	43.9[f]	760[i]	4,135[i]	-5
142 斯威士兰	118	0.568	99.3	44.8	45.7	78.3	80.9	58.4[f]	61.8[f]	3,994[i]	5,642[i]	2
143 安哥拉	..	..	..	48.5	44.6	54.2	82.9	..	..	4,212[i]	6,592[i]	..
144 尼泊尔	119	0.545	98.4	66.9	65.6	43.6	70.3	58.1[f,h]	63.4[f,h]	794[i]	1,309[i]	2
145 马达加斯加	120	0.541	99.6	61.5	58.3	65.3	76.5	60.2	62.5	774	1,093	2
146 孟加拉国	123	0.536	98.7	66.7	64.7	48.0	58.7	52.5[f]	51.8[f]	830[i]	1,633[i]	0
147 肯尼亚	121	0.538	99.4	54.0	53.2	70.2	77.7	58.2[f,h]	61.0[f,h]	1,213[i]	1,874[i]	3
148 巴布亚新几内亚	..	..	..	63.0	58.7	53.4	62.1	..	..	1,775[i]	2,383[i]	..
149 海地	..	..	..	62.9	59.1	64.0f	60.1f	..	..	626[i]	1,695[i]	..
150 苏丹	127	0.516	97.0	59.4	56.3	51.8	71.1	37.6[f,h]	42.2[f,h]	1,039[i]	3,119[i]	-2
151 坦桑尼亚	125	0.527	99.4	55.8	54.2	65.9	79.0	56.2[h]	58.4[h]	1,025[i]	1,394[i]	1
152 加纳	126	0.524	99.5	57.4	55.6	58.3	71.7	54.5[h]	58.3[h]	1,133[i]	1,531[i]	1
153 喀麦隆	129	0.515	98.6	51.4	50.3	59.8	77.0	47.7[l]	56.7[l]	1,467[i]	2,791[i]	-1
154 毛里塔尼亚	128	0.516	99.1	58.5	54.7	48.3	63.3	50.5[f,l]	50.7[f,l]	1,405[i]	2,439[i]	1
155 吉布提	130	0.514	98.8	56.5	53.7	..[m]	..[m]	21.9[f]	29.0[f]	1,496[i]	2,627[i]	0
156 莱索托	132	0.509	99.1	45.5	43.9	90.3	73.7	62.3[f,h]	60.6[f,h]	1,315[i]	1,797[i]	-1
157 乌干达	131	0.509	99.2	52.4	51.4	65.5	81.8	61.6[f,h]	62.9[f,h]	861[i]	1,256[i]	1
158 尼日利亚	133	0.499	97.7	48.2	47.2	64.1	80.1	48.1[f,h]	57.9[f,h]	1,163[i]	2,777[i]	0
低人类发展水平												
159 多哥	..	..	..	63.9	60.4	38.5	68.7	..	..	494[i]	1,088[i]	..
160 马拉维	134	0.490	99.4	53.4	51.3	64.6	79.2	61.7[f,h]	62.1[f,h]	646[i]	877[i]	0
161 贝宁	135	0.477	97.0	62.1	59.8	27.9	53.1	44.5[f,h]	60.1[f,h]	892	1,726	0
162 东帝汶	..	..	..	61.5	59.8	..	..	62.1[f,h]	64.2[f,h]	493[i]	934[i]	..
163 科特迪瓦	137	0.468	96.6	58.3	55.7	38.6	60.8	31.3[f,h]	43.7[f,h]	852[i]	2,500[i]	-1
164 赞比亚	136	0.473	98.3	45.0	44.0	60.7	80.8	60.7[f,h]	66.0[f,h]	980[i]	1,740[i]	1
165 厄立特里亚	138	0.459	97.3	61.4	56.8	53.0	76.2	27.6[f,h]	39.1[f,h]	422[i]	839[i]	0
166 塞内加尔	140	0.457	98.5	56.9	53.9	33.0	52.3	39.0[f,h]	43.3[f,h]	1,178[i]	2,157[i]	-1
167 卢旺达	139	0.459	99.8	51.4	47.9	59.8	71.4	52.4[f]	52.0[f]	770[i]	970[i]	1
168 冈比亚	141	0.452	99.1	57.3	54.1	..[m]	..[m]	47.2[f,h]	46.4[f,h]	951[i]	1,499[i]	0
169 利比里亚	142	0.430	97.3	59.3	56.5	50.9	60.2	48.6[f]	66.5[f]	240[i]	484[i]	0
170 几内亚	143	0.425	97.7	59.3	55.3	18.1	42.6	41.5[f]	56.9[f]	919[i]	1,356[i]	0
171 埃塞俄比亚	144	0.403	97.3	56.2	53.3	22.8	50.0	44.0[h]	54.0[h]	624[i]	936[i]	0
172 莫桑比克	145	0.395	98.3	48.7	46.9	33.0	57.2	50.2[f,h]	59.4[f,h]	759[i]	848[i]	0
173 几内亚比绍	148	0.381	96.2	49.1	46.0	54.4	75.1	28.8[f,h]	44.5[f,h]	301[i]	658[i]	-2
174 布隆迪	146	0.390	99.1	51.4	48.6	52.2	67.3	46.2[h]	51.8[h]	296[i]	387[i]	1
175 乍得	149	0.380	96.8	49.9	47.3	20.8	43.0	27.5[f,h]	45.5[f,h]	1,219[i]	1,739[i]	-1
176 刚果民主共和国	150	0.370	95.1	49.2	46.1	54.1	80.9	40.5[l]	55.9[l]	189[i]	410[i]	-1
177 布基纳法索	147	0.383	98.4	54.0	51.4	21.6	36.7	29.2	36.3	895[i]	1,354[i]	3

性别相关发展指数及构成

HDI 位次	性别相关发展指数 (GDI) 2007			出生时预期寿命 (岁) 2007		成人识字率[a] (占15岁及以上人口的百分比 %) 1999–2007		综合毛入学率[b] (%) 2007		所得收入估计数 (PPP 美元) 2007		HDI 位次减GDI 排名[d]
	排名	指数值	占HDI的百分比	女性	男性	女性	男性	女性	男性	女性	男性	
178 马里	153	0.353	95.2	48.8	47.4	18.2	34.9	37.5[f,h]	51.0[f,h]	672[i]	1,517[i]	-2
179 中非共和国	151	0.354	95.8	48.2	45.1	33.5	64.8	22.9[f,h]	34.4[f,h]	535[i]	900[i]	1
180 塞拉利昂	152	0.354	97.1	48.5	46.0	26.8	50.0	37.6[f,h]	51.7[f,h]	577[i]	783[i]	1
181 阿富汗	154	0.310	88.0	43.5	43.6	12.6	43.1	35.4[f,h]	63.6[f,h]	442[f,i,q]	1,845[f,i,q]	0
182 尼日尔	155	0.308	90.8	51.7	50.0	15.1	42.9	22.1	32.3	318[i]	929[i]	0
联合国其他成员国												
伊拉克	..	..	..	71.8	64.2	64.2	84.1	52.1[f,h]	68.5[f,h]	..	..	..
基里巴斯	..	..	..	..[k]	..[k]	..	..	77.9[f,h]	73.8[f,h]	..	..	..
朝鲜	..	..	..	69.1	64.9	..	..	..	..	..	..	..
马绍尔群岛	..	..	..	..[k]	..[k]	..	..	71.2[f,h]	71.1[f,h]	..	..	..
密克罗尼西亚联邦	..	..	..	69.2	67.6	..	..	..	..	..	..	..
摩纳哥	..	..	..	..[k]	..[k]	..	..	..	..	..	..	..
瑙鲁	..	..	..	..[k]	..[k]	..	..	56.1[f,h]	54.0[f,h]	..	..	..
帕劳	..	..	..	..[k]	..[k]	90.5[f]	93.3[f]	91.2[f,h]	82.4[f,h]	..	..	..
圣马力诺	..	..	..	..[k]	..[k]	..[e]	..[e]	..	..	..	..	..
索马里	..	..	..	51.2	48.3	..	..	..	..	..	..	..
图瓦卢	..	..	..	..[k]	..[k]	..	..	70.8[f,h]	67.8[f,h]	..	..	..
津巴布韦	..	..	..	43.6	42.6	88.3	94.1	53.4[f,h]	55.5[f,h]	..	..	..

注

- **a** 数据为1999—2007年间人口普查或调查得出的国家识字率估计数，另有说明除外。由于基础数据在计算方法和时效性上存在差异，进行跨国和跨时间比较时应谨慎。详情请查询：http：//www. uis. unesco. org/。
- **b** 一些国家的数据可能为国家或UNESCO Institute for Statistics得出的估计数。详情请查阅：http：//www. uis. unesco. org/。
- **c** 由于缺少按性别划分的收入数据，男、女收入数据是根据女性非农产业工资与男性非农产业工资之比，女性和男性在经济活动人口中所占份额，男女人口总数以及人均GDP（PPP美元）粗略估计的（见http：//hdr. undp. org/en/statistics/tn1）。计算中所使用的工资比例根据1999—2007年间可获得的最近年份的数据得出。
- **d** 本计算中使用的HDI位次仅包括有GDI数值的国家。正值表明GDI排名高于HDI排名，负值则相反。
- **e** 为计算GDI，使用了99.0%这一数值。
- **f** 为所列时期前某一年的数据。
- **g** 为计算GDI，本表中显示的男、女数值也相应按比例缩小，以反映成人识字率（99%）、毛入学率（100%），以及人均GDP（40,000美元）的极大值。详情请见http：//hdr. undp. org/en/statistics/tn1。
- **h** 为所列时期前某一年的数据。
- **i** 工资数据无法获得。为计算女性和男性的估计收入，非农产业女性工资与非农产业男性工资之比使用了0.75这一数值。
- **j** Statec（2008）。数据包括在国内和国外入学的本国公民，不同于标准定义。
- **k** 为计算HDI使用了UN（2009e）尚未公布的数据：安道尔分别为84.3、77.5，安提瓜和巴布达分别为74.6和69.7，多米尼克分别为80.3和73.7，列支敦士登分别为82.4和76.0，圣基茨和尼维斯为74.6和69.8，塞舌尔为77.7和68.4。
- **l** 来自UNESCO Institute for Statistics。
- **m** 由于缺少近期数据，2005年估计数来自UNESCO Institute for Statistics（2003），基于已过时的人口普查或调查数据，解释时应谨慎：巴哈马96.7（女性）95.0（男性），吉布提分别为61.4和79.9，斐济为92.9和95.9，冈比亚为35.4和49.9，圭亚那为98.7和99.2，中国香港特别行政区为91.4和97.3。
- **n** Heston、Alan、Robert Summers和Bettina Aten 2006。该数据不同于标准定义。
- **o** 是指2006年6月塞尔维亚和黑山分离为两个独立国家前的数据。不包括科索沃。
- **p** 收入是利用2006年6月塞尔维亚和黑山分离为两个独立国家前的经济活动比例数据。
- **q** 2006年GDP（PPP美元）的数据基于世界银行（2009d）、同年的人口总数数据是基于UN（2009e）的数据计算出来。

资料来源

第1列：由GDP数值决定。
第2列：根据第4—11列的数据计算。
第3列：根据GDI和HDI值计算。
第4、第5列：UN（2009e）。
第6、第7列：UNESCO Institute for Statistics（2009a）。
第8、第9列：UNESCO Institute for Statistics（2009b）。
第10、第11列：计算依据为人均GDP（PPP美元）和人口数据来自World Bank（2009d）；工资和从事经济活动的人数来自ILO（2009b）。
第12列：根据第1列的HDI位次和GDI排名计算。

155 个国家和地区 GDI 排名

1 澳大利亚
2 挪威
3 冰岛
4 加拿大
5 瑞典
6 法国
7 荷兰
8 芬兰
9 西班牙
10 爱尔兰
11 比利时
12 丹麦
13 瑞士
14 日本
15 意大利
16 卢森堡
17 英国
18 新西兰
19 美国
20 德国
21 希腊
22 中国香港
23 奥地利
24 斯洛文尼亚
25 韩国
26 以色列
27 塞浦路斯
28 葡萄牙
29 文莱
30 巴巴多斯
31 捷克
32 马耳他
33 巴林
34 科威特
35 卡塔尔
36 爱沙尼亚
37 匈牙利
38 阿拉伯联合酋长国
39 波兰
40 斯洛伐克
41 智利
42 立陶宛
43 克罗地亚
44 拉脱维亚
45 乌拉圭
46 阿根廷
47 哥斯达黎加
48 墨西哥
49 古巴
50 保加利亚
51 巴拿马
52 罗马尼亚
53 特立尼达和多巴哥
54 利比亚
55 委内瑞拉
56 阿曼
57 白俄罗斯
58 马来西亚
59 俄罗斯联邦
60 沙特阿拉伯
61 阿尔巴尼亚
62 前南马其顿
63 巴西
64 哥伦比亚
65 秘鲁
66 哈萨克斯坦
67 毛里求斯
68 亚美尼亚
69 乌克兰
70 土耳其
71 黎巴嫩
72 泰国
73 阿塞拜疆
74 多米尼加共和国
75 中国
76 伊朗
77 马尔代夫
78 汤加
79 苏里南
80 萨摩亚
81 牙买加
82 巴拉圭
83 斯里兰卡
84 突尼斯
85 加蓬
86 菲律宾
87 约旦
88 阿尔及利亚
89 萨尔瓦多
90 斐济
91 玻利维亚
92 蒙古
93 印度尼西亚
94 越南
95 洪都拉斯
96 圭亚那
97 摩尔多瓦
98 叙利亚
99 乌兹别克斯坦
100 吉尔吉斯斯坦
101 佛得角
102 赤道几内亚
103 危地马拉
104 瓦努阿图
105 博茨瓦纳
106 尼加拉瓜
107 塔吉克斯坦
108 纳米比亚
109 南非
110 圣多美和普林西比
111 摩洛哥
112 老挝
113 不丹
114 印度
115 刚果
116 柬埔寨
117 科摩罗
118 斯威士兰
119 尼泊尔
120 马达加斯加
121 肯尼亚
122 也门
123 孟加拉国
124 巴基斯坦
125 坦桑尼亚
126 加纳
127 苏丹
128 毛里塔尼亚
129 喀麦隆
130 吉布提
131 乌干达
132 莱索托
133 尼日利亚
134 马拉维
135 贝宁
136 赞比亚
137 科特迪瓦
138 厄立特里亚
139 卢旺达
140 塞内加尔
141 冈比亚
142 利比里亚
143 几内亚
144 埃塞俄比亚
145 莫桑比克
146 布隆迪
147 布基纳法索
148 几内亚比绍
149 乍得
150 刚果民主共和国
151 中非共和国
152 塞拉利昂
153 马里
154 阿富汗
155 尼日尔

性别赋权测量指数及构成

HDI 位次	性别赋权测量指数 (GEM) 排名	性别赋权测量指数 (GEM) 指数值	妇女在议会中的席位[a] (占总席位的百分比 %)	女性立法委员、高级官员和管理人员[b] (占总人数的百分比 %)	女性专业和科技工作者[b] (占总人数的百分比 %)	女性和男性所得收入估计数之比[c]	女性获得以下权利的年份[d] 选举权	女性获得以下权利的年份[d] 被选举权	妇女首次被选入议会或占有议会席位的年份[e]	部长级女性的比例[f] (占总人数的百分比 %)
极高人类发展水平										
1 挪威	2	0.906	36[g]	31	51	0.77	1913	1907, 1913	1993	56
2 澳大利亚	7	0.870	30[g]	37	57	0.70	1902, 1962	1902, 1962	1987	24
3 冰岛	8	0.859	33[g]	30	56	0.62	1915, 1920	1915, 1920	1974	36
4 加拿大	12	0.830	25[g]	37	56	0.65	1917, 1960	1920, 1960	1972	16
5 爱尔兰	22	0.722	15[g]	31	53	0.56	1918, 1928	1918, 1928	1982	21
6 荷兰	5	0.882	39[g]	28	50	0.67	1919	1917	1998	33
7 瑞典	1	0.909	47[g]	32	51	0.67	1919, 1921	1919, 1921	1991	48
8 法国	17	0.779	20[g]	38	48	0.61	1944	1944	..	47
9 瑞士	13	0.822	27[g]	30	46	0.62	1971	1971	1977	43
10 日本	57	0.567	12	9[h]	46[h]	0.45	1945, 1947	1945, 1947	1993	12
11 卢森堡	..	..	23[g]	..	..	0.57	1919	1919	1989	14
12 芬兰	3	0.902	42	29	55	0.73	1906	1906	1991	58
13 美国	18	0.767	17[g]	43	56	0.62	1920, 1965	1788[j]	2007	24
14 奥地利	20	0.744	27[g]	27	48	0.40	1918	1918	1927	38
15 西班牙	11	0.835	34[g]	32	49	0.52	1931	1931	1999	44
16 丹麦	4	0.896	38[g]	28	52	0.74	1915	1915	1950	37
17 比利时	6	0.874	36[g]	32	49	0.64	1919, 1948	1921	2004	23
18 意大利	21	0.741	20[g]	34	47	0.49	1945	1945	1979	24
19 列支敦士登	..	..	24	..	..	..	1984	1984	..	20
20 新西兰	10	0.841	34	40	54	0.69	1893	1919	2005	32
21 英国	15	0.790	20[g]	34	47	0.67	1918, 1928	1918, 1928	1992	23
22 德国	9	0.852	31[g]	38	50	0.59	1918	1918	1972	33
23 新加坡	16	0.786	24	31	45	0.53	1947	1947	..	0
24 中国香港	..	..	..	30	42	0.73	..	..	..	..
25 希腊	28	0.677	15[g]	28	49	0.51	1952	1952	2004	12
26 韩国	61	0.554	14[g]	9	40	0.52	1948	1948	..	5
27 以色列	23	0.705	18[g]	30	52	0.64	1948	1948	2006	12
28 安道尔	..	..	25	..	..	..	1970	1973	..	38
29 斯洛文尼亚	34	0.641	10[g]	34	56	0.61	1946	1946	..	18
30 文莱	..	..	..	35[h]	37[h]	0.59	—	—	..	7
31 科威特	..	..	3	..	..	0.36	2005	2005	..	7
32 塞浦路斯	48	0.603	14[g]	15	48	0.58	1960	1960	..	18
33 卡塔尔	88	0.445	0	7	25	0.28	2003[k]	2003	..	8
34 葡萄牙	19	0.753	28[g]	32	51	0.60	1931, 1976	1931, 1976	..	13
35 阿拉伯联合酋长国	25	0.691	23	10	21	0.27	2006[l]	2006[l]	..	8
36 捷克	31	0.664	16[g]	29	53	0.57	1920	1920	1998	13
37 巴巴多斯	37	0.632	14	43	52	0.65	1950	1950	..	28
38 马耳他	74	0.531	9[g]	19	41	0.45	1947	1947	1996	15
高人类发展水平										
39 巴林	46	0.605	14	13[h]	19[h]	0.51	1973, 2002	1973, 2002	..	4
40 爱沙尼亚	30	0.665	21	34	69	0.65	1918	1918	2003	23
41 波兰	38	0.631	18[g]	36	60	0.59	1918	1918	1997	26
42 斯洛伐克	32	0.663	19[g]	31	58	0.58	1920	1920	..	13
43 匈牙利	52	0.590	11[g]	35	60	0.75	1918, 1945	1918, 1945	1963	21
44 智利	75	0.526	13[g]	23[h]	50[h]	0.42	1949	1949	2002	41
45 克罗地亚	44	0.618	21[g]	21	51	0.67	1945	1945	1993	24
46 立陶宛	40	0.628	18[g]	38	70	0.70	1919	1919	..	23
47 安提瓜和巴布达	..	..	17	45	55	..	1951	1951	1994	9
48 拉脱维亚	33	0.648	20	41	66	0.67	1918	1918	1995	22
49 阿根廷	24	0.699	40[g]	23	54	0.51	1947	1947	1973	23
50 乌拉圭	63	0.551	12[g]	40	53	0.55	1932	1932	1963	29
51 古巴	29	0.676	43	31[h]	60[h]	0.49	1934	1934	..	19
52 巴哈马	..	..	25	43	63	..	1961, 1964	1961, 1964	1997	8
53 墨西哥	39	0.629	22[g]	31	42	0.42	1947	1953	1994	16
54 哥斯达黎加	27	0.685	37[g]	27	43	0.46	1949	1949	1986	29
55 利比亚	..	..	8	..	..	0.25	1964	1964	..	0
56 阿曼	87	0.453	9	9	33	0.23	1994, 2003	1994, 2003	..	9
57 塞舌尔	..	..	24	..	..	..	1948	1948	..	20
58 委内瑞拉	55	0.581	19[g]	27[h]	61[h]	0.48	1946	1946	1998	21
59 沙特阿拉伯	106	0.299	0	10	29	0.16	—	—	..	0

表 

HDI 位次	性别赋权测量指数(GEM) 排名	指数值	妇女在议会中的席位[a](占总席位的百分比 %)	女性立法委员、高级官员和管理人员[b](占总人数的百分比 %)	女性专业和科技工作者[b](占总人数的百分比 %)	女性和男性所得收入估计数之比[c]	女性获得以下权利的年份[d] 选举权	被选举权	妇女首次被选入议会或占有议会席位的年份[e]	部长级女性的比例[f](占总人数的百分比 %)
60 巴拿马	47	0.604	17[g]	44	52	0.58	1941, 1946	1941, 1946	1994	23
61 保加利亚	45	0.613	22	31	61	0.68	1937, 1945	1945	..	24
62 圣基茨和尼维斯	..	..	7	..	..	..	1951	1951	2004	..
63 罗马尼亚	77	0.512	10[g]	28	56	0.68	1929, 1946	1929, 1946	2008	0
64 特立尼达和多巴哥	14	0.801	33[g]	43	53	0.55	1946	1946	1991	36
65 黑山	84	0.485	11	20	60	0.58	1946[m]	1946[m]	..	6
66 马来西亚	68	0.542	15	23	41	0.42	1957	1957	..	9
67 塞尔维亚	42	0.621	22[g]	35	55	0.59	1946[m]	1946[m]	2008	17
68 白俄罗斯	..	..	33	..	..	0.63	1918	1918	..	6
69 圣卢西亚	51	0.591	17	52	56	0.50	1951	1951	2007	..
70 阿尔巴尼亚	..	..	7[g]	..	..	0.54	1920	1920	2005	7
71 俄罗斯联邦	60	0.556	11	39	64	0.64	1918	1918	..	10
72 前南马其顿	35	0.641	28[g]	29	53	0.49	1946	1946	..	14
73 多米尼克	..	..	19	48	55	..	1951	1951	1980	21
74 格林纳达	..	..	21	49	53	..	1951	1951	1990	50
75 巴西	82	0.504	9[g]	35	53	0.60	1932	1932	..	11
76 波斯尼亚和黑塞哥维那	..	..	12[g]	..	..	0.61	1946	1946	2009	0
77 哥伦比亚	80	0.508	10[g]	38[h]	50[h]	0.71	1954	1954	..	23
78 秘鲁	36	0.640	29[g]	29	47	0.59	1955	1955	1995	29
79 土耳其	101	0.379	9	8	33	0.26	1930	1930	..	4
80 厄瓜多尔	41	0.622	28[g,n]	28	49	0.51	1929	1929	..	35
81 毛里求斯	71	0.538	17	20	45	0.42	1956	1956	..	10
82 哈萨克斯坦	73	0.532	12[g]	38	67	0.68	1924, 1993	1924, 1993	..	6
83 黎巴嫩	..	..	5[g]	..	..	0.25	1952	1952	..	5
中等人类发展水平										
84 亚美尼亚	93	0.412	8[g]	24	65	0.57	1918	1918	..	6
85 乌克兰	86	0.461	8	39	64	0.59	1919	1919	..	4
86 阿塞拜疆	100	0.385	11	5	53	0.44	1918	1918	..	7
87 泰国	76	0.514	13[g]	30	53	0.63	1932	1932	..	10
88 伊朗	103	0.331	3	13	34	0.32	1963	1963	..	3
89 格鲁吉亚	95	0.408	6	34	62	0.38	1918, 1921	1918, 1921	2001	18
90 多米尼加共和国	64	0.550	17[g]	31	51	0.59	1942	1942	1999	14
91 圣文森特和格林纳斯丁	..	..	18	..	..	0.51	1951	1951	..	21
92 中国	72	0.533	21[g]	17	52	0.68	1949	1949	..	9
93 伯利兹	81	0.507	11	41	50	0.43	1954	1954	1984	18
94 萨摩亚	89	0.431	8	29	39	0.40	1948, 1990	1948, 1990	..	23
95 马尔代夫	90	0.429	12	14	49	0.54	1932	1932	..	14
96 约旦	..	..	8[g]	..	..	0.19	1974	1974	..	15
97 苏里南	58	0.560	25	28[h]	23	0.44	1948	1948	1997	17
98 突尼斯	..	..	20[g]	..	..	0.28	1959	1959	..	7
99 汤加	102	0.363	3[o]	27	43	0.57	1960	1960	..	..
100 牙买加	..	..	14	..	..	0.58	1944	1944	1984	11
101 巴拉圭	79	0.510	14[g]	35	50	0.64	1961	1961	..	19
102 斯里兰卡	98	0.389	6[g]	24	46	0.56	1931	1931	..	6
103 加蓬	..	..	17	..	..	0.59	1956	1956	2009	17
104 阿尔及利亚	105	0.315	6[g]	5	35	0.36	1962	1962	..	11
105 菲律宾	59	0.560	20[g]	57	63	0.58	1937	1937	..	9
106 萨尔瓦多	70	0.539	19[g]	29	48	0.46	1939	1961	1994	39
107 叙利亚	..	..	12	..	40[h]	0.20	1949, 1953	1953	..	6
108 斐济	..	..	..[p]	51[h]	9	0.38	1963	1963	..	8
109 土库曼斯坦	..	..	..	..	..	0.65	1927	1927	2006	7
110 巴勒斯坦被占领土	..	..	..[g]	10	34	..	..	..	..	..
111 印度尼西亚	96	0.408	12[g]	14[h]	48[h]	0.44	1945, 2003	1945	..	11
112 洪都拉斯	54	0.589	23[g]	41[h]	52[h]	0.34	1955	1955	..	..
113 玻利维亚	78	0.511	15[g]	36	40	0.61	1938, 1952	1938, 1952	1979	24
114 圭亚那	53	0.590	30[g]	25	59	0.41	1953	1945	..	26
115 蒙古	94	0.410	4	48	54	0.87	1924	1924	..	20
116 越南	62	0.554	26	22	51	0.69	1946	1946	..	4
117 摩尔多瓦	66	0.547	22[g]	40	68	0.73	1924, 1993	1924, 1993	2001	11
118 赤道几内亚	..	..	6[g]	..	..	0.36	1963	1963	..	14

性别赋权测量指数及构成

HDI 位次	性别赋权测量指数 (GEM) 排名	性别赋权测量指数 (GEM) 指数值	妇女在议会中的席位[a] (占总席位的百分比 %)	女性立法委员、高级官员和管理人员[b] (占总人数的百分比 %)	女性专业和科技工作者[b] (占总人数的百分比 %)	女性和男性所得收入估计数之比[c]	女性获得以下权利的年份[d] 选举权	女性获得以下权利的年份[d] 被选举权	妇女首次被选入议会或占有议会席位的年份[e]	部长级女性的比例[f] (占总人数的百分比 %)
119 乌兹别克斯坦	..	..	16[g]	..	..	0.64	1938	1938	2008	5
120 吉尔吉斯斯坦	56	0.575	26[g]	35	62	0.55	1918	1918	..	19
121 佛得角	..	..	18	..	..	0.49	1975	1975	..	36
122 危地马拉	..	..	12[g]	..	..	0.42	1946	1946, 1965	1991	7
123 埃及	107	0.287	4[g]	11	32	0.27	1956	1956	..	6
124 尼加拉瓜	67	0.542	18[g]	41	51	0.34	1950	1955	1990	33
125 博茨瓦纳	65	0.550	11[g]	33	51	0.58	1965	1965	..	28
126 瓦努阿图	..	..	4	..	..	0.69	1975, 1980	1975, 1980	..	8
127 塔吉克斯坦	..	..	20	..	..	0.65	1924	1924	..	6
128 纳米比亚	43	0.620	27[g]	36	52	0.63	1989	1989	..	25
129 南非	26	0.687	34[g,q]	34	55	0.60	1930, 1994	1930, 1994	1994	45
130 摩洛哥	104	0.318	6[g]	12	35	0.24	1959	1963	..	19
131 圣多美和普林西比	..	..	7	..	..	0.47	1975	1975	1980	25
132 不丹	..	..	14	..	..	0.39	1953	1953	..	0
133 老挝	..	..	25	..	..	0.76	1958	1958	..	11
134 印度	..	..	9[g]	..	..	0.32	1935, 1950	1935, 1950	2009	10
135 所罗门群岛	..	..	0	..	..	0.51	1974	1974	..	0
136 刚果共和国	..	..	9	..	..	0.51	1947, 1961	1963	..	13
137 柬埔寨	91	0.427	16	14	41	0.68	1955	1955	..	7
138 缅甸	..	..	..[r]	..	..	0.61	1935	1946	..	0
139 科摩罗	..	..	3	..	..	0.58	1956	1956	..	..
140 也门	109	0.135	1	4	15	0.25	1967, 1970	1967, 1970	..	6
141 巴基斯坦	99	0.386	21[g]	3	25	0.18	1956	1956	2008	4
142 斯威士兰	..	..	22	..	..	0.71	1968	1968	2006	19
143 安哥拉	..	..	37[g]	..	..	0.64	1975	1975	..	6
144 尼泊尔	83	0.486	33[g]	14	20	0.61	1951	1951	..	20
145 马达加斯加	97	0.398	9	22	43	0.71	1959	1959	..	13
146 孟加拉国	108	0.264	6[g,s]	10[h]	22[h]	0.51	1935, 1972	1935, 1972	..	8
147 肯尼亚	..	..	10[g]	..	..	0.65	1919, 1963	1919, 1963	..	..
148 巴布亚新几内亚	..	..	1	..	..	0.74	1964	1963	..	4
149 海地	..	..	5[g]	..	..	0.37	1957	1957	..	11
150 苏丹	..	..	17[g]	..	..	0.33	1964	1964	..	6
151 坦桑尼亚	69	0.539	30[g]	16	38	0.74	1959	1959	..	21
152 加纳	..	..	8[g]	..	..	0.74	1954	1954	2009	16
153 喀麦隆	..	..	14[g]	..	..	0.53	1946	1946	..	12
154 毛里塔尼亚	..	..	20[g]	..	..	0.58	1961	1961	..	12
155 吉布提	..	..	14[g]	..	..	0.57	1946	1986	..	9
156 莱索托	50	0.591	26[g]	52	58	0.73	1965	1965	2000	32
157 乌干达	49	0.591	31[g]	33	35	0.69	1962	1962	..	28
158 尼日利亚	..	..	7	..	..	0.42	1958	1958	2007	23
低人类发展水平										
159 多哥	..	..	11	..	..	0.45	1945	1945	..	10
160 马拉维	..	..	13[g]	..	..	0.74	1961	1961	..	24
161 贝宁	..	..	11	..	..	0.52	1956	1956	..	22
162 东帝汶	..	..	29[g]	..	..	0.53	..	..	..	25
163 科特迪瓦	..	..	9[g]	..	..	0.34	1952	1952	..	13
164 赞比亚	92	0.426	15	19[h]	31[h]	0.56	1962	1962	..	17
165 厄立特里亚	..	..	22[g]	..	..	0.50	1955[t]	1955[t]	..	18
166 塞内加尔	..	..	29[g]	..	..	0.55	1945	1945	..	18
167 卢旺达	..	..	51[g]	..	..	0.79	1961	1961	2008	17
168 冈比亚	..	..	9	..	..	0.63	1960	1960	2006	28
169 利比里亚	..	..	14[g]	..	..	0.50	1946	1946	2003	20
170 几内亚	..	..	..[u]	..	..	0.68	1958	1958	..	16
171 埃塞俄比亚	85	0.464	21[g]	16	33	0.67	1955	1955	1995	10
172 莫桑比克	..	..	35[g]	..	..	0.90	1975	1975	..	26
173 几内亚比绍	..	..	10	..	..	0.46	1977	1977	..	25
174 布隆迪	..	..	32[g]	..	..	0.77	1961	1961	2005	30
175 乍得	..	..	5	..	..	0.70	1958	1958	..	17
176 刚果民主共和国	..	..	8	..	..	0.46	1967	1970	..	12
177 布基纳法索	..	..	15[g]	..	..	0.66	1958	1958	..	14

HDI 位次	性别赋权测量指数（GEM）排名	性别赋权测量指数（GEM）指数值	妇女在议会中的席位[a]（占总席位的百分比 %）	女性立法委员、高级官员和管理人员[b]（占总人数的百分比 %）	女性专业和科技工作者[b]（占总人数的百分比 %）	女性和男性所得收入估计数之比[c]	女性获得以下权利的年份[d] 选举权	女性获得以下权利的年份[d] 被选举权	妇女首次被选入议会或占有议会席位的年份[e]	部长级女性的比例[f]（占总人数的百分比 %）
178 马里	..	..	10[g]	..	..	0.44	1956	1956	..	23
179 中非共和国	..	..	10	..	..	0.59	1986	1986	..	13
180 塞拉利昂	..	..	13[g]	..	..	0.74	1961	1961	..	14
181 阿富汗	..	..	26[g]	..	..	0.24	1963	1963	..	4
182 尼日尔	..	..	12[g]	..	..	0.34	1948	1948	..	26
联合国其他成员国										
伊拉克	..	..	25[g]	..	..	..	1980	1980	..	10
基里巴斯	..	..	4	27[h]	44[h]	..	1967	1967	..	8
朝鲜	..	..	20[g]	..	..	..	1946	1946	..	0
马绍尔群岛	..	..	3	19[h]	36[h]	..	1979	1979	..	10
密克罗尼西亚联邦	..	..	0	..	..	..	1979	1979	..	14
摩纳哥	..	..	25	..	..	..	1962	1962	..	0
瑙鲁	..	..	0	..	..	..	1968	1968	..	0
帕劳	..	..	7	36[h]	44[h]	..	1979	1979	..	0
圣马力诺	..	..	15	19	52	..	1959	1973	1981	20
索马里	..	..	..[g]	..	..	..	1956	1956	..	..
图瓦卢	..	..	0	25	50	..	1967	1967	..	0
津巴布韦	..	..	18[g]	..	..	..	1919, 1957	1919, 1978	2005	16

注：

a 数据截止到 2009 年年 2 月 28 日，另有说明除外。在设立上议院和下议院的国家，数据为妇女在两院席位中占有份额的加权平均数。

b 为 1999—2007 年间可获得的最近年份的数据。实施最新国际标准职业分类（ISCO—88）的国家的估计数不可与使用原来的分类方法（ISCO—1968）的国家数据直接进行比较。

c 根据表 10 第 10 列和第 11 列的数据计算。估计数基于 1996—2007 年间可获得的最近年份的数据。根据计算性别相关发展指数（GDI）所使用的方法，在一些国家的收入超过了极大阈值（人均 GDP40000 美元）的情况下，其性别赋权测量指数（GEM）的收入成分相应缩减。详情请见 http://hdr.undp.org/en/statistics/tn1。

d 所指获得选举和被选举权利的年份是基于被普遍承认和平等的基础上。在该列可看到有两个年份，其中第一个是指首次部分承认获得这些权利的时间。在一些国家女性被赋予在拥有国家选举权利前，在当地有选举和被选举权。然而，本表不包括拥有地方选举权的数据。

e 本数据是指在国家议会历史上，女性成为议会发言人、议会官员或在议院占有席位的时间。2009 年 5 月，在 269 位议会官员或在议院中占有席位的人中仅有 12.6% 的女性。

f 是 2008 年 1 月的数据。合计数包括部级和副部级官员，当总理从事部级职务时也包括在内，副总统和政府机构及公共机构的负责人不包括在内。

g 指已建立了女性配额体系的国家。配额体系致力于确保至少保证女性占到 30%—40%。现在世界上女性仅占议会官员总人数的 16%。

h 根据 ISCO—1968 分类得出的数据。

i 总数是指众议院所有的投票人员。

j 没有关于妇女参与选举的信息。因为国家的宪法并没有规定其性别构成。

k 根据 2003 年批准的新宪法，女性被授予选举的权利。到现在为止，没有举行立法选举。

l 2006 年 12 月重新设立了联邦国民议会，男性和女性有同等的投票表决权。有 1 位女性被选为议员，随后又任命了 7 位女性。

m 2006 年 6 月塞尔维亚和黑山分成了两个独立国家。在 1946 年（那时两国还都是前南斯拉夫的一部分），女性就获得了选举和被选举权。

n 2008 年宪法规定，国民议会应当由 124 人组成的国民大会取代。该机构的选举在 2009 年 4 月 26 日举行。在过渡期内，由制宪会议的成员组成的立法和监督委员会承担立法和监督职能。该日期是指委员会举行第一次会议的时间。

o 2008 年选举中没有女性候选人当选。一名女性被任命为内阁成员。因为内阁部长同时也为议会成员，所以 2008 年 10 月在 32 名议会成员中也有一名妇女。

p 2006 年 2 月发生政变后，议会也随之解散。

q 席位分配的数字不包括 36 名临时专项轮值指定席位。所以，这里的百分比基于 54 个常设席位计算。

r 1990 年的议会选举从未被召集，也未被授予职位，而且许多议员已被禁闭或被流放。

s 为女性保留的 45 个席位尚待填补。

t 1955 年 11 月厄立特里亚是埃塞俄比亚的一部分。厄立特里亚的主权宪法于 1997 年 5 月 23 日通过规定，“凡年龄在 18 岁及以上的厄立特里亚公民，都有权投票”。

u 2008 年 12 月政变后议会也解散。

资料来源：

第 1 列：由第 2 列的 GEM 数值决定。

第 2 列：根据第 3—6 列的数据计算，详情请见技术注释 1（http://hdr.undp.org/en/statistics/tn1）。

第 3 列：根据 IPU（2009）议会席位数据计算，

第 4、5 列：根据 ILO（2009b）职位数据计算。

第 6 列：根据表 10 第 10、11 列中的数据计算。

第 7—10 列：IPU（2009）。

109 个国家和地区 GEM 排名

1	瑞典	29	古巴	57	日本	85	埃塞俄比亚
2	挪威	30	爱沙尼亚	58	苏里南	86	乌克兰
3	芬兰	31	捷克	59	菲律宾	87	阿曼
4	丹麦	32	斯洛伐克	60	俄罗斯联邦	88	卡塔尔
5	荷兰	33	拉脱维亚	61	韩国	89	萨摩亚
6	比利时	34	斯洛文尼亚	62	越南	90	马尔代夫
7	澳大利亚	35	前南马其顿	63	乌拉圭	91	柬埔寨
8	冰岛	36	秘鲁	64	多米尼加共和国	92	赞比亚
9	德国	37	巴巴多斯	65	博茨瓦纳	93	亚美尼亚
10	新西兰	38	波兰	66	摩尔多瓦	94	蒙古
11	西班牙	39	墨西哥	67	尼加拉瓜	95	格鲁吉亚
12	加拿大	40	立陶宛	68	马来西亚	96	印度尼西亚
13	瑞士	41	厄瓜多尔	69	坦桑尼亚	97	马达加斯加
14	特立尼达和多巴哥	42	塞尔维亚	70	萨尔瓦多	98	斯里兰卡
15	英国	43	纳米比亚	71	毛里求斯	99	巴基斯坦
16	新加坡	44	克罗地亚	72	中国	100	阿塞拜疆
17	法国	45	保加利亚	73	哈萨克斯坦	101	土耳其
18	美国	46	巴林	74	马耳他	102	汤加
19	葡萄牙	47	巴拿马	75	智利	103	伊朗
20	奥地利	48	塞浦路斯	76	泰国	104	摩洛哥
21	意大利	49	乌干达	77	罗马尼亚	105	阿尔及利亚
22	爱尔兰	50	莱索托	78	玻利维亚	106	沙特阿拉伯
23	以色列	51	圣卢西亚	79	巴拉圭	107	埃及
24	阿根廷	52	匈牙利	80	哥伦比亚	108	孟加拉国
25	阿拉伯联合酋长国	53	圭亚那	81	伯利兹	109	也门
26	南非	54	洪都拉斯	82	巴西		
27	哥斯达黎加	55	委内瑞拉	83	尼泊尔		
28	希腊	56	吉尔吉斯斯坦	84	黑山		

人口统计趋势

L

HDI 位次	总人口(百万) 1990	总人口(百万) 2007	总人口(百万) 2020[b]	自然增长率(%) 1990–1995	自然增长率(%) 2005–2010	国际净迁移率(%) 1990–1995	国际净迁移率(%) 2005–2010	城市人口(占总人口百分比%) 1990	城市人口(占总人口百分比%) 2010	儿童抚养比 1990	儿童抚养比 2010	老人赡养比 1990	老人赡养比 2010	总和生育率(每名妇女的生育数) 1990–1995	总和生育率(每名妇女的生育数) 2005–2010
极高人类发展水平															
1 挪威	4.2	4.7	5.2	0.4	0.4	0.2	0.6	72.0	77.6	29.3	28.4	25.2	22.7	1.9	1.9
2 澳大利亚	17.1	20.9	23.7	0.7	0.6	0.4	0.5	85.4	89.1	32.9	28.1	16.8	20.7	1.9	1.8
3 冰岛	0.3	0.3	0.4	1.1	0.9	-0.1	1.3	90.8	92.3	38.7	29.8	16.5	17.4	2.2	2.1
4 加拿大	27.7	32.9	37.1	0.7	0.3	0.5	0.6	76.6	80.6	30.4	23.5	16.6	20.3	1.7	1.6
5 爱尔兰	3.5	4.4	5.1	0.5	0.9	0.0	0.9	56.9	61.9	44.6	30.6	18.5	16.7	2.0	2.0
6 荷兰	15.0	16.5	17.1	0.4	0.3	0.3	0.1	68.7	82.9	26.5	26.3	18.6	22.9	1.6	1.7
7 瑞典	8.6	9.2	9.7	0.3	0.2	0.3	0.3	83.1	84.7	27.9	25.3	27.7	28.1	2.0	1.9
8 法国	56.8	61.7	64.9	0.3	0.4	0.1	0.2	74.1	77.8	30.5	28.4	21.6	26.2	1.7	1.9
9 瑞士	6.7	7.5	7.9	0.3	0.1	0.7	0.3	73.2	73.6	24.9	22.4	21.3	25.5	1.5	1.5
10 日本	123.2	127.4	123.7	0.3	-0.1	0.1	0.0	63.1	66.8	26.3	20.5	17.2	35.1	1.5	1.3
11 卢森堡	0.4	0.5	0.5	0.3	0.3	1.1	0.8	80.9	82.2	25.1	25.7	19.4	20.5	1.7	1.7
12 芬兰	5.0	5.3	5.5	0.3	0.2	0.2	0.2	61.4	63.9	28.7	25.0	19.9	25.9	1.8	1.8
13 美国	254.9	308.7	346.2	0.7	0.6	0.5	0.3	75.3	82.3	33.0	30.3	18.7	19.4	2.0	2.1
14 奥地利	7.7	8.3	8.5	0.1	0.0	0.6	0.4	65.8	67.6	25.8	21.8	22.1	25.9	1.5	1.4
15 西班牙	38.8	44.1	48.6	0.1	0.2	0.2	0.8	75.4	77.4	29.8	22.0	20.5	25.3	1.3	1.4
16 丹麦	5.1	5.4	5.6	0.1	0.1	0.2	0.1	84.8	87.2	25.3	27.6	23.2	25.6	1.7	1.8
17 比利时	9.9	10.5	11.0	0.1	0.2	0.2	0.4	96.4	97.4	27.0	25.4	22.3	26.4	1.6	1.8
18 意大利	57.0	59.3	60.4	0.0	-0.1	0.1	0.6	66.7	68.4	24.0	21.7	22.2	31.3	1.3	1.4
19 列支敦士登	0.0	0.0	0.0	..	..	..	..	16.9	14.2	..	..	..	..	..	..
20 新西兰	3.4	4.2	4.7	0.9	0.7	0.8	0.2	84.7	86.8	35.1	30.3	16.9	19.4	2.1	2.0
21 英国	57.2	60.9	65.1	0.2	0.2	0.1	0.3	88.7	90.1	29.1	26.3	24.1	25.1	1.8	1.8
22 德国	79.4	82.3	80.4	-0.1	-0.2	0.7	0.1	73.1	73.8	23.3	20.2	21.7	30.9	1.3	1.3
23 新加坡	3.0	4.5	5.2	1.3	0.3	1.5	2.2	100.0	100.0	29.4	21.0	7.7	13.8	1.8	1.3
24 中国香港	5.7	6.9	7.7	0.7	0.2	1.0	0.3	99.5	100.0	30.7	15.3	12.1	17.0	1.3	1.0
25 希腊	10.2	11.1	11.3	0.1	-0.1	0.9	0.3	58.8	61.4	28.7	21.1	20.4	27.2	1.4	1.4
26 韩国	43.0	48.0	49.5	1.0	0.4	-0.3	0.0	73.8	81.9	36.9	22.3	7.2	15.2	1.7	1.2
27 以色列	4.5	6.9	8.3	1.5	1.5	2.0	0.2	90.4	91.7	52.5	44.4	15.2	16.4	2.9	2.8
28 安道尔	0.1	0.1	0.1	..	..	..	..	94.7	88.0	..	..	..	..	..	..
29 斯洛文尼亚	1.9	2.0	2.1	0.0	0.0	0.4	0.2	50.4	48.0	30.9	19.8	16.3	23.5	1.4	1.4
30 文莱	0.3	0.4	0.5	2.5	1.7	0.3	0.2	65.8	75.7	54.9	37.5	4.3	4.9	3.1	2.1
31 科威特	2.1	2.9	3.7	1.9	1.6	-6.2	0.8	98.0	98.4	58.9	31.3	1.9	3.2	3.2	2.2
32 塞浦路斯	0.7	0.9	1.0	1.0	0.4	0.4	0.6	66.8	70.3	40.8	25.2	17.3	19.0	2.4	1.5
33 卡塔尔	0.5	1.1	1.7	1.8	1.0	0.6	9.4	92.2	95.8	38.9	19.2	1.6	1.3	4.1	2.4
34 葡萄牙	10.0	10.6	10.8	0.1	0.0	0.0	0.4	47.9	60.7	30.8	22.7	20.3	26.7	1.5	1.4
35 阿拉伯联合酋长国	1.9	4.4	5.7	2.1	1.3	3.2	1.6	79.1	78.0	43.4	24.0	1.8	1.3	3.9	1.9
36 捷克	10.3	10.3	10.6	0.0	0.0	0.0	0.4	75.2	73.5	32.4	19.9	19.0	21.6	1.7	1.4
37 巴巴多斯	0.3	0.3	0.3	0.6	0.4	-0.8	-0.1	32.7	40.8	36.4	23.5	15.1	14.4	1.6	1.5
38 马耳他	0.4	0.4	0.4	0.7	0.1	0.3	0.2	90.4	94.7	35.5	21.7	15.8	21.2	2.0	1.3
高人类发展水平															
39 巴林	0.5	0.8	1.0	2.3	1.6	0.9	0.5	88.1	88.6	47.5	36.2	3.4	3.1	3.4	2.3
40 爱沙尼亚	1.6	1.3	1.3	-0.3	-0.1	-1.4	0.0	71.1	69.5	33.5	22.7	17.5	25.2	1.6	1.6
41 波兰	38.1	38.1	37.5	0.3	0.0	0.0	-0.1	61.3	61.2	38.8	20.6	15.5	18.8	1.9	1.3
42 斯洛伐克	5.3	5.4	5.4	0.4	0.0	0.0	0.1	56.5	56.8	39.2	20.9	16.0	16.9	1.9	1.3
43 匈牙利	10.4	10.0	9.8	-0.3	-0.4	0.2	0.1	65.8	68.3	30.5	21.4	20.1	23.8	1.7	1.4
44 智利	13.2	16.6	18.6	1.6	1.0	0.1	0.0	83.3	89.0	46.7	32.5	9.6	13.5	2.6	1.9
45 克罗地亚	4.5	4.4	4.3	0.0	-0.2	0.7	0.0	54.0	57.8	30.1	22.1	16.6	25.6	1.5	1.4
46 立陶宛	3.7	3.4	3.1	0.2	-0.4	-0.5	-0.6	67.6	67.2	33.9	21.2	16.4	23.7	1.8	1.3
47 安提瓜和巴布达	0.1	0.1	0.1	..	..	..	..	35.4	30.3	..	..	..	..	..	..
48 拉脱维亚	2.7	2.3	2.2	-0.3	-0.4	-1.0	-0.1	69.3	68.2	32.1	20.1	17.7	25.4	1.6	1.4
49 阿根廷	32.5	39.5	44.3	1.3	1.0	0.1	0.0	87.0	92.4	50.2	38.6	15.3	16.6	2.9	2.3
50 乌拉圭	3.1	3.3	3.5	0.8	0.6	-0.1	-0.3	89.0	92.5	41.7	35.4	18.7	21.8	2.5	2.1
51 古巴	10.6	11.2	11.2	0.8	0.4	-0.2	-0.3	73.4	75.7	32.8	24.6	12.7	17.5	1.7	1.5
52 巴哈马	0.3	0.3	0.4	1.8	1.1	0.1	0.1	79.8	84.1	51.9	36.8	7.0	10.3	2.6	2.0
53 墨西哥	83.4	107.5	119.7	2.2	1.4	-0.3	-0.5	71.4	77.8	67.4	42.7	7.6	10.0	3.2	2.2
54 哥斯达黎加	3.1	4.5	5.2	2.1	1.3	0.4	0.1	50.7	64.3	60.6	37.1	8.4	9.5	2.9	2.0
55 利比亚	4.4	6.2	7.7	2.0	1.9	0.0	0.1	75.7	77.9	79.7	45.9	4.7	6.6	4.1	2.7
56 阿曼	1.8	2.7	3.5	3.1	1.9	0.2	0.1	66.1	71.7	81.8	46.8	3.6	4.7	6.3	3.1
57 塞舌尔	0.1	0.1	0.1	..	..	..	..	49.3	55.3	..	..	..	..	..	..
58 委内瑞拉	19.7	27.7	33.4	2.2	1.6	0.0	0.0	84.3	94.0	65.3	45.4	6.4	8.7	3.3	2.5
59 沙特阿拉伯	16.3	24.7	31.6	2.9	2.0	-0.6	0.1	76.6	82.1	75.1	49.1	4.1	4.6	5.4	3.2

HDI 位次	总人口（百万）			自然增长率（%）		国际净迁移率(%)		城市人口（占总人口百分比 %）		儿童抚养比		老人赡养比		总和生育率（每名妇女的生育数）	
	1990	2007	2020[b]	1990–1995	2005–2010	1990–1995	2005–2010	1990	2010	1990	2010	1990	2010	1990–1995	2005–2010
60 巴拿马	2.4	3.3	4.0	2.0	1.6	0.1	0.1	53.9	74.8	58.8	45.0	8.4	10.4	2.9	2.6
61 保加利亚	8.8	7.6	7.0	-0.3	-0.5	-0.8	-0.1	66.4	71.7	30.5	19.6	19.7	25.5	1.5	1.4
62 圣基茨和尼维斯	0.0	0.1	0.1	..	..	..	..	34.6	32.4	..	..	..	..	..	..
63 罗马尼亚	23.2	21.5	20.4	0.0	-0.2	-0.5	-0.2	53.2	54.6	35.7	21.8	15.8	21.3	1.5	1.3
64 特立尼达和多巴哥	1.2	1.3	1.4	1.1	0.7	-0.4	-0.3	8.5	13.9	56.8	28.3	9.2	9.5	2.1	1.6
65 黑山	0.6	0.6	0.6	0.7	0.2	0.5	-0.2	48.0	59.5	40.2	28.3	12.7	18.8	1.8	1.6
66 马来西亚	18.1	26.6	32.0	2.3	1.6	0.3	0.1	49.8	72.2	63.5	44.0	6.2	7.3	3.5	2.6
67 塞尔维亚	9.6	9.8	9.8	0.4	0.0	0.9	0.0	50.4	52.4	34.6	25.9	14.3	21.1	2.0	1.6
68 白俄罗斯	10.3	9.7	9.1	0.0	-0.5	0.0	0.0	66.0	74.3	34.8	20.4	16.1	18.6	1.7	1.3
69 圣卢西亚	0.1	0.2	0.2	1.8	1.1	-0.6	-0.1	29.3	28.0	65.4	38.3	13.4	10.1	3.2	2.0
70 阿尔巴尼亚	3.3	3.1	3.3	1.7	0.9	-2.6	-0.5	36.4	48.0	53.0	34.0	8.6	14.4	2.8	1.9
71 俄罗斯联邦	148.1	141.9	135.4	-0.2	-0.4	0.3	0.0	73.4	72.8	34.3	20.8	15.1	17.9	1.5	1.4
72 前南马其顿	1.9	2.0	2.0	0.8	0.2	-0.3	-0.1	57.8	67.9	39.4	25.0	11.2	16.9	2.1	1.4
73 多米尼克	0.1	0.1	0.1	..	..	..	..	67.7	74.6	..	..	..	..	..	..
74 格林纳达	0.1	0.1	0.1	1.7	1.3	-0.9	-1.0	32.2	31.0	73.2	41.9	14.8	10.6	3.5	2.3
75 巴西	149.6	190.1	209.1	1.6	1.0	0.0	0.0	74.8	86.5	58.5	37.7	7.4	10.2	2.6	1.9
76 波斯尼亚和黑塞哥维那	4.3	3.8	3.7	0.3	-0.1	-5.4	-0.1	39.2	48.6	34.7	21.4	8.8	19.6	1.5	1.2
77 哥伦比亚	33.2	44.4	52.3	2.0	1.5	-0.1	-0.1	68.3	75.1	61.8	43.8	7.2	8.6	3.0	2.5
78 秘鲁	21.8	28.5	32.9	2.2	1.6	-0.3	-0.4	68.9	71.6	66.3	46.7	6.9	9.3	3.6	2.6
79 土耳其	56.1	73.0	83.9	1.8	1.2	0.0	0.0	59.2	69.6	60.5	39.0	6.8	8.8	2.9	2.1
80 厄瓜多尔	10.3	13.3	15.4	2.2	1.6	-0.1	-0.5	55.1	66.9	68.5	48.8	7.4	10.6	3.4	2.6
81 毛里求斯	1.1	1.3	1.4	1.5	0.7	-0.1	0.0	43.9	42.6	43.7	31.5	7.1	10.7	2.3	1.8
82 哈萨克斯坦	16.5	15.4	16.7	1.1	0.9	-1.9	-0.1	56.3	58.5	50.2	34.5	9.3	10.0	2.6	2.3
83 黎巴嫩	3.0	4.2	4.6	1.8	0.9	1.4	-0.1	83.1	87.2	60.5	36.4	8.8	10.8	3.0	1.9
中等人类发展水平															
84 亚美尼亚	3.5	3.1	3.2	1.1	0.7	-3.0	-0.5	67.5	63.7	47.4	29.4	8.8	16.1	2.4	1.7
85 乌克兰	51.6	46.3	42.9	-0.2	-0.6	0.0	0.0	66.8	68.1	32.3	19.7	18.3	22.1	1.6	1.3
86 阿塞拜疆	7.2	8.6	9.8	1.8	1.2	-0.3	-0.1	53.7	52.2	55.7	34.4	6.9	9.5	2.9	2.2
87 泰国	56.7	67.0	71.4	1.2	0.6	0.0	0.1	29.4	34.0	45.9	30.3	7.1	10.9	2.1	1.8
88 伊朗	56.7	72.4	83.7	2.2	1.3	-0.4	-0.1	56.3	69.5	86.7	33.4	6.2	6.8	4.0	1.8
89 格鲁吉亚	5.5	4.4	4.0	0.6	0.0	-2.1	-1.2	55.1	52.9	37.2	24.2	14.1	20.7	2.1	1.6
90 多米尼加共和国	7.4	9.8	11.5	2.3	1.7	-0.3	-0.3	55.2	70.5	66.6	49.5	6.6	9.8	3.3	2.7
91 圣文森特和格林纳斯丁	0.1	0.1	0.1	1.7	1.0	-1.5	-0.9	40.6	47.8	67.9	39.7	11.0	10.0	2.9	2.1
92 中国	1,142.1[c]	1,329.1[c]	1,431.2[c]	1.2	0.7	0.0	0.0	27.4	44.9	42.9	27.7	8.3	11.4	2.0	1.8
93 伯利兹	0.2	0.3	0.4	3.1	2.1	-0.1	-0.1	47.5	52.7	82.6	56.3	7.4	6.7	4.3	2.9
94 萨摩亚	0.2	0.2	0.2	2.4	1.8	-1.6	-1.8	21.2	23.4	74.0	68.6	7.1	8.6	4.7	4.0
95 马尔代夫	0.2	0.3	0.4	2.8	1.4	0.0	0.0	25.8	40.5	94.0	39.6	5.2	6.4	5.3	2.1
96 约旦	3.3	5.9	7.5	2.9	2.2	2.7	0.8	72.2	78.5	93.6	54.4	6.3	5.9	5.1	3.1
97 苏里南	0.4	0.5	0.6	1.5	1.2	-0.2	-0.2	68.3	75.6	53.7	44.0	7.6	9.9	2.6	2.4
98 突尼斯	8.2	10.1	11.4	1.8	1.0	-0.1	0.0	57.9	67.3	66.5	32.4	8.0	9.6	3.1	1.9
99 汤加	0.1	0.1	0.1	2.4	2.2	-1.8	-1.7	22.7	25.3	70.1	66.0	8.0	10.3	4.5	4.0
100 牙买加	2.4	2.7	2.8	1.8	1.2	-0.9	-0.7	49.4	53.7	61.2	45.7	12.5	12.2	2.8	2.4
101 巴拉圭	4.2	6.1	7.5	2.6	1.9	-0.1	-0.1	48.7	61.5	75.9	54.7	7.4	8.4	4.3	3.1
102 斯里兰卡	17.3	19.9	21.7	1.4	1.2	-0.3	-0.3	17.2	15.1	51.1	35.7	8.9	11.4	2.5	2.3
103 加蓬	0.9	1.4	1.8	2.7	1.8	0.4	0.1	69.1	86.0	77.9	59.2	10.6	7.2	5.1	3.4
104 阿尔及利亚	25.3	33.9	40.6	2.3	1.6	0.0	-0.1	52.1	66.5	80.6	39.5	6.8	6.8	4.1	2.4
105 菲律宾	62.4	88.7	109.7	2.5	2.0	-0.3	-0.2	48.8	66.4	72.6	53.8	5.8	6.9	4.1	3.1
106 萨尔瓦多	5.3	6.1	6.6	2.3	1.4	-0.9	-0.9	49.2	61.3	75.0	51.5	8.6	12.0	3.7	2.3
107 叙利亚	12.7	20.5	26.5	2.9	2.5	-0.1	0.8	48.9	54.9	98.9	56.1	5.4	5.2	4.9	3.3
108 斐济	0.7	0.8	0.9	2.1	1.5	-0.9	-0.8	41.6	53.4	64.1	48.2	5.3	7.7	3.4	2.8
109 土库曼斯坦	3.7	5.0	5.8	2.4	1.4	0.3	-0.1	45.1	49.5	72.6	43.4	6.8	6.2	4.0	2.5
110 巴勒斯坦被占领土	2.2	4.0	5.8	3.9	3.2	0.0	0.0	67.9	72.1	93.6	84.6	6.8	5.5	6.5	5.1
111 印度尼西亚	177.4	224.7	254.2	1.6	1.2	-0.1	-0.1	30.6	53.7	59.3	39.7	6.3	9.0	2.9	2.2
112 洪都拉斯	4.9	7.2	9.1	3.1	2.3	-0.5	-0.3	40.3	48.8	88.9	62.5	6.6	7.3	4.9	3.3
113 玻利维亚	6.7	9.5	11.6	2.6	2.0	-0.3	-0.2	55.6	66.5	74.0	60.2	6.8	8.0	4.8	3.5
114 圭亚那	0.7	0.8	0.7	1.6	1.0	-1.3	-1.0	29.5	28.5	62.1	45.0	7.8	9.5	2.6	2.3
115 蒙古	2.2	2.6	3.0	2.0	1.2	-1.5	-0.1	57.0	57.5	76.8	36.4	7.4	5.8	3.5	2.0
116 越南	66.2	86.1	98.0	2.2	1.2	-0.2	0.0	20.3	28.8	70.6	36.6	8.4	9.3	3.3	2.1
117 摩尔多瓦	4.4	3.7	3.4	0.4	-0.1	-0.6	-0.9	46.8	41.2	43.8	23.0	13.0	15.4	2.1	1.5
118 赤道几内亚	0.4	0.6	0.9	2.8	2.3	0.7	0.3	34.7	39.7	68.4	72.2	7.6	5.1	5.9	5.4

HDI 位次	总人口(百万) 1990	总人口(百万) 2007	总人口(百万) 2020[b]	自然增长率(%) 1990–1995	自然增长率(%) 2005–2010	国际净迁移率(%) 1990–1995	国际净迁移率(%) 2005–2010	城市人口(占总人口百分比%) 1990	城市人口(占总人口百分比%) 2010	儿童抚养比 1990	儿童抚养比 2010	老人赡养比 1990	老人赡养比 2010	总和生育率(每名妇女的生育数) 1990–1995	总和生育率(每名妇女的生育数) 2005–2010
119 乌兹别克斯坦	20.5	26.9	31.2	2.5	1.4	-0.3	-0.3	40.1	36.9	74.3	42.7	7.3	6.6	3.9	2.3
120 吉尔吉斯斯坦	4.4	5.3	6.2	2.1	1.5	-1.2	-0.3	37.8	36.6	65.4	44.1	8.7	7.7	3.6	2.6
121 佛得角	0.4	0.5	0.6	2.9	1.9	-0.5	-0.5	44.1	61.1	97.8	58.7	9.0	6.8	4.9	2.8
122 危地马拉	8.9	13.4	18.1	3.1	2.8	-0.8	-0.3	41.1	49.5	88.5	76.8	6.6	8.2	5.5	4.2
123 埃及	57.8	80.1	98.6	2.2	1.9	-0.2	-0.1	43.5	42.8	78.4	50.8	6.9	7.3	3.9	2.9
124 尼加拉瓜	4.1	5.6	6.7	2.9	2.0	-0.5	-0.7	52.3	57.3	90.4	56.6	6.2	7.5	4.5	2.8
125 博茨瓦纳	1.4	1.9	2.2	2.5	1.3	0.2	0.2	41.9	61.1	85.9	52.1	5.0	6.1	4.3	2.9
126 瓦努阿图	0.1	0.2	0.3	2.9	2.5	-0.1	0.0	18.7	25.6	83.7	65.4	6.8	5.7	4.8	4.0
127 塔吉克斯坦	5.3	6.7	8.4	2.8	2.2	-1.1	-0.6	31.7	26.5	81.4	60.6	7.2	6.0	4.9	3.5
128 纳米比亚	1.4	2.1	2.6	2.9	1.9	-0.2	0.0	27.7	38.0	82.6	60.7	6.3	6.1	4.9	3.4
129 南非	36.7	49.2	52.7	1.9	0.7	0.5	0.3	52.0	61.7	67.2	46.6	5.5	7.1	3.3	2.6
130 摩洛哥	24.8	31.2	36.2	2.0	1.5	-0.3	-0.3	48.4	56.7	70.6	42.1	6.8	8.1	3.7	2.4
131 圣多美和普林西比	0.1	0.2	0.2	2.8	2.5	-0.8	-0.9	43.6	62.2	95.2	72.2	8.9	6.9	5.2	3.9
132 不丹	0.5	0.7	0.8	2.3	1.4	-3.8	0.3	16.4	36.8	79.2	45.8	6.1	7.5	5.4	2.7
133 老挝	4.2	6.1	7.7	2.8	2.1	-0.1	-0.2	15.4	33.2	82.7	61.9	6.7	6.1	5.8	3.5
134 印度	862.2	1,164.7	1,367.2	2.0	1.4	0.0	0.0	25.5	30.1	64.9	47.9	6.6	7.7	3.9	2.8
135 所罗门群岛	0.3	0.5	0.7	2.9	2.5	0.0	0.0	13.7	18.6	87.6	66.4	5.8	5.4	5.5	3.9
136 刚果共和国	2.4	3.6	4.7	2.7	2.2	-0.1	-0.3	54.3	62.1	84.1	71.8	7.2	6.8	5.2	4.4
137 柬埔寨	9.7	14.3	17.7	2.9	1.6	0.3	0.0	12.6	22.8	84.8	51.0	5.2	5.6	5.5	3.0
138 缅甸	40.8	49.1	55.5	1.5	1.1	-0.1	-0.2	24.9	33.9	62.6	39.1	8.4	8.1	3.1	2.3
139 科摩罗	0.4	0.6	0.8	2.5	2.6	-0.1	-0.3	27.9	28.2	91.1	64.7	5.9	5.2	5.1	4.0
140 也门	12.3	22.3	31.6	3.7	3.0	0.9	-0.1	20.9	31.8	111.8	79.8	4.2	4.4	7.7	5.3
141 巴基斯坦	115.8	173.2	226.2	2.8	2.3	-0.4	-0.2	30.6	37.0	82.1	61.7	7.0	6.9	5.7	4.0
142 斯威士兰	0.9	1.2	1.4	3.1	1.4	-0.8	-0.1	22.9	25.5	97.8	67.1	5.5	5.9	5.3	3.6
143 安哥拉	10.7	17.6	24.5	3.0	2.6	0.2	0.1	37.1	58.5	95.3	84.5	5.2	4.7	7.1	5.8
144 尼泊尔	19.1	28.3	35.3	2.6	1.9	-0.1	-0.1	8.9	18.2	78.1	59.8	5.9	6.8	4.9	2.9
145 马达加斯加	11.3	18.6	25.7	3.0	2.7	0.0	0.0	23.6	30.2	85.7	78.0	6.1	5.6	6.1	4.8
146 孟加拉国	115.6	157.8	185.6	2.1	1.5	-0.1	-0.1	19.8	28.1	79.8	47.4	5.6	6.1	4.0	2.4
147 肯尼亚	23.4	37.8	52.0	3.0	2.7	0.2	-0.1	18.2	22.2	101.2	78.5	5.6	4.8	5.6	5.0
148 巴布亚新几内亚	4.1	6.4	8.5	2.6	2.4	0.0	0.0	15.0	12.5	74.4	68.0	3.9	4.3	4.7	4.1
149 海地	7.1	9.7	11.7	2.4	1.9	-0.4	-0.3	28.5	49.6	81.3	60.2	7.2	7.3	5.2	3.5
150 苏丹	27.1	40.4	52.3	2.7	2.1	-0.1	0.1	26.6	45.2	83.1	67.0	5.7	6.4	5.8	4.2
151 坦桑尼亚	25.5	41.3	59.6	2.8	3.0	0.4	-0.1	18.9	26.4	89.5	85.8	5.2	6.0	6.1	5.6
152 加纳	15.0	22.9	29.6	2.8	2.1	0.0	0.0	36.4	51.5	83.4	65.5	5.7	6.3	5.3	4.3
153 喀麦隆	12.2	18.7	24.3	2.8	2.3	0.0	0.0	40.7	58.4	88.7	73.2	7.0	6.4	5.7	4.7
154 毛里塔尼亚	2.0	3.1	4.1	2.8	2.3	-0.1	0.1	39.7	41.4	84.5	67.5	5.2	4.6	5.7	4.5
155 吉布提	0.6	0.8	1.0	2.7	1.8	-0.5	0.0	75.7	88.1	82.1	58.2	4.5	5.4	5.9	3.9
156 莱索托	1.6	2.0	2.2	2.5	1.2	-1.0	-0.4	14.0	26.9	88.6	67.9	8.5	8.4	4.7	3.4
157 乌干达	17.7	30.6	46.3	3.2	3.3	0.1	-0.1	11.1	13.3	97.7	99.9	5.5	5.2	7.1	6.4
158 尼日利亚	97.3	147.7	193.3	2.5	2.4	0.0	0.0	35.3	49.8	89.2	77.7	5.7	5.8	6.4	5.3
低人类发展水平															
159 多哥	3.9	6.3	8.4	3.0	2.5	-0.6	0.0	30.1	43.4	90.2	69.5	6.1	6.3	6.0	4.3
160 马拉维	9.5	14.4	20.5	3.3	2.8	-1.9	0.0	11.6	19.8	92.4	90.1	5.3	6.1	6.8	5.6
161 贝宁	4.8	8.4	12.2	3.1	3.0	0.4	0.1	34.5	42.0	89.4	79.7	7.0	6.1	6.6	5.5
162 东帝汶	0.7	1.1	1.6	2.7	3.1	0.0	0.2	20.8	28.1	68.7	85.4	3.5	5.8	5.7	6.5
163 科特迪瓦	12.6	20.1	27.0	2.9	2.4	0.5	-0.1	39.7	50.1	85.1	72.6	5.2	7.0	5.9	4.6
164 赞比亚	7.9	12.3	16.9	2.8	2.6	0.0	-0.1	39.4	35.7	88.6	91.0	5.4	6.0	6.3	5.9
165 厄立特里亚	3.2	4.8	6.7	2.6	2.9	-2.3	0.2	15.8	21.6	90.7	74.1	5.1	4.5	6.1	4.7
166 塞内加尔	7.5	11.9	16.2	3.0	2.8	-0.2	-0.2	39.0	42.9	92.3	79.8	4.9	4.4	6.5	5.0
167 卢旺达	7.2	9.5	13.2	-0.1	2.6	-5.3	0.0	5.4	18.9	102.1	76.8	5.4	4.5	6.2	5.4
168 冈比亚	0.9	1.6	2.2	2.9	2.6	0.9	0.2	38.3	58.1	79.0	76.4	5.0	5.2	6.0	5.1
169 利比里亚	2.2	3.6	5.3	2.9	2.8	-5.1	1.3	45.3	61.5	87.0	78.2	5.7	5.7	6.4	5.1
170 几内亚	6.1	9.6	13.5	2.9	2.9	1.0	-0.6	28.0	35.4	85.4	78.8	6.2	6.1	6.6	5.5
171 埃塞俄比亚	48.3	78.6	108.0	3.0	2.7	0.3	-0.1	12.6	17.6	86.5	80.5	5.5	6.0	7.0	5.4
172 莫桑比克	13.5	21.9	28.5	2.4	2.3	0.9	0.0	21.1	38.4	92.7	83.0	6.4	6.2	6.1	5.1
173 几内亚比绍	1.0	1.5	2.1	2.3	2.4	0.4	-0.2	28.1	30.0	74.7	79.0	6.5	6.4	5.9	5.7
174 布隆迪	5.7	7.8	10.3	2.5	2.1	-0.8	0.8	6.3	11.0	87.9	63.9	6.0	4.7	6.5	4.7
175 乍得	6.1	10.6	14.9	3.1	2.9	0.0	-0.1	20.8	27.6	90.7	88.4	6.7	5.5	6.6	6.2
176 刚果民主共和国	37.0	62.5	87.6	3.3	2.8	0.6	0.0	27.8	35.2	94.1	91.0	5.5	5.2	7.1	6.1
177 布基纳法索	8.8	14.7	21.9	3.0	3.5	-0.3	-0.1	13.8	20.4	94.6	90.0	5.1	3.9	6.7	5.9

人口统计趋势

HDI 位次	总人口 (百万)			自然增长率 (%)		国际净迁移率(%)		城市人口 (占总人口百分比 %)		儿童抚养比		老人赡养比		总和生育率 (每名妇女的生育数)	
	1990	2007	2020[b]	1990–1995	2005–2010	1990–1995	2005–2010	1990	2010	1990	2010	1990	2010	1990–1995	2005–2010
178 马里	8.7	12.4	16.8	2.5	2.7	-0.6	-0.3	23.3	33.3	86.2	82.2	5.4	4.3	6.3	5.5
179 中非共和国	2.9	4.3	5.3	2.4	1.9	0.2	0.0	36.8	38.9	81.4	72.3	7.5	6.9	5.7	4.8
180 塞拉利昂	4.1	5.4	7.3	1.8	2.4	-2.2	0.2	32.9	38.4	77.2	79.5	5.1	3.4	5.5	5.2
181 阿富汗	12.6	26.3	39.6	2.9	2.7	4.3	0.7	18.3	24.8	89.5	88.5	4.5	4.3	8.0	6.6
182 尼日尔	7.9	14.1	22.9	3.3	3.9	0.0	0.0	15.4	16.7	100.7	104.7	4.1	4.1	7.8	7.1
联合国其他成员国															
伊拉克	18.1	29.5	40.2	3.1	2.6	-0.2	-0.4	69.7	66.4	89.0	72.5	6.6	5.8	5.8	4.1
基里巴斯	0.1	0.1	0.1	..	..	..	..	35.0	44.0	..	..	..	..	..	..
朝鲜	20.1	23.7	24.8	1.5	0.4	0.0	0.0	58.4	63.4	37.9	30.6	6.8	14.2	2.4	1.9
马绍尔群岛	0.0	0.1	0.1	..	..	..	..	65.1	71.8	..	..	..	..	..	..
密克罗尼西亚联邦	0.1	0.1	0.1	2.6	1.9	-0.4	-1.6	25.8	22.7	84.3	61.2	6.8	6.1	4.8	3.6
摩纳哥	0.0	0.0	0.0	..	..	..	..	100.0	100.0	..	..	..	..	..	..
瑙鲁	0.0	0.0	0.0	..	..	..	..	100.0	100.0	..	..	..	..	..	..
帕劳	0.0	0.0	0.0	..	..	..	..	69.6	82.7	..	..	..	..	..	..
圣马力诺	0.0	0.0	0.0	..	..	..	..	90.4	94.3	..	..	..	..	..	..
索马里	6.6	8.7	12.2	2.5	2.8	-2.7	-0.6	29.7	37.4	84.5	85.7	5.6	5.2	6.5	6.4
图瓦卢	0.0	0.0	0.0	..	..	..	..	40.7	50.4	..	..	..	..	..	..
津巴布韦	10.5	12.4	15.6	2.6	1.4	-0.3	-1.1	29.0	38.3	90.3	70.0	5.8	7.3	4.8	3.5
阿拉伯国家	638.6[T]	964.5[T]	1,276.1[T]	2.6[d]	2.3[d]	-0.1[d]	-0.1[d]	4.6	4.6	85.5[d]	71.5[d]	5.9[d]	6.1[d]	5.6[d]	4.6[d]
中东欧和独联体	3,178.8[T]	4,029.3[T]	4,596.3[T]	1.7[d]	1.2[d]	0.0[d]	0.0[d]	2.4	2.4	55.2[d]	39.0[d]	7.8[d]	10.0[d]	3.0[d]	2.4[d]
东亚和太平洋地区	720.8[T]	730.7[T]	732.8[T]	0.0[d]	-0.1[d]	0.1[d]	0.2[d]	1.5	1.5	30.7[d]	22.5[d]	19.1[d]	23.8[d]	1.6[d]	1.5[d]
拉丁美洲和加勒比地区	442.3[T]	569.7[T]	645.5[T]	1.9[d]	1.3[d]	-0.1[d]	-0.2[d]	2.3	2.3	61.4[d]	42.3[d]	8.3[d]	10.6[d]	3.0[d]	2.3[d]
南亚	282.7[T]	341.7[T]	383.4[T]	0.7[d]	0.6[d]	0.5[d]	0.4[d]	2.0	2.0	32.7[d]	29.6[d]	18.5[d]	19.5[d]	2.0[d]	2.0[d]
撒哈拉以南非洲	26.9[T]	34.5[T]	40.3[T]	1.2[d]	1.0[d]	0.3[d]	0.3[d]	2.4	2.4	41.4[d]	37.2[d]	14.3[d]	16.6[d]	2.5[d]	2.4[d]
经合组织	1,048.6[T]	1,189.0[T]	1,269.7[T]	0.6	0.4	0.2	0.2	71.8	76.8	34.6	27.7	17.5	22.1	1.9	1.8
欧盟（EU27）	471.6[T]	493.2[T]	505.3[T]	0.1	0.0	0.2	0.3	71.5	74.0	29.1	23.2	20.8	26.2	1.6	1.5
海湾合作委员会	23.1[T]	36.5[T]	47.1[T]	2.7	1.8	-0.5	0.7	78.5	82.8	70.2	43.1	3.6	3.9	5.1	2.9
极高人类发展水平	877.3[T]	986.5[T]	1,051.0[T]	0.4	0.3	0.3	0.3	73.7	78.4	29.8	25.5	19.0	24.3	1.7	1.7
极高人类发展水平：OECD国家	855.4[T]	954.9[T]	1,013.4[T]	0.4	0.3	0.3	0.3	73.3	78.0	29.6	25.5	19.2	24.7	1.7	1.7
极高人类发展水平：非OECD国家	22.0[T]	31.6[T]	37.6[T]	1.2	0.8	0.9	1.2	88.5	89.7	40.1	26.4	10.5	12.4	2.2	1.8
高人类发展水平	784.2[T]	918.4[T]	996.0[T]	1.2	0.8	-0.1	-0.1	69.4	76.5	51.4	35.0	10.6	12.7	2.5	2.0
中等人类发展水平	3,388.5[T]	4,380.5[T]	5,090.6[T]	1.8	1.3	-0.1	-0.1	30.3	41.1	61.0	44.3	7.3	8.8	3.3	2.6
低人类发展水平	240.2[T]	385.1[T]	536.8[T]	2.9	2.7	0.1	0.0	22.7	29.7	89.9	83.6	5.5	5.5	6.7	5.6
世界	5,290.5[Td]	6,670.8[Td]	7,674.3[Td]	1.5[d]	1.2[d]	0.0[d]	0.0[d]	2.6	2.6	53.8[d]	41.2[d]	10.0[d]	11.6[d]	3.1[d]	2.6[d]

注

a 由于数据基于各国对城市或市政区域的构成的定义，进行跨国比较时应谨慎。

b 为中位变差预测值。

c 人口估计数包括中国台湾省。

d 数据为合计数，来自原始数据来源。

资料来源

第 1—7、10—15 列：UN（2009e）。

第 8、9 列：UN（2008c）。

经济和不平等

M

HDI 位次	GDP 10亿美元 2007	GDP 10亿PPP美元 2007	人均GDP 美元 2007	人均GDP 不变价格年均增长率 (%) 1990–2007	人均GDP 1980–2007年间的最高值 2007 PPP美元[a]	人均GDP 最高值年份	消费者价格指数年均变化率 (%) 1990–2007	消费者价格指数年均变化率 (%) 2006–2007	收入或支出比例[b] (%) 最贫困的10%	收入或支出比例[b] (%) 最富裕的10%	不平等测量 最富裕的10%与最贫困的10%的比率[c]	不平等测量 基尼系数[d]
极高人类发展水平												
1 挪威	388.4	251.6	82,480	2.6	53,433	2007	2.1	0.7	3.9[e]	23.4[e]	6.1	25.8
2 澳大利亚	821.0	733.9	39,066	2.4	34,923	2007	2.5	2.3	2.0[e]	25.4[e]	12.5	35.2
3 冰岛	20.0	11.1	64,190	2.5	35,742	2007	3.5	5.1	..	..	..	..
4 加拿大	1,329.9	1,180.9	40,329	2.2	35,812	2007	2.0	2.1	2.6[e]	24.8[e]	9.4	32.6
5 爱尔兰	259.0	194.8	59,324	5.8	44,613	2007	3.0	4.9	2.9[e]	27.2[e]	9.4	34.3
6 荷兰	765.8	633.9	46,750	2.1	38,694	2007	2.4	1.6	2.5[e]	22.9[e]	9.2	30.9
7 瑞典	454.3	335.8	49,662	2.3	36,712	2007	1.5	2.2	3.6[e]	22.2[e]	6.2	25.0
8 法国	2,589.8	2,078.0	41,970	1.6	33,674	2007	1.6	1.5	2.8[e]	25.1[e]	9.1	32.7
9 瑞士	424.4	307.0	56,207	0.8	40,658	2007	1.2	0.7	2.9[e]	25.9[e]	9.0	33.7
10 日本	4,384.3	4,297.2	34,313	1.0	33,632	2007	0.2	0.1	4.8[e]	21.7[e]	4.5	24.9
11 卢森堡	49.5	38.2	103,042	3.3	79,485	2007	2.1	2.3	3.5[e]	23.8[e]	6.8	30.8
12 芬兰	244.7	182.6	46,261	2.8	34,526	2007	1.5	2.5	4.0[e]	22.6[e]	5.6	26.9
13 美国	13,751.4	13,751.4	45,592	2.0	45,592	2007	2.6	2.9	1.9[e]	29.9[e]	15.9	40.8
14 奥地利	373.2	310.7	44,879	1.8	37,370	2007	2.0	2.2	3.3[e]	23.0[e]	6.9	29.1
15 西班牙	1,436.9	1,416.4	32,017	2.4	31,560	2007	3.4	2.8	2.6[e]	26.6[e]	10.3	34.7
16 丹麦	311.6	197.3	57,051	1.9	36,130	2007	2.1	1.7	2.6[e]	21.3[e]	8.1	24.7
17 比利时	452.8	371.2	42,609	1.8	34,935	2007	1.9	1.8	3.4[e]	28.1[e]	8.2	33.0
18 意大利	2,101.6	1,802.2	35,396	1.2	30,353	2007	2.9	1.8	2.3[e]	26.8[e]	11.6	36.0
19 列支敦士登	..	..	..	..	..	..	..	..	..	..	..	..
20 新西兰	135.7	115.6	32,086	2.1	27,336	2007	2.0	2.4	2.2[e]	27.8[e]	12.5	36.2
21 英国	2,772.0	2,143.0	45,442	2.4	35,130	2007	2.7	4.3	2.1[e]	28.5[e]	13.8	36.0
22 德国	3,317.4	2,830.1	40,324	1.4	34,401	2007	1.7	2.1	3.2[e]	22.1[e]	6.9	28.3
23 新加坡	161.3	228.1	35,163	3.8	49,704	2007	1.2	2.1	1.9[e]	32.8[e]	17.7	42.5
24 中国香港	207.2	293.0	29,912	2.4	42,306	2007	2.0	2.0	2.0[e]	34.9[e]	17.8	43.4
25 希腊	313.4	319.2	27,995	2.7	28,517	2007	5.9	2.9	2.5[e]	26.0[e]	10.2	34.3
26 韩国	969.8	1,201.8	20,014	4.5	24,801	2007	4.0	2.5	2.9[e]	22.5[e]	7.8	31.6
27 以色列	164.0	188.9	22,835	1.7	26,315	2007	5.7	0.5	2.1[e]	28.8[e]	13.4	39.2
28 安道尔	..	..	..	..	..	..	..	..	..	..	..	..
29 斯洛文尼亚	47.2	54.0	23,379	3.5	26,753[f]	2007	8.2	3.6	3.4[g]	24.6[g]	7.3	31.2
30 文莱	11.5[h]	19.5	30,032[h]	-0.3	83,688	1980	1.2[f]	0.1[h]	..	..	..	..
31 科威特	112.1	121.1[h]	42,102	1.8	47,812[f]	2006	2.0	5.5	..	..	..	..
32 塞浦路斯	21.3	21.2	24,895	2.5	24,789	2007	3.2	2.4	..	..	..	..
33 卡塔尔	52.7	56.3	64,193[h]	..	..	..	3.4	13.8	..	..	..	..
34 葡萄牙	222.8	241.5	20,998	1.9	22,765	2007	3.6	2.8	2.0[e]	29.8[e]	15.0	38.5
35 阿拉伯联合酋长国	163.3	226.1	38,436[h]	-0.1	101,057[f]	1980	..	..	..	..	..	..
36 捷克	175.0	249.5	16,934	2.4	24,144[f]	2007	4.6	2.9	4.3[e]	22.7[e]	5.3	25.8
37 巴巴多斯	3.0[h]	5.0[h]	10,427[h]	..	..	..	2.5	4.0	..	..	..	..
38 马耳他	7.4	9.4	18,203	2.6	23,080	2007	2.7	1.3	..	..	..	..
高人类发展水平												
39 巴林	15.8[h]	20.3[h]	21,421[h]	2.4	29,723[f]	2005	0.5	-5.5	..	..	..	..
40 爱沙尼亚	20.9	27.3	15,578	5.3	20,361	2007	10.3	6.6	2.7[g]	27.7[g]	10.4	36.0
41 波兰	422.1	609.4	11,072	4.4	15,987[f]	2007	13.6	2.4	3.0[g]	27.2[g]	9.0	34.9
42 斯洛伐克	75.0	108.4	13,891	3.4	20,076[f]	2007	7.3	2.8	3.1[e]	20.8[e]	6.8	25.8
43 匈牙利	138.4	188.6	13,766	3.3	18,755	2007	13.4	7.9	3.5[g]	24.1[g]	6.8	30.0
44 智利	163.9	230.3	9,878	3.7	13,880	2007	5.7	4.4	1.6[e]	41.7[e]	26.2	52.0
45 克罗地亚	51.3	71.1	11,559	3.0	16,027[f]	2007	32.4	2.9	3.6[g]	23.1[g]	6.4	29.0
46 立陶宛	38.3	59.3	11,356	3.0	17,575[f]	2007	11.8	5.7	2.7[g]	27.4[g]	10.3	35.8
47 安提瓜和巴布达	1.0[h]	1.6[h]	11,664[h]	1.8	19,085	2006	..	..	..	..	..	..
48 拉脱维亚	27.2	37.3	11,930	4.7	16,377	2007	13.3	10.1	2.7[g]	27.4[g]	10.3	35.7
49 阿根廷	262.5	522.9	6,644	1.5	13,238	2007	7.3	8.8	1.2[e]	37.3[e]	31.6	50.0
50 乌拉圭	23.1	37.3	6,960	1.5	11,216	2007	19.7	8.1	1.7[e]	34.8[e]	20.1	46.2
51 古巴	..	..	..	..	..	..	..	..	..	..	..	..
52 巴哈马	6.6	..	19,844	..	..	..	1.9	2.5	..	..	..	..
53 墨西哥	1,022.8	1,484.9	9,715	1.6	14,104	2007	13.2	4.0	1.8[g]	37.9[g]	21.0	48.1
54 哥斯达黎加	26.3	48.4	5,887	2.6	10,842	2007	13.1	9.4	1.5[e]	35.5[e]	23.4	47.2
55 利比亚	58.3	88.4	9,475	..	..	..	1.2[f]	3.4[h]	..	..	..	..
56 阿曼	35.7	56.6	14,031[h]	2.3	22,816[f]	2006	..	6.0	..	..	..	..
57 塞舌尔	0.7	1.4	8,560	1.4	16,771	2000	2.5	5.3	..	..	..	..
58 委内瑞拉	228.1	334.1	8,299	-0.2	12,233	1980	34.3	18.7	1.7[e]	32.7[e]	18.8	43.4
59 沙特阿拉伯	381.7	554.1	15,800	0.3	36,637	1980	0.5	4.2	..	..	..	..

经济和不平等

HDI 位次	GDP 10亿美元 2007	GDP 10亿PPP美元 2007	人均GDP 美元 2007	人均GDP 不变价格年均增长率 (%) 1990–2007	人均GDP 1980–2007年间的最高值 2007 PPP美元[a]	人均GDP 最高值年份	消费者价格指数年均变化率 (%) 1990–2007	消费者价格指数年均变化率 (%) 2006–2007	收入或支出比例[b] (%) 最贫困的10%	收入或支出比例[b] (%) 最富裕的10%	不平等测量 最富裕的10%与最贫困的10%的比率[c]	不平等测量 基尼系数[d]
60 巴拿马	19.5	38.1	5,833	2.6	11,391	2007	1.1	4.2	0.8[e]	41.4[e]	49.9	54.9
61 保加利亚	39.5	86.0	5,163	2.3	11,222	2007	55.7	8.4	3.5[g]	23.8[g]	6.9	29.2
62 圣基茨和尼维斯	0.5	0.7	10,795	2.8	14,481	2007	3.2	4.4	..	..	..	..
63 罗马尼亚	166.0	266.5	7,703	2.3	12,369	2007	56.4	4.8	3.3[g]	25.3[g]	7.6	31.5
64 特立尼达和多巴哥	20.9	31.3	15,668	5.0	23,507	2007	5.2	7.9	2.1[e]	29.9[e]	14.4	40.3
65 黑山	3.5	7.0	5,804	3.8	11,699[f]	2007	..	..	..	..	..	..
66 马来西亚	186.7	358.9	7,033	3.4	13,518	2007	2.8	2.0	2.6[e]	28.5[e]	11.0	37.9
67 塞尔维亚	40.1	75.6	5,435	0.0	13,137[f]	1990	36.4	6.4	..	..	..	..
68 白俄罗斯	44.8	105.2	4,615	3.4	10,841[f]	2007	114.2	8.4	3.6[g]	22.0[g]	6.1	27.9
69 圣卢西亚	1.0	1.6	5,834	1.3	9,786	2007	2.6	2.5	2.0[e]	32.5[e]	16.2	42.6
70 阿尔巴尼亚	10.8	22.4	3,405	5.2	7,041	2007	13.0	2.9	3.2[g]	25.9[g]	8.0	33.0
71 俄罗斯联邦	1,290.1	2,087.4	9,079	1.2	14,690[f]	2007	44.4	9.0	2.6[g]	28.4[g]	11.0	37.5
72 前南马其顿	7.7	18.5	3,767	0.4	9,096[f]	2007	4.8	3.5	2.4[g]	29.5[g]	12.4	39.0
73 多米尼克	0.3[h]	0.6[h]	..	1.4	7,893[f]	2006	1.6	3.1	..	..	..	..
74 格林纳达	0.6	0.8	5,724	2.4	7,557	2005	2.1	4.2	..	..	..	..
75 巴西	1,313.4	1,833.0	6,855	1.2	9,567	2007	67.6	3.6	1.1[e]	43.0[e]	40.6	55.0
76 波斯尼亚和黑塞哥维那	15.1	29.3	4,014	11.2	7,764[f]	2007	..	..	2.8	27.4[g]	9.9	35.8
77 哥伦比亚	207.8	377.7	4,724	1.2	8,587	2007	13.6	5.4	0.8	45.9[e]	60.4	58.5
78 秘鲁	107.3	218.6	3,846	2.7	7,836	2007	12.5	1.8	1.5	37.9[e]	26.1	49.6
79 土耳其	655.9	957.2	8,877	2.2	12,955	2007	56.5	8.8	1.9	33.2[g]	17.4	43.2
80 厄瓜多尔	44.5	99.4	3,335	1.2	7,449	2007	30.1	2.3	1.2	43.3[e]	35.2	54.4
81 毛里求斯	6.8	14.2	5,383	3.7	11,296	2007	6.2	8.8	..	..	..	..
82 哈萨克斯坦	104.9	168.2	6,772	3.2	10,863[f]	2007	24.3	10.8	3.1	25.9[g]	8.5	33.9
83 黎巴嫩	24.4	41.4	5,944	2.4	10,137[f]	2004	..	..	..	..	..	..
中等人类发展水平												
84 亚美尼亚	9.2	17.1	3,059	5.8	5,693[f]	2007	21.1	4.4	3.7	28.9[g]	7.9	33.8
85 乌克兰	141.2	321.5	3,035	-0.7	9,137[f]	1989	50.6	12.8	3.8	22.5[g]	6.0	28.2
86 阿塞拜疆	31.2	67.2	3,652	2.9	7,851[f]	2007	52.1	16.7	6.1	17.5[g]	2.9	36.5
87 泰国	245.4	519.2	3,844	2.9	8,135	2007	3.6	2.2	2.6	33.7[g]	13.1	42.5
88 伊朗	286.1	778.0	4,028	2.5	10,955	2007	20.1	17.2	2.6	29.6[g]	11.6	38.3
89 格鲁吉亚	10.2	20.5	2,313	1.8	7,604	1985	11.4	9.2	1.9	30.6[g]	15.9	40.8
90 多米尼加共和国	36.7	65.2	3,772	3.8	6,706	2007	11.0	6.1	1.5	38.7[e]	25.3	50.0
91 圣文森特和格林纳斯丁	0.6	0.9	4,596	3.0	7,691	2007	1.9	7.0	..	..	..	..
92 中国	3,205.5	7,096.7	2,432	8.9	5,383	2007	4.4	4.8	2.4	31.4[g]	13.2	41.5
93 伯利兹	1.3	2.0	4,200	2.3	6,796	2006	1.9	2.3	..	..	..	..
94 萨摩亚	0.5	0.8	2,894	2.9	4,467[f]	2007	4.1	5.6	..	..	..	..
95 马尔代夫	1.1	1.6	3,456	5.1	5,196[f]	2007	..	7.4	..	..	..	..
96 约旦	15.8	28.0	2,769	2.0	4,901	2007	2.9	5.4	3.0	30.7[g]	10.2	37.7
97 苏里南	2.2	3.6	4,896	1.8	7,813	2007	50.4	6.7	1.0	40.0[e]	40.4	52.9
98 突尼斯	35.0	76.9	3,425	3.4	7,520	2007	3.5	3.1	2.4	31.6[g]	13.3	40.8
99 汤加	0.3	0.4	2,474	1.7	3,772[f]	2006	5.7	5.9	..	..	..	..
100 牙买加	11.4	16.3	4,272	0.6	6,587	2006	15.4	9.3	2.1	35.6[g]	17.0	45.5
101 巴拉圭	12.2	27.1	1,997	-0.3	4,631	1981	10.7	8.1	1.1	42.3[e]	38.8	53.2
102 斯里兰卡	32.3	84.9	1,616	3.9	4,243	2007	9.6	15.8	2.9	33.3[g]	11.7	41.1
103 加蓬	11.6	20.2	8,696	-0.7	18,600	1984	2.7	5.0	2.5	32.7[g]	13.3	41.5
104 阿尔及利亚	135.3	262.0	3,996	1.4	7,740	2007	9.2	3.5	2.8	26.9[g]	9.6	35.3
105 菲律宾	144.1	299.4	1,639	1.7	3,406	2007	6.4	2.8	2.4	33.9[g]	14.1	44.0
106 萨尔瓦多	20.4	39.8	2,973	1.8	5,804	2007	5.5	4.6	1.0	37.0[e]	38.6	49.7
107 叙利亚	37.7	89.7	1,898	1.5	4,511	2007	4.1	3.9	..	..	..	..
108 斐济	3.4	3.6	4,113	1.6	4,632	2006	3.0	4.8	..	..	..	..
109 土库曼斯坦	12.9	22.6	2,606	..	..	..	..	..	2.5	31.8[g]	12.9	40.8
110 巴勒斯坦被占领土	4.0	..	1,160[h]	..	..	..	4.1[f]	3.5	..	..	..	..
111 印度尼西亚	432.8	837.6	1,918	2.3	3,712	2007	12.8	6.4	3.0	32.3[g]	10.8	39.4
112 洪都拉斯	12.2	27.0	1,722	1.5	3,796	2007	16.2	6.9	0.7	42.2[e]	59.4	55.3
113 玻利维亚	13.1	40.0	1,379	1.3	4,206	2007	5.9	8.7	0.5	44.1[g]	93.9	58.2
114 圭亚那	1.1	2.1	1,462	2.9	2,782	2007	5.8	12.3	1.3	34.0[e]	25.5	44.6
115 蒙古	3.9	8.4	1,507	2.2	3,236[f]	2007	17.2	9.0	2.9	24.9[g]	8.6	33.0
116 越南	68.6	221.4	806	6.0	2,600[f]	2007	4.1	8.9	3.1	29.8[g]	9.7	37.8
117 摩尔多瓦	4.4	9.7	1,156	-1.3	4,208	1989	15.6	12.4	3.0	28.2[g]	9.4	35.6
118 赤道几内亚	9.9	15.5	19,552	21.1	30,627[f]	2007	7.6	..	..	..	..	..

HDI 位次	GDP 10亿美元 2007	GDP 10亿PPP美元 2007	人均GDP 美元 2007	人均GDP 不变价格年均增长率 (%) 1990–2007	人均GDP 1980–2007年间的最高值 2007 PPP美元[a]	人均GDP 最高值年份	消费者价格指数年均变化率 (%) 1990–2007	消费者价格指数年均变化率 (%) 2006–2007	收入或支出比例[b] (%) 最贫困的10%	收入或支出比例[b] (%) 最富裕的10%	不平等测量 最富裕的10%与最贫困的10%的比率[c]	不平等测量 基尼系数[d]
119 乌兹别克斯坦	22.3	65.1	830	1.2	2,425[f]	2007	..	..	2.9	29.5[g]	10.3	36.7
120 吉尔吉斯斯坦	3.7	10.5	715	-0.4	2,652[f]	1990	11.3	10.2	3.6	25.9[g]	7.3	32.9
121 佛得角	1.4	1.6	2,705	3.3	3,041[f]	2007	3.5	4.4	1.9	40.6[g]	21.6	50.5
122 危地马拉	33.9	60.9	2,536	1.4	4,562	2007	8.3	6.5	1.3	42.4[e]	33.9	53.7
123 埃及	130.5	403.7	1,729	2.5	5,349	2007	6.5	9.3	3.9	27.6[g]	7.2	32.1
124 尼加拉瓜	5.7	14.4	1,022	1.9	2,955	1981	..	11.1	1.4	41.8[e]	31.0	52.3
125 博茨瓦纳	12.3	25.6	6,544	4.3	13,604	2007	9.1	7.1	1.3	51.2[g]	40.0	61.0
126 瓦努阿图	0.5	0.8	2,001	-0.4	3,877	1998	2.5	4.0	..	..	..	..
127 塔吉克斯坦	3.7	11.8	551	-2.2	3,685[f]	1988	..	13.1	3.2	26.4[g]	8.2	33.6
128 纳米比亚	7.0	10.7	3,372	1.8	5,155	2007	..	6.7	0.6	65.0[e]	106.6	74.3
129 南非	283.0	466.9	5,914	1.0	9,757	2007	7.0	7.1	1.3	44.9[g]	35.1	57.8
130 摩洛哥	75.1	126.8	2,434	2.0	4,108	2007	2.6	2.0	2.7	33.2[g]	12.5	40.9
131 圣多美和普林西比	0.1	0.3	916	..	..	..	..	..	..	..	..	..
132 不丹	1.1	3.2	1,668	5.2	4,837	2007	6.6	5.2	2.3	37.6[g]	16.3	46.8
133 老挝	4.1	12.7	701	4.2	2,165[f]	2007	25.7	4.5	3.7	27.0[g]	7.3	32.6
134 印度	1,176.9	3,096.9	1,046	4.5	2,753	2007	6.8	6.4	3.6	31.1[g]	8.6	36.8
135 所罗门群岛	0.4	0.9	784	-1.5	2,149	1995	9.5	7.7	..	..	..	..
136 刚果共和国	7.6	13.2	2,030	-0.2	4,496	1984	5.9	2.7	2.1	37.1[g]	17.8	47.3
137 柬埔寨	8.3	26.0	578	6.2	1,802[f]	2007	3.9	5.9	3.0	34.2[g]	11.5	40.7
138 缅甸	..	41.0	..	6.8	904[f]	2005	24.6	35.0	..	..	..	..
139 科摩罗	0.4	0.7	714	-0.4	1,361	1984	..	..	0.9	55.2[g]	60.6	64.3
140 也门	22.5	52.3	1,006	1.6	2,335[f]	2007	17.6	10.0	2.9	30.8[g]	10.6	37.7
141 巴基斯坦	142.9	405.6	879	1.6	2,496	2007	7.3	7.6	3.9	26.5[g]	6.7	31.2
142 斯威士兰	2.9	5.5	2,521	0.9	4,789	2007	8.5[f]	5.3	1.8	40.8[g]	22.4	50.7
143 安哥拉	61.4	91.3	3,623	2.9	5,385[f]	2007	308.1	12.2	0.6	44.7[g]	74.6	58.6
144 尼泊尔	10.3	29.5	367	1.9	1,049	2007	6.5	6.1	2.7	40.4[g]	14.8	47.3
145 马达加斯加	7.4	18.3	375	-0.4	1,297	1980	14.0	10.3	2.6	41.5[g]	15.9	47.2
146 孟加拉国	68.4	196.7	431	3.1	1,241	2007	5.4	9.1	4.3	26.6[g]	6.2	31.0
147 肯尼亚	24.2	57.9	645	0.0	1,542	2007	11.2	9.8	1.8	37.8[g]	21.3	47.7
148 巴布亚新几内亚	6.3	13.2	990	-0.6	2,551	1994	9.4	0.9	1.9	40.9[g]	21.5	50.9
149 海地	6.7	11.1	699	-2.1	2,258	1980	19.1	8.5	0.9	47.8[e]	54.4	59.5
150 苏丹	46.2	80.4	1,199	3.6	2,086	2007	35.5	8.0	..	..	..	..
151 坦桑尼亚	16.2	48.8	400	1.8	1,208[f]	2007	12.6	7.0	3.1	27.0[g]	8.9	34.6
152 加纳	15.1	31.3	646	2.1	1,334	2007	24.0	10.7	2.0	32.8[g]	16.1	42.8
153 喀麦隆	20.7	39.4	1,116	0.6	2,979	1986	4.3	0.9	2.4	35.5[g]	15.0	44.6
154 毛里塔尼亚	2.6	6.0	847	0.6	1,940	2006	6.0	7.3	2.5[g]	29.6[g]	11.6	39.0
155 吉布提	0.8	1.7	997	-2.1	2,906[f]	1990	..	..	2.4[g]	30.9[g]	12.8	40.0
156 莱索托	1.6	3.1	798	2.4	1,541	2007	8.2	8.0	1.0[g]	39.4[g]	39.8	52.5
157 乌干达	11.8	32.7	381	3.5	1,059[f]	2007	6.7	6.1	2.6[g]	34.1[g]	13.2	42.6
158 尼日利亚	165.5	291.4	1,118	1.1	1,969	2007	21.3	5.4	2.0[g]	32.4[g]	16.3	42.9
低人类发展水平												
159 多哥	2.5	5.2	380	-0.2	1,147	1980	5.1	1.0	3.3[g]	27.1[g]	8.3	34.4
160 马拉维	3.6	10.6	256	0.4	800	1980	26.1	8.0	3.0[g]	31.9[g]	10.5	39.0
161 贝宁	5.4	11.8	601	1.3	1,312	2007	5.0	1.3	2.9[g]	31.0[g]	10.8	38.6
162 东帝汶	0.4	0.8	373	..	..	..	..	10.3	2.9[g]	31.3[g]	10.8	39.5
163 科特迪瓦	19.8	32.6	1,027	-0.7	2,827	1980	4.9	1.9	2.0[g]	39.6[g]	20.2	48.4
164 赞比亚	11.4	16.2	953	0.1	1,660	1981	35.5	10.7	1.3[g]	38.9[g]	29.5	50.7
165 厄立特里亚	1.4	3.0	284	-0.7	900[f]	1997	..	..	..	..	..	..
166 塞内加尔	11.2	20.7	900	1.1	1,666	2007	3.3	5.9	2.5[g]	30.1[g]	11.9	39.2
167 卢旺达	3.3	8.4	343	1.1	872	1983	10.5	9.1	2.1[g]	37.8[g]	18.1	46.7
168 冈比亚	0.6	2.1	377	0.3	1,225	2007	5.2[f]	2.1[h]	2.0[g]	36.9[g]	18.9	47.3
169 利比里亚	0.7	1.3	198	1.9	1,910	1980	..	..	2.4[g]	30.1[g]	12.8	52.6
170 几内亚	4.6	10.7	487	1.3	1,147	2006	..	..	2.4[g]	34.4[g]	14.4	43.3
171 埃塞俄比亚	19.4	61.6	245	1.9	779[f]	2007	4.8	17.2	4.1[g]	25.6[g]	6.3	29.8
172 莫桑比克	7.8	17.1	364	4.2	802	2007	20.0	8.2	2.1[g]	39.2[g]	18.5	47.1
173 几内亚比绍	0.4	0.8	211	-2.6	753	1997	17.0	4.6	2.9[g]	28.0[g]	9.5	35.5
174 布隆迪	1.0	2.9	115	-2.7	525	1991	12.8	8.3	4.1[g]	28.0[g]	6.8	33.3
175 乍得	7.1	15.9	658	2.4	1,555	2005	4.8	-9.0	2.6[g]	30.8[g]	11.8	39.8
176 刚果民主共和国	9.0	18.6	143	-4.3	794	1980	318.3	16.9	2.3[g]	34.7[g]	15.1	44.4
177 布基纳法索	6.8	16.6	458	2.5	1,124	2007	3.8	-0.2	3.0[g]	32.4[g]	10.8	39.6

HDI 位次	GDP		人均GDP				消费者价格指数年均变化率 (%)		收入或支出比例[b] (%)		不平等测量	
	10亿美元 2007	10亿PPP美元 2007	美元 2007	不变价格年均增长率 (%) 1990–2007	1980–2007年间的最高值 2007 PPP美元[a]	最高值年份	1990–2007	2006–2007	最贫困的10%	最富裕的10%	最富裕的10%与最贫困的10%的比率[c]	基尼系数[d]
178 马里	6.9	13.4	556	2.2	1,086	2006	3.4	1.4	2.7[g]	30.5[g]	11.2	39.0
179 中非共和国	1.7	3.1	394	-0.8	990	1982	3.7	..	2.1[g]	33.0[g]	15.7	43.6
180 塞拉利昂	1.7	4.0	284	-0.3	855	1982	17.8	11.7	2.6[g]	33.6[g]	12.8	42.5
181 阿富汗	8.4[h]	26.1[h]	..	..	..	..	..	17.0	..	..	..	..
182 尼日尔	4.2	8.9	294	-0.6	980	1980	4.0	0.1	2.3[g]	35.7[g]	15.3	43.9
联合国其他成员国												
伊拉克	..	..	..	..	..	..	..	..	..	..	..	..
基里巴斯	0.1	0.1	817	2.1	1,520	2002	..	..	..	..	..	..
朝鲜	..	..	..	..	..	..	..	..	..	..	..	..
马绍尔群岛	0.1	..	2,559	..	..	..	..	..	..	..	..	..
密克罗尼西亚联邦	0.2	0.3	2,126	-0.4	3,279[f]	1993	..	..	..	..	..	..
摩纳哥	..	..	..	..	..	..	..	..	..	..	..	..
瑙鲁	..	..	..	..	..	..	..	..	..	..	..	..
帕劳	0.2	..	8,148	..	..	..	..	..	..	..	..	..
圣马力诺	1.7	..	55,681	..	..	..	..	..	..	..	..	..
索马里	..	..	..	..	..	..	..	..	..	..	..	..
图瓦卢	..	..	..	..	..	..	..	..	..	..	..	..
津巴布韦	3.4	..	261[h]	..	..	..	105.6	..	1.8[g]	40.3[g]	22.0	50.1
阿拉伯国家	1,347.1[T]	2,285.8	..	..	..	..	..	..	..	..	..	..
中东欧和独联体	3,641.3[T]	5,805.0	..	..	..	..	..	..	..	..	..	..
东亚和太平洋地区	5,661.6[T]	11,184.6	..	..	..	..	..	..	..	..	..	..
拉丁美洲和加勒比地区	3,610.5[T]	5,576.6	..	..	..	..	..	..	..	..	..	..
南亚	1,727.5[T]	4,622.5	..	..	..	..	..	..	..	..	..	..
撒哈拉以南非洲	804.0[T]	1,481.7	..	..	..	..	..	..	..	..	..	..
经合组织	40,378.6[T]	38,543.3	..	..	..	..	..	..	..	..	..	..
欧盟 (EU27)	16,843.0[T]	14,811.7	..	..	..	..	..	..	..	..	..	..
海湾合作委员会	761.4[T]	1,034.4	..	..	..	..	..	..	..	..	..	..
极高人类发展水平	39,078.8[Ti]	36,438.4	39,821[i]	1.8[i]	..	..	..	..	..	..	..	..
极高人类发展水平：OECD国家	..[T]	35,194.8	..	..	..	..	..	..	..	..	..	..
极高人类发展水平：非OECD国家	..[T]	1,243.6	..	..	..	..	..	..	..	..	..	..
高人类发展水平	7,929.2[Ti]	11,321.4	8,470[i]	2.1[i]	..	..	..	..	..	..	..	..
中等人类发展水平	7,516.8[Ti]	16,837.5	1,746[i]	4.8[i]	..	..	..	..	..	..	..	..
低人类发展水平	147.4[Ti]	312.4	380[i]	0.0[i]	..	..	..	..	..	..	..	..
世界	54,583.8[Ti]	64,909.7	8,257[i]	1.6[i]	..	..	..	..	..	..	..	..

注

a 用2007年不变价格表示。

b 由于住户调查在方法和数据收集类型不同，进行跨国比较时应谨慎，国家间的数据分布不具有严格的可比性。

c 表示最富裕组的收入或支出比与最贫困的那组的比值。

d 基尼系数为0—100之间，0值表示绝对平等，而1则表示绝对不平等。

e 依据人口百分比计算的收入的份额，根据人均收入排名。

f 是指比指定阶段更短时期的数据。

g 依据人口百分比计算的支出的份额，根据人均支出排名。

h 是指比特指阶段更早的某一年的数据。

i 世界银行为HDRO计算的汇总数。

资料来源

第1—3、9—12列：世界银行（2009d）。

第4列：世界银行根据（2009d）（用最小二乘法得出）由世界银行为HDRO计算的汇总数。

第5、第6列：根据来自世界银行（2009d）的人均GDP（PPP美元）时间序列数据计算。

第7、第8列：根据来自世界银行（2009d）的消费者价格指数计算。

健康和教育

N

HDI 位次	对健康的公共支出		对教育的公共支出		分配给社会部门的援助[a]	受教育程度[b]（占25岁及以上人口的百分比%）			5岁以下儿童死亡率（每 1,000 例活产儿）					
						低	中等	高	财富五等分		母亲的教育程度			
	人均 PPP 美元	占政府总支出的百分比 %	初等教育阶段用于每个学生的支出 PPP 美元	占政府总支出的百分比 %	占援助总额的百分比 %	高中以下	高中或大专但非大学教育	大学	最低	最高	最低(没上过学)	最高(中学及以上)	出生时预期健康寿命[c]（岁）	预期不健康的年数占预期总寿命的比例[d]
	2006	2006	2003–2006	2000–2007	2007	2000–2007	2000–2007	2000–2007	2000–2007	2000–2007	2000–2007	2000–2007	2007	2007
极高人类发展水平														
1 挪威	3,780	17.9	7,072	16.7	..	14.5	53.8	31.7	..	..	..	..	74	8
2 澳大利亚	2,097	17.2	5,181	13.3	..	..	..	..	..	..	..	..	75	8
3 冰岛	2,758	18.1	7,788	18.0	..	37.4	30.3	27.6	..	..	..	..	75	8
4 加拿大	2,585	17.9	..	12.5	..	23.7	38.1	38.2	..	..	..	..	75	7
5 爱尔兰	2,413	17.3	5,100	13.9	..	40.0	31.2	26.4	..	..	..	..	74	7
6 荷兰	2,768	16.4	5,572	11.5	..	34.8	38.6	26.0	..	..	..	..	74	7
7 瑞典	2,533	13.4	8,415	12.9	..	20.7	51.1	27.0	..	..	..	..	75	7
8 法国	2,833	16.7	5,224	10.6	..	42.6	35.9	19.8	..	..	..	..	76	6
9 瑞士	2,598	19.6	7,811	13.0	..	21.4	52.3	26.2	..	..	..	..	76	7
10 日本	2,067	17.7	..	9.5	..	26.1	43.9	30.0	..	..	..	..	78	6
11 卢森堡	5,233	16.8	9,953	..	..	39.0	39.7	21.3	..	..	..	..	75	5
12 芬兰	1,940	12.1	5,373	12.5	..	30.9	38.8	30.3	..	..	..	..	75	6
13 美国	3,074	19.1	..	13.7	..	14.8	49.0	36.2	..	..	..	..	72	9
14 奥地利	2,729	15.5	7,596	10.9	..	26.2	57.9	15.9	..	..	..	..	74	7
15 西班牙	1,732	15.3	4,800	11.0	..	58.6	17.8	23.6	..	..	..	..	76	6
16 丹麦	2,812	15.6	7,949	15.5	..	25.8	43.7	30.3	..	..	..	..	73	7
17 比利时	2,264	13.9	6,303	12.1	..	42.3	31.0	26.8	..	..	..	..	74	7
18 意大利	2,022	14.2	6,347	9.2	..	59.5	30.4	10.1	..	..	..	..	76	6
19 列支敦士登	..	..	..	..	..	..	..	..	..	..	..	..	..	..
20 新西兰	1,905	18.6	4,831	15.5	..	28.7	40.1	25.9	..	..	..	..	74	8
21 英国	2,434	16.5	5,596	12.5	..	..	..	..	..	..	..	..	73	8
22 德国	2,548	17.6	4,837	9.7	..	21.5	57.1	21.4	..	..	..	..	75	6
23 新加坡	413	5.4	..	..	..	41.2	39.2	19.6	..	..	..	..	75	6
24 中国香港	..	..	..	23.2	..	45.9	38.9	15.2	..	..	..	..	..	..
25 希腊	1,317	11.5	3,562	9.2	..	51.0	25.7	23.3	..	..	..	..	74	6
26 韩国	819	11.9	3,379	15.3	..	36.2	40.4	23.4	..	..	..	..	74	7
27 以色列	1,477	11.1	5,135	13.7	..	23.9	33.1	39.7	..	..	..	..	74	8
28 安道尔	2,054	22.7	..	..	..	48.0	34.8	16.1	..	..	..	..	76	..
29 斯洛文尼亚	1,507	13.5	5,206	12.7	..	26.4	55.5	18.1	..	..	..	..	74	5
30 文莱	314	5.1	..	9.1	..	..	..	..	..	..	..	..	67	13
31 科威特	422	4.9	2,204	12.9	..	74.4	17.3	8.3	..	..	..	..	69	11
32 塞浦路斯	759	6.4	..	14.5	..	41.3	33.8	24.9	..	..	..	..	71	11
33 卡塔尔	1,115	9.7	..	19.6	..	59.0	20.1	20.9	..	..	..	..	66	13
34 葡萄牙	1,494	15.5	4,908	11.3	..	77.4	11.4	11.2	..	..	..	..	73	7
35 阿拉伯联合酋长国	491	8.7	1,636	28.3	..	..	..	..	..	..	..	..	68	12
36 捷克	1,309	13.6	2,242	9.5	..	14.5	73.0	12.5	..	..	..	..	72	6
37 巴巴多斯	722	11.9	..	16.4	94.8	75.7	23.1	1.1	..	..	..	..	69	10
38 马耳他	1,419	14.7	2,549	10.5	..	77.2	12.0	10.8	..	..	..	..	74	7
高人类发展水平														
39 巴林	669	9.5	..	..	..	50.3	38.4	11.2	..	..	..	..	66	13
40 爱沙尼亚	734	11.3	2,511	14.6	..	27.9	42.3	27.5	..	..	..	..	71	3
41 波兰	636	9.9	3,155	12.7	..	..	..	..	..	..	..	..	70	7
42 斯洛伐克	913	13.8	2,149	10.8	..	19.2	67.6	13.2	..	..	..	..	70	6
43 匈牙利	978	10.4	4,479	10.9	..	36.5	48.9	14.7	..	..	..	..	69	6
44 智利	367	14.1	1,287	16.0	34.0	..	..	..	..	..	..	..	72	8
45 克罗地亚	869	13.9	2,197	10.0	72.3	40.2	45.4	13.9	..	..	..	..	70	8
46 立陶宛	728	13.3	2,166	14.7	..	23.5	50.8	25.7	..	..	..	..	68	5
47 安提瓜和巴布达	439	11.3	..	..	91.3	..	..	..	..	..	..	..	66	..
48 拉脱维亚	615	10.2	..	14.2	..	19.7	60.0	20.3	..	..	..	..	68	6
49 阿根廷	758	14.2	1,703	13.1	54.7	65.7	23.2	11.1	..	..	..	..	69	8
50 乌拉圭	430	9.2	..	11.6	51.4	75.3	15.1	9.6	..	..	..	..	70	8
51 古巴	329	10.8	..	14.2	77.5	59.6	31.0	9.4	..	..	..	..	71	10
52 巴哈马	775	13.9	..	19.7	..	28.9	70.2	0.3	..	..	..	..	68	7
53 墨西哥	327	11.0	1,604	25.6	67.7	69.7	15.3	14.9	..	..	..	..	69	9
54 哥斯达黎加	565	21.5	1,623	20.6	26.2	64.7	18.5	15.0	..	..	..	..	71	10
55 利比亚	189	6.5	..	..	51.6	..	..	..	..	..	..	..	66	11
56 阿曼	321	5.4	..	31.1	22.8	..	..	..	..	..	..	..	67	11
57 塞舌尔	602	8.8	2,399	12.6	39.4	51.8	36.8	7.4	..	..	..	..	65	..
58 委内瑞拉	196	9.3	583	..	71.0	63.9	21.7	12.8	..	..	..	..	68	8
59 沙特阿拉伯	468	8.7	..	27.6	78.8	65.8	19.2	14.9	..	..	..	..	64	12

健康和教育

HDI 位次	对健康的公共支出：人均 PPP 美元 2006	对健康的公共支出：占政府总支出的百分比 % 2006	对教育的公共支出：初等教育阶段用于每个学生的支出 PPP 美元 2003–2006	对教育的公共支出：占政府总支出的百分比 % 2000–2007	分配给社会部门的援助[a]：占援助总额的百分比 % 2007	受教育程度[b]（占25岁及以上人口的百分比 %）：低：高中以下 2000–2007	受教育程度[b]：中等：高中或大专但非大学教育 2000–2007	受教育程度[b]：高：大学 2000–2007	5岁以下儿童死亡率（每 1,000 例活产儿）：财富五等分：最低 2000–2007	5岁以下儿童死亡率：财富五等分：最高 2000–2007	5岁以下儿童死亡率：母亲的教育程度：最低(没上过学) 2000–2007	5岁以下儿童死亡率：母亲的教育程度：最高(中学及以上) 2000–2007	出生时预期健康寿命[c]（岁）2007	预期不健康的年数占预期总寿命的比例[d] 2007
60 巴拿马	495	11.5	..	8.9	47.1	66.0	23.1	10.4	..	..	..	..	68	10
61 保加利亚	443	11.9	2,045	6.2	..	40.4	41.3	18.0	..	..	..	..	69	6
62 圣基茨和尼维斯	403	9.5	..	12.7	58.7	..	..	..	..	..	..	..	67	..
63 罗马尼亚	433	12.4	941	8.6	..	47.3	43.6	9.0	..	..	..	..	68	6
64 特立尼达和多巴哥	438	6.9	..	13.4	69.9	..	..	..	..	..	..	..	64	8
65 黑山	93	20.1	..	..	50.8	22.6	61.4	16.1	..	..	..	..	66	11
66 马来西亚	226	7.0	1,324	25.2	30.9	61.3	27.1	8.0	..	..	..	..	66	11
67 塞尔维亚	373	14.3	..	..	60.6	..	..	..	..	..	..	..	66	11
68 白俄罗斯	428	10.2	1,196	9.3	85.4	..	..	..	..	..	..	..	66	4
69 圣卢西亚	237	10.2	949	19.1	14.7	..	..	..	..	..	..	..	69	6
70 阿尔巴尼亚	127	11.3	..	8.4	67.2	63.0	29.6	7.4	..	..	..	..	64	16
71 俄罗斯联邦	404	10.8	..	12.9	..	..	..	..	..	..	..	..	65	2
72 前南马其顿	446	16.5	..	15.6	57.4	52.2	35.6	12.2	..	..	..	..	66	11
73 多米尼克	311	9.2	..	..	4.9	88.8	5.7	5.0	..	..	..	..	67	..
74 格林纳达	387	9.5	766	12.9	18.4	..	..	..	..	..	..	..	62	18
75 巴西	367	7.2	1,005	14.5	46.3	70.4	21.2	8.1	99[e]	33[e]	119[e]	37[e]	66	9
76 波斯尼亚和黑塞哥维那	454	14.0	..	..	73.2	..	..	..	..	..	..	..	68	9
77 哥伦比亚	534	17.0	1,257	14.2	61.6	64.7	25.4	9.7	39	16	51	20	69	5
78 秘鲁	171	13.1	446	15.4	38.5	53.7	26.0	16.3	..	..	..	..	67	8
79 土耳其	461	16.5	1,059	..	49.9	76.8	14.7	8.5	..	..	..	..	67	7
80 厄瓜多尔	130	7.3	..	8.0	65.4	..	..	..	..	..	..	..	66	12
81 毛里求斯	292	9.2	1,205	12.7	43.8	79.2	17.7	2.6	..	..	..	..	65	10
82 哈萨克斯坦	214	10.4	..	12.1	32.8	29.5	56.1	14.4	..	..	..	..	60	8
83 黎巴嫩	285	11.3	402	9.6	33.8	..	..	..	..	..	..	..	64	11
中等人类发展水平														
84 亚美尼亚	112	9.7	..	15.0	54.6	18.4	61.2	20.4	52	23	..	..	63	14
85 乌克兰	298	8.8	..	19.3	64.0	25.6	36.0	38.0	..	..	..	..	64	6
86 阿塞拜疆	67	3.6	356	17.4	45.7	16.5	70.2	13.3	..	..	68	58	60	14
87 泰国	223	11.3	..	25.0	36.5	..	..	..	..	..	..	..	65	5
88 伊朗	406	9.2	927	19.5	71.7	..	..	..	..	..	..	..	62	13
89 格鲁吉亚	76	5.6	..	9.3	40.7	16.3	57.8	25.8	..	..	..	..	67	6
90 多米尼加共和国	140	9.5	644	16.8	57.7	..	..	..	53	28	57	29	64	12
91 圣文森特和格林纳斯丁	289	9.3	1,227	16.1	9.3	..	..	..	..	..	..	..	66	8
92 中国	144	9.9	..	..	56.4	..	..	..	..	..	..	..	68	7
93 伯利兹	254	10.9	846	18.1	32.6	74.2	13.6	10.9	..	..	..	..	63	17
94 萨摩亚	188	10.5	..	13.7	70.8	..	..	..	..	..	..	..	63	12
95 马尔代夫	742	14.0	..	15.0	29.7	..	..	..	..	..	..	..	64	10
96 约旦	257	9.5	695	..	67.0	..	..	..	30	27	..	..	64	12
97 苏里南	151	8.0	..	..	15.1	..	..	..	..	..	..	..	64	7
98 突尼斯	214	6.5	1,581	20.8	52.2	..	..	..	..	..	..	..	67	9
99 汤加	218	11.1	..	13.5	51.7	25.9	66.2	7.9	..	..	..	..	62	14
100 牙买加	127	4.2	547	8.8	26.6	..	..	..	..	..	..	..	66	8
101 巴拉圭	131	13.2	518	10.0	37.0	72.6	23.6	3.7	57[e]	20[e]	78[e]	29[e]	66	8
102 斯里兰卡	105	8.3	..	..	27.5	..	..	..	..	..	..	..	65	12
103 加蓬	198	13.9	..	..	49.6	..	..	..	93	55	112	87	53	12
104 阿尔及利亚	146	9.5	692	..	56.1	92.1	7.6	..	..	..	..	..	63	13
105 菲律宾	88	6.4	418	15.2	23.1	62.6	26.4	8.4	66	21	105	29	64	11
106 萨尔瓦多	227	15.6	478	20.0	53.6	75.6	13.8	10.6	..	..	..	..	63	12
107 叙利亚	52	5.9	611	..	79.6	89.6	5.1	5.3	22	20	..	..	65	12
108 斐济	199	9.1	1,143	20.0	72.5	..	..	..	..	..	..	..	64	7
109 土库曼斯坦	172	14.9	..	..	79.9	..	..	..	106	70	133	88	57	12
110 巴勒斯坦被占领土	..	..	..	..	58.4	68.8	12.8	18.4	..	..	..	..	..	..
111 印度尼西亚	44	5.3	..	17.2	33.6	..	..	..	77	22	90	37	61	13
112 洪都拉斯	116	15.0	..	..	47.4	..	..	..	50	20	55	20	64	11
113 玻利维亚	128	11.6	435	18.1	57.3	61.6	23.8	14.0	105	32	145	48	59	10
114 圭亚那	223	8.3	752	15.5	67.7	..	..	..	..	..	..	..	55	17
115 蒙古	124	11.0	261	..	56.8	46.6	41.1	12.2	..	..	..	..	62	6
116 越南	86	6.8	..	..	34.9	..	..	..	53	16	66	29	66	11
117 摩尔多瓦	107	11.8	..	19.8	52.5	..	..	..	29	17	..	..	63	8
118 赤道几内亚	219	7.0	..	4.0	84.5	..	..	..	..	..	..	..	46	8

HDI 位次	对健康的公共支出		对教育的公共支出		分配给社会部门的援助[a]	受教育程度[b]（占25岁及以上人口的百分比 %）			5岁以下儿童死亡率（每 1,000 例活产儿）				出生时预期健康寿命[c]（岁）	预期不健康的年数占预期总寿命的比例[d]
						低	中等	高	财富五等分		母亲的教育程度			
	人均 PPP 美元	占政府总支出的百分比 %	初等教育阶段用于每个学生的支出 PPP 美元	占政府总支出的百分比 %	占援助总额的百分比 %	高中以下	高中或大专但非大学教育	大学	最低	最高	最低(没上过学)	最高(中学及以上)		
	2006	2006	2003–2006	2000–2007	2007	2000–2007	2000–2007	2000–2007	2000–2007	2000–2007	2000–2007	2000–2007	2007	2007
119 乌兹别克斯坦	89	8.0	..	..	69.4	..	..	..	72	42	..	..	60	11
120 吉尔吉斯斯坦	55	8.7	..	18.6	54.4	23.0	62.1	14.9	..	..	..	..	59	13
121 佛得角	227	13.2	1,052	16.4	44.7	..	..	..	..	..	..	..	64	10
122 危地马拉	98	14.7	390	..	38.6	84.8	11.2	3.7	78[e]	39[e]	79[e]	42[e]	62	12
123 埃及	129	7.3	..	12.6	28.1	..	..	..	75	25	68	31	62	11
124 尼加拉瓜	137	16.0	331	15.0	46.1	..	..	..	64	19	72	25	66	9
125 博茨瓦纳	487	17.8	1,158	21.0	72.2	..	..	..	..	..	..	..	48	10
126 瓦努阿图	90	10.9	..	26.7	54.5	..	..	..	..	..	..	..	62	11
127 塔吉克斯坦	16	5.5	106	18.2	53.4	21.0	68.3	10.6	..	..	..	..	57	14
128 纳米比亚	218	10.1	944	21.0	68.9	..	..	..	92	29	..	..	53	12
129 南非	364	9.9	1,383	17.4	62.8	73.0	18.1	8.9	..	..	..	..	48	7
130 摩洛哥	98	5.5	1,005	26.1	54.2	..	..	..	78	26	63	27	63	11
131 圣多美和普林西比	120	12.2	..	..	49.0	..	..	..	..	..	..	..	54	17
132 不丹	73	7.3	..	17.2	46.8	..	..	..	..	..	..	..	56	15
133 老挝	18	4.1	61	14.0	41.8	..	..	..	..	..	..	..	54	16
134 印度	21	3.4	..	10.7	46.6	..	..	..	101	34	..	..	57	10
135 所罗门群岛	99	12.6	..	..	84.2	..	..	..	..	..	..	..	60	9
136 刚果共和国	13	4.0	39	8.1	39.5	..	..	..	135	85	202	101	49	8
137 柬埔寨	43	10.7	..	12.4	59.1	..	..	..	127	43	136	53	55	9
138 缅甸	7	1.8	..	18.1	57.9	..	..	..	..	..	..	..	52	15
139 科摩罗	19	8.0	..	24.1	68.8	..	..	..	129[e]	87[e]	121[e]	75[e]	58	11
140 也门	38	5.6	..	32.8	77.4	..	..	..	118	37	..	..	55	12
141 巴基斯坦	8	1.3	..	11.2	53.0	76.7	17.1	6.3	121	60	102	62	55	17
142 斯威士兰	219	9.4	484	..	56.8	..	..	..	118	101	150	95	42	7
143 安哥拉	61	5.0	..	..	78.4	..	..	..	..	..	..	..	47	..
144 尼泊尔	24	9.2	119	14.9	51.8	..	..	..	98	47	93	32	55	17
145 马达加斯加	21	9.2	57	16.4	28.6	..	..	..	142	49	149	65	53	12
146 孟加拉国	26	7.4	115	14.2	50.0	82.9	12.9	4.2	121	72	114	68	55	16
147 肯尼亚	51	6.1	237	17.9	54.0	..	..	..	149	91	127	63	48	10
148 巴布亚新几内亚	111	7.3	..	..	58.9	..	..	..	..	..	..	..	57	6
149 海地	65	29.8	..	..	56.0	..	..	..	125	55	123	65	55	10
150 苏丹	23	6.3	..	..	24.1	..	..	..	..[e]	..[e]	152[e]	84[e]	50	14
151 坦桑尼亚	27	13.3	..	..	31.0	98.4	0.7	0.9	137	93	160	76	45	18
152 加纳	36	6.8	300	..	45.6	..	..	..	128	88	125	85	50	12
153 喀麦隆	23	8.6	107	17.0	11.5	..	..	..	189	88	186	93	45	12
154 毛里塔尼亚	31	5.3	224	10.1	37.8	..	..	..	98	79	111	86	52	8
155 吉布提	75	13.4	..	22.4	46.5	..	..	..	..	..	..	..	50	9
156 莱索托	88	7.8	663	29.8	64.0	..	..	..	114	82	161	82	41	9
157 乌干达	39	10.0	110	18.3	50.8	93.5	1.6	4.8	172	108	164	91	44	15
158 尼日利亚	15	3.5	..	..	38.9	..	..	..	257	79	269	107	42	12
低人类发展水平														
159 多哥	20	6.9	..	13.6	75.9	..	..	..	150	62	145	64	52	16
160 马拉维	51	18.0	90	..	48.4	94.8	4.7	0.5	183	111	181	86	44	16
161 贝宁	25	13.1	120	17.1	51.6	85.6	12.2	2.2	151	83	143	78	50	18
162 东帝汶	150	16.4	..	..	72.2	..	..	..	..	..	..	..	55	9
163 科特迪瓦	15	4.1	..	21.5	55.3	..	..	..	..	..	..	..	48	16
164 赞比亚	29	10.8	55	14.8	57.5	..	..	..	192	92	198	121	40	10
165 厄立特里亚	10	4.2	99	..	56.1	..	..	..	100	65	121	59	56	5
166 塞内加尔	23	6.7	299	26.3	52.0	..	..	..	183	64	152	60	52	6
167 卢旺达	134	27.3	109	19.0	53.9	..	..	..	211	122	210	95	44	11
168 冈比亚	33	8.7	..	8.9	72.5	..	..	..	158	72	140	66	53	5
169 利比里亚	25	16.4	..	..	43.9	..	..	..	138	117	151	119	49	15
170 几内亚	14	4.7	..	25.6	53.8	..	..	..	217	113	194	92	48	16
171 埃塞俄比亚	13	10.6	130	23.3	53.9	..	..	..	130	92	139	54	51	7
172 莫桑比克	39	12.6	156	21.0	46.2	..	..	..	196	108	201	86	42	12
173 几内亚比绍	10	4.0	..	..	34.8	..	..	..	..	..	..	..	43	9
174 布隆迪	4	2.3	132	17.7	30.8	..	..	..	..	..	..	..	43	14
175 乍得	14	9.5	54	10.1	26.1	..	..	..	176	187	200	143	40	18
176 刚果民主共和国	7	7.2	..	..	38.4	..	..	..	184	97	209	112	46	3
177 布基纳法索	50	15.8	328	15.4	35.1	..	..	..	206	144	198	108	43	18

HDI 位次	对健康的公共支出 人均 PPP 美元 2006	对健康的公共支出 占政府总支出的百分比 % 2006	对教育的公共支出 初等教育阶段用于每个学生的支出 PPP 美元 2003–2006	对教育的公共支出 占政府总支出的百分比 % 2000–2007	分配给社会部门的援助[a] 占援助总额的百分比 % 2007	受教育程度[b]（占25岁及以上人口的百分比 %）低 高中以下 2000–2007	中等 高中或大专但非大学教育 2000–2007	高 大学 2000–2007	5岁以下儿童死亡率（每 1,000 例活产儿）财富五等分 最低 2000–2007	财富五等分 最高 2000–2007	母亲的教育程度 最低(没上过学) 2000–2007	母亲的教育程度 最高(中学及以上) 2000–2007	出生时预期健康寿命[c]（岁）2007	预期不健康的年数占预期总寿命的比例[d] 2007
178 马里	34	12.2	183	16.8	39.6	..	..	..	233	124	223	102	43	11
179 中非共和国	20	10.9	88	..	22.5	..	..	..	223	112	187	107	42	10
180 塞拉利昂	20	7.8	..	..	28.7	..	..	..	..	..	279	164	37	22
181 阿富汗	8	4.4	..	..	49.0	..	..	..	..	..	..	..	36	17
182 尼日尔	14	10.6	178	17.6	37.4	..	..	..	206	157	222	92	45	11
联合国其他成员国														
伊拉克	90	3.4	..	..	22.7	..	..	..	..	..	49	37	58	15
基里巴斯	268	13.0	..	..	41.7	..	..	..	..	..	..	..	60	..
朝鲜	42	6.0	..	..	19.0	..	..	..	..	..	..	..	61	9
马绍尔群岛	589	15.1	..	15.8	42.4	..	..	..	..	..	..	..	53	..
密克罗尼西亚联邦	444	18.9	..	..	42.5	..	..	..	..	..	..	..	62	9
摩纳哥	5,309	15.6	..	..	..	..	..	..	..	..	..	..	76	..
瑙鲁	444	25.0	..	..	48.5	..	..	..	..	..	..	..	57	..
帕劳	1,003	16.4	..	..	11.0	..	..	..	..	..	..	..	67	..
圣马力诺	2,765	13.3	..	..	..	..	..	..	..	..	..	..	76	..
索马里	8	4.2	..	..	23.8	..	..	..	..	..	..	..	46	7
图瓦卢	189	16.1	..	..	60.1	..	..	..	..	..	..	..	58	..
津巴布韦	77	8.9	..	..	50.7	89.5	8.8	1.5	72	57	69	68	38	12

注

a 指用于社会基础设施和服务的资金配置，其中社会服务包括健康、教育、饮水及卫生、政府和公民社会以及其他服务。配置总额中，用于教育和卫生的估计为50%。不同国家资金配置也各异。

b 百分比加总可能不等于100%，因为没有剔除教育程度不详的人口。

c 通过考虑由于疾病和/或受伤而造成的低于完全健康寿命的年数来得到预期"完全"健康的寿命年数的平均数。

d 是指预期寿命和预期健康寿命的差值，用百分数表示。

e 某一年的数据，另有说明除外。

资料来源

第 1—2 和 9—13 列：WHO（2009）。

第 3、4 列：UNESCO Institute for Statistics（2009c）。

第 5 列：OECD－DAC（2009）。

第 6—8 列：UNESCO Institute for Statistics（2008b）。

第 14 列：基于 WHO（2009）健康预期寿命数据和 UN（2009e）预期寿命数据的计算。

读者指南

人类发展指标

人类发展指标表提供了各国在人类发展的不同领域所取得成就的整体评价。这些表包括了 192 个联合国成员国以及中国香港特别行政区和巴勒斯坦被占领土的数据。

在表中，国家和地区按照它们各自的 HDI 值排列。若要在这些表格中查找某个国家，请参考封底折页的各国排名，国家按字母顺序排列，并附有各自的 HDI 位次。除非另有说明，表中大多数字为 2007 年数据以及人类发展报告处（HDRO）截止到 2009 年 6 月 10 日可获得的数据。

本年报告的统计附录包含一系列的表格，表 1—6 反映了本报告的主题——迁移。随后的表 7—11 是人类发展综合指数：人类发展指数（HDI）及其趋势、人类贫困指数（HPI）、性别相关发展指数（GDI）和性别赋权度量指数（GEM）。最后的三张表（表 12—14）是人口统计趋势、经济和不平等、教育和健康。此外所选的其他人类发展指标包括时间序列数据和区域性合计数，请通过《人类发展报告》网站 http：//hdr. undp. org/en/statistics 来查询。

在表中公布的所有指标都分别获得以下几种格式的免费电子版本：预先确定的表格或通过一个查询工具允许用户自行设计的表格。通过互动媒体可以得到所有的人类发展指数地图和与迁移有关的许多数据以及选定的画片。还有更多的叙述性材料如国家概况介绍以及如何计算这些指数的更进一步的技术性资料。上述资料都有三种语言的版本。（英语部分：http：//hdr. undp. org/en/statistics；法语部分：http：//hdr. undp. org/fr/statistiques；西班牙语部分：http：// hdr. undp. org /se/estadisticas。）

资料来源和定义

人发报告处主要是一个统计数据的使用者而非统计数据的编制者。该报告处依靠具备授权、资源和专门技术的国际数据机构来收集和汇编有关具体统计指标的国际数据。汇编指标表使用的所有数据的来源均在每个表格末尾的简短引文中列出。其相对应的全部参考资料见*参考文献*。资料来源的注释显示了人发报告处在任一计算中所使用的原始数据的构成，以确保能够很容易地重复进行所有计算。那些可以给出简短而有意义的定义的指标均已被纳入报告中的*统计术语指标定义*中。其他相关信息载于每个表末的注释中。欲知有关这些指标的更详细的技术信息，请通过《人类发展报告》网站 http：//hdr. undp. org/statistics/来查询资料来源机构的相关网站。

跨时比较和不同版本报告间的比较

《人类发展报告》是监测人类发展长期趋势的一个重要工具，为了便于分析国家间的发展趋势，HDI 值在 1980 年到 2007 年每间隔 5 年计算一次。表 7 中的估计数是基于一种一致性的方法来计算的，该方法使用了在准备编写本报告时可得的数据。

由于国际数据机构不断改进数据，如定期更新历史数据，每年的 HDI 值和各国依据 HDI 排名的变动往往反映了数据的修正，而不是一个国家 HDI 真实的变动值（无论是具体到某个国家的 HDI 值或与其他国家相比较的排名）。此外，报告所覆盖的国家数量的偶尔变化可能影响一个国家人类发展指数的排名。例如，一个国家的 HDI 排名可能会在连续的两个报告中显著地降低，但在使用具有可比性的修正数据重构近年来的 HDI 时，其 HDI 排名和数值实际上可能提高了。

由于这些原因，不能依据不同版本的《人类发展报告》中呈现的统计数据进行趋势分析。表 7 基于一致的数据和方法提供了最新的 HDI 趋势分析。

国家和国际估计数的不一致性

国际数据机构在汇编国际数据系列时，经常采用国际标准和协调程序来改善各国间的可比性。当一国数据缺失时，如果其他相关信息可以使用，国际机构可以计算一个估计值。在一些情况下，国际数据系列可能没有纳入最新的国家数据。所有这些因素可能会导致国家估计数和国际估计数之间存在显著的不一致。

当数据不一致时，人发报告处帮助联系国家和国际数据机构以解决这些不一致情况。在很多情况下，这使得报告能够获得更准确的统计资料。人发报告处主张改进国际数据质量，并在支持为提高数据质量所做的努力方面发挥积极作用。报告处与国家以及国际机构开展合作，通过更为系统地报告以及对数据质量的监测来提高数据的一致性。

国家分组和合计数

除了国家层面的数据外，表中也列出来许多合计数，通常是根据以下国家分组而计算的加权平均数。一般而言，对于一个国家分组，仅当该分组一半国家的数据可以获得并且其可代表该分类至少2/3权重时，才显示该分类的合计数。人发报告处并不会为了合计的目的而填补缺失的数据。因此，除非另有说明，每个分类的合计数只代表数据可获得的国家。在个别情况下合计数是加总的合计数而非加权平均值（用符号“T”标出）。

国家分类方法通常包括：根据人类发展水平（极高、高、中等、低）、世界主要国家集团以及地区分组，既包括大陆（有关国际移民的表2）的分组，也包括联合国开发计划署区域局的分组。

人类发展水平分类。HDI涵盖的所有国家或地区根据它们在人类发展方面取得的成就分入四组中的一组，在本报告中我们首次引入了一种新类别——极高人类发展水平（HDI等于或大于0.900），在通篇报告中，我们把这一组国家定义为“发达国家”。其余国家被定义为发展中国家并被分为三组：高人类发展水平（HDI介于0.800—0.899之间），中等人类发展水平（HDI介于0.500—0.799之间）以及低人类发展水平（HDI小于0.500），参见专栏1.3。

大陆（洲）。为了帮助分析移民流动情况，本年度的《人类发展报告》把世界分为六个大陆（洲）：非洲，亚洲，欧洲，拉丁美洲和加勒比地区，北美洲，大洋洲，该分类基于联合国经济和社会事务部统计司编制的 Composition of Macro Geographical Regions（可参考以下网址：http://unstats.un.org/unsd/methods/m49/m49regin.htm）。

联合国开发计划署区域局。像过去历年的《人类发展报告》一样，本报告所列大部分表中的地区分类依据的是联合国开发计划署区域局的地理分组：阿拉伯国家，中东欧和独联体国家，东亚和太平洋地区，拉丁美洲和加勒比地区，南亚，撒哈拉以南非洲。

国家注释

除非另有说明，中国的数据不包含中国香港特别行政区、中国澳门特别行政区和中国台湾省。苏丹的数据通常基于从该国北部收集到的信息。塞尔维亚和黑山在2006年6月成为两个独立国家，在这两个国家单独的数据无法获知的情况下使用两国作为一个整体的数据。在这种情况下，注释中会有所说明。在移民表中，1990前的数据对于捷克共和国是指前捷克斯洛伐克，对于俄罗斯联邦是指前苏联，对于塞尔维亚是指前南斯拉夫共和国。

符号

两个年份之间的破折号，比如2005—2010年，表明数据是在此期间的估计值，除非另有说明。增长率通常是指所表示阶段中第一年和最后一年的平均年增长率。

表格中使用了以下符号：

.. 数据无法获得

0或0.0 零或可以忽略

—	不适用
<	小于
T	总和

主要国际数据来源

出生时预期寿命。出生时预期寿命估计值来自《世界人口前景 1950—2050 年》2008 年修订版（UN2009e），该文件是联合国人口估计与预测的官方来源。它由联合国经济和社会事务部人口司（联合国人口司）使用各国生命登记系统、人口普查和调查获得的数据每两年编写一次。

在 2008 年修订版中，对于那些在 1980—2007 年间 15—49 岁人口中艾滋病患病率等于或大于 1% 的国家就被认为是受到艾滋病流行影响的国家，这些国家的死亡率是通过模拟流行病过程以及预测受艾滋病感染的每年发病率来进行预测的。被认为受到艾滋病影响的国家还包括那些艾滋病患病率一直低于 1%，但因人口众多，使其艾滋病毒携带者人数在 2007 年超过 50 万人的国家，其中包括巴西、中国、印度、俄罗斯联邦和美国。考虑这些国家后受艾滋病影响的国家数量达到了 58 个。

如需查阅《世界人口前景 1950—2050 年》2008 年修订版的详细资料，请登录 www. un. org/esa/population/unpop. htm。

成人识字率。本报告使用的成人识字率的数据来自联合国教科文组织（教科文组织（UNESCO））统计研究所（UIS）2007 年 4 月的评估（UNESCO Institute for Statistics 2007a），它综合了直接的国家估计数和教科文组织统计研究所 2007 年建立的全球特定年龄识字率预测模型的近期估计数。各国的估计数据是统计研究所通过有针对性的努力从各国收集的近期识字率数据，这些数据从 1995 至 2007 年间各国人口普查或调查中得出的。在没有获得近期估计数的情况下，则使用了统计研究所早期的估计数。

许多发达国家已经实现了高识字水平，不再进行基础性的识字统计，因而不包括在统计研究所的数据中。在计算 HDI 时，如果这些国家没有报告成人识字信息，则一律采用 99.0%。

在收集识字数据时，许多国家根据自报数据估计其识字人数。一些国家用教育程度的数据作为识字人数的一个代表性指标，但对入学人数或学业完成情况的度量方法可能不一致。由于各国的定义和数据收集方法不同，因此在使用识字估计数时应谨慎。

统计研究所（UIS）与其伙伴机构合作，正积极推行另一种衡量识字率的方法—“识字评估与监测计划（LAMP）”。LAMP 试图去超越现行的“文盲”与“非文盲”的简单分类，提供识字技能水平从低到高的连续信息。

小学、中学和大学综合毛入学率。毛入学率由统计研究所（UNESCO Institute for Statistics 2009b）依据从各国政府（通常是从行政机构）获得的入学数据以及《世界人口前景 1950—2050 年》2006 年修订版（UN 2007）中的人口数据推算出来。入学率的计算方法为，用小学、中学和大学的入学总人数除以理论规定的相应各级教育适龄总人口。大学年龄组被定义为各国最近五届高中毕业生总数。

用综合毛入学率没有反映出教育结果的质量。即使用该指标描述接受教育的机会时，综合毛入学率也会掩盖各国之间由于对应于同一教育水平的年龄段的不同和教育大纲规定的学制长短不同而造成的重大差异。同时，留级和中途退学率也会造成数据扭曲。

根据当前定义，综合毛入学率衡量该国学校的入学情况，因此未将在其他国家入学的学生考虑在内。对于许多小国家，人们在外国接受大学教育比较普遍，因此这些国家获得教育的机会或受教育程度可能会被低估。

人均 GDP（PPP 美元）。人均 GDP 数据来源于世界银行，该指标发布在世界银行的世界发展指标数据库。在比较各国生活水平时，经济统计数据必须按购买力平价（PPP）进行转换，以消除各国价格水

平之间的差异。当前的人均GDP估计数是基于最近的国际比较方案（ICP）的数据，该方案实施于2005年，目前覆盖146个国家和地区。对于许多没有包括在ICP调查中的国家，世界银行采用计量经济学回归进行估算。对于世界银行没有涵盖的国家，采用了宾夕法尼亚大学的宾大世界表（Heston、Summers和Aten 2006）提供的PPP估计数。

最新的PPP估计数在2008年首次公布，该数据对在2007年以及之前出版的《人类发展报告》中所使用的基于上一轮ICP调查的PPP数据作出了大量修正，上一轮的ICP调查开展于20世纪90年代，当时只包含了118个国家。最新人均GDP数据显示，在许多国家（特别是发达国家），价格水平比先前预想的高。70个国家的人均收入在修正时至少降低了5%。其中许多国家是在撒哈拉以南非洲，在8个撒哈拉以南非洲国家中的7个向下修正了至少50%。与此相反，大约有60个国家向上修正了至少5%，包括许多石油生产国，其修正幅度超过了30%，还有4个国家的人均GDP在修正时翻番。人均GDP如此大规模的修正很显然影响了HDI的数值以及HDI排名。人均GDP的减半（或加倍）变化就会使HDI值变化0.039。

因此，2008年底我们发布了一个简短的报告，即《人类发展指数：2008年统计修正》，该报告解释了修正的原因及其对HDI和其他综合指数的影响。更多更详细的情况请浏览《人类发展报告》网站：http://hdr.undp.org/en/statistics/data/hdr2008。有关ICP的详细资料及PPP的计算方法，请浏览：www.worldbank.org/data/icp。

移民数据。本报告中的移民数据来源于不同的机构。

*国际移民存量趋势*主要来自于联合国经济和社会事务部人口司（UNDESA），数据来源于《总移民存量趋势：2008年修订版（UN2009d）》，并且基于1955—2008年间所做的人口普查。此项来源提供了随着时间变化、且与目的国相关的移民的广泛数据（性别、种类）。

尽可能的，国际移民是指境外出生的人员。对出生地数据无法获得的一些国家，国籍提供了识别国际移民的根据。

对于原住国（以及目的国）国际移民存量的数据，我们使用了设在英国萨塞克斯大学的移民、全球化与人类贫困发展研究中心编制的全球移民来源数据库（第4版）的数据（Migration DRC 2007）。估计数基于2000年开展的全国人口普查，并提供了一个对2000—2002年所做的估计。需要注意的是，数据库中所提供的是移民**存量**的数据，即原住国和目的国的移民总数，而不是指国家间年度或周期性迁移的移民的**流量数**。存量是指在一个比一年更长的时间段内由流量所形成的累积性结果，因此存量一般来说要比年度的流量大得多。详情请浏览：http://www.migrationdrc.org/research/typesofmigration/global_migrant_origin_database.html。

有关国际移民特征的更多详细数据我们采用经合组织国家入境移民数据库（OECD 2009b），这一数据库已编制了在2000年普查收集到的数据，在某些情况下辅之以劳动力调查数据。尽管一些目的国对国际移民的定义可能与联合国人口司所使用的定义略有不同，但是本报告中国际移民尽可能地是指在境外出生的人口。我们选择根据这些移民的原住国报告结果，因此它无法直接比较其他两个来源的估计数。我们根据经合组织中年龄在15岁以上移民的原住国提出了教育水平和经济行为的数据以及高技术（大学）移民率。

国家间的*境内流动人口*（例如在一国境内流动的人口）的可比数据不易获得。因为这个原因，在本报告的准备阶段，我们将分析委托于一项基于一系列人口普查数据的研究（Bell和Muhudin 2009），人口普查数据提供了24个国家的已迁移人口总数所占百分比的可比较的估计值。对上述数据进行补充的数据包括，由联合国统计司（UNSD）和拉丁美洲和加勒比经济委员会（ECLAC）于2007年联合编制的同样基于人口普查和总人口数据的估计值，以及世界银行基于住户调查和工作年龄人数的数据（世界银行 2009e）。由于在上述三个来源中定义的差异，比较应当谨慎对待。当某个国家估计数的来源不止一个渠道时，与其他两种来源相比，我们优先选择 Bell 和 Muhudin 所做的估计数。

对于由冲突导致的迁移的数据根据迁移类型不同来源于多个渠道，迁移类型分为国际迁移（难民和寻求庇护者）和国内流动（国内流离失所的人）。难民数据来源于联合国难民事务高级专员公署（UNHCR 2009b），不包括来自巴勒斯坦的难民，这部分难民是由联合国近东巴勒斯坦难民救济和工程处（UNRWA 2008）管理。难民数据通过多种来源如人口普查和调查汇编而成。但是，用于建立法律或行政记录、管理权利以及提供服务而创建的例行登记是难民数据的主要来源。联合国难民署也提供了27个没有专门登记的发达国家的数据。这些估计数是基于对寻求庇护者的认可以及对超过10年的自然入籍率的估计。这种估算方法最明显的挑战涉及到他的基本假设，即所有被认可的寻求庇护者确实是难民以及调和化的分界点是10年。这对于“传统”的移民流入国尤其正确，这些国家对于居住时间不超过10年的移民（包括难民）都可以取得公民身份。关于国内流离失所者的数据来源于国内流离失所监测中心（IDMC 2009a）。这些数据从不同的来源进行汇编，包括联合国人道主义事务协调厅（人道事务协调厅）、难民署和国家政府的估计数。由于对于国内流离失所者的追踪困难，估计数存在高度的不确定性，因此在解释时应谨慎。

人类发展指数（HDI）的计算

以下示意图对如何构建《人类发展报告》中使用的五种人类发展指数进行了归纳，该图突出了它们的异同点。计算方法的详细解释可浏览：www. hdr. undp. org/en/statistics/tn1。

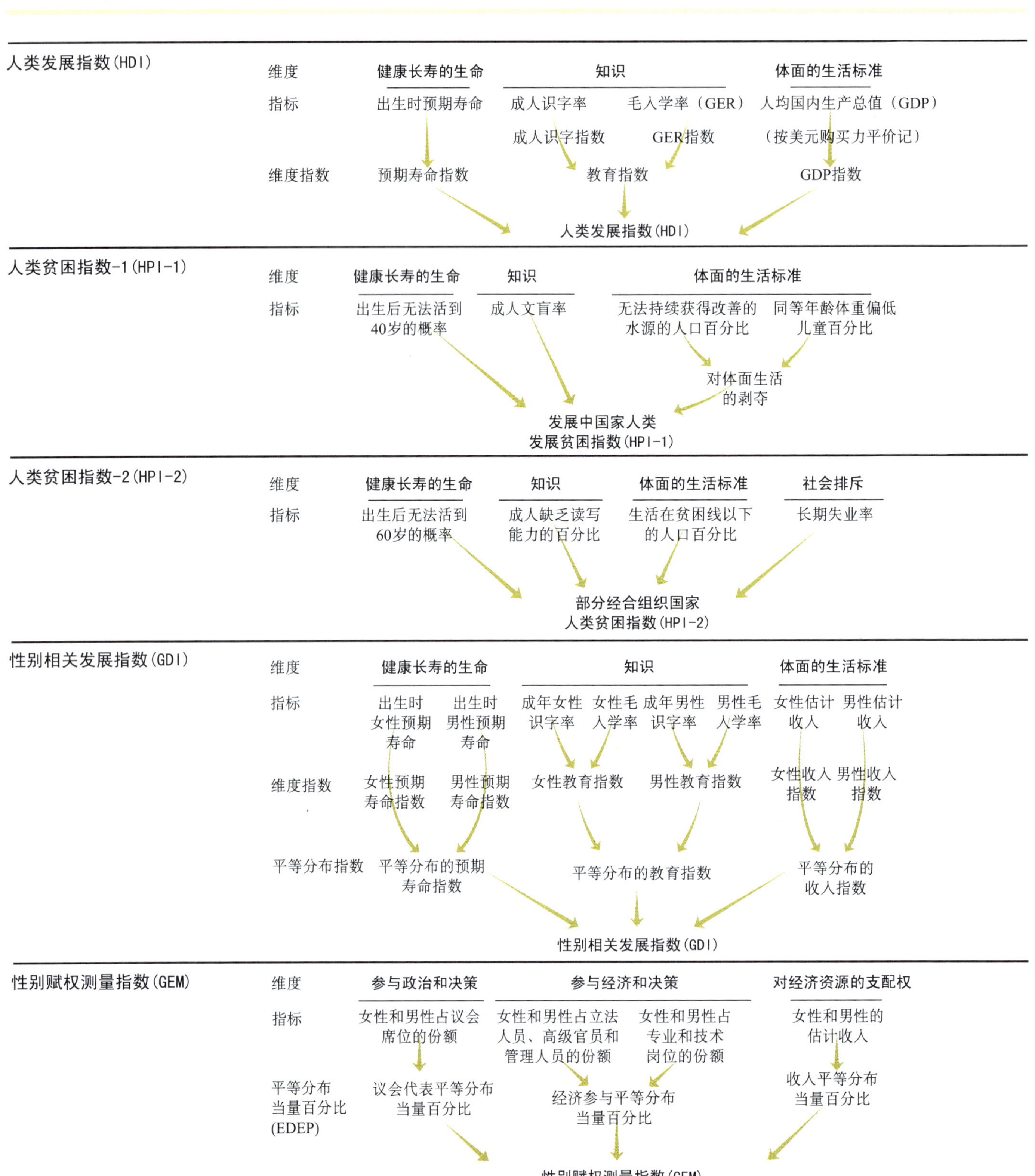

统计术语及统计指标定义

庇护 指一国同意为在其领土范围内的由于逃避迫害和严重危险状态的个人或团体提供的保护。

寻求庇护者 指向自己国家以外的其他国家申请庇护的个人或团体。在庇护申请被审议和裁决之前，他们一直保留寻求庇护者的身份。

儿童抚养比 指低于 15 岁的人口占工作年龄（15—64 岁）人口的百分比。

由冲突引起的流动 指由于正在进行或即将发生的暴力或武装冲突对生命或生计产生威胁，以此做出改变惯常居住地的人类流动。

消费价格指数年均变化 反映在特定时间间隔中，消费者为获得一定标准或固定一篮子的货物和服务所支付的平均成本的变化。

原住国 国际移民从最初的国家向另一个国家流动，打算到另一个国家临时或无限期定居，则最初的国家就是原住国。

目的国 指国际移民从一个国家流向的另一个国家，打算在那里临时或无限期定居。

所得收入（PPP 美元）估计数 根据女性非农工资与男性非农工资之比、男女在从事经济活动的人口中所占的比率、男女总人口以及总 GDP（美元购买力平价；见购买力平价（PPP））粗略推导得出。所得收入估计数用于性别相关发展指数和性别赋权度量指数的计算中。有关该估计数更详细的内容请浏览：http：//hdr. undp. org/en/technicalnote1. pdf。

女性、男性所得收入估计数的比率 女性所得收入估计数与男性所得收入估计数之比。见所得收入（PPP 美元）估计数。

经济活动人口（或劳动力） 指在某一特定时期，所有 15 岁及以上的已经就业或者没有工作但正在积极寻找工作的人。见劳动力。

初等教育阶段用于每个学生的教育支出 指初等教育阶段的公共经常性支出按 2005 年不变价格表示的购买力平价（PPP 美元）除以初等教育阶段学生总人数。

教育支出占政府总支出的比例 指用于教育部门的总支出占各级政府总公共支出的百分比。

教育指数 是人类发展指数所赖以建立的三个指数之一。它以成人识字率和小学、中学和大学的综合入学率为基础。见成人识字率和小学、中学和大学综合毛入学率。

教育级别 依照《国际标准教育分类》（ISCED）分为学前教育（ISCED 0）、小学（ISCED 1）、中学（ISCED 2、3）、中学后（ISCED 4）和大学教育（ISCED5、6）。

受教育程度 依照《国际教育标准分类》（ISCED）界定的教育水平，达到或完成特定的最高教育水平的人占特定年龄组人口的比例。通常表示为受教育程度高（ISCDE 5、6）、中（ISCDE 2、3、4）和低（低于 ISCDE2）。它的计算方法是：用特定年龄组中有特定的最高的受教育水平的人数除以相同年龄段的总人数所得的比值。

出境移民 指已经改变了惯常居住的原住（或出生）国而迁往另一个国家的人。

迁移率 指在一特定时间点，一个国家的出境移民存量与该国常住人口及出境移民之和的百分比。

小学、中学和大学综合毛入学率 指小学、中学和大学入学人数（不论其年龄）占理论规定的这三级入学适龄人口的百分比。见教育级别。

总和生育率 指若每名妇女能够活到育龄结束，且在各个阶段与给定国家、地区或地域在给定年份与特定年龄主导生育率相一致的情况下可能生育的子女数量。

外国直接投资净流入量 指为获取在投资者所在经济实体以外的经济体运营的

一个企业的持续经营利益（10%及其以上的表决权股）而进行的投资的净流入量。它是股权资本、收益再投资、其他长期资本和短期资本之和。

国内生产总值（GDP） 指一个经济体中所有常住生产者创造的增加值，加上未包括在产出估价中的所有产品税额（减去补贴额）之和。计算中未扣除所装备的固定资产的折旧和对自然资源的损耗和退化应进行的补偿。“增加值”是一个行业所有产出加总后减去中间投入的净产出。

国内生产总值（GDP，美元） 将GDP换算为美元价值使用了国际货币基金组织报告的平均官方汇率。如果官方汇率被认为与用于外汇交易和产品贸易中的有效汇率有异常的大幅偏离，则使用替代换算因子。见国内生产总值（GDP）。

国内生产总值（GDP）指数 是人类发展指数所赖以建立的三个指数之一。它以人均国内生产总值为基础（美元购买力平价；见购买力平价（PPP））。

人均GDP（PPP美元） 用国内生产总值（按PPP美元表示的）除以年中人口数。见GDP（按美元计算）、购买力平价（PPP）和总人口。

人均GDP（美元） 国内生产总值（按美元计算）除以年中人口数。见GDP（按美元计算）和总人口。

人均GDP年增长率 用最小二乘法拟合的年增长率，以当地货币单位按不变价格人均GDP计算。

性别赋权度量指数（GEM） 是从三个基本维度——经济参与和决策、政治参与、对经济资源的决策和支配——度量性别不平等的一个综合指数。

性别相关发展指数（GDI） 是测量人类发展指数中的三个基本维度——健康长寿、知识以及体面生活——所取得的平均成就的一个综合指数。已按男女不平等因素作了调整。

基尼系数 用于衡量一个国家中个人或家庭收入（或消费）的分布与完全均等分布的偏离程度。洛伦兹曲线从最贫穷的个人和家庭入手，以累计获得此收入的人口数量为参照描绘了所获得的总收入的累计百分比。基尼指数衡量了洛伦兹曲线与假定的绝对平等线之间的面积，以线下最大面积的百分比表示。数值为0表示完全均等，数值100表示完全不均等。

人均卫生保健支出（PPP美元） 用各级政府公共卫生保健支出（美元购买力平价）之和除以年中人口数得出。卫生保健支出包括提供卫生保健（预防及治疗），计划生育，营养以及为健康目的而指定的紧急救助的支出，不包括供水和卫生设施的支出。

公共卫生保健支出占政府全部支出的百分比 指各级政府用于公共卫生保健的总支出占政府全部开支的百分比。

出生时健康预期寿命 出生时健康预期寿命是减去了疾病和/或受伤导致的非完全健康年份之后，一个人预期完全健康寿命的平均年数。

人类发展指数（HDI） 用于衡量人类发展的三个基本维度——健康长寿，知识以及体面生活——所取得的平均成就的综合指数。

人类贫困指数（HPI－1） 是一个衡量人类发展指数的三个基本维度——健康长寿、知识以及体面生活——方面被剥夺状况的综合指数。

经合组织国家人类贫困指数（HPI－2） 是一个衡量人类发展指数的三个基本维度——健康长寿、知识以及体面生活——以及社会排斥方面的综合指数。

成人文盲率 用100减去成人识字率算出。见成人识字率。

入境移民 指居住在某一东道国（目的国）而并非其原住国（出生国）的人。

收入或支出比例 指国家统计调查所覆盖的不同年份中，累积人口分组所占有的收入或支出（消费）份额。由于穷人的消费一般占去了其收入的较大份额，所以支出或消费调查出的结果显示出贫富之间不平等的程度比收入调查显示的要低。鉴于数据来自覆盖不同年份的调查，并且使用了不同的计算方法，进行跨国比较须谨慎。

低于收入贫困线的人口 生活在所给定贫穷线以下的人口所占的百分比：

- 每日 1.25 美元和每日 2 美元—以 2005 年国际价格计，按购买力平价进行调整。
- 国家贫穷线——各国当局认为适合于本国的贫穷线。国家估计数基于从家庭调查得到的按人口加权的分组估计数。
- 收入中位数的 50%—调整后的家庭可支配收入中位数的 50%。

境内流动 通常是指在一国境内跨地区、跨行政区或跨直辖市边界而引起的常住地改变的人类流动。

国内流离失所者（IDPs） 指被迫离开家园或常住地但还未跨越国际边界的人或团体，特别是指由于或为了避免受到武装冲突的影响、普遍暴力的局势、人权侵犯、自然或人为的灾难的情况。

国际迁移 指跨越国境而引起的常住地改变的人类流动。

国际移民占总人口的百分比 指估计的国际移民人数占总人口的百分比。

国际移民率 指对于一个特定国家出境移民和入境移民存量的总和占该国常住人口和出境移民合计数的百分比。

劳动力 指所有就业者（包括在报告期内特定年龄以上从事有薪职业、在工作、个体经营者或者有工作岗位而未工作的人）与失业者（包括在报告期内特定年龄以上，没有工作、目前待业或正在寻找工作的人）。见经济活动人口。

劳动力参与率 指衡量一个国家积极进入劳动力市场的工作年龄人口（有工作岗位者或积极求职者）所占比例的一种方法。其计算结果表示为劳动力人数占工作年龄人口的百分比。工作年龄人口是指 15 岁以上的人口（如本报告所使用）。见劳动力和经济活动人口。

女性立法者、高级官员和管理人员 指根据《国际标准职业分类》（ISCO－88）定义的职位中妇女所占比例，这些职业包括：立法者、政府高级官员、乡村传统的族长和负责人、特殊利益组织的高级官员、公司经理、董事及行政总裁、生产与经营部门经理以及其他部门经理与总经理。

出生时预期寿命 指如果出生时各年龄组的死亡率的大体格局在其终生保持不变，该新生儿存活的年数。

预期寿命指数 指人类发展指数所赖以建立的三个指数之一。

成人识字率 指在具体时间点（通常为年中）给定国家、地区或地域内 15 岁及以上识字人口占相应总人口或特定性别人口的百分比。为便于统计，具有识字能力的人是指能够读懂并写出其日常生活的简短陈述的人。

中期变化预测 指由联合国人口司在假设中等生育率，正常死亡率和正常国际移民的前提下所做出的人口预测。每种假设均基于各国和各组国家的具体人口特征及相关政策，因而反映了生育率、死亡率和净移民水平的预计趋势。此外，对于受 HIV 流行病影响严重的国家，预测也考虑到了 HIV 的影响。联合国人口司还发布了低变量和高变量的预测。更多信息请参见 http：//esa. un. org/unpp/assumptions. html。

移民 指跨越国境的人口以及在境内从原住地迁移到其他地区、行政区或直辖市从而改变了其常住地的人口。

移民存量年增长率 是指在每个指定阶段，国际移民存量平均指数增长率的估计值，用百分比表示。

移民存量所占比例 指国际移民占总人口的百分比。

五岁以下儿童死亡率 指儿童自出生起到五周岁期间死亡的概率，以每千例活产儿的死亡数表示。

年自然增长率 指完全根据人口出生率和死亡率计算的增加（或减少）的人口所占的比例。

国际净迁移率 指一国在特定期间的移入人口减去移出人口的差再除以在该时期生活在该国的总人口，表示为每千人中净移民数或净移民百分比。

官方发展援助（ODA）净拨付额 由发展援助委员会（DAC）成员国、多边机构和非发展援助委员会成员国的官方机构为促进发展援助委员会受援国名单第一部分中的国家和地区的经济发展和福利，按优惠条件提供的贷款（净还款）或赠款。详情请浏览：www.oecd.org/dac/stats/daclist。

分配给基本社会服务的官方发展援助 指用于社会基础设施和社会服务（包括卫生保健、教育、饮水及卫生设施、政府和公民社会以及其他服务）的援助资金占官方发展援助总资金的百分比。

老年赡养比 指65岁及以上的人口占工作年龄（15—64岁）人口的百分比。

人口年增长率 指所标明时期中人口平均年指数增长率。见总人口。

总人口 指截止到所标明年度7月1日止，一个国家、地区或区域的实际人口。实际人口包括那些通常出现的所有人口，包括参观者但不包括临时离开国家、地区或区域的居民。

城市人口 指根据各地区或国家通用标准定义为城市区域内的实际人口。所收集数据截止到所标明年度7月1日。见总人口。

购买力平价（PPP） 指考虑了各国间价格差异因素，将实际产出和收入进行国际比较的一种汇率。按照PPP美元比率（如本报告中使用的），PPP1美元在国内经济中的购买力与1美元在美国的购买力是相同的。

出生时不能活到某一具体年龄的概率 用100减去某一给定人口群组中能够活到某具体年龄的概率计算得出。见出生时能够活到某一具体年龄的概率。

出生时能够活到某一具体年龄的概率 指按照主要的具体年龄死亡率，一名新生婴儿能够活到该具体年龄的概率。

女性专业人员和科技工作者 指在《国际标准职业分类》（ISCO－88）定义的职位中妇女所占份额，其中包括物理、数学和工程科学专业人员（及相关专业人员）、生命科学和卫生保健专业人员（及其相关专业人员）、教育专业人员（及其相关专业人员）以及其他专业和相关专业人员。

难民 指由于畏惧因种族、宗教、民族、政治见解或作为一个特殊社会团体的成员而遭迫害已逃离其国家而又不能或不愿返回的人。

汇款 是指由国际移民或难民转给其原住国或其从前居住国接收人的收入和物质资源。

妇女在议会中的席位 指妇女在下院或国会以及上院或参议院等相关权力机构持有的席位。

接受高等教育的移民率 是指在一个特定国家接受了高等教育、年龄在15岁及以上的出境移民的总数与原住国同等年龄的、接受了高等教育的全部人口和该国接受高等教育的出境移民人口之和的百分比。

条约的批准 一个国家在签署一项国际条约后必须批准它，通常由其立法机构予以核准。这一程序不仅意味着一个意向书的签署，而且还意味着将该条约的原则和义务转化为国家的法律。

失业 指所有在特定年龄以上，待业并已采取措施寻找工作或自谋职业，但仍然没有从事付薪的工作，也没能够自谋职业的人。

长期失业者 指特定年龄阶段、失业时间持续12个月或更长时间的人占劳动力（就业者加失业者）的百分比。见失业和劳动力。

失业率 失业人口占劳动力（就业者与失业者之和）的百分比。见失业和劳动力。

未使用改良水源的人口 用100减去使用改良水源的人口百分比得出。改良水源包括：家用自来水、公共自来水、地上水窖、受保护的水井、受保护的泉水以及收集的雨水。

政府中部长级官员的女性 包括副总理和部长。如果总理掌管各部事宜，也包括在内。如果副总统和各部长级领导在政府框架中行使部级职能，则也包括在内。

人类发展分类

极高人类发展水平
(HDI 0.900 及以上)
安道尔
澳大利亚
奥地利
巴巴多斯
比利时
文莱
加拿大
塞浦路斯
捷克
丹麦
芬兰
法国
德国
希腊
中国香港
冰岛
爱尔兰
以色列
意大利
日本
韩国
科威特
列支敦士登
卢森堡
马耳他
荷兰
新西兰
挪威
葡萄牙
卡塔尔
新加坡
斯洛文尼亚
西班牙
瑞典
瑞士
阿拉伯联合酋长国
英国
美国
(38 个国家或地区)

高人类发展水平
(HDI 0.800 - 0.899)
阿尔巴尼亚
安提瓜和巴布达
阿根廷
巴哈马
巴林
白俄罗斯
波斯尼亚和黑塞哥维那
巴西
保加利亚
智利
哥伦比亚
哥斯达黎加
克罗地亚
古巴
多米尼克
厄瓜多尔
爱沙尼亚
格林纳达
匈牙利
哈萨克斯坦
拉脱维亚
黎巴嫩
利比亚
立陶宛
前南马其顿
马来西亚
毛里求斯
墨西哥
黑山
阿曼
巴拿马
秘鲁
波兰
罗马尼亚
俄罗斯联邦
圣基茨和尼维斯
圣卢西亚
沙特阿拉伯
塞尔维亚
塞舌尔
斯洛伐克
特立尼达和多巴哥
土耳其
乌拉圭
委内瑞拉
(45 个国家或地区)

中等人类发展水平
(HDI 0.500 - 0.799)
阿尔及利亚
安哥拉
亚美尼亚
阿塞拜疆
孟加拉国
伯利兹
不丹
玻利维亚
博茨瓦纳
柬埔寨
喀麦隆
佛得角
中国
科摩罗
刚果共和国
吉布提
多米尼加共和国
埃及
萨尔瓦多
赤道几内亚
斐济
加蓬
格鲁吉亚
加纳
危地马拉
圭亚那
海地
洪都拉斯
印度
印度尼西亚
伊朗
牙买加
约旦
肯尼亚
吉尔吉斯斯坦
老挝
莱索托
马达加斯加
马尔代夫
毛里塔尼亚
摩尔多瓦
蒙古
摩洛哥
缅甸
纳米比亚
尼泊尔
尼加拉瓜
尼日利亚
巴勒斯坦被占领土
巴基斯坦
巴布亚新几内亚
巴拉圭
菲律宾
圣文森特和格林纳丁斯
萨摩亚
圣多美和普林西比
所罗门群岛
南非
斯里兰卡
苏丹
苏里南
斯威士兰
叙利亚
塔吉克斯坦
坦桑尼亚
泰国
汤加
突尼斯
土库曼斯坦
乌干达
乌克兰
乌兹别克斯坦
瓦努阿图
越南
也门
(75 个国家或地区)

低人类发展水平
(HDI 低于 0.500)
阿富汗
贝宁
布基纳法索
布隆迪
中非共和国
乍得
刚果民主共和国
科特迪瓦
厄立特里亚
埃塞俄比亚
冈比亚
几内亚
几内亚比绍
利比里亚
马拉维
马里
莫桑比克
尼日尔
卢旺达
塞内加尔
塞拉利昂
东帝汶
多哥
赞比亚
(24 个国家或地区)

洲

非洲

阿尔及利亚
安哥拉
贝宁
博茨瓦纳
布基纳法索
布隆迪
喀麦隆
佛得角
中非共和国
乍得
科摩罗
刚果共和国
刚果民主共和国
科特迪瓦
吉布提
埃及
赤道几内亚
厄立特里亚
埃塞俄比亚
加蓬
冈比亚
加纳
几内亚
几内亚比绍
肯尼亚
莱索托
利比里亚
利比亚
马达加斯加
马拉维
马里
毛里特尼亚
毛里求斯
摩洛哥
莫桑比克
纳米比亚
尼日尔
尼日利亚
留尼旺
卢旺达
圣赫勒拿
圣多美和普林西比
塞内加尔
塞舌尔
塞拉利昂
索马里
南非
苏丹
斯威士兰
坦桑尼亚
多哥
突尼斯
乌干达
西撒哈拉
赞比亚
津巴布韦
（56 个国家或地区）

亚洲

阿富汗
亚美尼亚
阿塞拜疆
巴林
孟加拉国
不丹
文莱
柬埔寨
中国
塞浦路斯
格鲁吉亚
中国香港
印度
印度尼西亚
伊朗
伊拉克
以色列
日本
约旦
哈萨克斯坦
韩国
朝鲜
科威特
吉尔吉斯斯坦
老挝
黎巴嫩
中国澳门
马来西亚
马尔代夫
蒙古
缅甸
尼泊尔
巴勒斯坦被占领土
阿曼
巴基斯坦
菲律宾
卡塔尔
沙特阿拉伯
新加坡
斯里兰卡
叙利亚
中国台湾省
塔吉克斯坦
泰国
东帝汶
土耳其
土库曼斯坦
阿拉伯联合酋长国
乌兹别克斯坦
越南
也门
（51 个国家或地区）

欧洲

阿尔巴尼亚
安道尔
奥地利
白俄罗斯
比利时
波斯尼亚和黑塞哥维那
保加利亚
克罗地亚
捷克
丹麦
爱沙尼亚
法罗群岛
芬兰
法国
德国
直布罗陀
希腊
罗马教廷
匈牙利
冰岛
爱尔兰
马恩岛
意大利
拉脱维亚
列支敦士登
立陶宛
卢森堡
前南马其顿
马耳他
摩尔多瓦
摩纳哥
黑山
荷兰
挪威
波兰
葡萄牙
罗马尼亚

俄罗斯联邦
圣马力诺
塞尔维亚
斯洛伐克
斯洛文尼亚
西班牙
斯瓦尔巴群岛
瑞典
瑞士
乌克兰
英国（49 个国家或地区）

拉丁美洲和加勒比地区
安提瓜和巴布达
阿根廷
巴哈马
巴巴多斯
伯利兹
玻利维亚
巴西
智利
哥伦比亚
哥斯达黎加
古巴
多米尼克
多米尼加共和国
厄瓜多尔
萨尔瓦多
格林纳达
危地马拉
圭亚那
海地
洪都拉斯
牙买加
墨西哥
尼加拉瓜
巴拿马
巴拉圭
秘鲁
圣基茨和尼维斯
圣卢西亚
圣文森特和格林纳丁斯
苏里南
特立尼达和多巴哥
乌拉圭
委内瑞拉
（33 个国家或地区）

北美
加拿大
美国
（2 个国家或地区）

大洋洲
澳大利亚
斐济
基里巴斯
马绍尔群岛
密克罗尼西亚
瑙鲁
新西兰
帕劳
巴布亚新几内亚
萨摩亚
所罗门群岛
汤加
图瓦卢
瓦努阿图
（14 个国家或地区）

UNDP 区域局

阿拉伯国家
阿尔及利亚
巴林
吉布提
埃及
伊拉克
约旦
科威特
黎巴嫩
利比亚
摩洛哥
巴勒斯坦被占领土
阿曼
卡塔尔
沙特阿拉伯
索马里
苏丹
叙利亚
突尼斯
阿拉伯联合酋长国
也门
（20 个国家或地区）

中东欧和独联体（CIS）
阿尔巴尼亚
亚美尼亚
阿塞拜疆
白俄罗斯
波斯尼亚和黑塞哥维那
保加利亚
克罗地亚
塞浦路斯
捷克
爱沙尼亚
格鲁吉亚
匈牙利
哈萨克
吉尔吉斯斯坦
拉脱维亚
立陶宛
前南马其顿
马耳他
摩尔多瓦
黑山
波兰

罗马尼亚
俄罗斯联邦
塞尔维亚
斯洛伐克
斯洛文尼亚
塔吉克斯坦
土耳其
土库曼斯坦
乌克兰
乌兹别克斯坦
（31 个国家或地区）

东亚和太平洋地区
文莱
柬埔寨
中国
斐济
中国香港
印度尼西亚
基里巴斯
韩国
朝鲜
老挝
马来西亚
马绍尔群岛
密克罗尼西亚
蒙古
缅甸
瑙鲁
帕劳
巴布亚新几内亚
菲律宾
萨摩亚
新加坡
所罗门群岛
泰国
东帝汶
汤加
图瓦卢
瓦努阿图
越南
（28 个国家或地区）

拉丁美洲和加勒比地区
安提瓜和巴布达
阿根廷
巴哈马
巴巴多斯
伯利兹
玻利维亚
巴西
智利
哥伦比亚
哥斯达黎加
古巴
多米尼克
多米尼加共和国
厄瓜多尔
萨尔瓦多
格林纳达
危地马拉
圭亚那
海地
洪都拉斯
牙买加
墨西哥
尼加拉瓜
巴拿马
巴拉圭
秘鲁
圣基茨和尼维斯
圣卢西亚岛
圣文森特和格林纳丁斯
苏里南
特立尼达岛和多巴哥岛
乌拉圭
委内瑞拉
（33 个国家或地区）

撒哈拉以南非洲
安哥拉
贝宁
博茨瓦纳
布基纳法索
布隆迪
喀麦隆
佛得角
中非共和国
乍得
科摩罗
刚果共和国
刚果民主共和国
科特迪瓦
赤道几内亚
厄立特里亚
埃塞俄比亚
加蓬
冈比亚
加纳
几内亚
几内亚比绍
肯尼亚
莱索托
利比里亚
马达加斯加
马拉维
马里
毛里塔尼亚
毛里求斯
莫桑比克
纳米比亚
尼日尔
尼日利亚
卢旺达
圣多美和普林西比
塞内加尔
塞舌尔
塞拉利昂
南非
斯威士兰
坦桑尼亚
多哥
乌干达
赞比亚
津巴布韦
（45 个国家或地区）

南亚
阿富汗
孟加拉
不丹
印度
伊朗
马尔代夫
尼泊尔
巴基斯坦
斯里兰卡
（9 个国家或地区）

其他国家分类

海湾合作委员会（GCC）
巴林
科威特
卡塔尔
阿曼
沙特阿拉伯
阿拉伯联合酋长国
（6 个国家或地区）

欧盟（EU27）
奥地利
比利时
保加利亚
塞浦路斯
捷克
丹麦
爱沙尼亚
芬兰
法国
德国
希腊
匈牙利
爱尔兰
意大利
拉脱维亚
立陶宛
卢森堡
马耳他
荷兰
波兰
葡萄牙
罗马尼亚
斯洛伐克
斯洛文尼亚
西班牙
瑞典
英国
（27 个国家或地区）

经合组织（OECD）
澳大利亚
奥地利
比利时
加拿大
捷克
丹麦
芬兰
法国
德国
希腊
匈牙利
冰岛
爱尔兰
意大利
日本
韩国
卢森堡
墨西哥
荷兰
新西兰
挪威
波兰
葡萄牙
斯洛伐克
西班牙
瑞典
瑞士
土耳其
英国
美国
（30 个国家或地区）